USOS*
Extraordinarios
*de cosas comunes

USOS*
Extraordinarios
*de cosas comunes

{ COMO **Vinagre**, Bicarbonato de sodio, **Sal**, Pasta dental, **Cordel**, Bolsas de plástico, **Mayonesa**, Esmalte para uñas, **Cinta adhesiva**, y otros más de 190 artículos domésticos }

2,198 MODOS DE AHORRAR DINERO Y TIEMPO

Reader's Digest

Buenos Aires | México | Nueva York

Usos Extraordinarios
de Cosas Comunes
**CORPORATIVO READER'S
DIGEST MÉXICO, S. DE R.L.
DE C.V.**

**DEPARTAMENTO
EDITORIAL LIBROS**

EDITOR:
Arturo Ramos Pluma

ASISTENTE EDITORIAL:
Gabriela Centeno Muñoz

**Edición propiedad de
Reader's Digest México, S.A.
de C.V., preparada
con la colaboración
de las siguientes personas:**

COORDINACIÓN Y SUPERVISIÓN
GENERAL DE LA OBRA:
Alfredo Ocampo Rivera

TRADUCCIÓN:
**Jorge Alberto Velázquez Arellano,
José de Jesús Pérez Vázquez,
Luis Briseño Guerrero,
Ariadne Domínguez Reyes**

REVISIÓN DE ESTILO:
Patricia Elizabeth Wocker Madrigal

LECTURA DE PRUEBAS:
Teresa Olvera Pérez

LECTURA DE ADAPTACIÓN
AL MERCADO ARGENTINO:
Silvana Pagliuca

DISEÑO:
César Manuel Olvera Marcial

ASISTENTE EDITORIAL:
Isaías González Ábrego

ISBN 968-28-0385-3

Editado en México por Reader's Digest México, S.A. de C.V.

Impreso en Estados Unidos de América
Printed in USA

Nota a los lectores
La información contenida en este libro ha sido cuidadosamente investigada, y se han realizado todos los esfuerzos para asegurar que es cierta y confiable. Reader's Digest no asume ninguna responsabilidad por cualquier herida, daño o pérdida en los que se incurra como resultado de seguir las indicaciones de este libro. Antes de llevar a cabo cualquier acción basada en la información de esta obra, estúdiela con cuidado y cerciórese de que la entiende completamente. Observe todas las notas de advertencia y precaución. Cualquier reparación o método de limpieza nuevo o poco usual debe ser probado antes de aplicarlo de manera general en una zona amplia y visible o en algún artículo valioso. La mención de marcas y productos en este libro no representa ningún respaldo ni recomendación alguna. Cualquier precio o nombre de producto mencionado es susceptible de cambiar y debe ser considerado como ejemplo general y no como recomendación específica de parte de los editores.

{ Sí, extraordinarios }

¡Bienvenido a *Usos Extraordinarios de Cosas Comunes!* Aquí encontrará miles de consejos ingeniosos y ahorrativos. Decídase, asalte su despensa y ¡comience a ahorrar de inmediato!

LIMPIE SU LAVAVAJILLAS CON TANG

No compre polvos especiales para eliminar los sedimentos de óxido de su lavavajillas; mejor aplíquele Tang sin azúcar. Es una forma mucho más económica de abrillantar su interior.

PREPARE ESPONJOSOS PANECILLOS CON AGUA CARBONATADA

Sustituya el líquido de su receta favorita de *hot cakes* (panecillos) o wafles (panqueques) con agua carbonatada. Le sorprenderá lo ligeros y esponjosos que saldrán.

ELIMINE MANCHAS DE LÁPIZ LABIAL CON FIJADOR PARA CABELLO

¿Manchó su camisa con lápiz labial? Rocíele fijador para cabello y permita que éste actúe unos minutos. Cuando lo enjuague, la mancha desaparecerá con él.

HÁGASE UN FACIAL CON ARENA PARA GATO

Aplíquese una mascarilla de limpieza profunda con dos puñados de arena para gato. La arcilla de la arena eliminará toxinas de la piel al absorber la suciedad y la grasa de los poros.

LAVE LA ROPA NUEVA DEL BEBÉ CON BICARBONATO DE SODIO

Elimine todas las sustancias químicas de la ropa de su recién nacido sin usar ningún detergente. Lave la ropa nueva de su bebé con algo de jabón suave y 1/2 taza de bicarbonato de sodio.

PROLONGUE LA DURACIÓN DE SU RAMO DE FLORES CON REFRESCO (GASEOSA)

Vierta alrededor de 1/4 de taza de refresco (gaseosa) en el agua del florero. El azúcar de la bebida hará que duren más las flores.

ÍNDICE DE CONTENIDO

su **Guía** TOTAL DE LA **A** A LA **Z**

❋ Denota un SUPEROBJETO, que es un objeto doméstico con un número sorprendente de usos.

P

Q

R

S

T

U

V

W

Y

DESCUBRA QUÉ HAY OCULTO EN
Su alacena

Hubo una vez, en la época anterior a las computadoras (ordenadores), la televisión por cable, las cafeterías de autoservicio y los robots aspiradores de alfombras, en que lavar las ventanas era un asunto sencillo. Nuestros padres ponían un poco de vinagre o amoníaco en un balde con agua, tomaban un paño y en poco tiempo tenían un vidrio reluciente por donde ver el mundo. Después limpiaban con la misma solución paredes, encimeras, estantes, pisos y otras partes de la casa.

Algunas cosas, como lavar las ventanas, no tenían por qué complicarse. Pero de alguna manera, así ocurrió. Hoy, los estantes de la alacena están repletos de una impresionante selección de productos de limpieza, cada uno con una aplicación particular, una fórmula especial y, tras de sí, una millonaria campaña de publicidad. Las botellas, con sus coloridos líquidos, portan etiquetas que promueven su poder naranja y su aroma a limón o manzanas. Irónicamente, muchos presumen que la potencia agregada del vinagre o el amoníaco es su ingrediente "secreto".

Así es como se presenta el mundo actual. Cada problema, cada tarea diaria, parece requerir herramientas especiales, productos únicos y extensos conocimientos. ¿Por qué picar ajo con un cuchillo cuando hay 48 variedades de trituradores de ajo? ¿Por qué usar un paño común cuando se cuenta con esponjas, toallitas, paños magnetizados y aspiradoras con filtros HEPA?

Lo anterior nos conduce al propósito de este libro: ¿Por qué *no* usar simplemente, igual que nuestros padres, una solución de vinagre o amoníaco para limpiar las ventanas? Funciona igual de bien que esos lujosos productos, si no es que mejor. Y sólo gastará una cuarta parte, o menos.

204 objetos cotidianos con casi 2,200 usos

Hacer las cosas con lo que ya tenemos es una tónica de vida respetable, inteligente y ahorrativa, e incluso puede ser divertida. Claro que puede comprar un elegante cepillo para quitarle el pelo de gato a sus pantalones,

pero es sorprendente cómo un pedazo de cinta adhesiva funciona incluso mejor. Sí, puede utilizar potentes productos químicos para limpiar el interior de un florero que tuvo el agua de las flores durante mucho tiempo, pero ¿no resulta más entretenido, y fácil, emplear un par de tabletas de Alka-Seltzer?

Bienvenido a *Usos extraordinarios de cosas comunes*. En las siguientes páginas, le mostraremos casi 2,200 formas ingeniosas de emplear 204 productos domésticos comunes para reponer, reparar, reemplazar o reactivar prácticamente todo lo que hay en su hogar, y para consentirse usted o mantener entretenidos a sus hijos. Ahorrará tiempo y dinero, además de espacio, porque no necesitará de todas esas preparaciones comerciales especializadas. Incluso ahorrará gasolina (nafta), porque no tendrá que salir corriendo al supermercado cada vez que se le agote el champú (shampoo), el limpiahornos o el papel para envolver.

Los objetos domésticos que mencionamos a lo largo del libro no son productos comerciales costosos. Más bien, se trata de artículos cotidianos que es muy probable que ya tenga en su hogar: en la cocina, el botiquín, el escritorio, el garaje o, incluso, la papelera. Además, le sorprenderá todo lo que puede realizar utilizando sólo algunos de los artículos más versátiles, como el bicarbonato de sodio, la cinta plateada para ductos, las pantimedias (medibachas), la sal, el vinagre y el lubricante WD-40. Hay una máxima entre las personas prácticas que reduce la lista a un par de necesidades básicas: "Para sobrevivir sólo son necesarias dos cosas: WD-40 y cinta plateada. Si no se mueve, pero debería, use WD-40. Si se mueve, pero no debería, tome la cinta plateada".

Objetos menos tóxicos y más ecológicos

Además de ahorrarle tiempo y dinero, utilizar estos productos domésticos comunes implica otras ventajas menos tangibles. En primer lugar, el empleo de muchos de estos enseres es más seguro y considerablemente más ecológico que el de sus contrapartes manufacturadas. Considere, por ejemplo, usar vinagre y bicarbonato de sodio para destapar el drenaje del baño o la cocina (página 66). Esto, por lo general, resulta tan eficaz como un destapacaños comercial. La única diferencia es que nuestra combinación es mucho menos cáustica para sus cañerías. Además, no daña la piel ni los ojos.

Los consejos incluidos en este libro también lo ayudarán a reducir los desperdicios domésticos al ofrecerle cientos de agradables y sorprendentes sugerencias para reutilizar muchas de las cosas que de otro modo mandaría a la basura. Entre otras, podemos mencionar cáscaras de limones y plátanos (bananas), bolsitas usadas de té, asientos del café, calcetines (medias) sin pareja, pantimedias (medibachas) usadas, bolsas de plástico, botellas y latas vacías y periódicos (diarios).

Al terminar el día, disfrutará el inconfundible placer que provoca aprender novedosos métodos creativos para utilizar estos objetos familiares que usted suponía conocer muy bien. Aunque nunca use tabletas de Alka-Seltzer para atraer peces hacia su caña ni requiera tapar un hoyo en el radiador de su auto con pimienta negra, ¿no sería maravilloso saber que puede hacerlo?

Sabiduría popular para el siglo XXI

Como advertimos anteriormente, gran parte de los consejos que encontrará en *Usos extraordinarios de cosas comunes* en realidad no son nuevos; sólo lo son para nosotros. "Quien no malgasta, no pasa necesidades" no es un mero refrán singular de tiempos pasados, sino un principio que definió la forma de vida de generaciones. Antes de que la fabricación y la comercialización masivas nos transformaran en una sociedad de artículos desechables, la mayoría de la gente sabía que la sal y el bicarbonato sódico (más conocido como bicarbonato de sodio) tenían docenas de usos.

Hoy, al aumentar los tiraderos de basura y al darnos cuenta que los recursos de la Tierra no son infinitos, hay señales del regreso a una economía de ahorro. Desde los programas de reciclaje hasta los aparatos electrodomésticos y los autos con ahorro de energía, hay una búsqueda continua de nuevas formas de aplicar los antiguos valores de nuestros antepasados. Incluso la estación espacial internacional ejemplifica la tecnología de ahorro. Casi todos los productos usados y desechados allí serán reciclados.

Cómo integramos este libro

Desde luego, nuestra prioridad es ofrecerle la información más confiable. Para ello, realizamos incontables entrevistas con expertos en todas las áreas, desde remedios para el acné hasta cuidados del jardín; además, analizamos pilas de materiales de investigación. También hicimos pruebas prácticas en nuestra cocina, sala (living), baño y otras áreas de la casa.

El resultado, creemos, es la guía más exhaustiva y confiable que se puede encontrar sobre usos alternativos de productos domésticos. Al igual que con un gran platillo, hemos combinado algunos consejos tradicionales consagrados (como el uso del vinagre de manzana para desmalezar el jardín) con nuevos consejos confiables (como reciclar las toallitas suavizantes para limpiar las pantallas de la PC y la TV), y otros que descubrimos nosotros mismos (como los tapetes de baño para estabilizar el gabinete de una PC).

Al igual que con cualquier compilación detallada como ésta, la sabiduría práctica incluida en este libro es tanto arte como ciencia. Esto es, aunque siempre que fue posible aplicamos métodos de prueba y error para ofrecerle cantidades exactas e indicaciones claras relativas al uso apropiado de productos y objetos caseros, no podemos garantizar que estas soluciones funcionarán en todas las situaciones; es decir, siempre habrá variables

Por otra parte, aunque estamos convencidos de que cada uno de los 204 productos usados es seguro y eficaz si se emplea según lo indicado, por favor ponga atención a nuestras advertencias en los apartados *Cuidado*, sobre el uso, el almacenamiento y, sobre todo, la combinación de ciertos productos, en particular *los blanqueadores (lavandina) y el amoníaco*. Bajo ninguna circunstancia debe mezclar estas dos sustancias ni usarlas en áreas mal ventiladas.

Qué hay en las siguientes páginas

El cuerpo principal de este libro está dispuesto como una enciclopedia, con las 204 categorías de productos organizadas de la A a la Z, para un rápido acceso a la información y una lectura dinámica. Pero antes, en la primera parte de esta obra, encontrará una guía de los objetos más utilizados en ciertas áreas, como el jardín o la cocina.

También encontrará cientos de acotaciones y anécdotas fascinantes. Algunas son advertencias y precauciones específicas, o consejos para la compra o uso de ciertos artículos. Pero muchas son sólo divertidas notas históricas relativas al origen de los productos. ¿Se ha preguntado alguna vez quién inventó las banditas o cuál es el origen del nombre de ciertos productos? También incluimos docenas de actividades interesantes e instructivas y experimentos científicos simples que puede realizar con sus hijos o sus nietos (que no implican acudir a la juguetería más cercana).

Ya sea que disfrute descubrir otros usos de los objetos domésticos comunes, o que simplemente le disguste tirar las cosas, estamos seguros de que las ideas que le ofrecemos le parecerán divertidas e instructivas. Así que póngase cómodo y prepárese para sorprenderse con el increíble número de problemas diarios que pronto podrá solucionar fácilmente. Confiamos en que éste es un libro que consultará una y otra vez por sus útiles y confiables consejos, y también por encontrar inspiración "a la antigüita".

—Los editores

LOS OBJETOS
{ más útiles* }
PARA CASI TODO

Si a usted le interesa algo en particular, como la cocina o la salud y la belleza, pronto descubrirá que ciertos productos domésticos son especialmente útiles. Las botellas de plástico, por ejemplo, tienen casi una docena de usos en el jardín. En este libro encontrará listados estos útiles objetos para la mayoría de las áreas cotidianas de interés.

LOS 10 objetos más útiles para la

casa

*use un pañal desechable
para acolchar un paquete …*

p. 257

Bolsas de papel

{ PÁGINA 81}

Empaque recuerdos. • Sacuda paños. • Lleve ropa sucia. • Forre libros . • Decore la mesa. • Use en regalos y papel para envolver. • Regrese la forma a los tejidos después de lavar. • Use como paño de planchado. • Guarde los diarios a reciclarse.

Bolsas de plástico

{PÁGINA 86}

Mantenga secos los colchones. • Guarde cortinas y artesanías. • Escurra los juguetes del baño. • Limpie los bolsillos al lavar. • Haga baberos y cubiertas. • Forre un bote de basura. • Tire el árbol de Navidad.

Bolsas para sándwiches

{PÁGINA 93}

Proteja fotos y candados. • Use como aplicador de suavizante. • Luzca los dientes de su bebé. • Lleve toallitas húmedas. • Modele el jabón. • Almidone adornos. • Alimente a las aves. • Cree un embudo.

Cinta plateada

{PÁGINA 128}

Quite pelusa. • Repare marcos, mosquiteros, el asiento del baño y la manguera de la aspiradora. • Forre un libro, carpeta o regalo. • Haga un vendaje o una calcomanía. • Atrape moscas. • Reemplace un ojillo. • Refuerce la pasta de un libro. • Haga dobladillos. • Cuelgue luces de navidad. • Cree disfraces.

Discos compactos
{PÁGINA 151}

Cree reflectores, plantillas o adornos para fiestas. • Haga un cuenco artístico, un reloj o un receptor solar ornamental. • Contenga el goteo de una vela.

Esmalte para uñas
{PÁGINA 168}

Marque objetos difíciles de ver. • Marque posiciones en el termostato y la regadera, y niveles en tazas medidoras y baldes. • Aplique rótulos al equipo deportivo y los envases con sustancias venenosas. • Lacre sobres y etiquetas. • Aísle los raspones de zapatos y evite agujetas, listones y tejidos deshilachados. • Ensarte fácilmente una aguja. • Mantenga las hebillas y joyas lustrosas. • Evite que se corran las medias. • Repare lentes, y rasguños en pisos, vidrios y objetos laqueados • Tape hoyos y rellene muescas.

Ligas
{PÁGINA 218}

Regrese la forma a su escoba. • Mantenga armarios a prueba de niños. • Evite que el hilo se enrede. • Enfunde la visra del auto. • Sujete papel. • Prolongue un botón. • Use como señalador. • Proteja el control remoto. • Asegure las molduras y las ruedas de muebles.

Pantimedias
{PÁGINA 259}

Localice objetos pequeños. • Lustre zapatos. • Mantenga limpios los cepillos. • Quite el barniz de uñas. • Evite la obstrucción de atomizadores y la erosión de la tierra de las plantas. • Cuelgue suéteres. • Amarre las bolsas de basura. • Sacuda bajo el refri.

Paños suavizantes de telas
{PÁGINA 257}

Refresque el ambiente y desodorice su auto, maletines y calzado deportivos, y su perro. • Recoja pelo de mascotas. • Repela mosquitos. • Elimine la estática. • Aromatice las sábanas. • Evite que se enrede el hilo al coser.

Retazos de alfombra
{PÁGINA 305}

Haga rodilleras, o un tapete para ejercicios o el auto. • Reduzca el ruido de aparatos. • Proteja repisas de la cocina, herramientas y el suelo debajo de las plantas. • Déle tracción a su automóvil.

12 objetos más útiles para la

cocina

el secreto para escalfar huevos es el vinagre …

p. 361

Papel aluminio

{PÁGINA 267}

Hornee una pasta perfecta. • Suavice el azúcar morena. • Decore un pastel y haga moldes especiales. • Mantenga caliente el pan. • Haga un cuenco para ensaladas extra grande. • Prepare un sándwich de queso tostado con plancha.

Manzanas

{PÁGINA 241}

Conserve el jugo del pollo asado y la lozanía de un pastel. • Madure los tomates. • Suavice el azúcar morena. • Absorba el exceso de sal de las sopas.

Bicarbonato de sodio

{PÁGINA 64}

Limpie frutas y verduras. • Elimine olor de pescados. • Reduzca la acidez del café y de las salsas de tomate, así como los gases por leguminosas. • Haga esponjosas omelettes. • Reemplace la levadura.

Filtros para café

{PÁGINA 183}

Cubra la comida en el microondas. • Filtre los pedazos de corcho o los restos de alimentos del aceite. • Use para sostener tacos, helado o hielo.

Bandejas para hielo

{PÁGINA 62}

Congele huevos, pesto, verduras picadas y hierbas, caldo de pollo, e incluso vino sobrante, para un uso posterior.

Limones
{PÁGINA 222}

Evite que las papas se oxiden o que el arroz se pegue. • Mantenga el verdor del guacamole. • Reanime una lechuga marchita. • Refresque el refrigerador y las tablas para picar.

Toallas de papel
{PÁGINA 337}

Ponga tocino en el microondas, limpie elotes y cuele caldo. • Conserve frescas las verduras. • Evite la humedad del pan y el óxido en los trastos.

Bolsas de plástico
{PÁGINA 86}

Forre un libro de cocina. • Cúbrase las manos para contestar el teléfono. • Triture galletas. • Use para mezclar la ensalada. • Madure fruta.

Ligas
{PÁGINA 218}

Evite que las cucharas caigan a los cuencos. • Asegure las tapas de las cazuelas. • Fije una tabla para picar. • Asegure tapas de media rosca y frascos.

Sal
{PÁGINA 307}

Evite salpicaduras de aceite, y el moho en el queso. • Acelere la cocción. • Pele más fácilmente huevos duros o nueces. • Verifique frescura en huevos y escálfelos bien. • Lave mejor las espinacas. • Conserve fresca la ensalada y la leche. • Reavive manzanas arrugadas y evite que la fruta se oxide. • Use para batir crema y huevos.

Bolsas para sándwiches
{PÁGINA 93}

Guarde el rallador con el queso. • Cree una bolsa para pasta. • Tire el aceite usado. • Coloree pasta. • Evite que el helado se cristalice. • Ablande bombones, derrita chocolate y ahorre refresco (gaseosa). • Engrase moldes.

Palillos
{PÁGINA 252}

Verifique la cocción de la carne. • Saque el ajo del adobo. • Evite que las ollas se desborden. • Cocine más rápido las papas en el microondas. • Calcule el aderezo. • Fría mejor las salchichas.

LOS

11

objetos más útiles para la salud y la

belleza

*alivie el dolor de espalda
con ablandador de carne ...*

p. 36

Aspirina
{PÁGINA 55}

Seque granitos. • Trate los callos. • Controle la caspa. • Reduzca la inflamación por picaduras. • Restaure el color del cabello dañado por cloro.

Aceite para bebé
{PÁGINA 40}

Quite un vendaje sin dolor. • Trate la caspa infantil. • Elabore aceite para baño. • Aplique un tratamiento de aceite caliente para las cutículas y los callos.

Bicarbonato de sodio
{PÁGINA 64}

Alivie quemaduras menores, sarpullido por hiedra venenosa y pañales, piquetes de abeja y otras irritaciones. • Combata la caspa. • Use para gárgaras o enjuague bucal. • Pula dientes y prótesis. • Alivie comezón en férulas de yeso y pie de atleta. • Mitigue pies cansados y olorosos. • Quítese gel, spray o acondicionador del cabello. • Use como antitranspirante.

Limones
{PÁGINA 222}

Desinfecte heridas y raspones. • Alivie los pies adoloridos y el sarpullido por hiedra venenosa. • Elimine verrugas. • Aclare las manchas de la edad. • Limpie y aclare las uñas. • Use para exfoliar el rostro. • Trate la caspa. • Suavice codos y manos ásperas.

Mantequilla
{PÁGINA 239}

Facilite tragar pastillas. • Alivie pies adoloridos. • Elimine la savia de la piel. • Desmaquíllese. • Suavice las piernas después de afeitarse. • Use como crema para afeitar. • Humecte el cabello seco.

Mayonesa
{PÁGINA 243}

Alivie las quemaduras. • Quite la piel muerta. • Tonifique el pelo, hágase un facial y fortalezca las uñas.

Mostaza
{PÁGINA 248}

Calme el dolor de espalda. • Relaje los músculos tensos. • Alivie la congestión. • Hágase una mascarilla facial.

Té
{PÁGINA 333}

Alivie ojos cansados, encías sangrantes, dolor de boca o de pezones en lactancia. • Mitigue dolor del bebé por inyecciones. • Refresque las quemaduras por sol. • Reduza el ardor por afeitada. • Tonifique el cabello seco y quite las canas. • Bróncéese. • Drene un forúnculo.

Ungüento para el pecho
{PÁGINA 344}

Desaparezca los callos. • Alivie los pies adoloridos. • Detenga la picazón por picaduras. • Trate los hongos de las uñas. • Repela insectos.

Vaselina
{PÁGINA 345}

Cure la piel maltratada por el viento. • Alvie las rozaduras. • Proteja los ojos del bebé del champú. • Humecte labios, cara y manos. • Elabore maquillaje. • Desmaquíllese. • Intensifique su perfume. • Hágase un manicure profesional. • Alise las cejas.

Vinagre
{PÁGINA 350}

Controle la caspa y tonifique el cabello. • Proteja el cabello del cloro. • Use como desodorante y en los músculos adoloridos. • Refresque el aliento. • Alivie las quemaduras y la picazón. • Reduzca los moretones. • Alivie el dolor de garganta, la congestión y el pie de atleta. • Borre las manchas producidas por la edad o el sol. • Suavice las cutículas. • Trate quemaduras de aguamala o piquetes de abeja.

10 objetos más útiles para la limpieza

limpie las puertas de la chimenea con cenizas ...

p. 115

Alcohol desinfectante
{PÁGINA 45}

Limpie persianas, ventanas y teléfonos. • Elimine spray para cabello de los espejos. • Evite manchas en el cuello. • Elimine manchas de tinta.

Amoníaco
{PÁGINA 47}

Limpie alfombras, tapicería, hornos, puertas de la chimenea, ventanas, porcelana, cristal, joyas y zapatos blancos. • Elimine manchas. • Combata el moho. • Quite la cera del piso.

Bicarbonato de sodio
{PÁGINA 64}

Limpie biberones, termos, tablas para picar, electrodomésticos, esponjas y toallas, cafeteras, teteras, trastos, etc. • Destape el drenaje. • Elimine olores de la basura. • Mejore su líquido lavatrastos o elabórelo. • Quite manchas. • Pula joyas, acero inoxidable, cromo y mármol. • Lave el papel tapiz y elimine las marcas de crayones y el moho.

Bórax
{PÁGINA 100}

Destape el drenaje. • Quite las manchas. • Limpie las ventanas y espejos. • Elimine el moho en telas y el olor de orina. • Desinfecte su triturador de basura.

Limones
{PÁGINA 222}

Elimine manchas persistentes en mármol. • Pula metales. • Limpie el microondas. • Elimine olores de tablas para picar, refrigerador y triturador de basura.

Paños suavizantes de telas
{PÁGINA 257}

Despegue comida quemada. • Refresque gavetas y cestos. • Elimine los restos de jabón. • Repela el polvo de la TV y las persianas. • Pula el cromo. • Renueve los muñecos de peluche.

Pasta dental
{PÁGINA 279}

Limpie el fregadero y las teclas del piano. • Pula metal y joyas. • Quite el olor de los biberones. • Elimine la tinta o el lápiz labial de la tela, la crayola de las paredes y las marcas de agua de los muebles.

Sal
{PÁGINA 307}

Limpie floreros, vidrio, flores artificiales, cafeteras, refris (heladeras), woks y mimbre. • Alargue la vida de las escobas. • Limpie metales, hierro forjado y la chimenea. • Elimine el vino y la grasa de la alfombra, las marcas de agua de la madera, las manchas de los moldes y el lápiz labial de los vasos. • Restaure una esponja. • Desodorice el triturador de basura. • Quite la comida pegada. • Limpie los derrames en el horno.

Vinagre
{PÁGINA 350}

Limpie persianas, ladrillos, azulejos, paneles, alfombras, teclas de piano, computadoras, electrodomésticos y tablas de picar. • Limpie porcelana, cristalería, cafeteras, trastes y accesorios. • Deshaga la grasa de la cocina. • Elimine el olor de drenajes y clósets. • Pula metal. • Borre marcas de pluma. • Elimine marcas de agua en muebles. • Revitalice la piel. • Acabe con los bichos.

WD-40
{PÁGINA 379}

Desmanche la alfombra y el piso. • Quite las manchas de té y de tomate, y las de marcador y crayola de las paredes. • Limpie el inodoro. • Acondicione los muebles de piel. • Limpie un pizarrón.

LOS

11 objetos más útiles para el

jardín

disuada a los áfidos con cáscaras de plátano para que no dañen sus rosales...

p. 296

Bolsas de plástico

{PÁGINA 85}

Proteja las plantas de heladas, y los zapatos del lodo. • Acelere el crecimiento de nochebuenas y cactus. • Mantenga alejados a los bichos de los árboles frutales. • Guarde los manuales de los equipos. • Vuelva a usar un florero rajado. • Haga un mandil.

Botellas

{PÁGINA 102}

Haga un comedero de aves, una pala, una regadera o un irrigador individual. • Asegure una malla sobre los arriates. • Aísle las malas hierbas cuando rocíe. • Cubra o haga las etiquetas de semillas. • Use como bote (lata) de basura mientras corta el pasto. • Use para espaciar las semillas. • Atrape bichos.

Envases de leche

{PÁGINA 161}

Haga un comedero para aves. • Use como semilleros. • Haga una abrazadera para proteger vegetales. • Junte los restos de comida para composta.

Latas de café

{PÁGINA 212}

Haga un aspersor para esparcir semillas y fertilizante. • Mida la lluvia para saber cuánta agua recibe su jardín. • Haga un comedero para aves.

Pantimedias

{PÁGINA 259}

Sujete las plantas de tomate y frijol. • Llene con cabello para alejar a los venados. • Haga una hamaca para las sandías. • Almacene cebollas y bulbos. • Evite la pérdida de tierra en macetas. • Llene con trocitos de jabón para lavarse las manos en el jardín.

Papel aluminio

{PÁGINA 267}

Cree una cajita para plantas o semillero. • Mezcle con abono orgánico para alejar a los insectos. • Cuelgue tiras para espanar cuervos y otras aves. • Cubra los troncos para que no se quemen ni se acerquen ratones y conejos. • Evite que los pies de plantas se enreden.

Periódico

{PÁGINA 286}

Proteja y madure tomates. • Use como tierra o añada a la composta para desodorizarla. • Bloquee las malas hierbas en macizos de flores y verduras. • Deshágase de los insectos rastreros.

Recipientes de plástico

{PÁGINA 302}

Atrape babosas y avispas, y haga semilleros. • Evite que las hormigas suban a la mesa.

Sal

{PÁGINA 307}

Mate caracoles. • Evite la broza en los senderos. • Prolongue la vida de las flores cortadas. • Limpie los floreros.

Té

{PÁGINA 333}

Mejore el crecimiento de rosales. • Riegue plantas que requieren ácido. • Prepare una maceta para composta y acelere la descomposición de ésta.

WD-40

{PÁGINA 379}

Aleje a los animales de los macizos y a las ardillas de los comederos de aves. • Evite que se rajen los mangos de las herramientas. • Evite que la nieve se pegue a las palas o quitanieves. Impida que las avispas aniden y ahuyente a las palomas. • Mate los cardos.

LOS

11

objetos más útiles para el

exterior

lubrique las ruedas de sus patines con acondicionador para cabello ...

p. 181

Arena para gato

{PÁGINA 52}

Aumente la tracción de su carro en el hielo. • Evite que se adhiera la grasa de la parrilla, y el moho, en la tienda y saco de dormir. • Elimine manchas de grasa.

Baldes metálicos

{PÁGINA 60}

Cocine langostas en una fogata. • Use uno como despensa. • Haga una lavadora o una regadera de campo.

Bicarbonato de sodio

{PÁGINA 64}

Evite la broza en las grietas del concreto. • Elimine la resina plástica de muebles. • Nutra las plantas en floración. • Conserve la alcalinidad de su alberca. • Talle la parrilla.

Bolsas para sándwiches

{PÁGINA 93}

Ínflelas para que los objetos de valor floten al viajar en bote. • Haga un limpiador de manos para la playa. • Aplíquese insecticida fácilmente.

Botellas

{PÁGINA 102}

Elabore un cubo para achicar o un ancla para su bote. • Construya un comedero para aves. • Use arena, incluso la de gato, para mejorar la tracción durante una tormenta de invierno. • Mantenga fría su hielera.

Cinta plateada
{PÁGINA 128}

Protéjase de las garrapatas. • Haga un tendedero. • Oculte la llave del auto. • Parche una canoa o una alberca. • Repare cojines y muebles de exterior. • Haga banderines para la bici. • Ajuste las espinilleras y restaure su palo de hockey. • Proteja sus zapatos para patineta. • Repare sus guantes o una tienda. • Impermeabilice su calzado.

Empaque con burbujas
{PÁGINA 153}

Mantenga fríos los refrescos (las gaseosas). • Duerma en el aire al acampar. • Proteja gradas y bancos.

Papel aluminio
{PÁGINA 267}

Mejore la iluminación externa. • Aleje las abejas de las bebidas. • Improvise un sartén o un plato de ensalada. • Haga un contenedor del escurrimiento de su parrillada y limpie la parrilla. • Caliente los dedos de los pies al acampar y mantenga secos los cerillos y el saco de dormir. • Haga un señuelo de pesca.

Spray para cocinar
{PÁGINA 321}

Evite que el pasto se pegue a su segadora. • Rocíe en el sedal para lanzamientos rápidos. • Evite que la nieve se pegue a la pala o al quitanieves.

Vinagre
{PÁGINA 350}

Mantenga fresca el agua. • Limpie los muebles del exterior y la terraza. • Use para repeler insectos. • Limpie los excrementos de las aves.

WD-40
{PÁGINA 379}

Ahuyente palomas y abejas. • Impermeabilice zapatos. • Elimine la cera de los esquís. • Desprenda las lapas del bote y proteja éste de la corrosión. • Desenrede su sedal y señuelo. • Limpie y proteja sus palos de golf. • Quite los abrojos de la crin del caballo y protéjale los cascos en invierno. • Aleje las moscas de las vacas.

13

objetos más útiles para
almacenar

en el gimnasio, oculte objetos valiosos en una pelota de tenis ...

p. 331

Cajas de cartón

{PÁGINA 109}

Haga revisteros con las cajas de detergente. • Guarde artículos de oficina. • Guarde azadones, rastrillos y otras herramientas de jardín de mango largo. • Proteja cristalería, focos y carteles. • Guarde adornos de navidad. • Organice clavijas, molduras, tiras de piel y varillas.

Cartones de huevos

{PÁGINA 112}

Guarde y clasifique monedas. • Ordene botones, seguritos, hilos, carretes y cierres. • Guarde pelotas de golf o adornos de navidad.

Bolsas de plástico

{PÁGINA 86}

Guarde toallitas, faldas o ropa usada. • Proteja la ropa. • Conserve la forma de las bolsas.

Bolsas para sándwiches

{PÁGINA 93}

Guarde objetos frágiles. • Guarde suéteres. • Haga un sachet. • Ponga madera de cedro en un clóset. • Haga una bolsa para lápices. • Ordene el baño.

Botellas

{PÁGINA 102}

101Guarde azúcar, piezas pequeñas del taller, bolsas o cordel. • Use como sostén de botas.

Envases de toallitas

{PÁGINA 164}

Organice los avíos de costura y artesanía, recetas, cupones, disquetes viejos, herramientas pequeñas, fotos, recibos, facturas, etc. • Guarde bolsas de plástico, toallas y trapos.

Latas

{PÁGINA 210}

Subdivida su bolsa de herramientas con latas de jugos. • Organice su escritorio. • Haga casilleros para guardar platería, clavos, artículos de oficina y otras cosas sueltas.

Latas de café

{PÁGINA 212}

Haga una alcancía infantil. • Use para la basura de la cocina. • Lleve papel de baño cuando acampe. • Guarde tornillos, tuercas y clavos. • Guarde cinturones. • Ponga el contenido de los bolsillos cuando lave.

Latas de película

{PÁGINA 214}

Guarde timbres o use como costurero. • Organice las pastillas. • Guarde los señuelos. • Guarde cambio para peaje. • Esconda sus joyas en el gimnasio. • Lleve vendas, quitaesmalte, especias y condimentos.

Latas de caramelos

{PÁGINA 216}

Haga un costurero de emergencia. • Guarde pedazos de joyería. • Haga un recuerdo de cumpleaños. • Evite que se enreden las cadenas. • Guarde fusibles del carro, aretes y cosas del taller.

Pantimedias

{PÁGINA 259}

Guarde papel para envolver, cobijas, bulbos de flores o cebollas.

Pinzas para ropa

{PÁGINA 291}

Conserve fresco el refrigerio y la forma de los guantes. • Ordene el taller, cocina, baño y clósets.

Tubos de cartón

{PÁGINA 341}

Guarde agujas de tejer, trozos de tela y cordel. • Ordene los foquitos de navidad. • Conserve obras infantiles, documentos importantes y carteles. • Guarde los pantalones y la mantelería sin arrugar, y los cables sin enredar. • Proteja las luces fluorescentes.

LOS
15
objetos más útiles para los
niños

haga pintura de yogur
para pintar con los dedos…

p. 386

Bicarbonato de sodio
{PÁGINA 64}

Haga acuarelas o tinta invisible. • Produzca gas para inflar un globo. • Limpie marcas de crayola de las paredes y comida de la ropa del bebé. • Combata las rozaduras y la caspa infantil. • Lave sustancias químicas de la ropa nueva del bebé.

Bolsas de papel
{PÁGINA 81}

Forre los libros de texto. • Haga un papalote o un cartel de tamaño natural.

Bolsas para sándwiches
{PÁGINA 93}

Guarde los dientes del bebé. • Haga toallitas húmedas, bolsas para lápices y guantes de cocina para niños. • Pinte pasta. • Lleve ropa de repuesto para los niños. • Cure mareos. • Juegue fútbol mientras hace un budín.

Cajas de cartón
{PÁGINA 109}

Construya un castillo medieval, un teatrito o un reloj de sol. • Haga un garaje para carros de juguete. • Guarde raquetas, bates, cañas de pescar y otros artículos deportivos. • Improvise un trineo.

Cinta
{PÁGINA 122}

Asegure el babero. • Haga las cosas a prueba de niños. • Haga una pluma multicolor o un globo que no explota.

LOS
14 objetos más útiles para una pronta
reparación

repare la manguera de jardín con un palillo ...

p. 338

Baldes metálicos

{PÁGINA 60}

Ponga la pintura y aditamentos y use las tapas para los escurrimientos. • Use como pilotes para pintar el techo. • Ordene las extensiones. • Limpie su sierra. • Use como base del árbol de navidad.

Bicarbonato de sodio

{PÁGINA 64}

Limpie las terminales de la batería. • Use para descongelar. • Refuerce el mimbre. • Déle a la terraza una apariencia desgastada. • Limpie los filtros del aire acondicionado y el humidificador.

Bolsas de plástico

{PÁGINA 86}

Proteja el ventilador del techo cuando pinte, evite salpicaduras. • Guarde las brochas.

Botellas

{PÁGINA 102}

Haga un cubo de pintura. • Guarde pinturas. • Organice el taller. • Use como nivel. • Haga una base para lonas y sombrillas de patio.

Cajas de cartón

{PÁGINA 109}

Repare el techo temporalmente. • Proteja sus dedos cuando clave. • Use como bandeja para el aceite o los fluidos que escurren del carro. • Use para recostarse. • Ordene el taller. • Mantenga derechas las tachuelas del tapizado.

Cinta adhesiva
{PÁGINA 126}

Quite vidrios rotos sin peligro. • Cuelgue tubos de pegamento. •Sujete mejor las herramientas.

Cinta plateada
{PÁGINA 128}

Repare temporarmente la calavera del carro, la manguera o el revestimiento. • Haga una teja temporal o un tendedero. • Oculte la llave del coche. • Parche una canoa. • Repare el bote de la basura.

Empaque con burbujas
{PÁGINA 153}

Evite la condensación del depósito del inodoro. • Aísle ventanas. • Proteja las herramientas y la superficie de trabajo.

Mangueras de jardín
{PÁGINA 235}

Proteja un serrucho. • Haga una lija redondeada. • Haga un asa para el bote de pintura.

Pantimedias
{PÁGINA 259}

Pruebe una zona lijada. • Pinte esquinas estrechas. • Tape hoyos en mosquiteros. • Cuele la pintura.

Papel aluminio
{PÁGINA 267}

Haga un embudo flexible para sitios de acceso difícil. • Refleje la luz para fotografías. • Vuelva a pegar el suelo de vinilo. • Haga una paleta de pintor. • Evite que la pintura se descascare. • Forre los rodillos y evite que la pintura caiga a las perillas.

Pera de extracción
{PÁGINA 284}

Quite el olor a moho y repare fugas del refrigerador. • Transfiera pinturas y solventes.

Pinzas para ropa
{PÁGINA 291}

Sujete objetos delgados. • Haga una tabla sujetadora. • Sostenga un clavo para proteger sus dedos. • Deje flotar las brochas en solvente.

Vinagre
{PÁGINA 350}

Quítese el cemento de la piel. • Elimine los gases de la pintura. • Desengrase rejillas y ventiladores. • Desinfecte filtros. • Facilite que la pintura se adhiera al cemento. • Quite el óxido de las herramientas. • Quite el papel tapiz. • Retarde el endurecimiento del yeso. • Reutilice las brochas endurecidas.

33

su **Guía** total
de la **A** a la **Z***

En las siguientes páginas encontrará casi 2,200 artículos domésticos comunes que, en conjunto, tienen más de 2,300 usos inesperados, y que, además de ser sorprendentes e ingeniosos, le ayudan a ahorrar tiempo, dinero y esfuerzo. A algunos de ellos, como el papel aluminio y el vinagre, los hemos denominado Superobjetos, debido a la impresionante cantidad de modos en que puede aplicarlos.

✳ Ablandador de carne

Alivie ese dolor de espalda Para calmar ese dolor de espalda mezcle suficiente agua con ablandador de carne hasta hacer una pasta, que puede frotar en las zonas de la espalda donde sienta dolor. Las enzimas contenidas en el ablandador le ayudarán a relajar los músculos adoloridos.

Alivie el dolor de una picadura de avispa Haga una pasta de ablandador de carne con agua y aplíquela directamente sobre la picadura de avispa o abeja. Tenga cuidado de no empujar más el aguijón que tiene clavado en la piel. Las enzimas del ablandador de carne descompondrán las proteínas contenidas en el veneno del insecto.

Quite manchas causadas por proteínas Pruebe el ablandador para quitar de la ropa manchas causadas por proteínas, como las de la leche, el chocolate y la sangre. Para manchas recientes espolvoree suficiente ablandador de carne en el área y déjelo reposar por una hora. Cepille el ablandador ya seco y lave su prenda como acostumbra. Para manchas añejas, haga una pasta con ablandador de carne y agua, frote la pasta sobre la mancha y espere una hora antes de lavar.

"Ablande" las difíciles manchas del sudor Antes de lavar su prenda manchada de sudor, remoje la mancha y espolvoree el ablandador de carne sobre ella. Lave como de costumbre.

¿ SABÍA *Usted* QUE...?

Una noche de 1949, en Los Ángeles, Lloyd Rigler y Lawrence Deutsch cenaban en el restaurante de Adolph Rempp, sin imaginar que sus fortunas cambiarían por siempre. Los dos socios quedaron impactados con la carne tan tierna y jugosa que comían y compraron los derechos para producir el ahora conocido ablandador de carne "Adolph". Rigler recorrió el país para promocionar el producto, un total de 63 ciudades en 60 días. Convenció a los críticos culinarios más exigentes al enviarlos a cocinar carne ablandada a sus respectivos hogares.

La crítica especulativa llevó a ventas y ganancias inesperadas, lo que permitió a los dos socios vender su negocio en 1974, y dedicarse a la filantropía y las artes por el resto de sus vidas.

 Aceite de baño

Quite el pegamento de etiquetas o banditas Para eliminar las marcas de restos pegajosos de adhesivo de banditas y etiquetas, frótelas con un poco de aceite de baño aplicado con un algodón. Funciona bien en vidrio, metal y plásticos.

Úselo como tratamiento de aceite caliente En su microondas, caliente en Alta durante 30 segundos 1/2 taza de aceite de baño mezclado con 1/2 taza de agua. Vierta la mezcla en un recipiente hondo y meta dedos de manos o pies unos 10 a 15 minutos para suavizar cutículas o callos. Tras secar, use piedra pómez para suavizar los callos o lima para quitar las cutículas. Luego aplíquese crema para manos hasta que ésta se absorba por completo.

Separe vasos pegados Cuando la humedad se mete entre vasos apilados, separarlos puede ser peligroso. Para hacerlo sin riesgo vierta unas gotas de aceite de baño por los costados de los vasos. Espere a que el aceite penetre y luego separe los vasos.

Despegue goma de mascar del cabello y la alfombra Si su hijo llega a casa con goma de mascar en el cabello, o deja un rastro en la alfombra, absténgase de ir por las tijeras. Mejor frote una cantidad generosa de aceite de baño en la goma, la que deberá aflojarse lo suficiente para retirarla con el peine. En una alfombra, pruebe el aceite en un área discreta antes de aplicar en la mancha.

 SABÍA *Usted* QUE...?

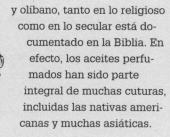

Parece que nosotros los *Homo sapiens* tenemos debilidad por los aceites perfumados para el cuerpo desde el inicio de la historia. Se cree que el primer uso de estos aceites ocurrió en el Neolítico (7000-4000 a.C.), cuando la gente de la Edad de Piedra combinó aceite de semillas de oliva y sésamo con plantas fragantes. Los antiguos egipcios también usaron aceites perfumados, sobre todo en rituales religiosos. Y el uso de aceites corporales, como mirra y olíbano, tanto en lo religioso como en lo secular está documentado en la Biblia. En efecto, los aceites perfumados han sido parte integral de muchas cuturas, incluidas las nativas americanas y muchas asiáticas.

Revitalice la tapicería de vinilo Renueve la tapicería de vinilo opaca de su auto usando una pequeña cantidad de aceite de baño en un paño suave para limpiar los asientos, tablero, apoyabrazos y otras superficies. Pula con un paño limpio para eliminar cualquier exceso de aceite. Como beneficio adicional, un aceite de baño perfumado hará que el interior del auto huela mejor.

Limpie grasa o aceite de la piel Aunque la reparación del auto o el motor de la cortadora de césped sea menor, terminará con las manos llenas de grasa o aceite. Antes de usar un desengrasante industrial, mejor aplíquese un poco de aceite de baño en las manos y luego lávelas con agua jabonosa tibia. Es un método efectivo, que trata con más delicadeza la dermis que las sustancias químicas duras.

Suavice un guante de béisbol nuevo Aplique unas gotas de aceite de baño en la parte media del guante y otras más debajo de cada dedo. Extienda ligeramente el aceite con un paño suave. Ponga una pelota de béisbol en el hueco del guante y dóblelo sobre ella, manteniéndola en su lugar con una o dos correas o con una venda. Luego de un par de días, quite las correas o la venda y elimine el exceso de aceite con un paño limpio. El guante estará mucho más flexible.

Una empalmes de tubería ¿No encuentra el aceite lubricante de usos múltiples o el WD-40 cuando trata de unir tubos? No hay problema. Unas gotas de aceite de baño proporcionarán suficiente lubricación para unir tubos con facilidad.

✳ Aceite de oliva

Quite tinte del cabello La última vez que se tiñó el cabello, ¿quedó con tanto tinte como el de las paredes que pintó la última vez? Puede remover con facilidad ese tinte indeseable si humedece un algodón con un poco de aceite de oliva y frota éste con suavidad sobre su cabello. El mismo enfoque es efectivo también para quitar mascarillas; sólo asegúrese de limpiarse los ojos con un pañuelo desechable cuando termine.

Haga su propia cera para muebles Restaure el lustre de sus muebles de madera con cera para muebles casera que es tan buena como las comerciales. Combine 2 partes de aceite de oliva con 1 parte de jugo de limón o vinagre blanco en una botella rociadora; agítela y rocíe. Espere un minuto o dos y luego limpie con un paño limpio o toalla de papel. ¿Tiene prisa? Puede obtener resultados rápidos si aplica aceite de oliva directo de la botella en una toalla de papel. Limpie el exceso con otra toalla de papel o un paño absorbente.

Úselo como acondicionador para el cabello ¿Su cabello está tan seco y quebradizo como artemisa en el desierto? Para devolverle la humedad, caliente, sin hervir, 1/2 taza de aceite de oliva y luego aplíqueselo generosamente en la cabellera. Cubra ésta con una bolsa de plástico y enseguida envuélvala con una toalla. Espere unos 45 minutos, lávelo con champú (shampoo) y enjuague bien.

Limpie el acné Aunque la noción de aplicarse aceite en la cara para tratar el acné suena un tanto disparatado, muchos juran que esto funciona. Haga una pasta mezclando 4 cucharadas de sal con 3 de aceite de oliva. Vierta un poco de la mezcla en las manos y aplíquesela en la cara. Espere un minuto o dos, luego enjuáguese el rostro con agua jabonosa tibia. Repita el proceso todos los días durante una semana, y después reduzca a dos o tres veces por semana. Observará una mejoría notable en su condición. (El principio es que la sal limpia los poros por exfoliación, mientras el aceite de oliva restablece la humedad natural de la piel.)

Sustituya su crema de afeitar Si se le acaba la crema de afeitar, no pierda tiempo tratando de hacerlo con jabón, podría irritarse la piel. El aceite de oliva, por otra parte, es un estupendo sustituto de la crema de afeitar. No sólo ayuda a que la hoja se deslice mejor por el rostro o las piernas, sino que también humecta la piel. De hecho, luego de probar esto, puede renunciar a la crema de afeitar.

Tip **Compra de aceite de oliva**

> El costoso aceite de oliva extra virgen está hecho de olivas aplastadas poco después de la cosecha y procesadas sin calor excesivo. Es grandioso para usos culinarios donde es importante el sabor del aceite. Pero para la cocina diaria y aplicaciones no alimentarias, grados inferiores de aceite de oliva (ligero, extra ligero o simple) funcionan bien y le ahorran dinero.

Limpie la grasa de las manos Para quitarse grasa de auto o pintura de las manos, vierta una cucharadita de aceite de oliva y una de sal o azúcar en las palmas. Frote con vigor la mezcla durante varios minutos para que pase entre manos y dedos; luego lávese las manos con agua y jabón. Además de limpias, las manos le quedarán más suaves.

Reacondicione un guante viejo de béisbol Si su adorado guante de béisbol muestra señales de desgaste (agrietamiento y endurecimiento del cuero), puede darle un segundo aliento con un masaje ocasional con aceite de oliva. Aplique el aceite en las áreas secas de la manopla con un paño suave; espere 30 minutos y limpie el aceite excedente. Quizá su juego no mejore, pero no será por el guante. Algunos prefieren aceite de baño para reacondicionar sus guantes (vea página 38).

✳ Aceite de ricino

Suavice las cutículas Si alguna vez lo obligaron a tragar aceite de ricino cuando era niño, ésta será una sorpresa agradable: el alto contenido de vitamina E de ese aceite espeso y de sabor horrible hace maravillas en uñas quebradizas y cutículas dañadas. Y no tiene que tragárselo. Sólo aplique masaje diario a las cutículas y uñas con un poco de aceite y en tres meses tendrá cutículas flexibles y uñas sanas.

Alivie los ojos cansados Antes de acostarse, frote aceite de ricino inodoro alrededor de los ojos. También úntese un poco en las pestañas, para mantenerlas brillantes. Tenga cuidado de que no le entre aceite en los ojos.

El aceite de ricino es más que un producto básico del botiquín tradicional. En la industria tiene cientos de usos. Se emplea en grandes cantidades en la fabricación de pinturas, esmaltes, lápiz labial, tónicos para el cabello y champús (shampoo), y forma parte de algunos plásticos, jabones, ceras, líquidos hidráulicos y tintas. También se utiliza en la fabricación de lubricantes para motores de avión y autos de carreras, porque no se endurece con el frío ni se adelgaza indebidamente con el calor. Los fabricantes de Estados Unidos actuales consumen 40% de la producción mundial de aceite de ricino.

Lubrique las tijeras de la cocina Para lubricar tijeras de cocina y otros utensilios que tocan alimentos use aceite de ricino en vez de uno tóxico derivado del petróleo.

Disfrute un masaje El aceite de ricino tiene la consistencia exacta para emplearlo como aceite para masaje calmante. Para un auténtico momento de placer, caliente el aceite en la estufa (cocina) o en el microondas a potencia media. ¡Ahhh!

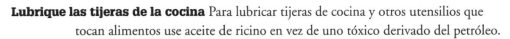

Anime sus helechos enfermos Dé a sus helechos enfermos un tónico hecho con la mezcla de 1 cucharada de aceite de ricino, 1 cucharada de champú (shampoo) para bebé y 4 tazas de agua templada. Administre al helecho 3 cucharadas del tónico, luego siga con agua simple. Sus plantas estarán reanimadas para cuando se agote el tónico.

Acondicione su cabello Para un cabello sano y brillante, mezcle 2 cucharaditas de aceite de ricino con 1 cucharadita de glicerina y una clara de huevo. Dé masaje al cabello húmedo, espere unos minutos y enjuague.

✳ Aceite para bebé

Quitar una bandita Elimine o disminuya significativamente el factor de dolor, y las lágrimas consecuentes, cuando le quite una bandita a un niño pequeño frotando primero un poco de aceite para bebé sobre los bordes con adhesivo. Una vez que la bandita se afloje, deje que el niño termine el trabajo para ayudarle a vencer su temor. Los adultos con piel sensible o frágil también pueden usar este método.

Haga su propio aceite para baño ¿Tiene un perfume o colonia favorito? Puede bañarse con él si hace su propio aceite para baño perfumado. Sólo agregue unas cuantas gotas de la escencia de su elección a 1/4 de taza de aceite para bebé en una botella de plástico chica. Agítela bien y añádala a su baño.

Saque un anillo atorado ¿Se le atoró un anillo en el dedo? Primero lubrique el área del anillo con una cantidad generosa de aceite para bebé. Luego gire el anillo para extender el aceite bajo éste. Ahora podrá sacarlo con facilidad.

Limpie su bañera o ducha Elimine la suciedad y el jabón acumulado en su bañera o ducha frotándolas con 1 cucharadita de aceite para bebé en un paño húmedo. Con otro paño quite el aceite restante. Luego rocíe el área con limpiador desinfectante para eliminar gérmenes. Esta técnica también es excelente para limpiar la película de jabón y marcas de agua de las puertas de vidrio de la ducha.

Lustre piletas de cocina de acero inoxidable y adornos cromados Renueve sus piletas de acero inoxidable deslucidas frotándolas con unas gotas de aceite para bebé en un paño suave limpio. Séquelos con una toalla y repita la operación si es necesario. Elimina manchas en aparatos de cocina y accesorios de baño cromados.

Pula bolsas y zapatos de piel Unas cuantas gotas de aceite para bebé aplicadas con un paño suave pueden dar nueva vida a una cartera de piel o unos zapatos de charol viejos. No olvide eliminar cualquier resto de aceite en la piel al terminar.

Quite rayaduras del tablero de plástico Puede disimular rayaduras en las cubiertas de plástico del odómetro y otros indicadores en el tablero de su auto frotándolas con un poco de aceite para bebé.

Elimine pintura de látex de la piel ¿Quedó con más pintura en cara y manos que la que usó para pintar el baño? Quite rápido la pintura de látex de su piel frotándola primero con algo de aceite de bebé y lavándose luego con jabón y agua caliente.

Trate la costra de leche La costra de leche puede ser desagradable, pero es una fase común, por lo general inofensiva, en el desarrollo de muchos bebés. Para combatirla, frote con suavidad un poco de aceite para bebé, y peine ligeramente el cabello de su bebé. Si éste se molesta, peine un poco a la vez, pero no deje el aceite por más de 24 horas. Luego lave a fondo el cabello para eliminar todo el aceite. Repita el proceso en casos persistentes. *Nota:* Si observa muchas costras amarillentas o si la costra se ha extendido detrás de los oídos o en el cuello, consulte a su pediatra.

*Aceite vegetal

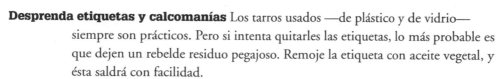

Ayude a quitar una astilla ¡Esa terca astilla no sale por nada! Déjese un momento de escarbar el dedo, y sumérjalo en aceite vegetal. El aceite ablandará su piel, tal vez lo suficiente para facilitar la salida de esa astilla, desde luego, con la diligente ayuda de sus pinzas.

Desprenda etiquetas y calcomanías Los tarros usados —de plástico y de vidrio— siempre son prácticos. Pero si intenta quitarles las etiquetas, lo más probable es que dejen un rebelde residuo pegajoso. Remoje la etiqueta con aceite vegetal, y ésta saldrá con facilidad.

Separe los vasos atorados Cuando los vasos apilados se quedan pegados, parece que nada los pudiera separar. Sin emgargo, la solución es muy sencilla: vierta un poco de aceite vegetal alrededor del borde del vaso inferior, y los dos vasos se separarán fácilmente.

Tip Lubricando las tablas para picar

> Para restaurar y proteger los utensilios de madera ya reseco, como las tablas para picar, las ensaladeras y las pinzas, use aceite para ensaladeras, un aceite comestible seguro que no se hará añejo y que está diseñado para proteger la madera que entra en contacto con los alimentos. No use aceite vegetal normal, pues éste penetra en la madera, haciéndola ver mejor, pero nunca se seca y sin llegar a descomponerse.

Suavice sus pies Frótese los pies con aceite vegetal antes de acostarse, y póngase calcetines (medias). Cuando despierte, sus pies estarán suaves y sedosos.

Evite que la hierba cortada se pegue La próxima vez que apague su cortadora de césped para quitar la hierba cortada que se pegó, frote un poco de aceite vegetal debajo de la caja y en la hoja. De este modo, tardará un buen tiempo para que se acumule la hierba cortada.

Controle los mosquitos en la pila para pájaros Es tan satisfactorio mirar cómo las aves disfrutan de ese baño que usted les ha facilitado. Pero desgraciadamente, el agua inmóvil es terreno ideal para la reproducción de los mosquitos. Si echa a flotar unas cuantas cucharadas de aceite vegetal en la superficie del agua, evitará que los insectos la usen, y no molestará a las aves. Es importante cambiar el agua dos veces a la semana, para que ninguna larva tenga tiempo de incubar.

✳ Acondicionador de pelo

Quítese el maquillaje ¿Por qué comprar desmaquillantes costosos si tiene un sustituto perfecto en el estante de su baño? El acondicionador de pelo quita rápido y fácil el maquillaje y es más barato que los desmaquillantes comerciales.

Desatore un anillo El anillo de la abuela se atoró en su dedo. ¿Ahora qué? Tome una botella de acondicionador de pelo y meta el dedo. El anillo se desatorará.

Lubrique un cierre Sale usted corriendo, poniéndose su chaqueta y, ¡rayos!, el cierre se atora. Usted tira de él hasta cerrar la chaqueta. Frote un poco de acondicionador de pelo en los dientes del cierre y evite esta molestia la próxima vez.

Suavice las piernas irritadas por la afeitada Luego de afeitar sus piernas, pueden estar ásperas e irritadas. Frótelas con acondicionador de pelo; actúa como loción y ayuda a aliviar la irritación.

El acondicionador de pelo existe desde hace unos 50 años. Al investigar formas de ayudar a las víctimas de quemaduras en la Segunda Guerra Mundial, químicos suizos desarrollaron un compuesto que mejoraba la salud del cabello. En la década de 1950, otros científicos que desarrollaron suavizantes de telas vieron que el mismo material también podía suavizar el cabello. A pesar de nuestros esfuerzos por mantener sano el cabello con acondicionador, perdemos en promedio entre 50 y 100 cabellos al día.

A muchos, afortunadamente, todavía les quedan muchos cabellos: los rubios tienen un promedio de 140,000 cabellos, los castaños, 100,000, y los pelirrojos, 90,000.

Deslizamiento suave de la cortina de la ducha ¿Cansado de tironear la cortina de la ducha? ¿En lugar de cerrar con suavidad, se atora en la barra de la cortina, dejando que el agua moje el piso? Frote la barra con acondicionador de pelo, y la cortina se deslizará de nuevo.

Evite la oxidación en herramientas Todo aquel que haga manualidades (bricolaje), sabe la importancia que tiene cuidar las herramientas. Una forma de tenerlas en buen estado y evitar la oxidación es frotarlas con acondicionador de pelo.

Limpie y dé brillo a sus plantas ¿Sus plantas necesitan una buena sacudida? Ponga un poco de acondicionador de pelo en un paño suave y frote las hojas de la planta para quitar el polvo y dar brillo a las hojas.

Aceite las ruedas de los patines ¿Las ruedas del patín de su hijo rechinan? ¿Los niños se quejan de que las ruedas de sus patines se pegan? Pruebe este truco: frote acondicionador de pelo en los ejes de las ruedas, y estarán de nuevo en la calle en un santiamén con su equipo restaurado.

Pula acero inoxidable Olvide los costosos pulidores de acero inoxidable. Aplique acondicionador de pelo a grifos (canillas), palos de golf, accesorios cromados o cualquier cosa que necesite pulirse. Luego de que frote con un paño suave, quedará impresionado con el brillo.

 Agua carbonatada

Haga panqués (budines) más esponjosos Si le gustan los panqués (budines) esponjosos, sustituya los líquidos que vienen en la receta por agua carbonatada. Le sorprenderá lo ligeros y esponjosos que quedarán sus convites para el desayuno.

Dé a sus plantas un baño mineral No tire el agua carbonatada sobrante. Úsela para regar sus plantas de interiores y exteriores. Los minerales en el agua carbonatada ayudan a que las plantas crezcan verdes. Para un beneficio máximo, riegue sus plantas con agua carbonatada más o menos una vez a la semana.

Elimine manchas en la tela Limpie las manchas de grasa en telas de doble punto. Vierta agua carbonatada sobre la mancha y frote con suavidad. Frote más vigorosamente para quitar manchas en alfombras o prendas menos delicadas.

Desconche las ostras Si le encantan las ostras pero encuentra una tarea casi imposible desconcharlas, intente mojarlas en agua carbonatada unos minutos antes. Las ostras no saltarán de sus conchas, pero será mucho más fácil abrirlas.

Limpie las piedras preciosas Moje sus diamantes, rubíes, zafiros y esmeraldas en agua carbonatada para darles brillo. Tan sólo póngalas en un vaso lleno de agua carbonatada y déjelas en remojo toda la noche.

Limpie el parabrisas de su auto Guarde una botella rociadora llena con agua carbonatada en el maletero (baúl) de su automóvil. Úsela para eliminar excrementos de ave y manchas de grasa del parabrisas. Esta agua acelera la limpieza.

Restaure el color de su cabello Si su cabello rubio se pone verde al nadar en una piscina con demasiado cloro, no sienta pánico. Enjuague su cabello con agua carbonatada y volverá a su color original.

Alivie su estómago El agua carbonatada fría con una pizca de amargo de Angostura hará maravillas en un estómago trastornado por la indigestión o una resaca.

Limpie mostradores y accesorios Vierta agua con gas sobre mostradores, cocinas y piletas de acero inoxidable. Frote con un paño suave, enjuague con agua tibia y seque con otro. Para limpiar accesorios de porcelana, vierta agua carbonatada sobre ellos y frote también con un paño suave. No necesita usar jabón ni enjuagar, y no se estropeará el acabado. Dé una buena limpieza al interior de su refri (heladera) con una solución débil de agua carbonatada y un poco de sal.

SABÍA *Usted* QUE...?

El agua burbujeante se ha asociado con la buena salud desde la época de los antiguos romanos, quienes disfrutaban beber agua con gas casi tanto como bañarse en ella. La primera agua carbonatada se vendió en Estados Unidos a fines del siglo XVIII, cuando los farmacéuticos resolvieron cómo infundir agua simple con dióxido de carbono, el cual se creía era responsable de dar al agua burbujeante natural sus cualidades saludables. El agua carbonatada y el agua de seltzer son esencialmente lo mismo. Sin embargo, la de seltzer es un agua efervescente natural (llamada así por una región de Alemania donde ésta se da en abundancia) mientras que el agua carbonatada es fabricada.

Quite el óxido Para aflojar tuercas y tornillos oxidados, vierta un poco de agua carbonatada sobre ellos. La carbonatación ayuda a eliminar el óxido.

Elimine manchas de orina ¿Alguien tuvo un accidente? Después de secar toda la orina posible, vierta agua carbonatada sobre la mancha y seque de inmediato. El agua carbonatada eliminará la mancha y ayudará a reducir el olor fétido.

Limpie fácilmente el hierro fundido La comida cocinada en hierro fundido es deliciosa, pero limpiar las pesadas ollas y cacerolas pegajosas no es divertido. Puede facilitar mucho la limpieza virtiendo un poco de agua carbonatada en la cacerola mientras aún está caliente. El agua burbujeante evitará que se pegue la mugre.

* Alcohol desinfectante

Limpie accesorios de baño Sólo busque dentro del botiquín la próxima vez que necesite limpiar los accesorios cromados del baño. Vierta algo de alcohol desinfectante directo de la botella en un paño suave y absorbente y limpie los accesorios. No necesita enjuagar; el alcohol simplemente se evapora. Hace un gran trabajo para sacar brillo al cromo, además que matará cualquier germen a su paso.

Quite spray para el cabello de los espejos Al rociar spray para el cabello, algo acaba inevitablemente en el espejo. Una limpiada rápida con alcohol desinfectante quitará ese residuo pegajoso y dejará su espejo brillando de limpio.

Limpie persianas Frotar con alcohol obra maravillas al limpiar las láminas de las persianas. Para hacer el trabajo rápido, envuelva con un paño una herramienta plana, como una espátula de 15 cm, y asegúrela con una goma. Mójela en alcohol y póngase a trabajar.

Prevenga el círculo en el cuello Para prevenir que el sudor manche el cuello de su camisa, limpie su cuello con alcohol desinfectante cada mañana antes de vestirse.

> **CUIDADO** No confunda el alcohol desnaturalizado con el alcohol desinfectante. El alcohol desnaturalizado es etanol (alcohol potable) al que se le han agregado sustancias químicas tóxicas y de mal sabor para que no pueda beberse. Con frecuencia, las sustancias químicas usadas en el alcohol desnaturalizado no son adecuadas para su piel. El alcohol desinfectante contiene sustancias químicas que son seguras para el contacto con la piel: lo más común, 70% alcohol isopropílico y 30% agua.

Limpie su teléfono ¿Su teléfono está un poco sucio? Límpielo con alcohol desinfectante. Quitará la mugre y desinfectará el teléfono al mismo tiempo.

Quite manchas de tinta ¿Le cayó tinta en su camisa o vestido favorito? Pruebe mojando la mancha en alcohol desinfectante por unos minutos antes de lavar la prenda.

Borre marcadores permanentes ¿Su hijo decoró su mostrador con un marcador permanente? No se preocupe, muchos mostradores son de un material no permeable

45

A

como plástico laminado o mármol. El alcohol desinfectante disolverá de nuevo el marcador a un estado líquido de modo que lo podrá limpiar con facilidad.

Quítele las garrapatas al perro Las garrapatas odian el sabor del alcohol desinfectante tanto como les gusta el sabor de su perro. Antes de arrancarle una garrapata a Fido, moje al bicho con alcohol desinfectante para que pierda su agarre. Luego tome a la garrapata lo más cerca de la piel del perro que pueda y tírela derecho. Moje de nuevo con alcohol para desinfectar la herida. También funciona en personas.

Deshágase de las moscas de la fruta La próxima vez que vea moscas de la fruta rondando en la cocina, saque una botella rociadora fina y llénela con alcohol desinfectante. El rocío derriba al piso a las moscas, donde puede barrerlas. El alcohol es menos efectivo que el insecticida, pero más seguro que rociar veneno por toda su cocina.

Haga una bolsa de hielo moldeable El problema con las bolsas de hielo es que no se ajustan a la forma de la parte del cuerpo lesionada. Haga una bolsa medio derretida, moldeable, mezclando 1 parte de alcohol desinfectante con 3 partes de agua en una bolsa de plástico autosellable. La próxima vez que se le inflame la rodilla, envuelva la bolsa con un paño y aplíquela en el área. ¡Ahhh!

Expanda zapatos nuevos apretados Esto no siempre funciona, pero seguro vale la pena intentarlo: si sus zapatos de piel nuevos le aprietan los pies, frote el punto duro con un algodón empapado en alcohol desinfectante. Camine con los zapatos puestos unos minutos para ver si los siente cómodos. Si no es así, el siguiente paso es regresarlos a la zapatería.

✳ Alka-Seltzer

Limpie su cafetera Llene la cámara de agua de su cafetera con agua y eche cuatro tabletas de Alka-Seltzer. Ya que se disuelva éste, ponga la cafetera a percolar para limpiar sus conductos. Enjuague la cámara dos o tres veces, y después vuelva a poner el ciclo de percolado, esta vez sólo con agua, antes de hacer café.

Limpie un florero Puede parecer imposible tallar los residuos que quedan pegados en el fondo de los jarrones de cuello angosto, pero es fácil eliminarlos. Llene a la mitad con agua y eche dos tabletas de Alka-Seltzer. Espere a que deje de burbujear, y enjuague. El mismo truco funciona para limpiar termos de vidrio.

Limpie los utensilios de vidrio refractario Olvídese de tallar las manchas rebeldes de sus moldes refractarios. Llénelos con agua, añada seis tabletas deAlka-Seltzer, y deje remojando una hora. Las manchas desaparecerán.

Limpie su inodoro El ácido cítrico del Alka-Seltzer, combinado con su acción efervescente, resulta un efectivo limpiador del inodoro. Sólo eche dos tabletas en la taza y espere 20 minutos. Luego talle con el cepillo del inodoro y déjelo reluciente.

Convierta el plaf, plaf, fizz, fizz en zuum, zuum, whiz con este cohete de **Alka-Seltzer.** El cohete obtiene su impulso del gas que se crea cuando echa un par de Alka-Seltzer al agua contenida en un tubito de rollo de fotos.

El tipo de tubo es clave: use el tubo de plástico de una película **Fuji de 35 mm con tapa que** ajusta al interior del tubito. Los tubos con tapas que se ajustan a un borde externo no nos sirven. También requerirá dos pedazos de papel de construcción, **cinta transparente y tijeras.**

Para formar el cuerpo del cohete, haga con el papel un

cilindro y envuelva en él el tubito, con la boca del tubo hacia abajo. Pegue con cinta adhesiva. Forme un cono con un cuarto de hoja de papel. Recorte en la base para emparejarlo y péguelo en la parte de arriba del cuerpo del cohete.

Para lanzar el cohete, llene el tubito a la mitad con agua refrigerada, el agua fría es vital para un despegue exitoso. Añada dos tabletas de Alka-Seltzer. Ponga rápidamente la tapa, coloque el cohete en el suelo y hágase para atrás. El gas pronto ejercerá presión en el tubo, ocasionando que la tapa salga volando y que el cohete sea lanzado varios centímetros hacia arriba.

Limpie sus joyas Sumerja sus joyas opacas en un vaso burbujeante con Alka-Seltzer durante un par de minutos. Brillarán y relucirán cuando las saque.

Destape el drenaje ¿Otra vez se tapó el drenaje? He aquí una solución casi instantánea: Eche dos Alka-Seltzer por la abertura y vacíe una taza de vinagre. Espere unos minutos y abra el grifo (la canilla) del agua caliente para acabar de destapar el drenaje. ASí también eliminará el olor de drenaje de la cocina.

Alivie las picaduras de insectos ¿Las picaduras de mosquito o de otro insecto lo están volviendo loco? Para disminuir la comezón, ponga dos Alka-Seltzer en medio vaso de agua. Moje allí un poco de algodón y aplique a la picadura. *Precaución:* No haga esto si es alérgico a la aspirina, que es un ingrediente del Alka-Seltzer.

Atraiga los peces Los pescadores saben que a los peces les atraen las burbujas. Si usa un anzuelo emplomado de tubo de plástico hueco, introduzca un pedazo de Alka-Seltzer en el tubo, al hundirse se producirá un atractivo chorro de burbujas.

super objeto
19 usos

Amoníaco

Limpie su horno Aquí hay una forma muy fácil para limpiar un horno eléctrico: primero, encienda el horno, déjelo calentar a 65°C y luego apáguelo. Ponga un tazón (bol) chico con 1/2 taza de amoníaco en el anaquel superior y una cacerola grande de agua hirviendo en el anaquel inferior. Cierre la puerta del horno y déjelo toda la noche. Al día siguiente, saque el tazón y la cacerola y deje que se ventile el horno un rato. Luego límpielo con el amoníaco y unas gotas de líquido lavaplatos diluidas en 1 litro de agua tibia; incluso el cochambre más pegado se quitará. *Advertencia: No use este método de limpieza en un horno de gas a menos que los pilotos estén apagados y la línea del gas esté cerrada.*

CUIDADO Nunca mezcle amoníaco con blanqueador o cualquier producto que contenga cloro. La combinación produce gases tóxicos que pueden ser mortales. Trabaje en un espacio bien ventilado y evite inhalar los vapores. Use guantes de hule y evite que le caiga amoníaco en la piel o en los ojos. Evite que el amoníaco esté al alcance de los niños.

Limpie las parrillas del horno Quite el cochambre de las parrillas de su horno poniéndolas sobre una toalla vieja en una palangana grande. También puede usar su bañera, aunque tendría que limpiarla después. Llénela con agua tibia y agregue 1/2 taza de amoníaco. Deje las parrillas en remojo al menos 15 minutos, luego sáquelas, enjuáguelas y límpielas.

Haga brillar el cristal ¿Se ha ido el centelleo de su cristalería buena? Devuélvale el brillo perdido mezclando varias gotas de amoníaco en 2 tazas de agua. Aplique la mezcla con un paño suave o brocha. Enjuague con agua limpia y luego seque con un paño suave y seco.

Repela polillas ¡Las molestas polillas en la cocina parecen salir de la nada! Envíelas de vuelta al lugar de donde salieron lavando sus cajones, estantes de la despensa o aparadores con 1/2 taza de amoníaco diluido en 1 litro de agua. Deje abiertos los cajones y armarios para que se ventilen bien.

❋ AMONÍACO **POR TODA LA CASA**

Elimine el olor a pintura El interior de su hogar recién pintado se ve formidable, ¡pero ese olor a pintura lo hace subirse por las paredes! Sin embargo, no hay necesidad de prolongar su sufrimiento. Absorba el olor colocando platos chicos de amoníaco en cada habitación que haya pintado. Si el olor persiste después de varios días, reabastezca los platos. También funcionan el vinagre o rebanadas de cebolla.

Limpie puertas de chimeneas ¿Piensa que necesitará un soplete para quitar ese hollín ennegrecido de las puertas de vidrio de su chimenea? Antes de sacar las gafas protectoras, pruebe a mezclar 1 cucharada de amoníaco, 2 cucharadas de vinagre y 1 litro de agua tibia en una botella rociadora. Rocíe algo de la solución; deje reposar varios segundos, luego limpie con un paño absorbente. Repita si es necesario; vale la pena el esfuerzo adicional.

Durante la Edad Media, el amoníaco se hacía en el norte de Europa calentando raspadura de cuernos de ciervo, y se conocía como espíritu de cuerno de ciervo. Antes de iniciar la Primera Guerra Mundial, se producía sobre todo por la destilación seca de productos vegetales y animales nitrogenados. Hoy la mayor parte del amoníaco se hace en forma sintética usando el proceso Haber, en el que se combinan gases de hidrógeno y nitrógeno bajo presiones extremas y temperaturas medias. La técnica fue desarrollada por Fritz Haber y Carl Bosch en 1909, y fue usada por primera vez a gran escala por los alemanes durante la Primera Guerra Mundial, sobre todo para la producción de municiones.

Limpie joyería de oro y plata Abrillante sus baratijas de oro y plata remojándolas por 10 minutos en una solución de 1/2 taza de amoníaco incoloro mezclado con 1 taza de agua tibia. Límpielas en forma ligera con un paño suave y déjelas secar. *Nota:* No haga esto con joyería que tenga perlas, porque podría enturbiarlas o dañar su superficie delicada.

Elimine lo deslustrado del latón o plata ¿Cómo puede devolver ese brillo a su latón laqueado o plata deslustrados? Frote con suavidad con un cepillo suave mojado en un poco de amoníaco. Limpie cualquier líquido restante con un paño suave o, de preferencia, gamuza.

Quite grasa y residuos de jabón Elimine esas feas manchas de grasa y residuos de jabón en su fregadero (pileta) o bañera de porcelana esmaltada; frote con una solución de 1 cucharada de amoníaco en 3.7 litros de agua caliente. Enjuague bien.

Restaure zapatos blancos Abrillante sus zapatos blancos o tenis (zapatillas) sucios frotándolos con un paño empapado en amoníaco de potencia media; es decir, una solución hecha con la mitad de amoníaco y la mitad de agua.

Tip **Prueba segura del amoníaco**

¿No sabe si es seguro poner una solución de amoníaco, o cualquier quitamanchas, en alguna tela o material? Siempre pruebe primero una gota o dos en una parte discreta de la prenda u objeto. Después de aplicar, frote el área con una toalla de tela de rizo blanca para probar la solidez del color. Si cualquier color se queda en la toalla al frotarlo o si hay algún cambio notorio en la apariencia del material, pruebe otro método.

Quite manchas de la ropa El amoníaco es formidable para limpiar ropa. Aquí hay algunas formas para quitar una variedad de manchas. Asegúrese de diluir el amoníaco con al menos 50% de agua antes de aplicarlo a seda, lana o spandex.

AMONÍACO*

49

- Quite manchas de transpiración, sangre y orina en la ropa tallando el área con una solución de potencia media de amoníaco y agua antes de lavar.

- Elimine la mayor parte de las manchas que no son de aceite haciendo una mezcla de partes iguales de amoníaco, agua y líquido lavaplatos. Póngala en una botella rociadora vacía, agite bien y aplíquela directo en la mancha. Deje reposar por dos o tres minutos y luego enjuague.

- Para borrar marcas de lápiz de la ropa, use unas cuantas gotas de amoníaco sin diluir y luego enjuague. Si no funciona, ponga un poco de detergente para ropa en la mancha y enjuague de nuevo.

- Incluso puede quitar manchas de pintura de la ropa empapándolas varias veces con una solución con mitad de amoníaco y mitad de aguarrás, y luego poniéndolas en la lavadora.

Limpie alfombras y tapicería Quite manchas de alfombras y tapicería pasándoles una esponja con 1 taza de amoníaco incoloro en 2 litros de agua tibia. Deje secar bien y repita el proceso si es necesario.

Anime las ventanas Las ventanas sucias pueden hacer que cualquier casa se vea lúgubre. Pero es fácil limpiar la suciedad, huellas digitales, hollín y polvo que cubren sus ventanas. Sólo límpielas con un paño suave humedecido con una solución de 1 taza de amoníaco incoloro en 3 tazas de agua. Sus ventanas no sólo quedarán claras como el cristal, sino además sin rayones.

Quite cera de pisos resistentes La acumulación de cera en pisos resistentes causa que se pongan amarillos con el tiempo. Quite capas viejas de cera y refresque su piso lavándolo con una mezcla de 1 taza de amoníaco en 2 litros de agua. Deje la solución por tres a cinco minutos, luego talle con un estropajo de nylon o plástico para quitar la cera vieja. Limpie el residuo con un paño o esponja limpios, Luego enjuague a fondo el piso.

Limpie los azulejos del baño Haga que brillen de nuevo los azulejos del baño, y acabe con el moho en ellos, pasándoles una esponja con 1/4 de taza de amoníaco en 3.7 litros de agua.

SABÍA *Usted* QUE...?

Úselo como alimento para plantas Dé a las plantas en flor y a los vegetales que adoran la alcalinidad de su jardín, como clemátides, lilas, hortensias y pepinos, un regalo especial rociándolos con 1/4 de taza de amoníaco diluido en 3.7 litros de agua. Apreciarán sobre todo el incremento en nitrógeno.

Aleje a los animales de su basura Pocas cosas pueden ser tan alarmante como un mapache saltando de su cubo de basura justo cuando está a punto de tirar su basura por la noche. Aleje a esos carroñeros enmascarados y otros animales rociando el exterior y las tapas de sus cubos de basura con amoníaco de potencia media o rociando el interior de las bolsas.

Elimine manchas del concreto ¿Cansado de esas decoloraciones molestas en su obra de concreto? Para deshacerse de ellas, frótelas con 1 taza de amoníaco diluida en 3.7 litros de agua. Lávelo bien con manguera cuando termine.

Luche contra el moho El amoníaco y el blanqueador son armas igual de efectivas en la batalla contra el moho. Sin embargo, cada uno tiene sus propias aplicaciones distintas, y bajo ninguna condición deberán combinarse los dos.

Aunque el amoníaco es excelente en las siguientes labores, asegúrese de usarlo en zonas bien ventiladas; además, no olvide usar guantes de hule:

- Quite el moho de muebles para patio y mesas para día de campo de madera rústica con una mezcla de 1 taza de amoníaco, 1/2 taza de vinagre, 1/4 de taza de bicarbonato de sodio y 3.7 litros de agua. Enjuague bien; use una toalla de tela de rizo vieja para absorber el exceso de humedad.

- Para quitar el moho de superficies exteriores pintadas, use la misma combinación de ingredientes.

- Para quitar moho de muebles de mimbre, lávelos con una solución de 2 cucharadas de amoníaco en 3.7 litros de agua. Limpie con un cepillo de dientes viejo los puntos difíciles. Enjuague bien y deje secar al aire.

✳ Anillos de goma de tarros

Evite que se deslice el tapete Si tiene un tapete que se patina, puede mantenerlo en su lugar si cose uno o dos anillos (empaques) de goma para tarros debajo de cada esquina.

Juegue tejos adentro ¿Qué más puede hacer para mantener felizmente ocupados a esos preescolares inquietos en un día lluvioso? Voltee al revés un taburete o mesa chica y pídales que traten de lanzar anillos (empaques) de goma de tarros sobre las patas.

Proteja mesas Proteja la superficie de su mesa de rayones y manchas de agua colocando un empaque de goma para tarros debajo de jarrones y lámparas.

✳ Arena

Proteja y guarde sus herramientas de jardín Sus herramientas de jardín deben durar mucho tiempo, así que consérvelas limpias y protegidas de la intemperie. Llene un balde de 19 litros con arena para construcción (de venta en locales de materiales de construcción y mantenimiento) y vierta 1/4 de litro de aceite para motores limpio. Meta sus palas y otras herramientas en la arena varias veces para limpiarlas y lubricarlas. Para evitar el óxido, puede dejar las hojas metálicas en el balde. Use un recipiente de café, lleno con arena y un poco de aceite para motor, para sus tijeras de podar y sus palas pequeñas.

Limpie un jarrón de boca angosta Después de que sus flores han dado de sí, debe tirarlas, junto con el agua. Es hora de limpiar el jarrón, pero su boca es demasiado angosta para su mano. Póngale un poco de arena y agua tibia y jabonosa, y agítelo suavemente. La arena hará el trabajo de limpieza interior de los residuos por usted.

Sostenga mientras pega Reparar objetos pequeños, como porcelana rota, con pegamento sería fácil si tuviera tres manos —una para cada pedazo y otra para el pegamento. Como sólo tiene dos, intente esto: en un recipiente, cubra de arena la parte de mayor tamaño. Colóquela de manera que no se mueva cuando acerque la pieza rota para pegarla. Aplique pegamento sobre ambas partes y únalas. Deje allí su objeto reparado, y la arena lo mantendrá firme hasta que seque el pegamento.

✳ Arena para gato

Haga una mascarilla de lodo Haga una mascarilla de lodo para una limpieza profunda. Mezcle dos puñados de arena para gato fresca con suficiente agua tibia para hacer una pasta espesa. Unte la pasta sobre su cara, deje reposar por 20 minutos y enjuague con agua. El barro de la arena para gatos desintoxica la piel al absorber la suciedad y la grasa de los poros. Cuando sus amigos elogien su tez y le pregunten cómo lo logró, dígales que es su pequeño secreto.

Desodorante para zapatos deportivos Si sus zapatos deportivos huelen mal, llene un par de medias viejas con arena para gatos perfumada, átelas y póngalas dentro de las zapatillas toda la noche. Si es necesario, repita hasta que se les vaya el olor.

Agregue tracción al hielo Ponga una bolsa de arena para gatos en el cofre (baúl) de su auto. Úsela para agregar tracción cuando se atasque en hielo o nieve.

Evite incendios por la grasa Que el fuego no arruine su parrillada. Ponga una capa de arena para gatos al fondo de su parrilla y cocine sin preocupaciones.

Detenga el olor a cerrado Deshágase del olor a encierro que sale cuando abre la puerta de su armario. Ponga una caja con poca profundidad llena de arena para gatos en cada armario o habitación con ese olor. La arena para gatos es un gran desodorante.

Proteja las flores La fragancia y belleza de las flores recién cortadas es algo que dura muy poco. Usted no puede guardar el olor, pero sí puede conservar su belleza secando las flores sobre una cama de arena para gatos en un recipiente hermético por un período de 7 a 10 días.

Elimine el hedor El hecho de que los cestos de basura contengan basura no significa que deban oler mal. Espolvoree un poco de arena para gatos en el fondo de los cestos de basura para mantenerlos oliendo a fresco. Cambie la arena después de una semana, cuando se humedezca. Si tiene un bebé en casa, use el mismo método para refrescar los cubos de pañales.

Conserve sin moho su tienda (carpa) para acampar Mantenga sus tiendas (carpas) y bolsas de dormir oliendo a fresco y sin moho cuando no las use. Vierta arena para gatos en una media vieja, ate el extremo y póngalo en la bolsa o la tienda.

Desaparezca las manchas de grasa Deshágase de esas horribles manchas de grasa y aceite en la entrada o el piso de su cochera. Sólo cúbralas con arena para gatos. Si las manchas están frescas, la arena absorberá de inmediato la mayor parte del aceite. Para eliminar las manchas persistentes, vierta un poco de solvente para pintura sobre la mancha antes de echar la arena. Espere 12 horas y luego barra.

Renueve los libro viejos Puede "rejuvenecer" esos libros viejos que huelen a humedad guardándolos sellados toda la noche en una lata con arena para gatos limpia.

¿SABÍA *Usted* QUE...?

Quizá Ed Lowe no habría tenido la idea de la arena para gatos si una vecina no le hubiera pedido un poco de arena común para la caja de su gato un día, allá por 1947. Ed, quien trabajaba para la compañía de su padre vendiendo absorbentes industriales, sugirió en su lugar la arcilla, debido a que era más absorbente y no dejaría rastros por toda la casa. Cuando ella regresó por más, él supo que tenía un ganador. Pronto recorría el país vendiendo bolsas de su nueva Kitty Litter que traía en la parte trasera de su Chevy Coupe. Para 1990 Edward Lowe Industries, Inc. era el productor de arena para gatos más grande de Estados Unidos, con ventas al menudeo por más de 210 millones de dólares anuales.

* Aretes (aros)

Úselos como chinches para tablero de avisos
Imprímale estilo a su tablero de avisos. Use aretes (aros) de poste sin pareja para clavar fotos, notas, recuerdos y recortes.

Haga un prendedor de su creación ¿Tiene un lote de aretes (aros) de poste sin pareja acumulando polvo en una caja? Con pinzas para cortar alambre quite los postes y sea creativo: acomode los aretes en un trozo de cartón o un núcleo de hule espuma y asegúrelos con pegamento caliente. Agregue un broche y ya está: un prendedor nuevo. O use el mismo método para alegrar el marco sencillo de una foto.

Haga un imán Déle atractivo a su refrigerador (heladera). Quite el poste de un arete (aro) huérfano con unas pinzas y péguelo a un imán. Qué gran forma de destacar lo complacido que está con esa boleta de calificaciones perfecta cuando lo ponga en el refrigerador.

Sujete su bufanda ¿Perdió uno de sus aretes (aros) favoritos? Bueno, al menos puede lucir aún el sobreviviente en un conjunto usándolo para asegurar una bufanda. Sólo ate la bufanda como desee, luego sujétela o perfórela con el arete (aro).

Haga un botón al instante ¡Oh, rayos! Ya está vestida para salir y descubre que falta un botón. No necesita reinventar su traje completo. Sólo busque en su colección de aretes (aros) de clip. Sujete el arete en el lado del botón de la prenda para crear un "botón" nuevo, luego abotone como siempre en el ojal. Si tiene tiempo, cambie el botón de arriba de su blusa favorita para reemplazar el que se perdió y luego use el arete (aro) en la parte superior de la blusa.

Decore su árbol de Navidad Esparza aretes (aros) de clip en las ramas de su árbol de Navidad como un elemento llamativo para sus decoraciones más grandes. También puede utilizarlos como el adorno principal en un árbol pequeño o una corona de flores.

* Aros (argollas) para cortina

Engánchese En un campamento o excursión, cuando no desee llevar una mochila, es fácil sujetar unos cuantos artículos a su cinturón con la ayuda de un aro (argolla) para cortina. Los montañistas usan ganchos de seguridad costosos, los cuales usan para sostener artículos y controlar las cuerdas. Pero usted no necesita llevar algo tan pesado. Sujete sus zapatos deportivos a su bolsa de dormir con un aro metálico para cortina; sus guantes y cantimplora pueden colgar de un aro metálico para cortina de baño o un llavero de latón.

Mantenga alineada la curiosidad Es una etapa natural del desarrollo, pero no siempre es una que desee fomentar. Los niños curiosos no pueden evitar hurgar en los aparadores de su cocina. Si tiene a un niño de visita, cierre los aparadores que estén a la mano de los chicos colocando aros (argollas) de cortina para baño en los cerrojos. Luego, cuando los pequeños se marchen, es fácil quitar los aros.

Sostenga su martillo A veces necesita tres manos cuando hace reparaciones caseras. Prenda un aro (argolla) metálico para cortina de baño firme a su cinturón y meta en él su martillo. Ahora puede subir a la escalera o trabajar de alguna otra forma con ambas manos y sólo tomar el martillo cuando lo necesite.

Guarde tuercas y arandelas Guarde tuercas y arandelas en aros (argollas) metálicos para cortinas de baño colgados de un gancho (percha) en su taller. La forma de pera del aro —y también cómo se cierran— garantizan un almacenamiento seguro. Ponga tuercas y arandelas de tamaño similar en sus propios aros, de modo que pueda encontrar rápido el tamaño correcto.

Sígale la pista a los guantes de los niños "¿Dónde están mis guantes, mamá?" Algo tan simple como un aro (argolla) para cortina puede ayudarle a evitar esta pregunta. Ponga un clavo en la pared de la entrada. Dé a su hijo un aro para cortina y dígale que lo use para colgar sus guantes del clavo.

* Aspirina

Reviva baterías de auto muertas Si se pone tras el volante sólo para descubrir que la batería de su auto ha pasado a mejor vida, y no hay nadie alrededor para darle un empujón, puede encender su vehículo introduciendo dos tabletas de aspirina en la batería. El ácido acetilsalicílico de la aspirina se combinará con el ácido sulfúrico de la batería para producir una última carga. Sólo conduzca hasta su estación de servicio más cercana.

Elimine manchas de transpiración Antes de abandonar toda esperanza de quitar esa mancha de transpiración de su mejor camisa blanca de vestir, pruebe esto: Triture dos aspirinas y mezcle el polvo en 1/2 taza de agua tibia. Moje la parte manchada de la prenda en la solución por dos a tres horas.

CUIDADO Alrededor de 10% de las personas con asma grave también son alérgicos a la aspirina y a los productos que contienen ácido salicílico, ingrediente esencial de la aspirina, incluyendo algunos medicamentos para el resfriado, frutas y condimentos y aditivos para alimentos. Ese porcentaje se eleva con rapidez de 30 a 40% en asmáticos mayores que también padecen sinusitis o pólipos nasales. También se ha observado sensibilidad aguda a la aspirina en un pequeño porcentaje de la población general sin asma, sobre todo en personas con úlceras y otras condiciones hemorrágicas. Consulte a su médico antes de usar cualquier medicamento, y no aplique aspirina por vía externa si es alérgico a ella.

Restablezca el color del cabello Nadar en una alberca con cloro puede tener un efecto notorio, y a menudo desagradable, en el color de su cabello si tiene cabello claro. Pero por lo general puede devolverse su tono anterior disolviendo seis a ocho aspirinas en un vaso con agua tibia. Frote la solución a fondo en su cabello y deje la solución de 10 a 15 minutos.

Seque granos Aun aquellos de nosotros que ya no somos adolescentes podemos tener granos ocasionales. Ponga fin a esas imperfecciones molestas triturando una aspirina y humedézcala con un poco de agua. Aplique la pasta al grano y déjela un par de minutos antes de lavar con agua y jabón. Reducirá el enrojecimiento y calmará el dolor. Si el grano persiste, repita el procedimiento hasta que se quite.

Trate callos duros Suavice los callos duros en sus pies moliendo cinco o seis aspirinas hasta hacerlas polvo. Agrégueles 1/2 cucharadita de jugo de limón y 1/2 cucharadita de agua. Aplique la mezcla a las áreas afectadas, luego envuélvase el pie con una toalla tibia y cubra ésta con una bolsa de plástico. Luego de tener en reposo los pies unos 10 minutos, quite la bolsa y la toalla, y lime el callo suavizado con una piedra pómez.

Controle la caspa ¿Su problema de caspa lo deprime? Manténgala a raya triturando dos aspirinas hasta hacer un polvo fino y agregándolo a la cantidad normal de champú (shampoo) que usa cada vez que lave su cabello. Deje reposar la mezcla en su cabello por 1 a 2 minutos, luego enjuague muy bien y lave de nuevo con champú simple.

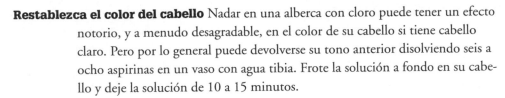

Aplique a piquetes de insectos Controle la inflamación causada por picaduras de mosquito o abejas mojando su piel y frotando una aspirina sobre el punto. Por supuesto, si es alérgico a las picaduras de abeja, y tiene dificultad para respirar, presenta dolor abdominal o siente náuseas después del piquete, acuda con el médico de inmediato.

Ayude a que las flores cortadas duren más Es una forma comprobada para mantener frescas por más tiempo las rosas y otras flores cortadas: ponga una aspirina triturada en el agua antes de poner las flores. Otros artículos caseros que se ponen en el agua para extender la vida de sus arreglos florales son : un multivitamínico, una cucharadita de azúcar, una pizca de sal y bicarbonato de sodio, e incluso una moneda de cobre. No olvide cambiar el agua del florero cada pocos días.

Úsela como auxiliar en el jardín La aspirina no sólo es esencial en el botiquín familiar, sino también en su jardín. Algunos jardineros la muelen para usarla como agente para arraigar, o la mezclan con agua para tratar hongos en el suelo. Pero tenga cuidado al usar aspirina alrededor de las plantas; demasiada causa quemaduras u otros daños a su paisaje verde. Al tratar el suelo, la dosis típica será media o una tableta de aspirina en 1 litro de agua.

Quite manchas de huevo de la ropa ¿Le cayó algo de huevo crudo en su ropa mientras cocinaba o comía? Primero, limpie tanto del huevo como pueda, y luego trate de quitar con esponja el resto agua tibia. No use agua caliente, fijará el huevo. Si esto no quita por completo la mancha, mezcle agua y cremor tártaro hasta lograr una pasta y agregue una aspirina triturada. Extienda la pasta sobre la mancha y déjela 30 minutos. Enjuague bien con agua tibia y el huevo desaparecerá.

SABÍA *Usted* QUE...?

La corteza de sauce es rica en salicina, un analgésico y antipirético natural. En el siglo III a.C. Hipócrates la usaba para aliviar jaquecas y dolor, y muchos curanderos tradicionales, incluidos los nativos americanos, usaban hierbas que contienen salicina para tratar síntomas de gripe y resfriado. Pero fue hasta 1899 que Felix Hoffmann, un químico de la compañía alemana Bayer, desarrolló un derivado modificado, el ácido acetilsalicílico, mejor conocido como aspirina.

✳ Avena

Trate la comezón de hiedra venenosa o varicela Quite la comezón de la varicela o el sarpullido por hiedra venenosa con un baño tibio y relajante de hojuelas de avena. Muela 1 taza de hojuelas de avena en su batidora hasta que sea un polvo fino, luego póngalo en un trozo de estopilla, el pie de una media de naylon limpia o la pierna de una pantimedia vieja. Anude el material y átelo alrededor del grifo (canilla) de su bañera de modo que quede suspendida bajo el agua corriente. Llene la bañera con agua tibia y remójese en ella por 30 minutos. Puede hallar alivio adicional aplicando la bolsa de avena directo en el sarpullido o erupciones.

Añada lujo a su baño regular No necesita tener comezón para hacer una lujosa mezcla para baño con hojuelas de avena. Y evita comprar aceites para baño costosos. Todo lo que necesita es 1 taza de hojuelas de avena y su aceite perfumado favorito, como rosas o lavanda. Muela la avena en una batidora, póngala en una bolsa de estopilla, agregue unas gotas del aceite perfumado y suspenda la bolsa bajo el agua corriente mientras llena su bañera. No sólo será calmante, también puede usar la bolsa de avena como toalla para exfoliar piel.

Haga una mascarilla facial Si busca un tónico rápido que lo haga sentirse *y* verse mejor, dése un facial con avena. Combine 1/2 taza de agua caliente, no hirviendo, y 1/3 de taza de hojuelas de avena. Luego de asentarse el agua y la avena dos o tres minutos, mezcle 2 cucharadas de yogur simple, 2 cucharadas de miel y 1 clara de huevo chica. Aplique una capa delgada de la mezcla en su cara y déjela 10 a 15 minutos. Enjuague con agua tibia. (Asegúrese de poner un colador de metal o plástico en su lavabo para no tapar el drenaje con los gránulos.)

Haga un champú en seco ¿A veces necesita saltarse el lavado de su cabello para llegar al trabajo a tiempo? Tenga a mano un lote de champú (shampoo) en seco en un recipiente hermético específicamente para esas ocasiones en que su despertador "no funciona". Ponga 1 taza de hojuelas de avena en la batidora y muélalas hasta tener un polvo fino. Agregue 1 taza de bicarbonato de sodio y mezcle bien. Frote un poco de la mezcla en su cabello. Déle un minuto o dos para que absorba los aceites, luego cepíllela o sacúdala de su cabello (de preferencia sobre una toalla o bolsa para no esparcirla). Esta mezcla de champú seco también es ideal para limpiar el cabello de personas postradas en cama que no pueden tomar una ducha o entrar en la bañera. Además, es igual de efectiva para desodorizar a ese gran viejo que odia el baño.

✳ Azúcar

Mantenga frescas las flores Haga su propio conservador para que los ramos de flores se mantengan frescos más tiempo. Disuelva 3 cucharadas de azúcar y 2 de vinagre blanco en un litro de agua tibia. Cuando llene el florero, asegúrese de que los tallos queden sumergidos unos 7 a 10 cm en el agua preparada. El azúcar es un alimento, mientras que el vinagre inhibe el crecimiento bacterial. ¡Se sorprenderá de cuánto tiempo durará su arreglo!

Expulse los parásitos del jardín Si las plantas de exterior se ven mal, con feos nudos en las raíces, es posible que estén siendo víctimas ¡de un ataque de nematodos! Este tipo de gusano, azote de un jardín saludable, es un parásito microscópico que perfora las raíces de las plantas y les produce nudos. Puede evitar los ataques de nematodos usando azúcar para crear un ambiente inhóspito para estos gusanos. Aplique 2 kilogramos de azúcar por cada 25 metros cuadrados de jardín. Los microorganismos que se alimentan del azúcar incrementarán la materia orgánica de la tierra, eliminando así a los repugnantes nematodos.

¿SABÍA *Usted* QUE...?

Treinta minutos. Cinco minutos. ¡Un minuto! El tiempo de cocimiento depende de cómo se procesó la avena para hacer las hojuelas. Después de eliminar la cascarilla no comestible, la avena se llama avena pelada. Si la avena pelada se corta en cuatro piezas, les toma hasta 30 minutos cocerse a las hojuelas. Si se cuecen al vapor y se enrollan pero no se cortan, les toma unos cinco minutos. Si se cuecen al vapor, se enrollan y se cortan, el tiempo de cocción baja a un minuto más o menos. Esto descompone la fibra, así que si desea mucha fibra, use hojuelas de avena de 30 minutos y cuézalas hasta que estén masticables, no blandas.

Cosas de niños Ésta es una forma fácil de hacer **caramelos de cristal a la antigua** con los niños, sin necesidad de hilo, clips, palos ni termómetros. Haga un jarabe disolviendo 2 1/2 tazas de **azúcar** en 1 taza de **agua caliente.** Vierta el jarabe en varios **platos planos.** Añada a cada plato un grano de azúcar para que funja como piedra de cristal. En días o semanas podrá recoger cristales relucientes de dulce. Use una cuchara para sacar trozos, y enjuague y seque el caramelo antes de comerlo.

Limpie sus manos sucias Ha terminado su trabajo, pero sus manos siguen cubiertas de grasa, mugre o pintura. Para limpiarlas fácilmente y a fondo, vierta aceite de olivo y azúcar en partes iguales en la palma ahuecada de una mano, y frótese suavemente las manos durante varios minutos. Enjuague bien y seque. Los granos de azúcar actúan como un abrasivo para remover la grasa, pintura o mugre. Sus manos se verán y sentirán limpias, suaves e hidratadas.

Haga una trampa no tóxica para moscas Libere su cocina de las moscas con una trampa casera que no usa químicos tóxicos. Hierva a fuego lento 2 tazas de leche, 100 gramos de azúcar sin refinar y 50 gramos de pimienta molida durante 10 minutos, removiendo ocasionalmente. Vierta en platos poco profundos o tazones y colóquelos en la cocina, el patio o cualquier lugar en que haya moscas. Los bichos rodearán los platos ¡y se ahogarán!

Extermine las cucarachas Si odia los malolientes y nocivos pesticidas, tanto como a las cucarachas, no llame a un fumigador. Mejor, cuando tenga plaga de cucarachas, espolvoree en la zona infestada una mezcla de azúcar y bicarbonato de sodio a partes iguales. El azúcar atraerá a los bichos y el bicarbonato los matará. Reemplácela con frecuencia para evitar futuras plagas.

Alivie la lengua quemada Ese pedazo de pizza caliente sí que se veía delicioso, pero ¡ay!, se quemó la lengua al morderlo. Para aliviar la lengua quemada por café, té, sopa o pizza caliente, tome la azucarera y espolvoree una o dos pizcas sobre el área afectada. El dolor comenzará a ceder inmediatamente.

Mantenga frescos los postres Para la masa del pastel usó azúcar, ahora úsela para conservar el pastel terminado fresco y tierno. Guarde el pastel en un recipiente hermético con un par de cubitos de azúcar, y se mantendrá fresco durante más tiempo. Puede hacer lo mismo con el queso para que no se enmohezca.

✳ Baldes metálicos

Haga una olla para langostas Si no tiene hervidor grande, cueza las langostas en un balde metálico viejo. Use agarraderas y pinzas. No toque el balde caliente.

> *Cosas de niños* Use el ritmo de **tambor** del balde para crear diversión en su próxima fogata. Corte **baldes de plástico** de diferentes largos para crear un tono distinto para cada tambor o use una mezcla de **baldes de plástico** y **galvanizados** de diferentes tamaños. Para más acompañamiento musical, haga un **bajo** con un palo de escoba, una cuerda y un balde.

Cree un deposito para alimentos Un balde de 19 litros bien sellado es una despensa impermeable ideal (a prueba de animales) para llevar en sus viajes en canoa.

Haga un lavarropas de campo He aquí una gran forma de lavar la ropa en un campamento. Haga un agujero en la tapa de un balde de plástico de 19 litros e inserte un desatascador nuevo. Ponga la ropa y detergente. Ponga la tapa y mueva el desatascador hacia arriba y abajo como un agitador. Puede lavar hasta prendas delicadas en forma segura.

Ducha de campo Un balde perforado con agujeros en el fondo es una excelente ducha para campamento. Cuélguela en forma segura de una rama firme, llénela usando otro balde o una jarra y dese una ducha rápida mientras sale el agua. ¿Desea ducharse con agua tibia? Pinte el exterior del balde de negro mate. Llénelo con agua y déjelo en el sol todo el día.

Pinte en alto Evite derrames de pintura cuando pinte en un andamio o escalera. Ponga su lata de pintura y brocha (pincel) en un balde grande y use ganchos de latas de pintura para colgar el balde *y* la brocha. Si el balde es lo bastante grande, incluso tendrá espacio para su rasqueta, espátula, paños u otras herramientas de pintor que pueda necesitar. Un balde de plástico de 19 litros es ideal.

Pinte abajo Use las tapas de baldes de plástico de 19 litros como bandejas para latas de pintura de 3.78 litros. Las tapas actúan como plataformas para las latas y también son lo bastante grandes para poner la brocha (pincel).

Haga zancos No se estire tanto para trabajar en un techo. Use dos baldes firmes (sin asas) y un par de zapatos viejos para hacer sus propios minizancos. Pase tornillos a través de las suelas de los zapatos hasta unos bloques de madera dentro de los baldes. O taladre el fondo del balde y ate o sujete con una correa los zapatos.

Evite que se enreden los cables de las extensiones

Un balde de 19 litros puede evitar que se enrede el cable de una extensión larga. Sólo corte o taladre un agujero cerca del fondo del balde, asegurándose que sea lo bastante grande para que pase por él la clavija. Luego enrolle el resto del cable en el balde. El cable saldrá bien cuando lo jale (tire) y será fácil enrollarlo de nuevo. Conecte entre sí los extremos del cable cuando no esté en uso. Puede usar el espacio central para llevar herramientas a un sitio de trabajo.

Moje su sierra La mejor forma de limpiar las hojas de la sierra es mojarlas en quitaesmalte o aguarrás en una charola (bandeja) poco profunda, con una tapa en la charola para contener los gases. Puede hacer su propia charola cortando un balde de plástico de 19 litros más o menos a 5 centímetros del fondo con un cuchillo. La tapa del balde puede servir como cubierta. Recuerde usar guantes de hule y un palo para levantar las hojas afiladas.

Un jardín en un balde Use un balde de plástico de 19 litros como minijardín o plantadora. Use otro para el compostaje de desechos y recortes. Los jardines en cubos tienen el tamaño exacto para las terrazas de los departamentos.

Tip Dónde encontrar baldes de 19 litros

Los baldes de plástico de 19 litros son versátiles, casi indestructibles y con innumerables usos prácticos. Y puede obtenerlos gratis. Si los pide con amabilidad en el restaurante de comida rápida o la sección de salchichonería del supermercado, estarán felices de darle los baldes en que vienen la grasa o la ensalada de col. O pregunte a los yeseros de su vecindario, quienes usan baldes de mezcla de 19 litros. También esté pendiente de los vecinos que hacen mejoras a su casa. No olvide conseguir las tapas. Lave el balde con agua y blanqueador (lavandina) y déjelo secar al sol por un día o dos. Ponga dentro algo de arena para gatos aromatizada, carbón vegetal o dos gotas de esencia de vainilla para eliminar los olores penetrantes.

Haga una base para el árbol de Navidad Llene parcialmente un balde con arena o grava e inserte la base del árbol en él. Luego llene el resto y vierta agua en la arena o grava para evitar que se seque el árbol.

* Bandejas de unicel (telgopor)

Haga rodilleras para jardinería Si la jardinería se ha vuelto un dolor en sus rodillas cuando cuida su pequeña parcela, pegue bandejas de unicel (telgopor) en esa parte de sus piernas. O fíjelas a ellas usando las mitades superiores de medias de tubo viejos. Las bandejas le dan un acojinamiento extra mientras usted retira la maleza y fertiliza sus plantas.

Jubile a sus plantillas Si sus zapatos viejos necesitan un poco de acojinamiento, tome un par de bandejas limpias de unicel (telgopor) para carne y córtelas al tamaño para que entren dentro de sus zapatos o sus botas. Tendrá pies felices y un poco de protección sin costo adicional.

Produzca un plato desechable Si necesita un plato desechable cuando está en una comida al aire libre o campamento, haga uno con una bandeja de unicel (telgopor). Lávela con agua y jabón, cúbrala completamente con papel de aluminio y sirva la comida. También puede usar platos desechables para llevar caramelos a la iglesia, a la venta de pasteles (tortas) local o a un vecino enfermo. Y perder platos ya no será un problema.

Bríndele a los chicos una paleta de arte Cree una paleta de pintor para su Picasso en ciernes. Una bandeja de comida limpia y seca es el lugar perfecto para que los niños pongan sus pinturas al temple u óleo. ¿Están experimentando con acuarelas? Use dos bandejas: ponga acuarela en una y agua en la otra. Al final de la sesión de arte, sólo tírelas.

Proteja las fotos en el correo ¿Por qué comprar sobres acolchados costosos para enviar fotografías a sus seres queridos? Corte bandejas de unicel (telgopor) ligeramente más chicas que su sobre. Inserte sus fotografías entre las bandejas, póngalas en el sobre y envíelas. Las fotos llegarán sin arrugas ni dobleces.

* Bandejas para cubos de hielo

Divida un cajón Si su cajón de cachivaches es un desorden, ponga una bandeja de plástico para cubos de hielo como organizador fácil y barato. En un "cubo" puede tener clips; en otro, gomas, y en otro, estampillas. Es otra forma de ordenar su vida.

Organice su mesa de trabajo Si busca en su caja de herramientas ese cierre de tamaño perfecto que sabe que tiene en alguna parte, aquí está la respuesta a su problema. Una bandeja para cubos de hielo puede ayudarle a organizar y guardar piezas pequeñas que necesitará en algún momento, como tornillos, clavos, pernos y otros artículos de ferretería diminutos.

Conserve partes en secuencia Está desarmando su más reciente adquisición del mercado de intercambios que tiene montones de partes pequeñas y le preocupa no poder unirlas de nuevo en la secuencia correcta. Use una bandeja de plástico para cubos de hielo para mantener las partes pequeñas en el orden correcto hasta que pueda volverlo a armar. Si en verdad quiere ser organizado, marque la secuencia poniendo un número en un trozo de cinta adhesiva en cada casilla. La mitad inferior de un cartón de huevos también funcionará.

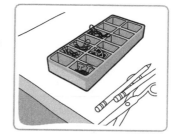

Una paleta de pintor Su hijo(a), Mary Cassatt o Picasso en ciernes, requiere una paleta para mezclar colores. Una bandeja de plástico para cubos de hielo es el recipiente resistente perfecto para mezclar pequeñas cantidades de pinturas y acuarelas.

Congele huevos ¿Está lleno de huevos que compró en oferta? Congélelos para proyectos futuros. Los huevos medianos son del tamaño exacto para congelarlos en bandejas de plástico para cubos de hielo, con uno en cada casilla. Tras congelarlos, póngalos en una bolsa de plástico autosellable. Descongele los que necesite.

Congele alimentos en cubos Una bandeja para cubos de hielo es un buen recipiente para congelar cantidades pequeñas de muchos alimentos diferentes para usarlos después. La idea es congelarlos en las casillas de la bandeja, sacar los cubos congelados y ponerlos en una bolsa de plástico autosellable rotulada. Algunas ideas:

- Su jardín rebosa de albahaca, pero su familia no puede comer *pesto* tan rápido como lo hace. Haga un lote grande de *pesto* (sin el queso) y congélelo en bandejas para cubos de hielo. Luego, cuando esté listo para disfrutar de la generosidad del verano en medio del invierno, descongele tantos cubos como necesite, agregue queso y mezcle con pasta.

- Hay más batata de la que su bebé en crecimiento se comerá en una sentada. Congele el resto en bandejas para una comida futura en la silla alta.

- La receta pide 1/2 taza de apio picado, pero tiene una cabeza entera de apio y no planea usarla pronto. Píquela toda, póngala en una bandeja para cubos de hielo, agregue un poco de agua y congele. La próxima vez que necesite apio picado, estará a su alcance. Esto funciona bien para cebollas, zanahorias o cualquier otro vegetal que use para guisos y cosas por el estilo.

- ¿Siempre tira el perejil que le sobra? Sólo píquelo, póngalo en una bandeja para cubos de hielo con un poco de agua y congélelo para usarlo en el futuro. Funciona con otras hierbas frescas.

● Quedó un poco de sopa de pollo en el fondo de la olla. Es muy poca para otra comida, pero odia tirarlo. Congele las sobras, y la próxima vez que haga sopa u otro platillo que necesite condimento, tome un cubo o dos.

● Si está cocinando un caldo casero, haga una olla extragrande y congele el exceso en bandejas para cubos de hielo. Tendrá cubos de caldo para añadir sabor al instante a platos que quiera hacer después cuando no tenga tiempo para cocinar. Puede hacer lo mismo con media lata de caldo sobrante.

● Aquí tiene lo que puede hacer con la botella de vino tinto o blanco que quedó a la mitad: congele el vino en cubos que puede usar luego en salsa para pasta, cazuelas o estofados.

Cosas de niños Éste es un gran proyecto de verano. Reúna objetos pequeños en su casa: **botones, cuentas, juguetes**. Luego tome una **bandeja para cubos de hielo** y ponga uno o más de los objetos en cada cubo de la bandeja. Llénela con agua. Luego corte un trozo de **hilaza** (lo bastante largo para hacer un **collar, brazalete o ajorca** cómodos). Ponga la hilaza en la bandeja, asegurando que toca cada cubo y queda sumergido. **Congele.** Cuando esté congelado, sáquelo y ate la joyería. Los niños se enfriarán mientras esperan que se derrita su creación.

superobjeto
83 usos

Bicarbonato de sodio

✱ BICARBONATO DE SODIO **EN LA COCINA**

Limpie sus productos Ningún cuidado está de más cuando se trata del manejo y preparación de los alimentos. Lave las frutas y vegetales en una olla de agua fría con 2-3 cucharadas de bicarbonato de sodio; éste eliminará algunas de las impurezas que deja el agua de la canilla. O ponga una pequeña cantidad de bicarbonato de sodio en una esponja húmeda o cepillo para vegetales y restriegue sus productos. Enjuague a fondo todo antes de servir.

Ablande la carne ¿Tiene un corte de carne duro? Suavícelo masajeándolo con bicarbonato de sodio. Déjelo reposar (en la heladera, por supuesto) por tres a cinco horas, luego enjuáguelo bien antes de cocinarlo.

Elimine el olor a pescado Deshágase del olor de los filetes de pescado que compró remojando el pescado crudo más o menos una hora —en el refri (la heladera), por supuesto— en 1 litro de agua con 2 cucharadas de bicarbonato de sodio. Antes de cocinarlo, enjuague bien el pescado y séquelo con golpecitos.

Reduzca los ácidos en las recetas Si usted o alguien de su familia es sensible al alto contenido de ácido de las salsas de tomate o el café, puede disminuir la acidez espolvoreando una pizca de bicarbonato de sodio al cocinar (o, en el caso del café, antes de prepararlo). Un poco de bicarbonato de sodio también contrarresta el sabor del vinagre si usó demasiado. Sin embargo, no exagere con el sodio, si agrega demasiado, al combinarse con el vinagre hará espuma.

Cocine mejores frijoles (porotos) ¿Adora los frijoles cocidos pero no sus efectos secundarios? Agregar una pizca de bicarbonato de sodio a los frijoles mientras se están cociendo reducirá significativamente sus propiedades productoras de gas.

Esponje sus tortillas ¿Desea conocer el secreto para hacer tortillas de huevo más esponjadas? Por cada tres huevos usados, añada 1/2 cucharadita de bicarbonato de sodio. ¡Shhhh! No lo divulgue.

Tip **¿Se le agotó el polvo para hornear?**

> Si se acabó el polvo para hornear, sustitúyalo con 2 partes de bicarbonato de sodio mezcladas con 1 parte de cremor tártaro y 1 parte de fécula de maíz. Por ejemplo, para hacer el equivalente de 1 cucharadita de polvo para hornear, mezcle 1/2 cucharadita de bicarbonato de sodio con 1/4 de cucharadita de cremor tártaro y 1/4 de cucharadita de fécula de maíz. La fécula retrasa la reacción entre el cremor ácido y el bicarbonato alcalino de modo que, como el polvo comercial, mantiene su poder de fermentación.

Úselo como sustituto de la levadura ¿Necesita un sustituto para la levadura cuando hace masa? Si tiene a mano algo de vitamina C (o ácido cítrico) en polvo y bicarbonato de sodio, puede usar una mezcla de los dos. Sólo mezcle en partes iguales para igualar la cantidad de levadura requerida. Es más, la masa a la que lo agregue no tiene que levantarse antes de hornearse.

Líberese de olores de comida en las manos Cortar ajo o limpiar pescado deja su "esencia" en los dedos mucho después de terminada la tarea. Quite ese olor de las manos con sólo humedecerlas y frotarlas vigorosamente con 2 cucharaditas de bicarbonato de sodio en lugar de jabón. El olor se irá con el sodio.

Limpie biberones y accesorios para bebé Aquí hay un consejo estupendo para nuevos padres: mantengan "frescos" los biberones, chupones (chupetes), tapas y escobillón del bebé remojándolos toda la noche en un recipiente lleno con agua caliente y media caja de bicarbonato de sodio. Asegúrense de enjuagar y secar bien todo antes de usarlo. Los biberones también pueden hervirse en una olla llena con agua y 3 cucharadas de bicarbonato de sodio durante tres minutos.

Limpie su tabla para cortar Mantenga limpia su tabla para cortar de madera o plástico restregándola ocasionalmente con una pasta hecha con 1 cucharada de bicarbonato de sodio, una de sal y una de agua. Enjuague bien con agua caliente.

Destape un caño obstruido Muchos caños de cocina se destapan vertiendo 1 taza de bicarbonato de sodio seguida por 1 taza de vinagre caliente (caliéntelo 1 minuto en el microondas). Déjelo varios minutos, luego agregue 1 litro de agua hirviendo. Repita si es necesario. Si su caño se tapó con grasa, use 1/2 taza de bicarbonato de sodio y 1/2 taza de sal seguidas por 1 taza de agua hirviendo. Déjelo toda la noche; enjuague con agua caliente del grifo en la mañana.

Aumente la potencia de su detergente para platos ¿Busca un líquido para lavar platos más potente? Agregue 2 cucharadas de bicarbonato de sodio a la cantidad usual de líquido que usa, ¡y vea cómo corta la grasa como un cuchillo caliente!

Haga su propio detergente para platos La lavavajillas está llena y descubre que se le acabó su detergente para platos. ¿Qué haría? Hacer el suyo: combine 2 cucharadas de bicarbonato de sodio con 2 cucharadas de bórax. Quedará tan complacida con los resultados que lo adoptará para siempre.

¿SABÍA *Usted* QUE...?

El bicarbonato de sodio es ingrediente principal en muchos extinguidores comerciales. Puede usarse directo de la caja para extinguir fuegos pequeños. Para un acceso rápido, tenga bicarbonato de sodio en cubos colocados estratégicamente en la casa.

Tenga bicarbonato cerca de su estufa y parrilla para lanzar unos puñados y sofocar una llamarada. En caso de un incendio con grasa, primero apague el calor, si es posible, y trate de cubrir el fuego con la tapa de una cacerola. Cuide que no le salpique la grasa caliente.

Tenga una caja o dos en su cochera y dentro de su auto para extinguir cualquier incendio mecánico o en el interior del auto. El bicarbonato de sodio también sofocará incendios eléctricos y flamas en ropa, madera, tapicería y alfombras.

Desodorice su lavavajillas Espolvoree 1/2 taza de bicarbonato de sodio en el fondo de la lavavajillas automática entre cargas. O vierta media caja de bicarbonato de sodio y encienda la máquina vacía en su ciclo de enjuague.

Limpie su refrigerador (heladera) Para eliminar olores y derrames secos dentro de su refrigerador, saque el contenido, luego espolvoree algo de bicarbonato de sodio en una esponja húmeda y restriegue costados, anaqueles y compartimentos. Enjuague con una esponja mojada limpia. No olvide poner una caja nueva dentro al terminar.

Limpie su microondas Para limpiar las salpicaduras dentro de su horno de microondas, ponga una solución de 2 cucharadas de bicarbonato de sodio en 1 taza de agua en un recipiente para microondas y cocínelo en Alta unos

2 a 3 minutos. Saque el recipiente y frote el interior húmedo del microondas con una toalla de papel húmeda.

Quite manchas de café y té de la porcelana No deje que esas manchas molestas de café o té en su vajilla de porcelana estropeen otra ocasión especial. Quítelas metiendo un trapo húmedo en bicarbonato de sodio para formar una pasta consistente y frote con suavidad sus tazas y platos. Enjuáguelos y séquelos, luego ponga su mesa con orgullo.

Limpie un termo Para eliminar residuos dentro de un termo, mezcle 1/4 de taza de bicarbonato de sodio en 1 litro de agua. Llene el termo con la solución; si es necesario, déle una pasada con un escobillón para aflojar la suciedad, y déjelo remojar toda la noche. Enjuague antes de usar.

Reviva una esponja o toalla (repasador) Cuando una esponja de cocina o una toalla para secar platos tienen un olor agrio característico, remójelas toda la noche en 2 cucharadas de bicarbonato de sodio y un par de gotas de detergente para platos antibacteriano disueltos en 450 mililitros de agua tibia. A la mañana siguiente, exprima la solución restante y enjuague con agua fría. Deberá oler como nueva.

Elimine manchas y rayaduras en el mostrador ¿El mostrador de su cocina está lleno de manchas o arañazos de cuchillo? Use una pasta de 2 partes de bicarbonato de sodio por 1 parte de agua para "frotarlo". En manchas difíciles, agregue una gota de blanqueador de cloro a la pasta. Lave de inmediato el área con agua caliente jabonosa para que el blanqueador no cause decoloramiento.

Lustre acero inoxidable y adornos cromados Para que su fregadero (pileta) de acero inoxidable brille de nuevo, espolvoréele bicarbonato de sodio, luego tállelo, en dirección del grano, con un trapo húmedo. Para pulir adornos cromados en sus aparatos, vierta un poco de bicarbonato de sodio en una esponja húmeda y frote. Déjelo secar durante una hora, luego limpie con agua tibia y seque con un paño limpio.

Quite las manchas de grasa de su estufa (cocina) Diga adiós a las manchas de grasa quemada en su estufa. Primero humedézcala con un poco de agua y cúbrala con un poco de bicarbonato de sodio. Enseguida frótela con una esponja o una toalla húmeda.

Limpie una cafetera automática Cuidar su cafetera automática le evitará preocuparse por un café amargo o aguado. Cada dos semanas, más o menos, prepare una olla con 1 litro de agua mezclada con 1/4 de taza de bicarbonato de sodio, seguida de una olla de agua limpia. Además, endulce la cesta de plástico de su cafetera tallándola ocasionalmente con un cepillo de dientes viejo y una pasta de 2 cucharadas de bicarbonato de sodio y 1 cucharada de agua. Enjuague a fondo con agua fría cuando termine.

Cuide sus cafeteras y teteras Elimine depósitos minerales en cafeteras y teteras de metal llenándolas con una solución de 1 taza de vinagre y 4 cucharadas de bicarbonato de sodio. Deje hervir la mezcla por cinco minutos. O hierva 5 tazas de agua con 2 cucharadas de bicarbonato de sodio y el jugo de medio limón. Enjuague con agua fría. Para eliminar manchas exteriores, lave sus ollas con un estropajo de plástico y una solución de 1/4 de taza de bicarbonato de sodio en 1 litro de agua tibia. Enjuague con agua fría.

Elimine manchas de cacerolas antiadherentes Aunque son antiadherentes, algunas manchas parecen pegarse bastante. Para acabar con ellas hierva 10 minutos en las cacerolas 1 taza de agua con 2 cucharadas de bicarbonato de sodio y 1/2 taza de vinagre. Luego lávelas con agua jabonosa caliente. Enjuague bien, deje secar y cúrelas con un poco de aceite para ensalada.

Limpie cacerolas de hierro Aunque son más propensas a las manchas y el óxido que las antiadherentes, muchos añoran las cacerolas de hierro. Elimine hasta los restos de comida quemada más difíciles en sus ollas de hierro hirviendo 1 litro de agua con 2 cucharadas de bicarbonato de sodio por cinco minutos. Vacíe casi todo el líquido y restriegue (refriegue) ligeramente con un estropajo de plástico. Enjuague bien, seque y cure con unas gotas de aceite de cacahuate (maní).

Limpie ollas y cacerolas quemadas Por lo general debe restregar (refregar) fuerte para quitar comida quemada del fondo de una olla o cacerola. Pero puede facilitarse la vida hirviendo un poco de agua (más o menos 1/4 de la cacerola) y añadiendo 5 cucharadas de bicarbonato de sodio. Apague la estufa (cocina) y deje reposar unas horas o toda la noche. Cuando esté listo, los restos quemados prácticamente se caerán.

Desodorice su cesto de basura ¿Algo "huele" mal en su cocina? Lo más probable es que emane de su cesto de basura. Pero algo del olor persiste aun después de tirar la bolsa de basura ofensor. Así, asegúrese de limpiar de vez en cuando el balde de basura de su cocina con una toalla de papel mojada en bicarbonato de sodio (puede usar guantes de hule para hacer esto). Enjuague con una esponja húmeda y deje secar antes de colocar una bolsa nueva. También puede repeler sorpresas apestosas espolvoreando un poco de bicarbonato de sodio en el fondo de su cesto antes de colocar la bolsa.

✳ BICARBONATO DE SODIO POR TODA LA CASA

Quite marcas de crayón de las paredes ¿Su hijo ha redecorado sus paredes o papel tapiz con algunas obras de arte originales con crayones? No se desespere. Tome un trapo húmedo, sumérjalo en un poco de bicarbonato de sodio y restriegue ligeramente las marcas. Deberán quitarse con un esfuerzo mínimo.

Lave el papel tapiz ¿Su papel tapiz luce sucio? Límpielo con un trapo o esponja humedecida en una solución de 2 cucharadas de bicarbonato de sodio en 1 litro de agua. Para quitar manchas de grasa del papel tapiz, haga una pasta de 1 cucharada de bicarbonato de sodio y 1 cucharadita de agua. Frote la mancha, déjelo reposar 5-10 minutos, luego frote con una esponja húmeda.

Limpie la regurgitación del bebé Los bebés tienden a regurgitar en el momento menos oportuno. No salga de casa sin una botella pequeña de bicarbonato de sodio en su pañalera. Si su pequeño regurgita en su camisa (o la de usted) después de comer, tan sólo cepille la materia sólida, humedezca una toalla, póngale un poco de bicarbonato de sodio y aplíquela. Pronto se habrá ido el olor (y la mancha).

Desodorice alfombras y tapetes ¿Cuál es esa forma simple para refrescar sus tapetes o alfombras? Espolvoréeles un poco de bicarbonato de sodio, deje reposar por 15 minutos más o menos, luego aspírelas. ¡Nada más!

Quite manchas de vino y grasa del tapete ¿Cómo? ¡Alguien tiró un trozo de mantequilla (manteca) o un vaso de vino tinto en su hermoso tapete blanco! Antes de gritar, tome una toalla de papel y seque lo más posible la mancha. Luego espolvoree una cantidad generosa de bicarbonato de sodio sobre el punto. Deje el sodio al menos una hora para que absorba la mancha, luego aspire el polvo restante. Ahora... ¡exhale!

Cosas de niños Haga **acuarelas** para sus hijos con ingredientes de su cocina. En un tazón (bol) chico combine 3 cucharadas de **bicarbonato de sodio, fécula de maíz** y **vinagre** con 1 1/2 cucharaditas de **jarabe de maíz ligero.** Al asentarse las burbujas, separe la mezcla en varios recipientes chicos o tapas de tarros. Añada ocho gotas de **colorante vegetal** a cada lote y mezcle bien. Ponga un color diferente en cada lote o combínelos para hacer nuevos tonos. Los niños pueden usar la pintura de inmediato o esperar a que endurezca, en cuyo caso deberán usar un pincel húmedo.

Refresque cajones y armarios con olor a cerrado Ponga bolsitas con bicarbonato de sodio para acabar con el olor a cerrado en cajones, aparadores o armarios. Llene la punta de un calcetín o una media limpios con 3-4 cucharadas de bicarbonato, haga un nudo más o menos a 3 cm del bulto, y cuélguelos o colóquelos en un rincón discreto. Use varias bolsitas en espacios grandes como armarios y áreas de almacenamiento en el ático. Cámbielos cada dos meses si es necesario. Esto también elimina el olor a naftalina en los armarios.

Quite el olor a humedad de los libros Si los libros que acaba de sacar de su almacenamiento huelen a humedad, coloque cada uno en una bolsa de papel de estraza con 2 cucharadas de bicarbonato de sodio. No necesita sacudir la bolsa, sólo amárrela y déjela reposar en un lugar seco más o menos una semana. Al abrir la bolsa, sacuda cualquier resto del polvo de los libros, y el olor se habrá ido.

Pula joyería de plata y oro Para quitar la suciedad acumulada en su plata, haga una pasta espesa con 1/4 de taza de bicarbonato de sodio y 2 cucharadas de agua. Aplique con esponja húmeda y frote con suavidad, enjuague y seque puliendo. Para pulir joyería de oro, cúbrala con una capa ligera de bicarbonato de sodio, vierta un poco de vinagre sobre ella y enjuague. *Nota:* No use esta técnica en joyería con perlas o gemas, pues podría dañar su acabado y aflojar el pegamento.

Quite las manchas amarillas de las teclas del piano Ese viejo piano aún toca bien, pero sus teclas amarillentas ponen una nota discordante. Elimine esas manchas mezclando una solución de 1/4 de taza de bicarbonato de sodio en 1 litro de agua tibia. Aplique a cada tecla con un paño húmedo (ponga una cartulina delgada entre las teclas para evitar filtración). Limpie de nuevo con un paño húmedo con agua simple, y luego séquelas con un paño limpio. (También puede limpiar las teclas con jugo de limón y sal.)

Quite manchas de los ladrillos de la chimenea Requiere algo de esfuerzo, pero puede limpiar manchas de humo de los ladrillos de su chimenea con una solución de 1/2 taza de bicarbonato de sodio en 1 litro de agua tibia.

Elimine manchas blancas en superficies de madera Quite las marcas blancas, causadas por tazas calientes o vasos sudorosos, de su mesa u otro mueble de madera con una pasta de 1 cucharada de bicarbonato de sodio y 1 cucharadita de agua. Frote con suavidad en círculos hasta que desaparezca. No use demasiada agua.

Elimine el olor a cigarro (cigarrillo) de los muebles Para eliminar el olor persistente del humo de cigarro o puro en sus muebles tapizados, espolvoree ligeramente sus sillas o sofás con algo de bicarbonato de sodio. Déjelo unas cuantas horas, luego aspírelo.

Lustre muebles con cubierta de mármol Revitalice la cubierta de mármol de su mesa para café o mostrador lavándola con un trapo suave empapado en una solución de 3 cucharadas de bicarbonato de sodio y 1 litro de agua tibia. Espere de 15 a 30 minutos, y luego enjuague con agua y seque.

Limpie bañeras y fregaderos (piletas) Quite la mugre de las bañeras y fregaderos esmaltados antiguos con una pasta de 2 partes de bicarbonato de sodio y 1 parte de peróxido de hidrógeno. Deje la pasta una media hora. Luego frote vigorosamente y enjuague bien; la pasta también limpiará su cañería al desaguar.

Quite depósitos minerales de la regadera (Ducha) Diga adiós a los depósitos de salitre en su regadera. Cúbrala con una bolsa de plástico gruesa del tamaño de un emparedado (sándwich) llena con 1/4 taza de bicarbonato de sodio y 1 taza de vinagre. Cierre la bolsa con cinta adhesiva o un alambre para bolsas sin apretar, para que escape algo del gas. Deje la solución por una hora más o menos. Luego retire la bolsa y abra la regadera para quitar cualquier resto que quede. No sólo desaparecerán los depósitos, ¡su regadera recuperará su brillo de antaño!

Absorba olores en el baño Mantenga su baño oliendo a fresco y limpio colocando un plato decorativo con 1/2 taza de bicarbonato de sodio ya sea sobre el tanque del retrete (inodoro) o en el piso detrás de la taza. También puede hacer sus propios desodorantes para baño colocando platos con partes iguales de bicarbonato de sodio y sus sales de baño perfumadas favoritas.

Limpie la taza del retrete (inodoro) No necesita todas esas sustancias químicas para tener limpia la taza de su retrete. Vierta media caja de bicarbonato de sodio en el tanque del retrete una vez al mes. Déjelo toda la noche y haga correr el agua varias veces en la mañana. Esto limpia el tanque y la taza. También puede verter varias cucharadas de bicarbonato de sodio directo en la taza del retrete y tallar (frotar) cualquier mancha. Espere unos minutos, luego deje correr el agua y las manchas se irán.

✳ BICARBONATO DE SODIO **EN EL BOTIQUÍN**

Tratar quemaduras menores La próxima vez que tome el extremo equivocado de la sartén u olvide usar una agarradera, vierta rápido algo de bicarbonato de sodio en un recipiente con agua helada, empape un paño o gasa en ella y aplíquela a la quemadura. Siga aplicando hasta que la quemadura ya no se sienta caliente. Este tratamiento prevendrá también que muchas quemaduras se ampollen.

Calme quemaduras de sol y otras irritaciones de la piel Para aliviar el dolor por quemaduras de sol, empape una gasa o bola de algodón grande en una solución de 4 cucharadas de bicarbonato de sodio en 1 taza de agua y aplique en el área afectada. Para quemaduras de sol graves en piernas o torso, o comezón por varicela, tome un baño tibio agregando media caja de bicarbonato de sodio al agua. Para aliviar la irritación al afeitarse, humedezca su piel con un algodón empapado en una solución de 1 cucharada de bicarbonato de sodio y 1 taza de agua.

Calme el sarpullido por hiedra venenosa ¿Ha tenido un encuentro inesperado con hiedra venenosa al cuidar el jardín o acampar? Para quitar la comezón, haga una pasta espesa con 3 cucharaditas de bicarbonato de sodio y 1 cucharadita de agua y aplíquela a las áreas afectadas. También puede usar el bicarbonato de sodio para tratar ampollas rezumantes causadas por el sarpullido. Mezcle 2 cucharaditas de bicarbonato de sodio en 1 litro de agua y empape unas gasas estériles. Cubra las ampollas con las gasas húmedas por 10 minutos, cuatro veces al día. *Nota:* No aplique en los ojos ni cerca de ellos.

Haga una pomada para picaduras de abeja Quite el dolor de un piquete de abeja. Haga una pasta con 1 cucharadita de bicarbonato de sodio mezclada con unas gotas de agua fría y déjela secar sobre el área afectada. *Advertencia:* Muchos tienen reacciones alérgicas a las picaduras de abeja. Si tiene dificultad para respirar o nota una hinchazón anormal, consulte al médico de inmediato. También puede tratar picaduras de abeja con ablandador de carne (vea página 36).

Evite las rozaduras por pañal Alivie las rozaduras por pañal de su bebé agregando un par de cucharadas de bicarbonato de sodio a un baño tibio, no caliente. Pero si la rozadura persiste o empeora tras varios tratamientos, consulte a su pediatra.

Combata la costra de leche La costra de leche es una condición común, y típicamente inofensiva, en muchos bebés. Un modo antiguo pero efectivo de tratarla es hacer una pasta con 3 cucharaditas de bicarbonato de sodio y 1 cucharadita de agua. Aplíquela al cuero cabelludo de su bebé más o menos una hora antes de la hora de dormir y enjuáguela al día siguiente. No la use con champú (shampoo). Puede necesitar aplicarlo varias noches consecutivas antes que desaparezca la costra de leche. (También puede tratarla con aceite para bebé. Vea la página 41.)

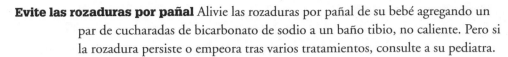

Tip Vida útil del bicarbonato de sodio

> ¿Cómo puede saber si el bicarbonato de sodio que tiene guardado en su despensa todavía sirve? Sólo vierta una pequeña cantidad, poco menos de una cucharadita, y agregue una cuantas gotas de vinagre o jugo de limón fresco. Si no burbujea, es tiempo de reemplazarlo. A propósito, una caja cerrada de bicarbonato de sodio tiene una vida útil promedio de 18 meses, mientras una caja abierta dura seis meses.

Controle su caspa ¿Tiene un problema "escamoso"? Para controlar la caspa, humedezca su cabello y luego frote vigorosamente su cuero cabelludo con un puñado de bicarbonato de sodio. Enjuague bien y seque. En general, hágalo cada vez que lave su cabello, pero sólo use bicarbonato de sodio, sin champú (shampoo). Su cabello puede resecarse al principio. Pero en unas semanas su cuero cabelludo empezará a producir aceites naturales, dejando su cabello más suave y sin escamas.

Limpie peines y cepillos Refresque sus peines y cepillos para el cabello remojándolos en una solución de 3 tazas de agua tibia y 2 cucharaditas de bicarbonato de sodio. Gírelos en el agua para aflojar todos los restos atorados entre los dientes. Luego déjelos en remojo media hora. Enjuáguelos bien y séquelos antes de usarlos.

Úselo para hacer gárgaras o como enjuague bucal ¿El platillo que ordenó incluía demasiada cebolla o mucho ajo? Haga gárgaras con 1 cucharadita de bicarbonato de sodio en medio vaso de agua. El bicarbonato neutralizará los olores al contacto. Al usarlo como enjuague bucal, también aliviará el dolor de las llagas.

Cepille sus dientes y limpie dentaduras postizas Si se le acaba su dentífrico regular, o si busca una alternativa natural al dentífrico comercial, tan sólo sumerja su cepillo de dientes mojado en un poco de bicarbonato de sodio y cepille y enjuague como acostumbra. También puede usar bicarbonato de sodio para limpiar retenedores, boquillas y dentaduras postizas. Use una solución de 1 cucharada de bicarbonato de sodio disuelto en 1 taza de agua tibia. Remoje el objeto media hora y enjuáguelo bien antes de usarlo.

Limpie y suavice cepillos de dientes Conserve los cepillos de dientes de su familia sumergiéndolos en una solución de 1/4 taza de bicarbonato de sodio y 1/4 taza de agua. Remójelos toda la noche una vez cada semana o cada dos. Asegúrese de enjuagarlos bien antes de usarlos.

Quite del cabello gel, laca o acondicionador acumulados Cuando se trata del arreglo personal, demasiado de algo bueno puede dañar su cabello. Pero una limpieza profunda con bicarbonato de sodio al menos una vez a la semana lavará toda la suciedad de su cabello. Sólo agregue 1 cucharada de sodio a su cabello mientras se aplica el champú (shampoo). Además de eliminar todas las sustancias químicas que pone en su cabello, eliminará las impurezas del agua y puede aclarar su cabello.

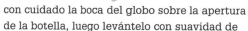

FERIA DE LA CIENCIA

Use el gas producido al mezclar **bicarbonato de sodio** y **vinagre** para inflar un globo. Primero, vierta 1/2 taza de vinagre en el fondo de una **botella** (como una botella de agua vacía) o **tarro** de cuello estrecho. Luego inserte un **embudo** en la boca de un **globo** de tamaño promedio y llénelo con 5 cucharadas de bicarbonato de sodio. Estire

con cuidado la boca del globo sobre la apertura de la botella, luego levántelo con suavidad de modo que el bicarbonato de sodio se vacíe sobre el vinagre en el fondo de la botella. Las burbujas y espuma que verá en realidad es una reacción química entre los dos ingredientes. Esta reacción produce la liberación de gas de **dióxido de carbono,** ¡el cual pronto **inflará el globo!**

Úselo como antitranspirante ¿Busca un desodorante natural efectivo? Pruebe a aplicar una pequeña cantidad, más o menos una cucharadita, de bicarbonato de sodio con una borla en las axilas. No olerá como una flor o alguna especia exótica, pero tampoco olerá como algo del extremo opuesto.

Alivie la comezón dentro de una escayola Usar una escayola en su brazo o pierna es una desdicha en cualquier época del año, pero llevar una en verano puede ser una tortura. El sudor y la comezón que siente bajo su "caparazón" puede volverlo loco. Obtenga alivio temporal usando una secadora de pelo, en su nivel más frío, para soplar un poco de bicarbonato de sodio por los bordes de la escayola. *Nota:* Haga que alguien le ayude para evitar que le caiga polvo en los ojos.

Alivie el pie de atleta Puede utilizar bicarbonato de sodio mojado o seco para combatir un caso de pie de atleta. Primero, pruebe a espolvorear bicarbonato en polvo en los pies (junto con sus calcetines [medias] y zapatos) para secar la infección. Si esto no funciona, haga una pasta de 1 cucharadita de bicarbonato de sodio y 1/2 cucharadita de agua y frótela entre los dedos de los pies. Deje que seque y lave después de 15 minutos. Séquese bien los pies antes de ponerse los zapatos.

Alivie pies cansados y malolientes Si le punzan los pies, déles un baño calmante con 4 cucharadas de bicarbonato de sodio en 1 litro de agua tibia. Además de relajar pies adoloridos, elimina el sudor y pelusa que se acumulan entre los dedos. Los baños de pies regulares también acaban con el mal olor.

Desodorice zapatos y tenis (zapatillas) Un zapato o tenis maloliente no es rival para el poder del bicarbonato de sodio. Espolvoree en forma generosa bicarbonato de sodio en el calzado y déjelo reposar toda la noche. Tire el polvo en la mañana. (Tenga cuidado al usarlo en zapatos de piel; aplicaciones repetidas pueden resecarlos.) También puede hacer sus propios "desodorantes" reutilizables llenando las puntas de calcetines (medias) viejos con 2 cucharadas de bicarbonato de sodio y cerrándolos con un nudo. Meta los calcetines en cada zapato por la noche antes de acostarse. Quite los calcetines en la mañana y respire con más facilidad.

✳ BICARBONATO DE SODIO **EN EL LAVADO**

Aumente la potencia de su detergente (jabón en polvo) y blanqueador (lavandina) líquidos Parece lugar común, pero agregar 1/2 taza de bicarbonato de sodio al detergente líquido para ropa le dará "blancos más blancos" y colores más brillantes. El bicarbonato suaviza el agua, así que usará menos detergente. Agregar 1/2 taza de bicarbonato de sodio en máquinas que se cargan por arriba (1/4 de taza si se cargan por el frente) aumenta la potencia del blanqueador. Así sólo pondrá la mitad de blanqueador.

Elimine de la ropa el olor a naftalina Si su ropa sale del almacenamiento apestando a naftalina, ponga atención: agregar 1/2 taza de bicarbonato de sodio durante el ciclo de enjuague de su lavadora (lavarropas) hará desaparecer el olor.

Lave la ropa nueva del bebé Elimine todas las sustancias químicas de la ropa de su recién nacido, sin usar ningún detergente fuerte. Lave la ropa nueva de su bebé con algo de jabón suave y 1/2 taza de bicarbonato de sodio.

Borre las manchas de transpiración y otras Pretratar la ropa con una pasta de 4 cucharadas de bicarbonato de sodio y 1/4 de taza de agua tibia ayuda a quitar una variedad de manchas. Por ejemplo, frote las camisas para eliminar manchas de transpiración; para manchas graves, deje secar la pasta por dos horas antes de lavar. Borre manchas de alquitrán aplicando la pasta y lavando con bicarbonato de sodio simple. Para manchas en el cuello, frote con la pasta y agregue un poco de vinagre al poner la camisa en la lavadora (lavarropas).

Lave las cortinas enmohecidas de la ducha Si sus cortinas de plástico de la ducha se ensucian o enmohecen no tiene que tirarlas. Límpielas en su lavadora con dos toallas de baño en el ciclo suave. Agregue 1/2 taza de bicarbonato de sodio a su detergente durante el ciclo de lavado y 1/2 taza de vinagre durante el ciclo de enjuague. Cuélguelas a secar; no las ponga en la secadora.

✷ BICARBONATO DE SODIO **PARA ARREGLOS MENORES**

Limpie las terminales de la batería Elimine la corrosión en las terminales de la batería de su automóvil. Frótelas con un cepillo de dientes viejo y una mezcla de 3 cucharadas de bicarbonato de sodio y 1 cucharada de agua tibia. Límpielas con una toalla mojada y séquelas con otra toalla. Una vez que estén secas las terminales, aplique un poco de vaselina alrededor de cada terminal para evitar la corrosión futura.

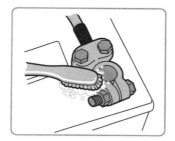

Úselo como descongelador en invierno La sal y las fórmulas comerciales para fundir el hielo pueden manchar, o hasta desgastar, el concreto fuera de su casa. Para una forma igual de efectiva, pero completamente inocua, de fundir el hielo en sus escalones y pasadizos durante el invierno, espolvoréelos con cantidades generosas de bicarbonato de sodio. Agregue algo de arena para mejorar la tracción.

Tense asientos de mimbre Los asientos de las sillas de mimbre pueden combarse (aflojarse) con el tiempo, pero puede tensarlos de nuevo con facilidad. Empape dos paños en una solución de 1/2 taza de bicarbonato de sodio en 1 litro de agua caliente. Sature la parte superior del mimbre con un paño, mientras empuja el segundo contra la parte inferior para saturarla. Use un paño seco y limpio para absorber el exceso de humedad, luego seque la silla al sol.

> *Cosas de niños* Los espías lo usan y usted también puede. Envíe un mensaje o haga un dibujo con **tinta invisible.** Aquí le decimos cómo: mezcle 1 cucharada de **bicarbonato de sodio** y 1 de **agua.** Moje un **palillo** o **pincel** en la mezcla y escriba su mensaje o haga un dibujo o diseño en una hoja de **papel blanco común.** Deje que sequen bien el papel y la "tinta". Para revelar el mensaje, mezcle 6 gotas de **colorante vegetal** con 1 cucharada de agua. Moje un **pincel** limpio en la solución y pinte ligeramente sobre el papel. Use diferentes combinaciones de color para un gran efecto.

Elimine el alquitrán de su auto Puede verse muy mal, pero no es tan difícil quitar el alquitrán del camino de su auto sin dañar la pintura. Haga una pasta suave de 3 partes de bicarbonato de sodio y 1 parte de agua y aplíquela a las manchas de alquitrán con un paño húmedo. Deje secar cinco minutos y enjuague.

Déle una apariencia antigua a su terraza Puede darle al instante una apariencia antigua a su terraza de madera lavándola con una solución de 2 tazas de bicarbonato de sodio en 3.7 litros de agua. Use una brocha de cerdas duras para aplicar la solución en la madera, y luego enjuague con agua fría.

Limpie filtros de acondicionadores de aire Limpie los filtros de acondicionadores de aire lavables cada mes de uso. Primero aspire lo más posible el polvo y la suciedad, y luego lávelo en una solución de 1 cucharada de bicarbonato de sodio en 1 litro de agua. Deje secar bien los filtros antes de colocarlos.

Mantenga libre de olores su humidificador Elimine el olor a cerrado de un humidificador agregando 2 cucharadas de bicarbonato de sodio al agua cada vez que la cambie. *Nota:* Revise el manual o consulte al fabricante antes de intentar esto.

✳ BICARBONATO DE SODIO **EN EXTERIORES**

Evite la hierba en las grietas del cemento ¿Busca una forma segura de evitar que crezcan malas hierbas y pastos en las grietas de patios, rampas y pasadizos pavimentados? Espolvoree puñados de bicarbonato de sodio en el concreto y bárralo a las grietas. El sodio las hará mucho menos acogedoras para los dientes de león y sus amigos.

Limpie los muebles para jardín Muchos limpiadores comerciales son muy abrasivos para usarse en muebles para jardín de resina. Pero no tiene que preocuparse por rayar o deslustrar la superficie si limpia sus muebles de resina con una esponja mojada sumergida en bicarbonato de sodio. Limpie con movimientos circulares y luego enjuague bien.

Alimente sus plantas Rocíe ocasionalmente sus plantas que florean y a las que les gusta lo alcalino, como las clemátides, espuelas de caballero y claveles, con una solución ligera de 1 cucharada de bicarbonato de sodio en 2 litros de agua. Le mostrarán su aprecio con flores más sanas y llenas.

Mantenga la alcalinidad apropiada en la alberca (piscina) Agregue (680 gramos) de bicarbonato de sodio por cada 38,000 litros de agua en su alberca para elevar la alcalinidad total en 10 partes por millón (ppm). La mayoría de las albercas requiere una alcalinidad de 80-150 ppm. Mantener el nivel de alcalinidad apropiado es vital para reducir los cambios en el pH si se introducen en el agua sustancias químicas o contaminantes ácidos o básicos.

B

Limpie parrillas Mantenga su parrilla en excelentes condiciones haciendo una pasta suave de 1/4 taza de bicarbonato de sodio y 1/4 de taza de agua. Aplique la pasta con una brocha (pincel) de alambre y deje secar 15 minutos. Luego limpie con un paño seco y coloque la parrilla sobre los carbones calientes al menos por 15 minutos para quemar cualquier residuo antes de poner encima cualquier alimento.

✱ BICARBONATO DE SODIO **PARA SU MASCOTA**

Haga un champú (shampoo) desodorante para perros La próxima vez que su perro ruede sobre el abono, saque el bicarbonato de sodio para refrescarlo. Frote unos puñados de polvo en su pelo y cepíllelo a fondo. Además de eliminar el olor, le dejará el pelo brillante y limpio.

Lave el interior de las orejas de las mascotas Si su mascota se rasca mucho las orejas, podría tener una irritación o ácaros. Alivie la comezón (y elimine los ácaros) lavando con suavidad el interior de las orejas con un algodón empapado en una solución de 1 cucharadita de bicarbonato de sodio en 1 taza de agua tibia.

Aleje a los insectos del plato de su mascota Poner un círculo de bicarbonato de sodio alrededor del plato de su mascota alejará a los intrusos de seis patas. Y no dañará a su mascota si se come un poco (aunque a muchas mascotas no les gusta el sabor amargo del sodio).

Desodorice la caja de arena No gaste dinero en la costosa arena desodorizada para gatos. Ponga una capa delgada de bicarbonato de sodio bajo la arena barata para que absorba el olor. O mezcle bicarbonato de sodio con la arena al cambiarla.

✱ Blanqueador (lavandina)

Limpie moho y hongos El blanqueador y el amoníaco son útiles para eliminar moho y hongos dentro y fuera de su hogar. Sin embargo, *nunca* deben usarse juntos. El blanqueador es adecuado para las siguientes tareas:

- Limpie moho en tela lavable. Moje el área enmohecida y frote con algo de detergente (jabón) en polvo. Luego lave la prenda en el ciclo con agua más caliente permitido por el fabricante de la ropa con 1/2 taza de blanqueador con cloro. Si la prenda no puede lavarse en agua caliente y blanqueador, remójela con 1/4 de taza de blanqueador oxigenado (para "todo tipo de tela" o "perborato") en 3.7 litros de agua tibia por 30 minutos antes de lavar.

- Elimine el moho de las junturas de los azulejos del baño. Mezcle partes iguales de blanqueador con cloro y agua en una botella rociadora, y rocíe sobre la juntura. Déjela 15 minutos, luego friegue con una brocha dura y enjuague. También puede hacer esto sólo para que se vea más blanca la juntura.

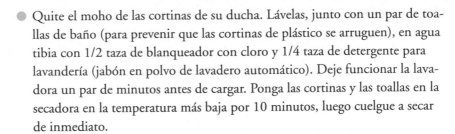

● Quite el moho de las cortinas de su ducha. Lávelas, junto con un par de toallas de baño (para prevenir que las cortinas de plástico se arruguen), en agua tibia con 1/2 taza de blanqueador con cloro y 1/4 taza de detergente para lavandería (jabón en polvo de lavadero automático). Deje funcionar la lavadora un par de minutos antes de cargar. Ponga las cortinas y las toallas en la secadora en la temperatura más baja por 10 minutos, luego cuelgue a secar de inmediato.

● Libre del moho a su tapete (alfombra) de hule. Remójelo en 1/8 de taza de blanqueador con cloro en 3.7 litros de agua por 3 a 4 horas. Enjuague bien.

● Quite el moho y otras manchas de cemento sin pintar, piedras del patio o estuco. Mezcle 1 taza de blanqueador con cloro en 7.5 litros de agua. Talle vigorosamente con cepillo duro o de alambre y enjuague. Si quedan manchas, frote de nuevo con 1/2 taza de sosa (esto es, hidróxido de sodio, no bicarbonato de sodio) disuelta en 7.5 litros de agua tibia.

● Elimine el moho de superficies pintadas. Ponga 1/4 de taza de blanqueador con cloro en 2 tazas de agua y aplique con brocha a las áreas enmohecidas. Deje la solución por 15 minutos, luego enjuague. Repita si es necesario.

Esterilice artículos usados ¿Recuerda lo que decía mamá: "Deja eso. No sabes dónde ha estado"? Tenía razón, en especial cuando se trata de juguetes o utensilios de cocina obtenidos en tiendas de usado y ventas de cochera (garage). Para estar seguros, tome los artículos impermeables y remójelos durante 5 a 10 minutos en una solución con 3/4 de taza de blanqueador (lavandina), unas gotas de líquido lavaplatos antibacteriano y 3.7 litros de agua tibia. Enjuague bien, luego seque al sol.

Limpie tajos y tablas de carnicero Ni siquiera piense en usar pulidor para muebles o cualquier otro limpiador doméstico para limpiar un tajo o tabla de carnicero. Más bien, talle (frote) la superficie con un cepillo mojado en una solución de 1 cucharadita de blanqueador diluido en 2 litros de agua. Talle en círculos pequeños y tenga cuidado de no saturar la madera. Limpie con una toalla de papel ligeramente húmeda y seque de inmediato con un paño limpio.

CUIDADO Nunca mezcle blanqueador (lavandina) con amoníaco, lejía, desoxidantes, limpiadores para hornos o baños o vinagre. Cualquier combinación puede producir gases de cloro tóxicos, que pueden ser mortales. Algunas personas son sensibles incluso a los gases del blanqueador sin diluir. Siempre asegúrese de tener una ventilación adecuada en su área de trabajo antes de verterlo.

Abrillante los vasos en el lavavajillas Devuelva el brillo a sus vasos y platos agregando una cucharadita de blanqueador a su lavavajillas cuando lave su cristalería. Asegúrese de enjuagar bien, y seque con una toalla suave.

Lustre porcelana blanca ¿Desea que se vean como nuevos su fregadero (pileta del lavadero), candelero u ollas de porcelana blanca? En un área bien ventilada sobre una superficie de trabajo protegida por un plástico grueso, ponga varias toallas de papel sobre el artículo (o en el fondo del fregadero) y satúrelas con cuidado con blanqueador sin diluir. Remoje de 15 minutos a media hora, luego enjuague y seque con una toalla limpia. *Nota:* No intente esto con antigüedades; puede disminuir su valor o dañarlas. Y nunca use blanqueador en porcelana de color, pues se desteñirá.

Haga un desinfectante en aerosol doméstico ¿Busca un buen desinfectante general para toda la casa? Mezcle 1 cucharada de blanqueador en 3.7 litros de agua caliente. Llene una botella rociadora limpia y úselo con una toalla de papel para limpiar estantes, manteles, muebles, o lo que necesite. Sólo asegúrese de no usarlo en presencia de amoníaco u otros limpiadores domésticos.

> **CUIDADO** Algunos evitan el blanqueador (lavandina) cuando limpian su taza (inodoro), por temor a que el amoníaco persistente de la orina, en especial en casas con niños, podría producir gases tóxicos. A menos que esté seguro que no tiene ese problema, quizá quiera seguir con el amoníaco para esta labor.

Desinfecte baldes (cestos) de basura Hasta las mejores amas de casa deben enfrentar de vez en cuando un balde de basura de cocina asqueroso. En tales ocasiones, saque el balde de la cocina y, con una manguera, limpie con agua todos los restos sueltos. Luego agregue de 1/2 a 1 taza de blanqueador y varias gotas de líquido detergente lavaplatos a 3.7 litros de agua tibia. Utilice un cepillo para baño o uno de mango largo para aplicar y fregar la solución en el fondo y los lados del balde. Vacíe y luego enjuague con la manguera. Vuelva a vacíar y deje secar al aire.

Aumente la longevidad de las flores cortadas Las flores recién cortadas permanecerán frescas más tiempo si agrega 1/4 de cucharadita de blanqueador (lavandina) por 1 litro de agua en el jarrón. Otra receta popular pide 3 gotas de blanqueador y 1 cucharadita de azúcar en 1 litro de agua. Esto también evitará que se enturbie el agua y la proliferación de bacterias.

Limpie muebles de plástico para jardín ¿Sus muebles de plástico se ven sucios? Antes de tirarlos, lávelos con algo de detergente suave mezclado con 1/2 taza de blanqueador en 3.7 litros de agua. Enjuague y seque al aire.

Acabe con la mala hierba en los pasillos ¿La mala hierba crece en las grietas de sus pasillos? Vierta un poco de blanqueador sin diluir sobre ellas. Después de un día o dos, tan sólo tire de ellas, y el blanqueador evitará que vuelvan. Sólo cuide que no caiga blanqueador en el césped o plantas que bordean el pasillo.

Deshágase del musgo y las algas Para eliminar el musgo y algas resbalosos y desagradables de sus pasillos de ladrillo, concreto o piedra, tállelos con una solución de

3/4 de taza de blanqueador en 3.7 litros de agua. Cuide que no caiga blanqueador en su césped o plantas ornamentales.

Esterilice sus herramientas de jardinería Acaba de cortar un tallo enfermo de su rosal con su tijera de podar. A menos que desee diseminar la enfermedad la próxima vez que use la herramienta, esterilícela lavándola con 1/2 taza de blanqueador en 1 litro de agua. Deje secar al sol; luego frote unas gotas de aceite para prevenir la oxidación.

✳ Bolitas de naftalina

Impregne sus prendas antes de guardar Por supuesto que guardar las prendas de lana con bolitas de naftalina para evitar que se aniden las polillas es una excelente idea. De hecho se puede dar mayor protección a sus prendas si agrega un poco de naftalina directo a sus prendas en el último ciclo de enjuague en su lavadora (lavarropa).

FERIA DE LA CIENCIA

Ponga a bailar esas **bolitas de naftalina** y déles a sus hijos una sencilla lección de ciencia. Llene 2/3 de una **jarra de vidrio** con **agua**, agregue de 1/4 a 1/3 de taza de **vinagre** y 2 cucharaditas de té de **bicarbonato de sodio**. Agite levemente y agregue ahora unas cuantas **bolitas de naftalina** y véalas rebotar de arriba abajo. El

vinagre y el bicarbonato crean burbujas de dióxido de carbono, las cuales se adhieren a la superficie irregular de la naftalina. Cuando se acumulan suficientes burbujas pueden levantar el peso de una bola de naftalina. Algunas burbujas se liberarán con el aire por lo que la bolita caerá al fondo de nuevo, donde comenzara un nuevo ciclo. El efecto durara más tiempo si la jarra está sellada.

Acabe con los insectos de sus plantas Acabe de una vez por todas con los insectos en sus plantas. Meta la maceta y planta en una bolsa de plástico transparente, lo suficientemente grande para que quepa, y agregue dos bolitas de naftalina. Mantenga la bolsa cerrada por una semana. Después de este tiempo su planta quedara libre de insectos, y temporalmente de la polilla también.

Aleje a los ratones de su cochera (garage) o su cobertizo (porche) No permita que esos ratones pasen sus vacaciones invernales en su cochera o cobertizo. Coloque un par de bolitas de naftalina alrededor de dichos lugares y los ratones buscaran otros refugios. Si el problema está en su vergel o invernadero, coloque la naftalina alrededor de las macetas.

Aleje a perros y gatos del jardín No tire esas naftalinas viejas. Riéguelas alrededor de sus jardines o macetas con flores y mantendrá alejados a esos latosos (molestos) perros, gatos y otros roedores. ¡Los animales en general odian el olor de la naftalina!

Aleje a los murciélagos Estas criaturitas no invadirán su campanario o ático si tan solo riega unas cuantas bolas de naftalina en el lugar. Y si pone unas cuantas más en las cajas donde guarda los cachivaches, también alejará a los pececillos de plata.

superobjeto
25 usos

Bolsas de papel

Quítele el polvo a su mechudo (plumero) Los mechudos nos ayudan a recoger el polvo, cabello y hasta el pelo de nuestra mascota que se encuentran por toda la casa, pero ¿cómo le quitamos al mechudo todo eso? Coloque una bolsa grande de papel sobre la cabeza del mechudo, utilice alguna banda elástica para evitar que ésta se deslice. Ahora sacúdalo varias veces (algunos golpes suaves le ayudarán a que sea más rápido). Recueste el mechudo del lado donde limpia por unos minutos para dejar que el polvo se quede en la bolsa, después remueva la bolsa cuidadosamente y deséchela con todo y basura.

Para limpiar flores artificiales Si tiene flores artificiales de seda, nylon u otro material, límpielas fácilmente y déles una apariencia más fresca. ¿Cómo? Colóquelas en una bolsa de papel con 1/4 de sal, sacuda la bolsa suavemente y sus flores quedarán tan limpias como el primer día que las compró.

SABÍA *Usted* QUE...?

"¿Papel o plástico?" Oye esto cada vez que paga en el supermercado. Aunque las bolsas de plástico han existido por cerca de cincuenta años, empezaron a usarse ampliamente en los supermercados hasta 1977. En escasas dos décadas, el plástico ha reemplazado a las bolsas de papel como la bolsa para compras más común. En la actualidad, cuatro de cada cinco bolsas usadas en las tiendas son de plástico. Por suerte, los supermercados han empezado a aplicar programas de reciclaje para disminuir la proliferación de bolsas.

Llevando la ropa a la lavandería (lavadero) Si la canasta de la ropa sucia ya está por desbordarse, o está rota, no se preocupe, pues una bolsa de compras puede servir para llevar los pantalones. Una bolsa con jaretas o agarraderas, hará más fácil el trabajo, pero asegúrese de que la ropa esté bien seca antes de meterla a la bolsa, o regresará con la ropa bajo sus pies.

Forre los libros de los niños Ayudar a los niños a forrar sus libros de texto, no sólo es divertido, también es una manera sutil de enseñarles a cuidar sus cosas. Pocos materiales tienen comparación con una bolsa de papel; ésta hace que la cubierta de un libro se vea gruesa y fuerte. Primero, corte la bolsa de papel a lo largo de sus uniones para convertirla en un rectángulo plano, luego

coloque el libro al centro, doble las partes de arriba y abajo para que la bolsa sea un poco más ancha que la altura del libro. A continuación doble los lados para formar unas mangas sobre la cubierta del libro, y corte el excedente, dejando un par de pulgadas en cada lado para poder cubrirlos. Péguelos con cinta adhesiva (sobre el papel, no sobre el libro), así lo conservará apretado y listo. Por último, deje que su niño ponga su toque personal con algún diseño de cada lado.

Haga una bonita carpeta para su mesa Utilice una bolsa pequeña, de las que dan en los almacenes, que tenga un diseño bonito, así podrá hacer un atractivo centro de mesa para su comedor o mesa de centro en la sala (living). Retire las asas y córtela, dando la forma que prefiera. Ponga un bonito florero y ¡Listo!

Haga su propio papel para envoltura ¿Necesita envolver un regalo? No se precipite en salir para comprar una envoltura. Sólo corte el pedazo grande de alguna bolsa de papel que tenga guardada, guíese por las uniones hasta tener una superficie rectangular pareja. Colóquelo de manera que la impresión quede de cara a usted, ponga el regalo encima y envuélvalo. Si desea personalizarlo puede usar colores o calcomanías.

Úselas como bolsas de regalo ¿Qué hacer con esas bolsas con asas que las tiendas dan al hacer alguna compra o que nos han dado con algún presente? Úselas para envolver sus propios regalos, ya sea joyería, perfumes y casi cualquier libro. Solamente agregue algún papel crepé con su color favorito, ponga su tarjeta y está listo.

Recipientes para toallas o pañuelos desechables Agregue un detalle simple pero elegante al baño de visitas. Utilice pequeñas bolsas de papel de las boutiques como recipientes para sus toallas de mano o pañuelos desechables. Para que se vean aún mejor, puede colocarles listones (cintas de seda) o algún motivo decorativo que combine con su decoración.

B

Mantenga en forma su ropa de punto después de lavarla Regrese a la forma original sweaters de lana al trazar el contorno de la prenda sobre una bolsa de papel antes de lavarla. Una vez que ha sido lavada use la guía que tiene en el papel para estirar la prenda y que vuelva a su tamaño original.

Guarde sus blancos ¿Alguna vez ha vaciado las repisas del closet donde guarda sus blancos para buscar la sábana que hace juego con la que acaba de sacar? Puede ahorrarse este dolor de cabeza usando bolsas de papel de tamaño mediano para guardar las sabanas por juegos. No sólo sus repisas estarán mas organizadas, sino que también podrá conservar su ropa con un fresco aroma colocando los papeles suavizantes para la secadora que ya haya usado en cada bolsa.

Utilícelas como paños Si la protección de su mesa (tabla) de planchar parece haber tenido mejores días, sálvela haciendo un paño temporal para terminar el planchado de esas camisas pendientes. Corte dos bolsas de papel, humedézcalas y póngalas sobre la mesa de planchado.

Prepare su equipaje ¿Se prepara para unas vacaciones? No se olvide de llevar un par de bolsas de papel con asas. Son una garantía para cuando tenga que guardar souvenirs o quizá la ropa sucia y hasta las toallas que usó en la playa.

Guarde el papel reciclado Duplique sus esfuerzos de reciclado usando esas bolsas de papel para guardar periódico (diario) viejo. No solo le ahorrará el tiempo y esfuerzo que pone al apilar el periódico o el papel para luego atarlos, sino que también le facilitará el trabajo al separar revistas y hojas sueltas.

❋ BOLSAS DE PAPEL **EN LA COCINA**

Facilite la limpieza de su cocina Tome una bolsa de papel y ábrala en dos, colóquela sobre la mesa de trabajo cuando pele verduras, limpie chícharos (arvejas), desgrane elotes (choclos) o cualquier otra cosa que implique ensuciar. Cuando termine, simplemente doble el papel dejando la basura dentro y tírela al bote (cesto) de basura.

Conserve fresco el pan Si existe mucha humedad en su casa, probablemente el pan no le dure mucho. En tal caso, puede conservarlo mejor si lo guarda en bolsas de papel. Ya que éste puede respirar, permitirá que el pan conserve su textura firme y que se mantenga suave.

Úselas para madurar fruta Mucha fruta, incluidos aguacates (paltos), plátanos (bananas), peras, duraznos y jitomates (tomates), madurará mejor si la coloca en una bolsa de papel. Pero si desea acelerar el proceso de maduración de cualquier fruta, coloque dentro de la bolsa de papel algunas cáscaras, ya sean de plátano (banana), manzana, etc., ciérrela y guárdela en una habitación a temperatura ambiente. Para madurar plátanos verdes envuélvalos en una toalla de papel húmeda antes de meterlos a la bolsa de papel. Una vez que la fruta alcanza su punto de maduración, puede meter la bolsa al refri (heladera) y se detendrá dicho proceso.

Conserve sus champiñones Saque los champiñones de su envoltura y colóquelos en una bolsa de papel dentro del refrigerador para conservarlos frescos por más de 5 días.

Guarde los geranios en invierno Aunque los geranios son considerados como flores de todo el año, resienten el frío. Para evitar que se sequen, primero sáquelos de sus macetas, o desentiérrelos con mucho cuidado, sacuda la tierra lo más que pueda y coloque cada planta dentro de una bolsa de papel. Cubra cada bolsa con una segunda bolsa y póngalas de cabeza, conservándolas en un lugar frío y seco. Cuando llegue la primavera, sáquelas, córteles el tallo, dejándoles solamente unos 2.5 cm, y vuelva a plantarlas. Colóquelas en un lugar soleado, póngales agua regularmente y observe como vuelven a la vida.

Alimente a sus plantas Los huesos son una excelente fuente de nutrientes para las plantas de su jardín. Usted puede hacer este alimento en casa. Primero guarde todos los huesos de pollo y métalos al microondas de 1 a 4 minutos (de acuerdo con la cantidad), a temperatura alta. Luego coloque los huesos secos en una bolsa gruesa de papel y muélalos con un mazo, martillo o rodillo. Una vez que haya terminado, distribuya el polvo de los huesos alrededor de sus plantas y obsérvelas crecer.

Agregue papel a la composta (abono) Las bolsas de papel de estraza son un excelente recurso para agregar a un montón de composta para el jardín. No sólo contienen menos tinta y pigmento, sino que atraerán más lombrices, pues el cartón, después que el papel, es lo que más les gusta a los gusanos. Corte las bolsas en pedazos y mójelas antes de agregarlas a la composta, asegurándose de mojar también la composta para evitar que el viento se lleve el papel cuando se seque.

Ponga a secar sus hierbas Para secar hierbas frescas, primero lave cada planta por separado bajo el chorro del agua y séquelas muy bien con toallas de papel, asegurándose de que queden totalmente secas para evitar que contraigan moho. Tome 5 o 6 plantas, quíteles las hojas inferiores y colóquelas boca abajo dentro de una bolsa de papel; cierre la bolsa a la altura de los tallos y átela. Haga unos pequeños orificios en las bolsas para permitir la ventilación y guárdelas en un lugar tibio y seco por lo menos 3 semanas. Una vez que ya estén secas, procure inspeccionarlas por si llegaran a tener rastros de moho; si fuera así, tire todo el ramito. Una vez que haya retirado los tallos, puede moler las hojas con un rodillo o una botella de refresco (gaseosa) limpia, o bien puede conservarlas enteras para que el sabor dure más tiempo. Guarde sus hierbas en envases bien cerrados y lejos de la luz.

Cosa de niños Haga un póster del tamaño de su hijo. Comience por cortar de 4 a 6 bolsas de papel, procurando que estén parejas y planas (si quiere alguna decoración o color, deberá ponerse en el lado contrario); arréglelas de modo que formen un cubo grande, el que colocará en el piso. Una las bolsas con cinta adhesiva por la parte trasera. Luego de voltear las bolsas, haga que su hijo se acueste sobre el papel, justo en medio, y utilice crayón para delinear el contorno de todo el cuerpo. Después deje que su hijo coloree el espacio de su cuerpo con pinturas de agua, colores, crayones o marcadores. Cuando esté listo, cuélguelo en su habitación como parte de la decoración.

✳ BOLSAS DE PAPEL **PARA ARREGLOS MENORES**

Retire la nieve de su parabrisas Si está cansado de tener que quitar la escarcha o nieve del parabrisas de su auto durante los meses de invierno, tenga algunas bolsas de papel a la mano. Encienda los limpiadores del parabrisas; cuando se encuentren cerca de la mitad del cristal, apáguelos. Ahora use un par de bolsas, póngalas sobre el cristal y sosténgalas con los limpiadores. Una vez que deje de nevar, jale el papel; su parabrisas quedará libre de nieve. NOTA: Para prevenir que sus limpiadores se dañen, no olvide retirar el papel antes de poner el automóvil en marcha.

Cómo encender un buen fuego ¿Quieres tener un gran fuego en tu chimenea? Simplemente toma una bolsa de papel, coloca dentro unas hojas de papel periódico (diario), haciéndolo bola, y quizá algunos trozos de cera que hayan quedado de sus velas viejas. Acomode la bolsa bajo los leños, enciéndala y disfrute de un hermoso fuego desde su sofá.

Pintura en aerosol para cosas pequeñas No necesita hacer un desorden cada vez que quiera usar aerosol para pintar algo pequeño. Sólo coloque el objeto deseado dentro de una bolsa de papel con asas y comience a pintar, la bolsa contendrá el exceso de aerosol. Cuando el objeto se haya secado, retírelo de la bolsa y tírela.

Construya un papalote (cometa) de papel Elabore un papalote para los pequeños. Haga un doblez en la parte superior de una bolsa de papel para mantenerla abierta y pegue por partes sobre las uniones de la bolsa bajo el doblez. Refuerce el papalote pegando algunas varas o ramas a lo largo de la bolsa. Haga un par de orificios sobre la orilla del extremo final y sujete 2 piezas de hilo o cuerda gruesa; amárrelas (átelos) y ponga cinta adhesiva a los orificios para evitar que se rompan. Amarre los polos a un rollo de cuerda para tirar de él; deberá levantar el vuelo cuando los chicos corran.

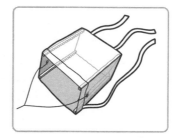

Bolsas de plástico

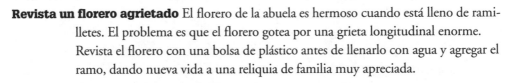

Revista un florero agrietado El florero de la abuela es hermoso cuando está lleno de ramilletes. El problema es que el florero gotea por una grieta longitudinal enorme. Revista el florero con una bolsa de plástico antes de llenarlo con agua y agregar el ramo, dando nueva vida a una reliquia de familia muy apreciada.

Abulte las cenefas de la cortina Escogió unas elegantes cenefas infladas para la cortina de su recámara (dormitorio). El problema es que el fabricante sólo envió suficiente relleno para que las cenefas tengan una apariencia más bien floja. Recicle algunas bolsas de plástico rellenando con ellas las cenefas para un acolchonamiento robusto.

Rellene artesanías o almohadas Hay muchas formas de rellenar un proyecto artesanal: frijoles (porotos), arroz, tela, cuentas de plástico, pantimedias, etc. Pero, ¿alguna vez ha intentado rellenar una artesanía o almohada con bolsas de plástico? Hay muchas a la mano, así que no tiene que preocuparse si se le acaban. Además, así las reciclará.

Haga decoraciones para fiesta Es fácil hacer serpentinas para una fiesta con bolsas de plástico. Corte cada bolsa en tiras del extremo abierto a la parte inferior. Luego pegue la parte inferior de la bolsa en el techo con cinta adhesiva.

Desagüe juguetes de baño No deje que el pato de hule y el resto de los juguetes de baño de su hijo se enmohezcan y creen un riesgo potencial en la bañera. Es mejor que, después del baño, los reúna en una bolsa de plástico pinchada varias veces. Cuelgue la bolsa por las asas en uno de los grifos (canillas) para que drene el agua. Los juguetes quedan juntos en un lugar, listos para la próxima vez.

Mantenga secos los colchones de los niños No necesita comprar un protector de colchones caro si mojan la cama. Le conviene más cubrir el colchón con bolsas de

SABÍA *Usted* QUE...?

"¿Papel o plástico?" Oye esto cada vez que paga en el supermercado. Aunque las bolsas de plástico han existido por cerca de cincuenta años, empezaron a usarse ampliamente en los supermercados hasta 1977. En dos décadas, el plástico ha reemplazado a las bolsas de papel como la bolsa para compras más común. En la actualidad, cuatro de cada cinco bolsas usadas en las tiendas son de plástico. Por suerte, los supermercados han aplicado programas de reciclaje para la proliferación de bolsas.

plástico para la basura. Las bolsas grandes también protegen los asientos del auto cuando los niños están aprendiendo a ir al baño o regresan a casa de la alberca (piscina).

Haga una bolsa para el contenido de los bolsillos en la ropa sucia Piensa que terminó de lavar, hasta que abre la secadora y encuentra que un pañuelo desechable en el bolsillo de alguien se ha hecho trizas y ahora cubre todo el tambor de la secadora. Cuelgue una bolsa de plástico cerca de su sitio de lavado. Antes de lavar, revise los bolsillos y ponga el contenido en la bolsa para revisarlo después.

Trate manos agrietadas Si sus manos están agrietadas y escamosas, pruebe esta solución. Úntese una capa gruesa de vaselina en las manos. Métalas en una bolsa de plástico. La vaselina y el calor del cuerpo le suavizarán las manos en 15 minutos.

✳ BOLSAS DE PLÁSTICO **PARA GUARDAR COSAS**

Guarde toallitas para bebé adicionales Al ir de compras, consiguió una caja grande de toallitas para bebé a un gran precio. Tiene suficientes toallitas para varios meses, siempre que no se sequen antes que pueda usarlas. Para proteger su inversión, guarde la caja de toallitas abierta en una bolsa de plástico sellada con alambre.

Recolecte ropa para la caridad Si constantemente aparta ropa para darla a la caridad, pero la encuentra de vuelta en su armario o cajones, pruebe esta solución: cuelgue una bolsa para basura grande en su armario. De esta manera, la próxima vez que encuentre algo que desee dar, sólo lo meterá en la bolsa. Una vez llena, puede llevarla al centro de donaciones local. No olvide colgar una bolsa nueva en el armario.

Tip **Cómo guardar bolsas de plástico**

> Todas esas bolsas de las compras se están desparramando del cajón en su cocina. He aquí algunas excelentes formas de guardarlas:
> • Llene una caja de pañuelos desechables para su fácil recuperación.
> • Métalas en un tubo de cartón, como el de las toallas de papel o un tubo para correspondencia o incluso una sección de un tubo para alfombra.
> • Llene una jarra de plástico vacía de 4 litros. Corte un agujero de 10 cm en el fondo. Meta las bolsas y cuélguela por el asa de un gancho. Saque las bolsas por el agujero.
> • Haga un "calcetín" ("media") de bolsas. Doble una toalla de cocina a lo largo, con el revés de la tela hacia arriba. Cosa los bordes largos. Cosa cubiertas de 1.25 cm alrededor de las aberturas superior e inferior y ensarte elástico a través de ellas, asegurando los extremos. Voltee el calcetín al derecho y cosa detrás un lazo (cinta) de listón o cuerda para colgarlo. Meta las bolsas por la apertura superior, y sáquelas por la inferior.

Cubra ropa para guardarla Le gustaría proteger ese traje de lino para la próxima temporada. Tome una bolsa para basura grande sin usar. Hágale un agujero y pase el gancho (la percha) por él para tener una funda al instante.

Guarde sus faldas (polleras) Si su armario está muy lleno pero queda mucho espacio en su cómoda, haga una transferencia de ropa. Enrolle sus faldas y ponga cada una dentro de una bolsa de plástico. Esto ayudará a que no se arruguen hasta que esté lista para usarlas.

Mantenga en forma los bolsos ¿Alguna vez ha notado que si cambia de bolso y deja uno vacío en su armario, se desinfla y pierde su forma? Llene su bolso con bolsas de plástico para que conserven su forma original.

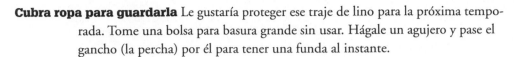

✱BOLSAS DE PLÁSTICO **PARA MANTENER LIMPIAS LAS COSAS**

Protéjase la mano cuando limpie la taza del baño (inodoro) Cuando limpie la taza de baño con un cepillo de mango largo o una herramienta más corta, envuélvase primero la mano con una bolsa de plástico. Así podrá restregar (limpiar) sin ensuciársela.

Evite la oxidación de la lana de hierro (esponja de acero) Hace unos días compró una lana de hierro nueva para limpiar una olla sucia. Ahora descansa inútil en su propio charco de óxido. La próxima vez, cuando no use la lana, métala en una bolsa de plástico donde no se oxide y podrá usarla de nuevo.

Haga baberos para niños Los nietos llegaron y están hambrientos. Pero no tiene baberos para proteger su ropa mientras comen. Haga algunos atando una bolsa de plástico holgada en el cuello de los niños. También puede hacer delantales así.

Cree un protector de piso para silla alta Las tiendas de artículos para bebés están felices de venderle un protector de piso costoso para ponerlo bajo la silla alta de su hijo. ¿Por qué gastar dinero en una lámina de plástico cuando tiene todas esas bolsas para basura grandes que pueden hacer el trabajo? Corte las junturas (uniones) de una bolsa y póngala bajo la silla alta para que atrape todos los derrames. Una vez que se ensucie, quítela y sacúdala, o sólo tírela.

Recubra la caja de arena A nadie le gusta cambiar la arena de la caja del gato. Haga el trabajo rápido y fácil cubriendo la caja con una bolsa de plástico abierta antes de poner la arena. Use dos bolsas si piensa que una es poco sólida. Cuando sea tiempo de cambiar la arena, sólo quite las bolsas, átelas y tírelas a la basura.

Quite su árbol de Navidad sin dejar agujas ¡Oh, árbol de Navidad, qué adorables son tus ramas! Hasta que esas agujas comienzan a caer. Cuando sea tiempo de quitar su árbol, ponga una bolsa para basura grande sobre la punta y tire hacia abajo. Si no cabe en una bolsa, use otra metiéndola desde abajo y tirando hacia arriba. Podrá quitar el árbol rápido sin dejar un rastro de agujas detrás de usted.

Quite betún (pomada para zapatos) de la mano Desea lustrar sus sandalias blancas desaseadas. El problema es que le quedará más betún (pomada) en las manos que en los zapatos. Antes de lustrar, cúbrase la mano con una bolsa de plástico antes de meterla en la sandalia. Cuando el betún escurra de las tiras de la sandalia, su mano estará protegida. Deje la bolsa en la sandalia hasta que el betún esté seco.

✳BOLSAS DE PLÁSTICO **EN LA COCINA**

Cubra un libro de cocina Está probando una receta nueva de un libro de cocina prestado que no quiere manchar durante su creación. Cubra el libro con una bolsa de plástico transparente. Podrá leer las instrucctones, y el libro seguirá limpio.

Meta en una bolsa el teléfono Imagine esto: está en medio de hacer sus famosas galletas de chocolate. Está hasta los codos de pasta (masa). El teléfono suena. ¿Ahora qué? Envuelva sus manos con una bolsa de plástico y responda el teléfono. No perderá una llamada ni tendrá que limpiar el teléfono cuando termine.

Limpie platos Sus 25 familiares terminaron su comida dominical. Es momento de limpiar los platos. Aquí hay una forma fácil de deshacerse de las sobras de la mesa: cubra un tazón (bol) con una bolsa de plástico y tire las sobras en él. Una vez llena, sólo junte las asas y tírela. Ponga el tazón en un lugar prominente en su cocina para que todos vacíen sus propios platos cuando los lleven al fregadero. (pileta)

Triture galletas No gaste su dinero en una caja de galletas dulces o saladas trituradas o un preparado de trozos de galletas listo para usar como relleno o cubierta. Es mucho más barato y un verdadero placer que usted mismo pueda triturar las galletas. Para ello, basta con que desmorone todas las galletas que vaya a ocupar en una bolsa de plástico. Ponga la bolsa en el mostrador de la cocina y pase

FERIA DE LA CIENCIA

Se dice que una bolsa de plástico puede llevar unos 9 kg de abarrotes (productos) antes que necesite ponerla doble. Vea **cuánto puede cargar una bolsa** sin que se rompan sus asas. Para este experimento, necesitará una **báscula (balanza) de cocina**, una **bolsa de plástico** y un **montón de rocas**.

Ponga la bolsa en la báscula. Llénela con rocas hasta que la escala indique 4.5 kg. Levante la bolsa. ¿Resiste? Agregue más rocas en incrementos de .9 kg, probando la resistencia de la bolsa luego de cada adición. Cuando las asas empiecen a romperse, sabrá la resistencia real de la bolsa.

varias veces sobre ellas un rodillo. Pronto, tendrá tantas migas de galletas como necesite; además, podrá disfrutar de las galletas restantes.

Reemplace un tazón (bol) mezclador Si va a cocinar para una multitud y no tiene suficientes tazones mezcladores, use una bolsa de plástico. Ponga todos los ingredientes secos que va a mezclar en la bolsa y sacúdala con suavidad. Si los ingredientes están húmedos, mézclelos con las manos.

Gire una ensalada verde A los niños les encantará ayudarle. Lave la lechuga y sacúdale el agua que pueda en el fregadero (pileta). Ponga las hojas en una bolsa de plástico cubierta con una toalla de papel. Tome las asas y déle vueltas en círculos grandes en el aire. Después de varios giros, tendrá lechuga seca.

Madure fruta Unas frutas de la gruesa de duraznos que compró están duras como piedra. Ponga la fruta con algunas piezas ya maduras o algunos plátanos (bananas) maduros en una bolsa de plástico. La fruta madura suavizará las otras al liberar su gas natural. Pero no las deje más de un día o dos o tendrá duraznos púrpura mohosos.

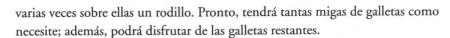

✳BOLSAS DE PLÁSTICO **EN EL PATIO**

Proteja las plantas de la escarcha Si la escarcha amenaza a sus plantas pequeñas, tome unas bolsas de plástico para protegerlas. Vea cómo: corte un agujero en el fondo de cada bolsa. Deslice una sobre cada planta y ánclela por dentro usando rocas chicas. Luego tire de las bolsas sobre las plantas, ciérrelas enrollándolas y asegúrelas con pinzas (broches) para ropa o clips. Abra las bolsas cuando empiece la temporada de calor.

Inicie brotes de nochebuenas para Navidad Desea que las nochebuenas luzcan magníficas para cuando lleguen las fiestas. Puede apurar a la Madre Naturaleza poniendo las nochebuenas en una bolsa para basura negra grande por varias semanas para despertar los brotes de las plantas.

¿SABÍA *Usted* QUE...?

Preocupados por la creciente cantidad de bolsas de plástico que llenan los basureros, muchos países han empezado a imponer restricciones a este artículo aparentemente indispensable. Bangladesh ha prohibido las bolsas de plástico, culpándolas de tapar los drenajes y causar inundaciones. Algunas ciudades australianas también las han prohibido y el gobierno presiona a las tiendas para que reduzcan a la mitad su uso de bolsas (estimado en 7 mil millones anuales) en unos cuantos años. Si desea usar una bolsa de plástico en Irlanda, se le cobrarán unos 19 centavos por bolsa. En Taiwán, cada bolsa cuesta 34 centavos.

Proteja los frutos en el árbol ¿Hay algunas manzanas en su huerto que desea proteger o algunas ciruelas que necesitan un poco más de tiempo en el árbol? Introduzca los frutos en bolsas de plástico transparentes mientras aún están en los árboles. Alejará a los animales mientras el fruto continúa madurando.

Proteja sus zapatos del lodo Llovió fuerte la noche anterior y necesita salir a desherbar el jardín, pero le preocupa enlodarse los zapatos. Cúbralos con bolsas de plástico. El lodo se pegará en la bolsa, no en los zapatos, y sus pies permanecerán secos, de modo que podrá permanecer más tiempo en el jardín.

Limpie con facilidad la parrilla Esa parrillada con los vecinos fue un éxito, pero ahora su parrilla es un lío lamentable. Tome las rejillas y póngalas en una bolsa para basura. Rocíelas con limpiador para hornos y cierre la bolsa. Al día siguiente, abra la bolsa, asegurándose de apartar la cara de los gases. Todo el cochambre (grasa) se limpiará de inmediato.

Cubra las señales de venta de cochera (garage) Si se ha metido en el problema de anunciar su próxima venta de cochera con señales en el patio pero le preocupa que la lluvia dañe su campaña publicitaria antes que se levanten los madrugadores, proteja las señales cubriéndolas con piezas cortadas de bolsas de plástico transparentes. Los transeúntes aún podrán ver el letrero, el cual no se manchará con la lluvia.

Guarde manuales de equipo para exteriores El eje de su desbrozadora se descompuso y tiene que cambiarlo. Pero, ¿cómo? Ponga todas las garantías y manuales de su equipo para exteriores en una bolsa de plástico y cuélguela en su cochera (garage). Sabrá con exactitud dónde buscar ayuda.

Proteja los espejos de su auto Llegará una gran tormenta de nieve por la noche y usted tiene cita con el doctor en la mañana. Anticípese cubriendo los espejos laterales de su auto con bolsas de plástico antes que inicie la tormenta. Cuando limpie el auto la mañana siguiente, sólo quite las bolsas. No tendrá que raspar hielo.

Haga una cuerda (soga) para saltar "¡Estoy aburrido!", grita su hijo mientras usted trata de trabajar en el patio. Una solución simple: haga una cuerda para saltar torciendo varias bolsas de plástico y atándolas por los extremos. Diversión barata.

✱BOLSAS DE PLÁSTICO EN RUTA

Empaque sus zapatos Su próximo crucero requiere zapatos para todo tipo de ocasiones, pero le preocupa que al empacarlos en la maleta ensuciarán lo demás. Envuelva cada par en su propia bolsa de plástico. Mantendrá la suciedad lejos de la ropa, y podrá estar seguro que empacó pares completos.

Protéjase las manos cuando bombee gasolina (nafta) Se detiene en la gasolinera (estación de servicio) para llenar el tanque de su auto mientras va rumbo a la reunión con sus amigos. Lo último que desea es saludarlos con manos que huelen a gasolina. Tome una de esas bolsas de plástico que lleva en su auto y cúbrase las manos con ella mientras bombea.

Guarde su paraguas mojado Cuando está en la lluvia y corriendo para su siguiente cita, quién desea tratar con un paraguas empapado que chorrea sobre toda su ropa y su auto? Una de esas bolsas de plástico en que se envían los periódicos (diarios) tiene el tamaño perfecto para cubrir su paraguas la próxima vez que llueva. Sólo doble el paraguas y métalo en la bolsa.

Haga un poncho al instante Lleve una bolsa para basura grande en el auto. Al llover inesperadamente, corte unas ranuras para los brazos y para la cabeza. Póngase su poncho improvisado y manténgase seco.

Deslícese en la nieve Su vecindario quedó con 15 cm de nieve y los niños esperan aprovecharla de inmediato. Tome algunas bolsas para basura, ate una alrededor de sus cinturas y déjelos deslizarse cuesta abajo en las colinas.

✽BOLSAS DE PLÁSTICO **PARA ARREGLOS MENORES**

Cubra ventiladores de techo Va a pintar el techo del porche y no desea quitar los ventiladores del techo para el proceso. Cubra las aspas con bolsas de plástico para protegerlas de salpicaduras de pintura. Cierre las bolsas con cinta adhesiva.

Guarde brochas (pinceles) Apenas ha pintado la mitad de la sala y es momento de descansar para almorzar. No necesita limpiar la brocha. Sólo métala en una bolsa de plástico y permanecerá mojada y lista para usarla cuando regrese. ¿Dice que terminará el próximo fin de semana? Meta la brocha cubierta con la bolsa en el congelador. Descongélela el siguiente sábado y estará listo para continuar.

Contenga el exceso de rocío de pintura Si tiene unos cuantos artículos pequeños que pintará con aerosol, use una bolsa de plástico para controlar el exceso de rocío. Sólo ponga un artículo a la vez en la bolsa, pinte y páselo a un periódico extendido para que se seque. Cuando termine, tire la bolsa para una limpieza fácil.

✳ Bolsas de zapatos (zapateras)

Organice sus utensilios Una bolsa de zapatos colgada es de gran utilidad para organizar sus utensilios de limpieza. Use sus bolsillos para guardar esponjas, cepillos y otros utensilios—e incluso algunas botellas de productos de limpieza. También sirve para clasificar sus paños limpios, para tener siempre a la mano el adecuado.

Organice su oficina Libere algunos cajones de su oficina con una bolsa de zapatos colgada en la puerta. Sus bolsillos pueden guardar muchos artículos de oficina que necesita tener a mano, como tijeras, grapas (ganchos) y marcadores. También puede organizar las facturas y otras "tareas".

Organice su baño Una bolsa de zapatos puede mantener ordenados y a la mano muchos artículos de baño. Cepillos, champú (shampoo), toallas de mano, spray para pelo. Casi todo puede almacenarse de una manera práctica, en vez de sobrecargar la regadera (ducha) o las repisas.

Organice la recámara (dormitorio) de su niño Una bolsa de zapatos que cuelgue sobre la puerta de su habitación es una magnífica forma de ayudar a sus hijos a organizar sus pequeños juguetes. Los muñecos, los dinosaurios o los bloques de colores caben muy bien en sus bolsillos, y los propios niños pueden encargarse de mantener el orden.

Organice juguetes y juegos para el viaje Recorte una bolsa de zapatos al tamaño de la parte trasera del asiento del coche, y deje que sus niños escojan sus juguetes.

Organice su recámara (dormitorio) En vez de sacar un gancho para buscar un cinturón, o revolver sus cajones para buscar una bufanda, intente organizar sus accessorios en una bolsa de zapatos colgada en la puerta. En los bolsillos puede guardar, además de los zapatos, calcetines (medias), guantes y mucho más.

Bolsas para sándwiches

superobjeto 39 usos

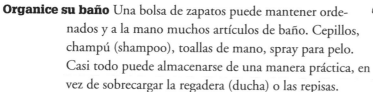

✳ BOLSAS PARA SÁNDWICHES **POR TODA LA CASA**

Proteja sus fotos Acaba de recoger las bellas fotos de su nieto recién nacido. Antes de mostrárselas a sus amigos, meta cada foto en una bolsa transparente para sándwiches. Después, las exclamaciones que escuchará serán por lo hermoso del bebé, no porque alguien haya manchado las fotos sin querer.

Congele una toallita para una compresa fría Es difícil predecir cuándo alguien de su familia sufrirá una quemada, un dolor de muelas, un golpe o un raspón. Congele una toallita húmeda en una bolsa para sándwiches, y sáquela cuando alguien requiera una compresa fría.

Proteja sus candados Cuando el clima es lo bastante frío como para congelar los candados del cobertizo o garaje, proteja cada candado colocándolo dentro de una bolsa para sándwiches y evitar así que se congelen.

Elabore un dosificador de suavizante ¿A quién no se le olvida añadir el suavizante de telas a la lavadora (lavarropas) en el momento adecuado? Hágale unos agujeritos a una bolsa de plástico con cierre y, sosteniéndola sobre la lavadora, llénela de suavizante. Cierre la bolsa y échela a la lavadora. El suavizante saldrá lentamente a través de los agujeritos durante la lavada y usted no tendrá que acordarse de hacerlo.

Cuide ese primer diente A su hijita se le ha caído su primer diente y está deseosa de mostrárselo a todos. Pero usted no quiere que lo pierda, por lo significativo del momento. Meta el dientecito en una bolsa de plástico con cierre; así su pequeña podrá mostrarlo por doquier, y usted estará segura de conservarlo.

Haga sus propias toallitas para bebé Las opciones para adquirir toallitas para bebé son: comprarlas por bote (muy caras), comprarlas a granel (menos caras, pero esperando que no se sequen antes de usarlas) o hacerlas usted misma. Coloque pañuelos desechables en una bolsa con cierre hermético, humedecidos en una mezcla de 1 cucharada de jabón antibacterial, 1 cucharadita de aceite de bebé y 1/3 de taza de agua. Sólo humedezca los pañuelos, no los empape.

SABÍA *Usted* QUE...?

Claro que no siempre hemos llevado nuestros sándwiches de jamón y queso al trabajo en bolsas de plástico. Las bolsas del tamaño de un sándwich fueron introducidas por primera vez en 1957. Siete años más tarde, Mobil Corp. introdujo las bolsas para sándwich con jaretas (asas).

Antes de las bolsas de plástico, los sándwiches se envolvían en papel simple o encerado, como se hace en las salchicherías.

Renueve la barra de jabón A muchos de nosotros no nos gusta tirar los pedacitos de jabón, aunque sean imposibles de usar. Así, pues, conviene irlos juntando en una bolsa de plástico con cierre. Cuando reúna varios, coloque la bolsa en un recipiente con agua caliente, pero no hirviendo, hasta que se derritan. Cuando la mezcla se enfríe, tendrá una nueva barra de jabón.

Almidone los detalles Ya terminó de tejer la media (bota) navideña para su nieto, pero los pequeños adornos de tela que le pondrá necesitan almidonarse. Métalos en una bolsa de plástico con cierre que contenga un poco de almidón. Agítelos, sáquelos y déjelos secar. El almidón de la bolsa podrá usarlo de nuevo después.

Alimente a las aves Compadézcase de los pájaros durante los arduos meses invernales. Mezcle un puñado de alpiste con crema de cacahuate (manteca de maní) en una bolsa de plástico con cierre. Cierre la bolsa y amase los ingredientes. Luego, coloque la masa en una redecilla o en piñas de pino, y sujételas a un árbol, en espera de una bandada agradecida.

✳ BOLSAS PARA SÁNDWICHES **EN LA COCINA**

Guarde el queso rallado La pasta y la pizza siempre saben mejor con un poquito de queso parmesano rallado espolvoreado. Pero, ¿quién quiere estar rallando queso cada vez que se necesita? Por ello, tome un trozo grande de queso, rállelo todo y guárdelo en una bolsa doble con cierre, para conservarlo fresco. O meta el rallador en la bolsa con el trozo de queso, y sáquelo para rallar en el momento. Así no tendrá que lavar el rallador cada vez que lo use.

Haga una manga de repostería Las mangas de repostería pueden ser incómodas, caras y difíciles de limpiar. Olvídese de buscar desesperadamente la boquilla de la manga por los cajones. Coloque el glaseado, el merengue o lo que vaya a dosificar en una bolsa con cierre. Sáquele el aire y cierre. Con unas tijeras, haga un corte, del tamaño que desee, en una de las esquinas de la bolsa y estará lista para usarse.

Deshágase del aceite de cocina A menos que desee llamar al plomero continuamente, no vierta el aceite quemado en el drenaje. Espere a que se enfríe y vacíelo en una bolsa de plástico con cierre. Tire la bolsa a la basura.

Coloree la pasta (masa) para galletas sin mancharse Los reposteros experimentados saben el desastre que representa colorear la pasta para galletas. Usted puede evitar mancharse las manos si pone su pasta preparada en una bolsa, le añade las gotas de colorante vegetal, y la amasa hasta que el color sea uniforme. Entonces podrá hacer uso de la pasta o meterla en el congelador para sacarla cuando lo desee.

Evite que el helado se critalice Es muy molesto sacar del congelador un envase medio lleno de helado de chocolate con chispas de menta para encontrarlo cristalizado e incomible. Coloque su envase en una bolsa de plástico con cierre y evitará que se le formen cristales de hielo.

Guarde los cubos de hielo extra Es común que cuando abre el congelador para sacar algunos cubitos de hielo de la máquina fabricadora de hielos, éstos salgan pegados, atascando (atorando) a veces el dosificador. Cuando su bandeja se llene, ponga los cubitos en una bolsa de plástico con cierre. No se pegarán y será fácil sacarlos cuando el calor apremie.

Ablande los bombones (merengues) endurecidos Está a punto de sacar de la alacena una bolsa de bombones para asarlos en la parrilla (hornalla) que está por apagarse, cuando nota que están tan duros como piedra. Caliente un poco de agua en una olla. Ponga los bombones en una bolsa con cierre; cierre la bolsa y póngala en la olla. El calor los suavizará en poco tiempo.

Derrita chocolate sin problemas Fundir chocolate en el microondas o a baño María ensucia sobremanera el utensilio en que se hace. El siguiente es un método más limpio: caliente agua en una olla (no la hierva). Ponga el chocolate que desea fundir en una bolsa con cierre. Cierre y ponga la bolsa en la olla. En poco tiempo habrá derretido el chocolate. Incluso puede dejar la bolsa cerrada y cortar una esquina inferior para usarla como manga. Cuando termine, simplemente tire la bolsa.

Evite que el refresco (la gaseosa) pierda el gas Debe salir a un rápido encargo, pero no quiere llevarse el refresco que estaba bebiendo. Meta la lata o botella en una bolsa de plástico grande con cierre. Así conservará el gas hasta su regreso.

Engrase (enmanteque) sus moldes He aquí un consejo para engrasar los moldes sin ensuciarse: meta la mano en una bolsa para sándwiches, tome un poco de aceite o mantequilla (manteca) y comience a untarla en el molde. Incluso puede dejar la bolsa en el envase de la mantequilla para la siguiente ocasión.

> *Cosas de niños* **La pasta seca de colores y de distintas formas y tamaños es muy buena para la creatividad de los pequeños**. La pueden usar para hacer bisutería (bijoutería) o para decorar un marco para fotos o un bote para lápices (lapicero), por ejemplo. Para colorear la **pasta**, ponga un puñado de ésta en una bolsa de plástico con cierre. Añada algunas gotas de **colorante vegetal** y otras de alcohol. Cierre la bolsa. Agítela para que el colorante pinte la pasta. Séquela sobre papel aluminio.

Úselas como guantes para niños La ayuda en la cocina siempre es bienvenida, pero cuando se trata de unas pequeñas manos que tienden a ensuciarse y dejar huellas por todas partes, algo debe hacerse. Antes de que sus niños comiencen a "ayudarle" a hacer esas galletas con chocolate, cubra sus manos con unas bolsas para sándwiches. Además, estos guantes instantáneos son desechables.

Improvise un embudo Esa práctica herramienta de la cocina, el embudo, puede imitarse fácilmente con una bolsa para sándwiches. Llene la bolsa con aquello que necesita verter; córtela por una de las esquinas y transfiera el contenido al envase requerido. Después sólo tendrá que tirar la bolsa.

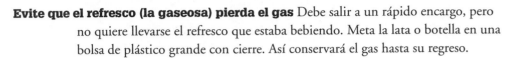

✳ BOLSAS PARA SÁNDWICHES, CON CIERRE **PARA GUARDAR COSAS**

Proteja sus objetos frágiles Siempre hay una reliquia familiar, una estatuilla, un jarrón o algún objeto que requiere de cuidados especiales para guardarse. Haga esto: colóquelo con cuidado en una bolsa de plástico con cierre, cierre parcialmente la bolsa, ínflela y vuélvala a cerrar bien. El aire formará una capa protectora.

Salve sus sweaters Ya es primavera y usted está a punto de guardar una pila de sweaters invernales. No sólo los ponga en una caja sin protección. Meta cada sweater en una bolsa de plástico con cierre. Así se mantendrán limpios y estarán libres de polilla cuando regrese el invierno. Guarde las bolsas para la siguiente primavera, cuando tendrá que volver a guardar los sweaters.

Haga un sachet (aromatizante) Si sus cajones empiezan a oler a humedad, una bolsita con cierre puede ser la mejor amiga de su tocador. Llene la bolsita con alguna variedad de cosas; por ejemplo, pétalos de flores, junto con algunas hojas fragantes machacadas y unas gotas de aceite aromático. Hágale varios agujeros a la bolsita y colóquela en un cajón. Así sus cajones pronto olerán a fresco.

Ponga cedro en su clóset Los clósets de cedro huelen fantástico y, aún más importante, repelen las polillas. Si no tiene la suerte de tener un clóset de cedro, puede acudir a la siguiente mejor alternativa. Llene una bolsa con cierre con trocitos de madera de cedro, como los que se compran en una tienda de mascotas para la jaula del hámster. Ciérrela y hágale varios agujeritos. Cuelgue la bolsa en su clóset (puede usar un gancho) y deje que el olor del cedro lo impregne.

Elabore una lapicera (cartuchera) ¿Los niños pierden fácilmente sus lápices, plumas y reglas escolares? Haga tres agujeros a lo largo de la orilla inferior de una bolsa con cierre, de manera que entren en una carpeta de tres argollas. Así, los jóvenes alumnos podrán sacar y guardar sus pertrechos.

SABÍA *Usted* QUE...?

La bolsa de plástico con cierre hermético se volvió parte de nuestras vidas en 1969, cuando Dow Chemical introdujo la bolsa de cierre hermético. Desde entonces se han producido una gran variedad de estas bolsas: para bocadillos, sándwiches, de un cuarto de litro, de un galón, de dos galones y del doble de resistencia para congelar. Incluso hay unas con la base plana, para facilitar que se les vierta líquido. Sin embargo, la bolsa con orificios para verduras duró poco. Incluso hay bolsas de plástico que contienen 10 y 8 bolsas más pequeñas.

✳ BOLSAS PARA SÁNDWICHES, CON CIERRE **EN EL BAÑO**

Ordene el baño Aquí le damos una solución rápida y limpia. Pronto tendrá visitas y el baño está lleno de cosas: la máquina y la crema de afeitar de su esposo. Recoja todo rápidamente en una bolsa transparente con cierre. De esta forma, él sabrá dónde están sus artículos para afeitar, y usted no tendrá que lidiar con ellos. Mucha suerte sería ¡si se pudiera hacer algo semejante respecto a los cabellos en el lavabo (pileta del baño)!

Elabore una almohada para el baño ¿Está listo para un agradable y cálido baño? ¿Quiere disfrutar del agua caliente con burbujas y champaña? Complete de manera perfecta, y barata, su experiencia en el baño: infle una bolsa grande de plástico con cierre (de unos 3 litros) y dispondrá de una cómoda almohada.

Limpie su dentadura postiza No más dentaduras en un vaso junto a su cabecera. Ponga su dentadura junto con su líquido limpiador en una bolsa de plástico con cierre. Se mantendrá limpia y lista para su uso por la mañana.

Organice su maquillaje Los artículos de maquillaje pueden irse acumulando. Las sombras y muestras de polvo y rubor llenan nuestros estuches. El problema es que sólo son algunos los cosméticos que realmente usamos a diario. Guarde esos artículos favoritos en una bolsa de plástico con cierre, de manera que no tenga que buscarlos cada mañana.

✱ BOLSAS PARA SÁNDWICHES, CON CIERRE **EN EXTERIORES**

Separe la ropa sucia El helado de chocolate está escurriendo sobre la mejor camisa blanca de su niño. Si logra evitar que la mancha se seque antes de limpiarla, será mucho más fácil quitarla. Cámbiele la camisa al niño y rocíe la mancha con algún quitamanchas, si lo tiene a mano, o simplemente remójela en agua. Después guárdela en una bolsa de plástico con cierre para lavarla cuando llegue a casa.

Lleve ropa de repuesto ¿Su niño está aprendiendo a ir al baño? ¿Necesita evitar sorpresas? Ponga una muda de ropa para su niño en una bolsa de plástico con cierre y guárdela en la cajuela (baúl) del auto. La próxima vez que tenga un "accidente", verá lo útil que le resulta este consejo.

Prevéngase con un poco de detergente Si planea un viaje a la casa de playa de un amigo y piensa que tendrá que lavar algo de ropa mientras esté allí, lleve una cierta cantidad de detergente en una bolsita. Así evitará cargar con la bolsa completa de detergente a la playa.

Lleve toallitas húmedas para refrescarse ¿Va a salir de viaje en un día caluroso y bochornoso? Use una bolsa con cierre para llevar unas toallitas húmedecidas en agua y jugo de limón, para que todos los suyos puedan refrescarse y asearse. Éste es un buen truco para un rápido aseo de cara y manos en la carretera.

Mantenga a flote sus objetos de valor Salieron a remar, el bote se ladeó y usted cayó al agua. No hubo estragos... hasta que se da cuenta de que las llaves de su auto y su celular están en el fondo del lago. Evite este desastre: ponga sus valores en una bolsa cerrada. Ínflela antes de cerrarla, para que flote. Esto sirve también para mantener secos sus valores en un parque acuático o en la playa.

> *Cosas de niños* Ésta es una estupenda y **deliciosa actividad,** si está al aire libre. Vierta el contenido de una cajita de **flan** instantáneo en una **bolsa de plástico con cierre** y añada la cantidad de **leche** requerida en las instrucciones. Ciérrela y después métala en **otra bolsa con cierre.** Ahora puede **jugar fútbol** con sus amigos y la bolsa hasta que ésta se mezcle bien y se forme el flan. Abra la primera bolsa y quite la segunda. Vierta el flan en **conos de helado** de fondo plano, y ¡a disfrutar!

Límpiese las manos en la playa Usted está en la playa y es hora del almuerzo. Pero antes de abrir su heladera portátil desea quitarse la arena de las manos. El talco de bebé en una bolsa de plástico con cierre es la clave. Meta las manos en la bolsa, sáquelas y frótelas. La arena desaparecerá.

Úntese repelente de insectos en la cara Es difícil aplicarse el repelente de insectos en la cara sin salpicarse los ojos o las manos. Haga esto: ponga algunas bolas de algodón en una bolsa de plástico, rocíelas con el repelente, cierre la bolsa y agítela. Use el algodón para aplicarse el repelente.

Cure el mareo Usted no desea que su pequeño vomite en el auto. Haga que su niño se sienta mejor y evite la consecuente suciedad, y el hedor. Ponga unas bolas de algodón en una bolsa de plástico con cierre. Rocíelas con 2 gotas de aceite de lavanda. Si su hijo se marea, que abra la bolsa y aspire el olor del aceite.

Use como cantimplora desechable Su mejor y más peludo amigo lo acompaña en su fantástica excursión. Al tomar un descanso, él lo mira con ansiedad cuando usted bebe de su cantimplora. No hay problema. Saque de su mochila una bolsa de plástico con cierre hermético llena de agua y déle de beber a su amigo.

✳ Bombones (merengues)

Separe los dedos del pie para aplicar barniz (esmalte) Siéntase tan comoda como en un salón de belleza y dése un pedicure en casa. Tan sólo coloque malvaviscos (merengues) pequeños entre los dedos del pie para separarlos antes de aplicar el barniz (esmalte) de uñas

Conserve fresca su azúcar mascabado ¿Ha notado como endurece la azúcar mascabado de un día para otro? La próxima vez que abra una bolsa de azúcar mascabado agregue unos cuantos malvaviscos antes de cerrarla. Éstos le darán la humedad suficiente para conservar su azúcar fresca por semanas.

Evite que se escurra el helado en cono He aquí una forma sencilla de evitar que las gotas de un helado manchen su ropa. Tan sólo coloque un malvavisco grande en el pico del cono antes de colocar el helado.

SABÍA *Usted* QUE...?

Los antiguos egipcios hicieron el primer dulce de malvavisco (merengue), un brebaje de miel endulzado con la savia de la planta del malvavisco (Althaea officinalis). Esta planta crece en arbustos salados, cercanos a grandes depósitos de agua. Esta savia se utilizó hasta mediados del siglo XIX, para hacer dulce de malvavisco y medicinas.

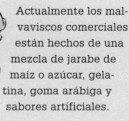

Actualmente los malvaviscos comerciales están hechos de una mezcla de jarabe de maíz o azúcar, gelatina, goma arábiga y sabores artificiales.

Mantenga sus pasteles (tortas) libres de parafina Si uno de sus deseos de cumpleaños es mantener sus pasteles libres de parafina, intente este truco: inserte cada una de las velitas en un malvavisco pequeño y coloque los malvaviscos encima del pastel. La parafina se derretirá en el malvavisco, el cual podrá desechar después. Además, su pastel lucirá más original gracias a los malvaviscos.

Improvise el glaseado de sus panqués (budines) Si ya tiene lista la mezcla para sus panqué y de repente se da cueta que se le acabó la crema chantilli o el azúcar glass, no se preocupe si llegase a tener algunos malvaviscos a la mano, simplemente coloque un par de malvaviscos encima de cada panqué un minuto antes de que salgan del horno. De está manera obtendrá un glaseado delicioso y al instante.

✳ Bórax

Destape un caño Antes de usar un destapacaños cáustico en el drenaje de su cocina o baño, pruebe este enfoque mucho más suave: use un embudo para insertar 1/2 taza de bórax en el drenaje; luego vierta despacio 2 tazas de agua hirviendo. Deje la mezcla 15 minutos y luego lave con agua caliente. Repita para obstrucciones tercas.

Quite manchas difíciles de su fregadero (pileta) Elimine las manchas persistentes, incluso óxido, de su fregadero de acero inoxidable o porcelana. Haga una pasta con 1 taza de bórax y 1/4 de taza de jugo de limón. Ponga algo de pasta en un paño o esponja y frote la mancha; enjuague con agua tibia corriente. La mancha desaparecerá.

Limpie ventanas y espejos ¿Desea tener ventanas y espejos inmaculados y sin rayas? Lávelos con una esponja limpia mojada en 2 cucharadas de bórax disuelto en 3 tazas de agua.

> *Cosas de niños* Prepárele a sus hijos algo de **limo,** esa sustancia pegajosa y elástica con la que les encanta jugar. Primero, mezcle 1 taza de agua, 1 taza de **pegamento blanco** y 10 gotas de **color vegetal** en un tazón (bol) mediano. Luego, en un segundo tazón más grande, agite 4 cucharaditas de **bórax** en 1 1/3 tazas de **agua** hasta disolver el polvo por completo. Vierta despacio el contenido del primer tazón en el segundo. Use una **cuchara mezcladora** para enrollar (no mezclar) la solución con pegamento alrededor de la solución de bórax cuatro o cinco veces. Levante las gotas de la mezcla y amase 2-3 minutos. Guarde su limo casero en un **recipiente hermético** o en una **bolsa de plástico con cierre.**

Elimine moho de telas Para eliminar el moho de tapicería y otras telas, moje una esponja en una solución de 1/2 taza de bórax disuelta en 2 tazas de agua caliente y frote las áreas afectadas. Déjelas mojadas por varias horas hasta que la mancha desaparezca; luego enjuague. Para quitar moho de la ropa, mójela en una solución de 2 tazas de bórax en 2 litros de agua.

Quite manchas de la alfombra Elimine manchas tercas de alfombras y tapetes. Humedezca a fondo el área, luego frote con algo de bórax. Deje secar, luego aspire o seque con una solución de partes iguales de vinagre y agua jabonosa y deje secar. Repita si es necesario. Pruebe primero el procedimiento en un rincón discreto de la alfombra o en un trozo de tapete antes de aplicarlo en la mancha.

Esterilice su triturador de basura Un triturador de basura es una gran comodidad, pero también puede ser un gran criadero de moho y bacterias. Para tener un triturador más higiénico, cada dos semanas vierta 3 cucharadas de bórax en el drenaje y déjelo reposar 1 hora. Luego encienda el triturador y lávelo con agua caliente del grifo (canilla).

Limpie su baño ¿Desea desinfectar la taza de su baño (inodoro) *y* dejarlo reluciente sin tener que preocuparse por gases peligrosos o desagradables? Use un cepillo duro para frotar usando una solución de 1/2 taza de bórax en 3.7 litros de agua.

Elimine el olor a orina en colchones El entrenamiento para el control de esfínteres puede ser una experiencia dura para las partes implicadas. Si su hijo tiene un "accidente" en la cama, aquí hay una forma de eliminar el olor penetrante: humedezca el área y frote con algo de bórax. Deje secar, luego aspire el polvo.

Acabe con malas hierbas y hormigas Deshágase de esas hierbas que crecen en las grietas del concreto fuera de su casa espolvoreando bórax en las hendiduras donde ha visto que crecen. Esto las acabará antes que puedan echar raíces. Cuando se aplica alrededor de los cimientos de su casa, también impedirá que entren a su casa hormigas y otros intrusos de seis patas. Pero tenga mucho cuidado cuando aplique bórax, es tóxico para las plantas (vea la advertencia Cuidado).

CUIDADO El bórax, como su pariente, el ácido bórico, tiene niveles de toxicidad relativamente bajos, y se considera seguro para uso doméstico general, pero el polvo puede ser dañino si es ingerido en cantidad suficiente por niños pequeños o mascotas. Manténgalo fuera de su alcance.

Pero el bórax es tóxico para las plantas. En el patio, tenga mucho cuidado al aplicarlo en el suelo o cerca de éste. No requiere penetrar mucho en él para acabar con las plantas cercanas e impedir su crecimiento.

Haga sus flores secas Déle a sus flores secas caseras una apariencia profesional. Mezcle 1 taza de bórax con 2 tazas de harina de maíz. Ponga una capa de 2 centímetros de la mezcla en el fondo de un recipiente hermético, como un recipiente de plástico plano y grande para guardar comida. Corte los tallos de las flores que desee secar, luego póngalas encima del polvo, y espolvoree ligeramente más de la mezcla sobre las flores (tenga cuidado de no doblar o aplastar los pétalos u otras partes de la flor). Tape el recipiente y déjelo por 7-10 días. Luego saque las flores y quíteles cualquier exceso de polvo con una brocha (pincel) suave.

Controle la hiedra terrestre ¿Su jardín fue invadido por esa hierba perenne llamada hiedra terrestre (*Glechoma hederacea*, también conocida como hiedra sueca o hierba de San Juan)? Puede vencerla con bórax. Primero, disuelva 230-280 gramos de bórax en 120 mililitros de agua tibia. Luego vierta la solución en 9.5 litros de agua tibia; esto es suficiente para cubrir 93 metros cuadrados. Aplique este tratamiento sólo una vez cada dos años. Si siguen los problemas, considere usar un herbicida estándar. (Vea la advertencia Cuidado sobre el uso de bórax en el jardín.)

Botellas

✳ BOTELLAS **POR TODA LA CASA**

Haga un calentador de pies Caminar en días de invierno severos puede dejarle los pies helados y cansados. Pero no necesita gastar su dinero ganado con tanto esfuerzo en una toalla calentadora o una bolsa de agua caliente para aliviar su molestia. Sólo llene una botella de refresco (gaseosa) de 1 o 2 litros con agua caliente, luego siéntese y ruédela hacia adelante y hacia atrás con los pies.

Úselas como horma para botas ¿Desea evitar que la parte superior de sus botas se arruguen o se doblen cuando las guarda? Inserte una botella de refresco (gaseosa) de 1 litro vacía y limpia en cada bota. Para una mayor tensión, ponga un par de calcetines viejos en las botellas o envuélvalas con toallas.

Recicle como juguete para masticar Si su perro mastica sus zapatillas en lugar de traérselas, quizá necesite juguetes para masticar. Una manera barata de divertir a su perro es dejar que mastique una botella de refresco (gaseosa) vacía de 1 litro. Tal vez sea su sonido crujiente, ¡pero los perros las adoran! Sólo quítele la etiqueta y la tapa (así como el anillo de plástico que queda suelta bajo ella). Y reemplácela antes de que esté demasiado masticada; las piezas de plástico rotas pueden asfixiarlo.

Haga un despachador de bolsas o cuerda Una botella de refresco (gaseossa) de 2 litros vacía es el recipiente perfecto para guardar y despachar bolsas de plástico del supermercado. Corte los extremos inferior y superior de la botella y móntela invertida con tornillos dentro de un gabinete de la cocina. Ponga arandelas a los tor-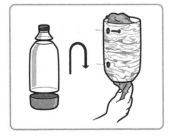

nillos para que no rompan el plástico. Llénela con bolsas recicladas (sáqueles el aire primero) y jálelas (tire) para sacarlas cuando las necesite. Puede hacer un despachador de hilo en la misma forma, haciendo salir la cuerda por el fondo de una botella de 1 litro.

Póngala en el tanque del baño A menos que su casa sea reciente, quizá tenga un baño antiguo que use mucha agua en cada descarga. Para ahorrar un poco de dinero en su factura del agua, llene una botella de refresco (gaseosa) de 1 litro con agua (quite las etiquetas) y póngala en el tanque para reducir el agua en cada descarga.

Corte un bote para juguetes Si está harto de pisar piezas de juegos de construcción, haga un recipiente simple para guardarlos cortando un agujero grande en un lado de una jarra limpia con asa. Corte el agujero en el lado opuesto al asa de modo que usted o su pequeño puedan cargar con facilidad el recipiente hasta su lugar tras guardar las piezas. Para una forma fácil de guardar materiales, crayones o juguetes pequeños, corte los recipientes a la mitad y use la parte inferior para guardar sus cosas.

Guarde su azúcar Cuando lleve a casa una bolsa de 2 kilogramos de azúcar del supermercado, póngala en un recipiente de 3.7 litros con asa, limpio y seco. Será menos probable que el azúcar se endurezca y el asa facilita vaciarla.

Tip **Cortadora circular segura**

> Cortar recipientes de plástico puede ser un asunto difícil y peligroso, en especial si usa su cuchillo de cocina muy afilado. Pero puede reducir mucho el riesgo si visita su tienda (local) de telas o artesanías local y compra una cortadora circular (por cierto, no es el mismo aparato usado para cortar pizza). El aparato que se muestra en la figura en la sugerencia "Haga una pala o achicador de envases", en la página siguiente, por lo general cuesta una cantidad mínima de dinero. Pero tenga cuidado. Aunque estas navajas utilizan hojas filosas, facilitan el corte de recipientes de plástico duro.

Moldee un embudo Para hacer un embudo práctico y durable, corte un bote (envase) de leche, blanqueador (lavandina) o detergente líquido limpio con un asa a la mitad de su sección media. Use la parte superior (con el pico y el asa) como embudo para verter con facilidad pintura, arroz, monedas, etcétera.

✳ BOTELLAS **LEJOS DE CASA**

Haga una pala o achicador de botes Corte una botella de plástico limpia de 2 litros con asa en diagonal desde el fondo, de modo que queden intactas las tres cuartas partes superiores de la botella. Ahora tiene una práctica pala que puede usar para recoger hojas y otros desechos de sus canalones, o limpiar los excrementos de su perro. Úsela para sacar la comida del perro de la bolsa, extender arena o limpiar hielo derretido en las aceras (veredas) en invierno, o achicar el agua de su bote (quizá quiera dejarle la tapa para esta última aplicación).

Conserve fría su hielera No deje que su hielera pierda su frío en el camino. Llene unas botellas de plástico limpias con agua o jugo y téngalas en el congelador para usarlas cuando transporte comida en su hielera. No sólo es bueno para conservar fría la comida; puede beber el agua o jugo cuando se derrita. Tampoco es mala idea tener botellas congeladas en su congelador si tiene espacio extra; un congelador lleno usa menos energía y le ahorrará dinero en la factura. Al llenar una botella, deje un poco de espacio para que el agua se expanda al congelarse.

Use como equipo de emergencia en el camino en invierno No se quede atorado en su auto en la próxima tormenta invernal sorpresiva. Lleve un par de botellas limpias de 3.7 litros con asas llenas con arena o arena para gatos en el maletero (baúl) de su auto. Entonces estará preparado para esparcir el material sobre la superficie del camino para añadir tracción bajo las ruedas cuando necesite circular por un camino resbaloso. El asa facilita verterla.

✳ BOTELLAS **EN EL JARDÍN**

Alimente a las aves ¿Por qué gastar dinero en un alimentador de plástico para aves cuando es probable que tenga uno en su caja de reciclaje? Tome una botella de jugo o leche limpia de 2 litros y hágale un agujero grande en un lado para quitar el asa. (Incluso podría taladrar un agujero pequeño debajo del

grande para insertar una rama resistente o clavija como percha.) Haga un agujero en medio de la tapa y cuélguela de un árbol con una cuerda o sedal resistente. Llénela hasta la abertura con alpiste y disfrute el espectáculo.

Haga una regadera ¿No tiene regadera? Es fácil hacer una con una botella de jugo, leche o blanqueador (lavandina) limpia de 3.7 litros con asa. Taladre una docena de agujeros diminutos (1.5 milímetros está bien) debajo del pico de la botella en el lado opuesto del asa. O perfore los agujeros con cuidado con un picahielo. Llénela con agua, tápela y empiece a rociar.

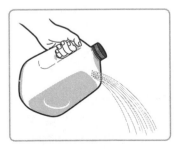

Cree un irrigador por goteo para plantas En el período seco, una forma de llevar agua a sus plantas es poner irrigadores por goteo en su jardín. Hágalos con botellas de jugo o detergente de 3.7 litros. Corte un agujero grande en el fondo de una botella, luego taladre 2-5 agujeros diminutos (1.5 milímetros) en la tapa o alrededor. Entierre al revés las botellas tapadas sumergidas unas tres cuartas partes en el suelo cerca de las plantas que necesita regar, y llénela con agua por el agujero que queda arriba cuando sea necesario.

Marque sus plantas ¿Quiere una forma fácil de identificar todos los vegetales, hierbas y flores en su jardín? Corte tiras verticales de un par de botellas de agua, limpias, de 3.7 litros. Haga las tiras del mismo ancho que sus paquetes de semillas, pero del doble de largo. Doble cada tira sobre un paquete vacío para protegerlo de los elementos, y engrápelo (engánchelo) a un palo o palillo resistente.

Asegure la malla de su jardín Si tiene que rodrigar constantemente la malla o lona de plástico sueltas sobre su jardín, coloque botellas de plástico grandes llenas con agua en las esquinas para mantener el material en su lugar.

Úselas como cesta (canasta) de basura para cosechar Ésta es una gran sugerencia para jardineros de fin de semana y profesionales por igual: corte un agujero grande opuesto al asa de un recipiente de 2 o 3.7 litros y ate el asa con un lazo (cinta) a un cinturón o cuerda en su cintura. Úsela para recoger desechos: rocas, hierbas, tallos rotos, que halle al podar el césped o pasear por su jardín. Use el mismo diseño para hacer una cesta sujetable para cosechar cerezas u otras frutas o vegetales pequeños.

Espacie semillas en el jardín ¿Desea una forma fácil de espaciar a la perfección las semillas en su jardín? Use una botella de refresco vacía como guía. Halle la distancia entre semillas recomendada y corte la parte superior estrecha de la botella de modo que su diámetro sea igual a esa distancia. Cuando empiece a plantar, oprima con firmeza su botella, con el borde cortado hacia abajo, en el suelo y ponga una semilla en el centro del círculo que haga. Luego alinee la botella de modo que su borde toque la curva de la primera impresión y oprima de nuevo. Plante una semilla en el centro, y repita hasta que haya llenado sus hileras.

Instale un aspersor en su patio Si aumenta la temperatura en el exterior, mantenga a los niños frescos con un aspersor. Sólo haga tres cortes verticales de 2.5 centímetros en un lado de una botella de refresco limpia de 2 litros. O haga los cortes en ángulos diferentes de modo que el agua salga en diferentes direcciones. Una la boquilla de la manguera a la botella con cinta aislante (asegúrese de apretarlo). Abra el grifo, ¡y que comience la diversión!

Separe hierbas malas cuando rocíe herbicidas Cuando use herbicidas para acabar con malas hierbas en su jardín, tenga cuidado de no rociar y acabar también las plantas circundantes. Para aislar las hierbas que quiere acabar, corte a la mitad una botella de refresco de 2 litros y ponga la mitad superior sobre la hierba que desea rociar. Luego dirija el rocío a través de la abertura regular de la botella y dispare. Al asentarse el rocío, retire la botella y pase a su siguiente blanco. Use siempre gafas protectoras y guantes al rociar sustancias químicas en el jardín.

❋ BOTELLAS **PARA ARREGLOS MENORES**

Haga un balde para pintura ¿Está cansado de las salpicaduras al pintar? Haga un despachador de pintura más limpio cortando un agujero grande opuesto al asa de una botella limpia de 3.7 litros. Vierta la pintura de modo que quede 2.5 centímetros debajo del borde del agujero, y use el borde para eliminar el exceso de pintura de su brocha. Puede cortar botellas a la mitad y usar la mitad inferior como baldes de pintura desechables si varios trabajan al mismo tiempo.

Guarde sus pinturas ¿Por qué guardar la pintura sobrante en latas oxidadas o abolladas cuando puede tenerlas en botellas de plástico limpias? Use un embudo para verter la pintura en una botella de leche o agua limpia y seca, y agregue algunas canicas (bolitas), las que ayudarán a mezclar la pintura cuando agite el recipiente antes de su próximo trabajo de pintura. Rotule cada recipiente con un trozo de cinta adhesiva, anotando el fabricante de la pintura, nombre del color y la fecha.

Úselas como organizadores en su taller ¿Siempre está buscando el clavo correcto para una tarea particular, o una pinza para ropa, gancho para cuadros o un cierre chico? Ponga algo de organización en su taller con unas cuantas botellas de 3.7 o 2 litros. Corte una sección cerca de la parte superior de cada botella en el lado opuesto al asa. Luego use los recipientes para guardar y clasificar todos los artículos pequeños que parecen "meterse en las grietas" de su banco de trabajo. El asa facilita llevar la botella a su lugar de trabajo.

Úselas como sustitutos del nivel ¿Cómo asegura que el estante que acaba de colocar está derecho si no tiene un nivel a mano? Fácil. Sólo llene con agua más o menos tres cuartas partes de una botella de refresco de 1 litro. Tápela y póngala de lado. Cuando esté nivelada el agua, también lo estará el estante.

Haga un peso para anclar o levantar Llene con arena una botella limpia y seca de 3.7 litros con asa y tápela. Ahora tiene un ancla formidable para sostener una lona para pintar, asegurar una sombrilla inestable en el patio o estabilizar una mesa para repararla. El asa facilita moverla o atarle una cuerda. O use un par de botellas llenas de arena como pesas para ejercitarse, variando la cantidad de arena según su capacidad para levantar.

✳ Botellas para rociar (rociadores)

Deje de derramar el aceite ¿Está cansado de derramar el aceite en la cocina? Llene una botella para rociar reciclada con aceite de olivo o con su aceite para cocinar favorito. Es mucho más fácil de manejar que un frasco o una botella normal, y puede verter la cantidad adecuada de aceite sobre sus ensaladas o su sartén, sin tener que preocuparse por derramarlo.

Sustituya el cuentagotas Si no puede encontrar su cuentagotas de la cocina, o éste ya no sirve, una botella para rociar limpia puede ser un perfecto sustituto. Simplemente sáquele algo de aire, y absorba la grasa de sus asados y sopas. Incluso la puede usar para rociar la carne con marinada y jugos.

Dosifique los condimentos Las botellas para rociar recicladas son fantásticas para guardar condimentos y otros alimentos que normalmente se venden en frasco—como mayonesa, aderezos, jalea, mermelada y miel. Además de tener menos frascos pegajosos y sucios en su refrigerador, también aligerará la carga de su lavaplatos al eliminar la necesidad de cuchillos o cucharas. Asegúrese de limpiar cuidadosamente sus botellas antes de usarlas.

Limpie las grietas Una botella para rociar vacía y limpia puede ser la herramienta de limpieza que necesita para desempolvar las esquinas de sus marcos y de otros espacios estrechos. Úsela para soplar aire sobre la suciedad que de otra manera no podría alcanzarse.

Deje que jueguen los niños Llene unas botellas para rociar limpias con agua, y déselas a sus niños para que jueguen a mojarse en el jardín durante los días calurosos del verano. Esto los mantendrá frescos mientras queman energías.

✳ Botones

Decore una casa de muñecas Use botones como candelabros, platos y adornos de pared en la casa de muñecas de su hija. Cuanta más variedad haya, mejor.

Haga un collar Ensarte botones atractivos en dos hebras de hilo resistente o hilo dental. Haga un diseño atractivo alternando botones grandes y pequeños de diversos colores.

Decore un árbol de Navidad Dé a su árbol de Navidad una apariencia tradicional. Haga una guirnalda ensartando botones grandes en un tramo de hilo dental.

Úselos como piezas de juego No permita que las piezas perdidas le impidan organizar juegos como backgammon, lotería o parchís. Sustituya las piezas perdidas con botones y siga jugando a gusto. Para un juego de póker improvisado, utilice botones como fichas, con cada color representando un color diferente.

No deje que se pegue la cinta adhesiva Trata de envolver un regalo y no puede encontrar el extremo del rollo de cinta adhesiva. En lugar de rascar con frustración tratando de hallar ese extremo evasivo cada vez que usa la cinta, pegue un botón en la punta del rollo. Conforme use la cinta, mueva el botón.

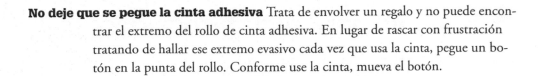

Brochas (pinceles)

Úselas para sacudir objetos delicados Un sacudidor de plumas o un paño para sacudir están bien para limpiar repisas o muebles, pero ninguno de los dos es tan bueno para llegar a los pequeños orificios y huecos de un candelero o canastas, así como de piezas frágiles y toda clase de ornamentos. Es entonces cuando una brocha de cerdas naturales puede ser indispensable. Las cerdas suaves son perfectas para limpiar zonas imposibles de alcanzar. También son excelentes cuando se trata de limpiar objetos delicados como porcelana y figuras de madera.

Como deshacerse de la latosa (molesta) arena Guarde una brocha limpia y seca en su auto, específicamente para cuando vaya a la playa. Úselas para quitar arena de las sillas de playa, toallas, juguetes, a las niños y hasta de usted mismo antes de subirse al auto o de guardar algo en la cajuela (baúl). Así aspirará mucho menos arena cuando limpie su auto en la siguiente ocasión.

Desaparezca los residuos de salsa Una pequeña brocha de cerdas sintéticas puede ser de gran ayuda en la cocina. Puede usarla para barnizar pays, marinar y aplicar salsa mientras hornea un pollo, una pierna o un pavo. También es muy útil para barnizar de salsa barbecue las hamburguesas a la parrilla o carne asada. Además, ésta brocha es mucho más fácil de limpiar que cualquier otra brocha convencional para repostería.

Para remover manchas de ropa Enfrentémoslo, aplicar detergente o removedor de manchas a una prenda sucia, frecuentemente es cosa de usar poco o mucho, atinar (acertar) o fallar, y cuando fallamos generalmente nos encontramos tomando una toalla de papel para absorber el excedente de los que hemos aplicado. ¡Hágase la vida fácil! Use una pequeña brocha para aplicar el removedor de manchas a esos cuellos y puños sucios. Es mucho más limpio y desde luego se usa la cantidad exacta.

Limpie la malla (mosquitero) de sus ventanas ¿Están las mallas de sus ventanas pidiendo a gritos una buena limpieza? Utilice una brocha grande y limpia para, en primer lugar, quitarles todo el polvo; luego sacuda bien la brocha e introdúzcala en un pequeño plato con keroseno. "Pinte" la malla por ambos lados y luego séquela con un paño limpio.

Cubra sus semillas Esparza sus semillas con una cucharilla pequeña. Cuando plante semillas en hileras, utilice una brocha grande para cubrirlas de tierra suavemente. Esto permite que usted pueda distribuir la cantidad exacta de tierra y previene empalmarlas.

* Cajas de cartón

Haga un dosificador de listones (cintas de seda)

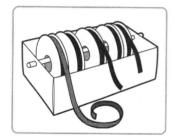

Cada vez que busque un listón para adornar un regalo, se felicitará si usa una caja de cartón para hacer este dosificador de listones. Use un palo de escoba usada, o un tramo de vara de bambú del jardín —cualquier cosa que pueda usar como eje— y córtelo un poco más largo que la longitud de la caja. Haga dos hoyos para insertar la vara, uno en cada extremo de la caja, a una altura en la que pueda girar libremente un carrete de listón atravesado por ella. Vaya metiendo los carretes de listón en este eje. Una vez colocado éste, fíjelo con cinta para ductos en los extremos. También puede hacer hoyos a lo largo de las paredes largas de la caja, para cada carrete de listón, y jalar un pedacito de cada listón por los agujeros. ¡Ahora ya puede adornar sus regalos!

Úselas como ladrillos de juguete Los niños pueden aplicar su creatividad usando una colección de cajas de cartón con tapa como ladrillos de construcción. Usted sólo pegue las tapas a las cajas. Ellos pueden incluso colorear estos "ladrillos".

Organice sus pertenencias Hay muchas formas en que las cajas de cartón pueden ayudarlo a organizarse, además de guardar en ellas fotos viejas y recibos. Rotule las cajas y úselas para guardar recuerdos, cheques cancelados, facturas por pagar y otros papeles que desee conservar. Para que las cajas se vean mejor, fórrelas con papel adhesivo decorativo.

Empaque regalos sabrosos Las cajas de zapatos tienen el tamaño perfecto para las barras de pan hecho en casa, aunque también puede poner en ellas galletas.

Conviértalas en cunas ¡Los cachorros están por nacer! Para reducir el riesgo de que la madre ruede sobre ellos y los asfixie, coloque uno o varios cachorros en una caja de cartón recubierta con una toalla mientras nacen los demás.

❋ Calabacitas (zapallitos)

Úselas como rodillo Una calabacita (un zapallito) grande funciona de maravilla para extender la masa para bollos o pasta. La calabacita tiene el tamaño y el peso ideales, y la masa no se pegará a su piel suave.

Aprovéchelas como pesas para ejercicio Las calabacitas (los zapallitos) vienen en una gran variedad de tamaños, así que no tendrá problemas para encontrar un par que tenga un peso moderado justo para ejercitar ligeramente sus brazos.

Úselas como el Sr. Cara de Calabacita (Zapallito) ¿Le encargaron algunos niños aburridos? Límpiele el polvo a ese viejo juego del Sr. Cara de Papa y déles a los pequeños un par de calabacitas grandes. De seguro el nuevo vegetal renovará el interés de los niños en el viejo juguete.

¡Haga malabares con ellas! Muy bien, muy bien, estamos impresionados. Puede hacer malabares con tres pelotas. ¡Ahora veamos cómo lo hace con tres calabacitas!

❋ Calcetines (medias)

Proteja los objetos frágiles ¿Desea proteger el precioso jarrón de su abuela o su colección de esferas? ¡Envuélvalos! Meta el objeto en un calcetín (una media) para evitar que se rompa o astille.

Envuelva los zapatos de los niños ¿Su hijo insiste en llevar al viaje sus tenis (zapatillas) favoritos? Antes de meterlos a la valija, envuelva cada uno en un calcetín (una media) de adulto para proteger el resto de la ropa.

Pula su auto Un calcetín viejo (una media vieja) grande puede ser un perfecto guante para encerar el auto.

No se ensucie cuando cambie un neumático Si se le desinfla un neumático camino a una elegante fiesta o a una entrevista de trabajo se felicitará por haber metido un par de calcetines (medias) en su cajuela (baúl). Póngaselos como guantes mientras cambia el neumático, y llegará con las manos limpias a su destino.

Proteja su piso La próxima vez que necesite mover una mesa pesada o un sofá, póngale calcetines (medias) a las patas y simplemente deslice el mueble.

Guarde sus gafas protectoras Ya que estos lentes de trabajo no caben en un estuche de lentes normal, métalos en un calcetín (una media) para evitar que se rayen. Incluso puede clavar o atornillar la prenda a la pared o al banco de trabajo para saber siempre dónde están.

Bolsa de lavado para ropa delicada Proteja su ropa delicada en la lavadora (el lavarropas). Métala en un calcetín (una media) y anude los extremos.

Use como guantes para limpiar Use los calcetines (las medias) viejos o huérfanos como guantes de limpieza. Son fantásticos para limpiar esquinas y hendiduras.

Desempolve las persianas Olvide esos costosos artilugios para limpiar las persianas venecianas. Póngase un calcetín (una media) como guante y sacuda el polvo suavemente. Si lo desea puede rociar la prenda con algún spray antipolvo.

Limpie las paredes rugosas Use un calcetín (una media) de nailon en vez de una esponja o un paño para limpiar las paredes rugosas. No dejará residuos de material.

Lave los peluches pequeños ¿El muñeco de peluche favorito de su niño necesita un baño ? Métalo en un calcetín (una media) y anude el extremo para evitar que se aflojen los ojos y las demás decoraciones.

Evite las marcas de una escalera Para evitar las marcas en la pared que deja una escalera de mano, cubra con calcetines (medias) los extremos superiores de ésta. Por seguridad, pida que alguien le sostenga la escalera.

❋ Carbón en barras

Haga un deshumidificador Un armario, ático o sótano húmedos pueden causar estragos en su salud al igual que en su ropa. Deshágase de toda esa humedad con varios deshumidificadores hechos en casa. Para hacer uno, sólo ponga trozos de carbón en una lata de café, haga un par de agujeros en la tapa y colóquela en las áreas húmedas. Reemplace el carbón cada dos o tres meses.

¿SABÍA *Usted* QUE...?

Henry Ford: padre de... *¿las briquetas de carbón?* Sí, las primeras briquetas de carbón producidas en cadena fueron fabricadas por Ford Motor Company. Se hacían de madera de desecho de un aserradero propiedad de Ford en Kingsford, Michigan, y construido para abastecer de madera a las carrocerías del popular auto familiar "Woody" de Ford. Con el carbón se fabricaban briquetas y se vendían como Briquetas de Carbón Ford. Henry Ford II cerró el aserradero en 1951 y vendió la planta a un grupo de empresarios locales, quienes formaron Kingsford Chemical Company. Esta compañía continúa fabricando briquetas de carbón que ahora son muy conocidas, a pesar de haberse reubicado en Louisville, Kentucky, en 1961.

111

Conserve el agua fresca en las raíces Ponga un trozo de carbón en el agua cuando esté arraigando cortes de plantas. El carbón mantendrá fresca el agua.

Destierre la humedad y los olores del baño Oculte unos cuantos trozos de carbón en los rincones y huecos de su baño para absorber la humedad y acabar con los olores desagradables. Reemplácelos cada dos meses.

Mantenga los libros sin moho Los bibliotecarios usan carbón para eliminar el olor a humedad de los libros viejos. Usted puede hacer lo mismo. Si su estante para libros tiene puertas de vidrio, puede haber humedad y moho. Uno o dos trozos de carbón colocados adentro ayudarán a mantener los libros secos y sin moho.

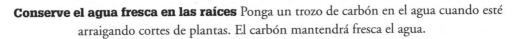 Cartones de huevo

Úselos para almacenar y organizar Con una docena de compartimentos útiles, los cartones de huevo son apropiados para almacenar y organizar objetos pequeños. Aquí hay algunas ideas para empezar. De seguro encontrará más.

- En lugar de vaciar las monedas de su bolsillo en un tarro para clasificarlas luego, corte una pieza de cuatro secciones de un cartón de huevo y déjela en su cómoda. Clasifique sus monedas de diferentes denominaciones al sacarlas de sus bolsillos. (Ponga las más pequeñas en un recipiente más grande, como un tarro, o póngalas en una alcancía.)

- Organice botones, alfileres, hilos y cierres en su mesa de costura.

- Organice arandelas, chinches, tuercas, tornillos y pernos pequeños en su mesa de trabajo. O úselo para mantener en secuencia partes desarmadas.

- Evite que los adornos navideños pequeños se aplasten poniéndolos en prácticos cartones de huevo apilables.

Encienda el fuego Llene un cartón de huevo, que no sea de poliestireno, con carbón (y un poco de cera de vela sobrante, si tiene a la mano); póngalo en su parrilla (hornalla) y encienda. También pueden llenarse los cartones de huevo con yesca, como trozos pequeños de madera y papel, y usarlos para encender una chimenea o un horno de leña.

Siembre plantones Un cartón de huevo puede volverse el vivero perfecto para sus semillas. Use uno que no sea de poliestireno. Llene con tierra cada celda del cartón y plante unas cuantas semillas en cada una. Una vez que hayan brotado, divida el cartón en celdas individuales y plántelas así.

Haga hielo ¿Quiere mucho hielo para un día de campo o fiesta? Use las mitades inferiores de cartones de huevo de poliestireno limpias como bandejas de hielo auxiliares.

Cadi para pelotas de golf Un cartón de huevos en su bolsa de golf es una gran forma de mantener limpias las pelotas de golf y listas para darles el primer golpe.

Refuerce una bolsa para basura ¡Puaj! Saca la bolsa de plástico para basura del basurero de la cocina y se riega la inmundicia. La próxima vez, ponga un cartón de huevo en el fondo de la bolsa de basura para evitar rasgaduras y pinchazos.

Envíele unas golosinas caseras Ésta es una forma de alegrarle el día a un soldado, estudiante, amigo o ser querido que esté lejos. Cubra un cartón de huevo con papel brillante para envolver. Sobre cada celda individual coloque una envoltura de dulce o coco rayado. Ponga un dulce hecho en casa en cada celda. Incluya el cartón en el siguiente paquete o regalo de cumpleaños que le envíe, y los dulces llegarán intactos.

✳ Catsup (ketchup)

Deshágase del verdor del cloro Si el cloro de las albercas está poniendo verdes sus trenzas rubias o sólo le está dando a su cabello un aroma indeseado, elimine el problema con champú (shampoo) de catsup (ketchup). Para no ensuciar, aplíquelo en la ducha. Déle un masaje generoso con catsup a su cabello y déjelo allí por 15 minutos; luego lávelo, usando champú para bebé. El olor y el color desaparecerán.

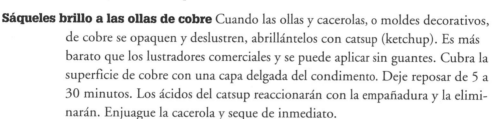

Sáqueles brillo a las ollas de cobre Cuando las ollas y cacerolas, o moldes decorativos, de cobre se opaquen y deslustren, abrillántelos con catsup (ketchup). Es más barato que los lustradores comerciales y se puede aplicar sin guantes. Cubra la superficie de cobre con una capa delgada del condimento. Deje reposar de 5 a 30 minutos. Los ácidos del catsup reaccionarán con la empañadura y la eliminarán. Enjuague la cacerola y seque de inmediato.

Conserve rutilante su joyería de plata Deje que el catsup (ketchup) haga el trabajo de pulir la plata deslustrada. Si su anillo, brazalete o arete (aro) de plata tiene una superficie lisa, métalo en un recipiente pequeño con catsup por unos cuantos minutos. Si tiene una superficie labrada o detallada, use un cepillo dental viejo

 SABÍA *Usted* QUE...?

El catsup o ketchup se originó en el Lejano Oriente como una salsa salada para pescado. Es probable que la palabra *catsup* (también *ketchup*) provenga del chino o malayo. Traída a Occidente, había sido transformada para el siglo XVII en una enorme variedad de salsas con ingredientes principales de origen vegetal y animal. Hasta hoy, puede encontrarse aún catsup de plátano, de hongos y otras variantes. El catsup de tomate relativamente es un recién llegado, vendido por primera vez en 1837, pero ahora se encuentra en más de 90% de los hogares estadounidenses.

113

para tallar las grietas con catsup. Para evitar dañar la plata, no deje el catsup más tiempo del necesario. Enjuague su joyería, séquela y está lista para usarse.

 Cebollas

Quite el óxido de los cuchillos Olvídese de la lana de acero o las sustancias químicas fuertes, ¿qué tal una forma fácil para quitar el óxido de su cocina y sus cuchillos? Sumerja un cuchillo oxidado en una cebolla grande tres o cuatro veces (si está muy oxidado, puede requerir algunas puñaladas extra). Las únicas lágrimas que derramará serán de alegría, por la hoja sin óxido.

Elimine el olor a pintura nueva El nuevo tono de su dormitorio se ve estupendo, pero el olor no lo deja dormir. ¿Qué hacer? Ponga varias rebanadas de cebolla recién cortadas en un plato con un poco de agua. Absorberán el olor en unas horas.

Corrija los "errores" de su mascota Si su perro o su gata no respetan su casa, ya sea mordiendo aquí, rasgando allá o ensuciando acullá, puede hacer que capten el mensaje dejando varias rebanadas de cebolla en donde hayan hecho el daño. Ni los gatos ni los perros son afectos en particular al *"eau de onion"* y evitarán regresar a la escena del crimen.

Calme una picadura de abeja Si tiene un encuentro desagradable con una abeja en un día de campo, tome una de las rebanadas de cebolla previstas para su hamburguesa y póngala sobre la picadura. Aliviará la inflamación. (Si es alérgico a las picaduras de abeja u otros insectos, busque atención médica de inmediato.)

Úselas como sales de olor Si está en una fiesta o en un restaurante con alguien que se desvanece, y normalmente no tiene sales de olor a la mano, use una cebolla recién cortada. Es probable que el olor fuerte haga a ese alguien reaccionar.

Úsela como pesticida natural Haga un repelente de insectos y animales efectivo para las flores y vegetales de su jardín. En una batidora, haga puré 4 cebollas, 2 dientes de ajo, 2 cucharadas de pimienta de Cayena y 1 litro de agua. Ponga aparte la mezcla. Ahora diluya 2 cucharadas de escamas de jabón en 8 litros de agua.

SABÍA *Usted* QUE...?

¿Cómo puede evitar que lagrimeen sus ojos cuando corta cebollas? Las sugerencias van desde usar gafas protectoras mientras las pica, poner un ventilador detrás de usted para alejar los vapores de la cebolla que producen el lagrimeo, o frotar sus manos con vinagre antes de rebanarlas. Sin embargo, la Asociación Estadounidense de la Cebolla aconseja enfriar las cebollas en el congelador por 30 minutos antes de rebanarlas. Dicha Asociación también sugiere cortar la parte superior y pelar las capas externas. La idea es dejar intacto el extremo de la raíz, porque tiene las mayores concentraciones de los compuestos de azufre que hacen lagrimear sus ojos.

Vierta esto en su batidora, agite bien y tendrá una solución potente y ecológica para rociar sus plantas.

Prepare un repelente de mosquitos Algunas personas descubren que aumentar su ingestión de cebollas o ajo en el verano, o frotar una rebanada de cebolla sobre su piel expuesta, es una buena forma de alejar a los mosquitos y otros insectos que pican (por no mencionar a amigos y familiares).

✳ Cenizas

Limpie las puertas de su chimenea Pocos pensarían en usar cenizas de madera para limpiar las puertas de vidrio de una chimenea, pero funciona. Mezcle cenizas con un poco de agua y aplique la mezcla con un paño o una toalla de papel húmedos, o meta una esponja mojada en las cenizas. Frote las puertas. Enjuague con otra esponja y seque con un trapo limpio. Los resultados le sorprenderán; pero recuerde: las cenizas de madera eran un ingrediente clave en el jabón de lejía.

Tip Cómo seleccionar leña

Para una fogata caliente y duradera, no hay nada mejor que el arce de azúcar maduro. La madera verde o húmeda se quema mal y forma mucha creosota en su chimenea; el pino es otro productor importante de creosota. Nunca queme madera prensada, pues las sustancias químicas que contiene pueden ser muy nocivas al quemarse. No exagere al limpiar las cenizas de su chimenea. Deje una capa de 2.5 a 5 cm de ceniza bajo el morillo para reflejar el calor hacia la madera que se está quemando y proteger el piso de su chimenea de las brasas. Sólo asegúrese de no dejar que las cenizas obstruyan el espacio bajo la rejilla y bloqueen el flujo de aire que se necesita para un buen fuego.

Reduzca el destello del sol Los jugadores profesionales de fútbol a menudo usan esa cosa negra bajo sus ojos para reducir el destello del sol o las luces brillantes del estadio. Si lo incomoda el destello del sol mientras conduce o excursiona, puede desear probar esto también. Sólo ponga una gota o dos de aceite para bebé en su dedo, métalo en cenizas de madera y aplíquelo bajo sus ojos.

Alimente a sus plantas Las cenizas de madera son muy alcalinas y tienen rastros de calcio y potasio que fomentan el florecimiento. Si su suelo es ácido, espolvoree en primavera cenizas alrededor de plantas que adoran lo alcalino como clemátides, hortensias, lilas y rosas (pero no de las amantes de lo ácido como rododendros, arándanos y azaleas). Evite usar cenizas de madera preformada que arde con facilidad, pues contienen sustancias químicas nocivas para las plantas. Sea frugal al agregar

cenizas a su abono; contrarrestan los beneficios del estiércol y otros materiales con mucho nitrógeno.

Repela insectos Forme un borde de cenizas alrededor de su jardín para disuadir a gusanos cortadores, babosos y caracoles; la ceniza se pega a sus cuerpos y les extrae humedad. También espolvoree cantidades pequeñas de cenizas sobre las plantas de jardín para manejar infestaciones de insectos de cuerpo blando. Use protección para los ojos y guantes; las cenizas en los ojos causan mucho dolor.

Limpie peltre Restaure el brillo del peltre limpiándolo con cenizas de cigarrillo. Meta en las cenizas un trozo húmedo de estopilla y frótelas bien sobre el artículo. Se pondrá más oscuro al principio, pero el brillo aparecerá tras un buen enjuague.

Quite marcas de agua y de calor de muebles de madera Use cenizas de puro o cigarrillo para quitar esos anillos blancos dejados en sus muebles de madera por vasos mojados o tazas calientes. Mezcle las cenizas con unas gotas de agua para formar una pasta, y frote ligeramente sobre la marca para quitarla. Luego pula con su lustrador de muebles favorito.

✳ Cepillos de dientes

Úselos como limpiadores multiusos No tire sus cepillos de dientes viejos: úselos para limpiar infinidad de objetos y pequeñas áreas y grietas difíciles de alcanzar. También sirven para limpiar plantas y flores artificiales, bisutería (bijoutería), peines, duchas, grietas de baldosas y azulejos y llaves (canillas) del agua. Úselos para limpiar teclados de computadora, cuchillas de abrelatas y las hornillas de la estufa (cocina), e incluso el borde de la suela del calzado, donde se une a la piel.

Cepille su rallador de queso Déle una buena cepillada a los dientes de su rallador, con un cepillo dental usado, antes de meterlo a la máquina lavaplatos. Esto facilitará el lavado y evitará que se tape el desagüe de la máquina con los residuos de queso u otra cosa que haya usted rallado.

 ¿SABÍA *Usted* QUE...?

Los antiguos chinos fueron, al parecer, los primeros en usar cepillos de dientes, fabricados con las cerdas del lomo de los cerdos (los chanchos) de clima frío. Los primeros cepillos dentales en América fueron hechos a finales del siglo XIX; pero cepillarse los dientes dos o tres veces al día no fue un hábito común para muchos, sino hasta la Segunda Guerra Mundial, cuando los soldados regresaron con este hábito adquirido en el ejército. Para entonces, la fábrica DuPont había inventado las cerdas de nailon que, a diferencia de las naturales, se pueden secar completamente antes de usarlas de nuevo, y son resistentes al crecimiento de bacterias.

Quite manchas rebeldes Quitar una mancha puede ser un dolor de cabeza, especialmente las que han sido absorbidas por fibras suaves. Inténtelo usando un cepillo dental de cerdas suaves de nailon y cepille muy suavemente el lugar de la mancha con un desmanchador (vinagre, por ejemplo).

Saque los cabellos de elote (choclo) Antes de cocinar los elotes, límpielos con un cepillo de dientes para quitarles todos los cabellitos. ¡Así no tendrá que sacárselos de los dientes cuando los haya comido!

Límpie y aceite su panquequera Un cepillo dental usado pero limpio es la herramienta ideal para limpiar los sobrerrelieves y la masa quemada que se ha acumulado en el hierro de su panquequera. Úselo también para untarle aceite de cocina de manera uniforme antes de usarla de nuevo.

Aplique el tinte de cabello ¿Va a teñirse el cabello en casa? Utilice un cepillo dental usado como aplicador. Tiene el tamaño perfecto.

Elimine la grasa acumulada en los electrodomésticos Tome un cepillo dental usado, imprégnelo de agua jabonosa y úselo para limpiar los rincones de los aparatos eléctricos, tornillos, botones, adornos y marcas de fábrica.

✴ Cera para autos

Arregle los saltos de un CD No tire ese disco compacto rayado. Primero trate de arreglarlo con una pizca de cera para autos. Extienda un paño sobre una superficie plana y coloque el CD con el lado dañado hacia arriba. Luego, sosteniendo el disco con una mano, use la otra para frotar la cera en el área afectada con un paño suave. Espere a que seque y pula con movimientos cortos y rápidos a lo largo del rayón, no en sentido transversal. Servirá bien un paño para limpiar lentes. Cuando el rayón ya no sea visible, lave el disco con agua y deje secar antes de reproducirlo.

Evite que se empañen los espejos del baño Haga que el espejo de su baño no se empañe después de una ducha caliente. Aplique al espejo una pequeña cantidad de cera en pasta para auto, deje secar y pula con un paño suave. La próxima vez que salga de la ducha, de inmediato podrá ver su cara en el espejo. También frote con cera los accesorios del baño para evitar las manchas del agua.

Elimine el moho en el baño Para expulsar la mugre y el moho de su ducha, siga estos dos sencillos pasos: primero, limpie los residuos de jabón y agua de los azulejos o pared de la ducha. Luego, frote una capa de cera en pasta para auto y pula con un paño limpio y seco. Sólo necesitará volver a aplicar la cera más o menos una vez al año. No encere la bañera, se volvería peligrosamente resbalosa.

Erradique las manchas de sus muebles Alguien olvidó usar un posavasos (apoyavasos) y ahora hay un horrendo anillo blanco en la mesa del comedor. Cuando su cera para muebles regular no funciona, utilice un poco de cera para auto. Siga el anillo con su dedo para aplicar la cera. Deje secar y pula con un paño suave.

Evite que se pegue la nieve Cuando es momento de limpiar la rampa de acceso tras una gran tormenta de nieve, no desea que la nieve se pegue a su pala. Aplique dos capas gruesas de cera en pasta para auto a la superficie de trabajo de la pala antes de empezar a palear. La nieve no se pegará, y desgastará menos su sistema cardiovascular. Si usa un lanzador de nieve, encere el interior del conducto.

✳ Cerveza

Úsela como acondicionador Devuelva algo de vida al cabello liso con un poco de cerveza. Antes de ducharse, mezcle 3 cucharadas de cerveza en 1/2 taza de agua tibia. Después de dar champú (shampoo) a su cabello, frótelo con la solución, déjelo un par de minutos, luego enjuague. Quedará tan complacido por lo que verá, que deseará tener un paquete de seis latas de cerveza en el baño.

Ablande carne dura ¿Quién necesita ablandador de carnes en polvo cuando tiene uno en una lata? Adivinó: la cerveza es un gran ablandador de cortes de carne duros. Vierta una lata sobre la carne y deje remojar más o menos una hora antes de cocinarla. Aún mejor, marínela toda la noche en el refrigerador (la heladera) o ponga la cerveza en su horno a fuego lento con la carne.

Pula joyería de oro Recupere el brillo de sus anillos y demás joyas de oro sólido (es decir, sin gemas) vertiendo un poco de cerveza (¡*no* oscura!) en un paño suave y frotando con suavidad la pieza. Seque con un segundo paño o una toalla limpia.

Limpie muebles de madera ¿Tiene algo de cerveza vieja o insípida? Úsela para limpiar muebles de madera. Sólo aplique con un paño suave y seque con uno seco.

Haga una trampa para babosas y caracoles Como algunas personas, algunas plagas de jardín encuentran irresistible la cerveza, en especial las babosas y los caracoles. Si tiene problemas con estos invasores viscosos, entierre un envase, como

SABÍA *Usted* QUE...?

Algunas marcas de cerveza populares en Estados Unidos proclaman su linaje de Nueva Inglaterra o las Montañas Rocosas, o se jactan de ser "la más fina de Milwaukee". Pero, de hecho, Pennsylvania ha sido hogar de más cervecerías a lo largo de su historia que cualquier otro estado. Una de sus primeras cervecerías fue inaugurada en 1680 nada menos que por William Penn, fundador del estado. Y este estado aún alberga la cervecería activa más antigua de aquel país: D. G. Yuengling & Son de Pottsville, Pennsylvania, fundada en 1829.

de jugo, vacío y limpio cortado a lo largo por la mitad, en el área donde vio la plaga, vierta media lata de cerveza sobrante tibia y déjela toda la noche. Es probable que encuentre un montón, ahogados de borrachos, la mañana siguiente.

Quite manchas de café o té de las alfombras Puede parecer imposible quitar esa mancha de café o té en su alfombra, pero literalmente puede levantarla virtiendo encima un poco de cerveza. Frote la cerveza ligeramente en el material y la mancha desaparecerá. Quizá tenga que repetir el proceso un par de veces para eliminar todos los rastros de la mancha.

✳ Champú (shampoo)

Revitalice sus zapatos y bolsas (carteras) de piel No necesita aceite de visón para reacondicionarlos. Un poco de champú (shampoo) y un paño limpio bastan. Frote circularmente el champú en las áreas desgastadas para limpiar y reavivar el color. Esto también protegerá sus zapatos de las manchas salinas.

Lubrique los cierres (las cremalleras) Si su cierre se atora, no lo fuerce hasta romperlo. Ponga un poco de champú (shampoo) en un algodón y aplíquelo al cierre. El champú hará que deslice libremente; los residuos saldrán en la siguiente lavada.

Devuélvales su talla a los sweaters encogidos ¡Oh, no! ¡Su sweater favorito se encogió! No se angustie, puede componerlo con un poco de champú (shampoo) para bebé y agua tibia. Llene un recipiente con agua tibia, viértale un poco de este champú y agite el agua una sola vez. Extienda el sweater sobre el agua y déjelo que se hunda y remoje durante 15 minutos. Sáquelo con cuidado sin escurrirlo y póngalo en otro recipiente mientras llena nuevamente el primero con agua limpia. Vuelva a dejarlo remojando para que se enjuague. Sáquelo, póngalo sobre una toalla y enrolle la toalla para quitarle la mayor cantidad de agua. Coloque el sweater sobre una toalla seca, en una superficie

SABÍA *Usted* QUE...?

plana, y con cuidado comience a devolverle su forma. Mientras se seca, continúe dándole forma de vez en cuando. Su paciencia se verá recompensada.

Lave las hojas de sus plantas Las plantas de interior también se empolvan, pero necesitan respirar. Haga una solución jabonosa con unas gotas de champú (shampoo) en agua, sumerja y exprima un paño y limpie con éste las hojas.

Limpie su auto El poder cortagrasa del champú (shampoo) también le sirve al ayudante de mecánico de la familia. Vierta 1/4 de taza de champú en un balde con agua

y pásele la esponja como siempre. Aplique un poquito de champú directamente a un paño o esponja para sacar las manchas rebeldes de alquitrán.

Quítele la mugre pegada al pelaje de su mascota ¿Su mascota trae pegado al pelo alquitrán o goma de mascar (chicle)? Frote la zona con un poco de champú (shampoo) y despegue la mugre con cuidado. Enjuague con un paño mojado.

Lubrique tuercas y tornillos ¿No puede separar una tuerca de un tornillo? Si no tiene a mano aflojatodo, use una gota de champú (shampoo). Deje que escurra por la rosca, y el tornillo se mostrará más cooperativo.

Quite los vendajes sin dolor No tiene que decir "¿Listo?" cuando quite un vendaje. Frote una gota de champú (shampoo) sobre y alrededor del vendaje para que éste lo absorba. Podrá quitar el vendaje limpia y silenciosamente.

Revitalice sus pies Déles a sus pies "una ayudadita" mientras duerme. Frótelos con un poco de champú (shampoo) y cúbralos con unos calcetines (unas medias) ligeros de algodón. Cuando despierte, sus pies se sentirán suaves y sedosos.

Desmaquíllese Ningún removedor barato de maquillaje puede competir con el champú (shampoo) para bebé. Ponga una gota en un algodón húmedo y quite suavemente el maquillaje. Enjuáguese. ¡Una operación sencilla y sin lágrimas!

Dése un baño de burbujas El champú (shampoo) puede hacer su baño espumoso y agradable. Es especialmente relajante si le gusta el olor de su champú favorito, y será fácil enjuagar la tina (bañera).

Sustituya la crema de afeitar Si viaja y se le ha olvidado su crema de afeitar, no la reemplace con jabón. El champú (shampoo) es una alternativa mucho mejor, pues contiene agentes suavizantes.

Limpie sus manos En lugar del jabón, cualquier champú (shampoo) hace maravillas limpiando la mugre rebelde o pegajosa de sus manos. Incluso funciona bien para quitar la pintura a base de agua.

Saque las manchas de spray de las paredes Si ha estado rociándole a las moscas spray para el pelo, o acaba de notar que ha manchado con él las paredes del baño, tome su champú (shampoo). Ponga un poco en una esponja húmeda y limpie; enjuague la espuma con otra esponja húmeda y limpia. El champú es ideal para limpiar manchas de productos para el cabello.

Limpie la tina (bañera) y las llaves (canillas) ¿Tiene que limpiar rápido la tina antes de que lleguen las visitas? Recurra a lo más práctico: ¡su champú! Funciona muy bien con los restos de jabón y también da brillo a sus llaves de cromo.

Úselo en ropa delicada El champú (shampoo) funciona muy bien en la ropa delicada. Con sólo una gota hace espuma, ¡y tiene dos productos de limpieza en uno!

Limpie cepillos y peines Los aceites grasos de la piel pueden acumularse en sus peines y cepillos más rápido de lo que se imagina. Y si los lleva en su bolsa o bolsillo, acumulan además polvo y suciedad. Déles un respiro con un baño de champú (shampoo). Primero quite con el peine los cabellos del cepillo, y luego frote un poco de champú alrededor de las cerdas o de los dientes del peine. Ponga un poco de champú en un vaso alto con agua, sumerja el cepillo y el peine y déjelos reposar algunos minutos, agítelos y enjuáguelos.

¿SABÍA *Usted* QUE...?

Johnson & Johnson introdujo el primer champú (shampoo) en el mundo hecho específicamente para niños en 1955, con su ahora famosa fórmula No Más Lágrimas. La compañía ha promovido su shampoo para bebé como "tan suave para los ojos como el agua pura". Pero en realidad, como la mayoría de los shampoos para bebés, el de Johnson contiene muchos de los mismos ingredientes de las fórmulas para adultos, incluso ácido cítrico, lauril sorbitano PEG-80, y sulfato de sodio trisódico. El que no ocasione lágrimas tiene menos que ver con su pureza, que con su pH relativamente neutro.

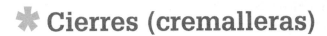

✳ Cierres (cremalleras)

Asegure sus objetos de valor Nada arruina tanto unas vacaciones como meter la mano a su bolsillo y descubrir que lo han robado. Para mantener a salvo su cartera, pasaporte y otros objetos valiosos, cosa un cierre (una cremallera) en el bolsillo interior de su saco para mantener seguros sus objetos de valor.

Haga un títere de calcetín (media) Cree un títere de calcetín feliz que mantendrá a los niños divertidos por horas. Sólo cosa botones para la nariz y los ojos y algo de hilaza para el cabello, y use un pequeño cierre (cremallera) sonriente para la boca.

Diseñe pantalones convertibles Aquí hay una gran idea para excursionistas y ciclistas a quienes les gusta viajar ligeros. Corte las piernas de unos vaqueros u otros pantalones cómodos por encima de la rodilla. Luego vuelva a unir las piernas con cierres (cremalleras). Quítelas las piernas cuando haga calor; póngalas de nuevo en las mañanas y tardes frías. Además de aligerar su carga, no necesitará buscar un lugar para cambiarse.

Cinta

✳CINTA **EN LA COCINA Y EL COMEDOR**

Recoja sin riesgos los fragmentos de vidrio ¿Por qué arriesgarse a una cortada al recoger los fragmentos de un vaso roto en la cocina? Simplemente use una tira grande de cinta adhesiva transparente, ténsela y adhiera los vidrios.

Atrape esas moscas Fabrique sus propias trampas para moscas e insectos, sin venenos ni contaminantes químicos tóxicos. Recubra los cartones vacíos del papel sanitario o de servilletas de cocina con cinta transparente, con la parte adhesiva hacia afuera, y cuélguelas en la cocina o donde lo requiera.

Encuentre los bordes de los paquetes envueltos con celofán Si ha tenido problemas para desenvolver los alimentos cubiertos con celofán, valorará este truco que ahorra tiempo: colóquese un trozo de cinta transparente en un dedo, con la parte adhesiva hacia afuera y frote con el dedo el borde de la envoltura, pegue una parte del adhesivo al celofán y levántelo suavemente.

Evite tirar sal o pimienta Muchos saleros y especieros, especialmente los de cerámica, se llenan a través de un agujero situado en la base. Antes de rellenarlos, tape con cinta adhesiva los agujeros de la parte superior. Recuerde también hacerlo cuando se mude de casa o los lleve a un día de campo.

Tenga libres las manos cuando compre la despensa La próxima vez que vaya de compras, lleve un poco de cinta adhesiva y pegue la lista de compras en el manubrio del carrito (changuito) del supermercado. Así sus manos estarán libres y no habrá de preocuparse por buscar la lista o tirarla inadvertidamente.

Ajuste la base de sus velas No deje que las velas queden sueltas en el candelero y que arruinen su cena romántica o provoquen que algo se queme si falta la energía eléctrica. Ajústelas con cinta adhesiva, pegándola en su base.

Tenga a la mano baterías de repuesto No se quedará perdido en el tiempo si pega unas pilas de repuesto detrás de su reloj de pared. Si el reloj se detiene y hay que cambiar las pilas, éstas estarán siempre a mano.

Marque sus llaves ¿Anda usted siempre a tientas para encontrar la llave correcta cuando llega a casa en medio de la oscuridad? Simplemente envuelva con cinta adhesiva el extremo ancho de la llave de entrada de la casa y podrá sentirla en la oscuridad. Si tiene usted varias llaves con la misma apariencia y no puede distinguirlas, colóqueles un trocito de cinta adhesiva de diferentes colores.

Evite que sus cadenas se enreden Para evitar que las cadenas angostas se enreden cuando sale de viaje, cúbralas con cinta adhesiva. También puede usar la cinta para evitar que se pierdan los aretes (los aros).

Señale un número telefónico para una rápida referencia Use cinta adhesiva transparente para resaltar en su agenda o directorio los números telefónicos que utilice con más frecuencia. La cinta le ayudará a encontrar la página fácilmente, además encontrará el número sin tener que buscarlo en toda la página.

Proteja el papel contra manchas de grasa Es posible que nunca logre deshacerse de las manchas o salpicaduras de grasa en las páginas de los libros o en papeles importantes, pero puede evitar que ésta se extienda. Pegue cinta adhesiva transparente por ambos lados de la mancha para que no pase a otras páginas.

Evite que el viento haga volar sus papeles Si tiene que dar un discurso o recibir algún reconocimiento en un evento al aire libre, lleve cinta adhesiva transpa-

SABÍA *Usted* QUE...?

La cinta Scotch (escocesa) obtuvo su nombre a causa de un insulto proferido a Richard Drew, el ingeniero de la compañía 3M que la inventó. En 1925, cinco años antes de que él inventara la primera y más famosa cinta de celofán del mundo, Drew inventó el Masking Tape. Estaba probando en el campo sus primeras muestras de la cinta para determinar la cantidad correcta de adhesivo, cuando un pintor de autos, impaciente, exclamó "¡Regrésele esa cinta a sus jefes escoceses y dígales que le pongan más pegamento!".

CINTA✱

123

rente. Cuando le toque hablar, coloque unas tiras de cinta en el atril, con la parte adhesiva hacia afuera, para evitar que se vuelen sus notas.

Encuentre el negativo de su foto preferida Antes de enmarcar su foto favorita, pegue el negativo con cinta detrás de la misma. Si en algún momento usted desea sacar copias de la foto, no tendrá que buscarlo entre pilas de otros negativos.

Disuada a su gato de seguir arañando ¡Haga que los gatos y sus cachorros dejen de hacer esos desagradables arañazos en los muebles! Espolvoree chile (ají picante) molido en una cinta adhesiva y péguela donde hacen los arañazos. Ellos odian ese olor y rápidamente entenderán el mensaje.

Mantenga las flores erguidas en el florero Para evitar que se doblen las flores hacia abajo en el florero, entrelace varias tiras de cinta adhesiva, pegándolas en la boca del florero y dejando los espacios en donde insertará los tallos. Las flores lucirán llenas de vida y frescas durante más días.

Facilite su costura Deje que la cinta adhesiva transparente simplifique su costura: úsela para sostener un cierre en su lugar cuando cosa alguna prenda. (Incluso puede coser a través de la cinta y quitarla al terminar.) Mantenga los bordados, los distintivos o las etiquetas con nombres en el sitio en que desea coserlos en las camisas, uniformes o gorras. Ponga cinta adhesiva en los dobladillos, ojales y broches de las prendas para que no se muevan. Simplemente jale (tire de) la cinta adhesiva al terminar. Pegue con cinta los patrones a la tela como refuerzo.

Acabe con esos extremos de hilo perdidos Acabe con esas búsquedas frustrantes que le quitan valioso tiempo tratando de encontrar el extremo suelto del hilo en el carrete. Sólo ponga un trozo de cinta en ese extremo y péguelo en la base o en la parte superior del carrete. La próxima vez que cosa, hallarlo será pan comido.

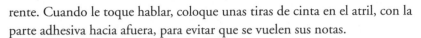

¿ SABÍA *Usted* QUE...?

La cinta adhesiva transparente se fabrica con un acetato derivado de la pulpa de madera o de las fibras de algodón. Se forman hojas del grosor de un papel que se enrollan en rodillos gigantescos, antes de agregarle el adhesivo. Éste lleva 29 materiales distintos sin refinar.

Incluso después de producir la película con su adhesivo, quedan por realizarse 10 pasos más, antes de terminar la fabricación de la cinta.

Quite el lápiz labial de la seda ¿Por qué pagar una cuenta cara de tintorería por quitar la pintura para labios de su bufanda o vestido de seda, pudiendo hacerlo gratis usted mismo? Sólo pegue cinta adhesiva (o masking tape) sobre la mancha y déle un jalón (un tirón). Si todavía queda algo de colorete, póngale talco o polvo de tiza (gis) y frótelo con los dedos hasta que desaparezca.

Límpie su lima de uñas Para limpiar una lima de uñas fácil y efectivamente, sólo coloque una tira de cinta adhesiva transparente sobre ella, presione y luego arránquela. La cinta se llevará toda la suciedad incrustada en la lima.

❋CINTA **PARA ARREGLOS MENORES**

Evite que los clavos de los cuadros dañen su pared Antes de insertar un clavo en la pared, ponga un trocito de cinta en el sitio elegido. Esto impedirá que se desprenda la pintura si tiene que quitarlo después y evitará que el yeso se quiebre.

Tenga los tornillos a mano Cuando realice el mantenimiento de la casa, coloque los tornillos sueltos, tuercas y pernos directamente en un trozo de cinta para que no se pierdan. Pegue unas tiras de cinta adhesiva a su banco de trabajo para facilitar sus labores.

Repare el tallo roto de una planta Use cinta adhesiva transparente para reforzar el tallo roto de una planta. Sólo envuelva el área dañada del tallo con la cinta y déjela hasta que se cure. La planta seguirá creciendo, siempre que la savia pueda circular por el tallo.

Haga una hilera de semillas Haga sus propios cultivos en hileras perfectamente rectas en su jardín, casi sin esfuerzo. Coloque algunas semillas en un trozo de papel encerado, separándolas con los dedos. Tome una tira de cinta transparente y colóquela sobre las semillas, que se pegarán a la tira. Luego simplemente siémbrelas a su gusto: pronto tendrá su cultivo en hileras perfectamente alineadas.

Atrape los grillos invasores Si los ruidosos grillos han invadido su sótano o su garage, trate de atraparlos con cinta para embalaje. Tome una tira de la cinta y colóquela en el piso con el adhesivo hacia arriba.

❋CINTA **POR SEGURIDAD**

Haga señaladores de advertencia para una emergencia al conducir Usted estará mucho más seguro si su auto se descompone en la noche y cuenta con señales de advertencia a mano, para que otros conductores lo puedan evitar. Puede fabricar fácilmente en casa sus propios indicadores de emergencia. Sólo colóquele cinta reflejante de colores a algunas latas de café vacías. Póngalas en la cajuela (el baúl) de su auto y sáquelas en caso de emergencia.

Señalice esas escaleras oscuras Deje de tropezarse en esas escaleras mal iluminadas del sótano o de la entrada de la casa, y ya no se preocupe porque sus invitados se lleguen a caer. Sólo coloque cinta reflejante en los bordes de los escalones y usted y sus amistades podrán ver exactamente por dónde pisan.

Haga visibles a sus mascotas en la oscuridad No permita que su amada mascota de la casa sea arrollada por un auto en la noche. Colóquele cinta reflejante en su collar. Así los conductores podrán verla.

Asegure el babero del bebé Evite que se vayan los bocados de comida por debajo del babero, pegando con cinta los bordes de éste a la ropa del bebé.

Arreglos provisionales para la protección de los niños Si lleva usted a su bebé o a algún niño pequeño de visita a una casa que no sea a prueba de niños, lleve un rollo de cinta transparente. Úsela para cubrir las tomas de corriente. Aunque se trata sólo de una protección provisional, esto le dará el tiempo extra que se requiera para alejar al pequeño de una situación potencialmente trágica.

> *Cosas de Niños* Los niños estarán fascinados y sorprendidos cuando haga usted este **sencillo truco para fiestas** en un cumpleaños o una reunión familiar. En secreto, coloque un trozo de **cinta transparente** alrededor de un **globo inflado**. Póngase de acuerdo con otra persona. Cuando esté listo, llame la atención de los niños y con el globo en una mano y un **alfiler** en la otra perfore el globo en la zona de la cinta y luego saque la aguja. ¡El **globo no reventará**! Al mismo tiempo la otra persona deberá hacer reventar un globo en otro lugar. Éxito garantizado.

Invite a los niños a crear diseños multicolores Sujete con cinta adhesiva varios marcadores o lápices de color y déselos así a los niños para que dibujen líneas de varios colores al mismo tiempo. No junte demasiados para que puedan dibujar.

✳ Cinta adhesiva

Saque una astilla ¿Una astilla es demasiado diminuta o está tan profunda en la piel que no se puede sacar con unas pinzas? Evite la agonía de sacarla con una aguja. Mejor cubra la astilla con cinta adhesiva. Después de unos tres días, tire de la cinta y la astilla deberá salir con ésta.

Márqueles el alto a las hormigas ¿Un ejército de hormigas se dirige a las galletas o a algún dulce guardado en su despensa? Haga un "foso" alrededor del alimento rodeándolo con cinta adhesiva, con la parte adherente dispuesta hacia arriba.

Improvise un recogedor de pelusa Para sacar pelusa o pelo de la ropa y tapicería, sólo envuelva su mano con cinta, con la parte adhesiva hacia fuera.

Reduzca la talla de su sombrero ¿Tiene un sombrero que le viene grande? Ponga una, dos o tres capas de cinta adhesiva alrededor de la faja interior, según se requiera. Además, la cinta absorberá el sudor de la frente en los días calurosos.

Limpie un peine Para eliminar la suciedad que se acumula entre los dientes de su peine, presione a lo largo del peine una tira de cinta adhesiva, y despéguela. Después sumerja el peine en una solución de alcohol y agua, o amoníaco y agua, para desinfectarlo. Déjelo secar.

Forre las rueditas Evite que sus muebles dejen marcas en su piso de madera o vinilo envolviendo las rueditas de los muebles con cinta adhesiva.

Cuelgue los tubos de pegamento y sellador ¿Tiene un montón de tubos de pegamento y sellador en su banco de trabajo? Corte una tira de cinta adhesiva o plateada de varios centímetros de largo y dóblela sobre el extremo de cada tubo, dejando una aleta. Perfore la aleta y cuelgue el tubo de un clavo. Dispondrá de más espacio y podrá localizar rápidamente los tubos.

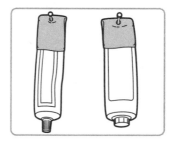

Retire sin peligro los vidrios rotos de una ventana Quitar el marco de una ventana para cambiar un vidrio roto puede ser peligroso; siempre existe la posibilidad de que se desprenda un fragmento filoso y lo corte. Evite eso: entrecruce ambos lados del vidrio roto con cinta adhesiva antes de quitar el marco. No olvide usar guantes de lona gruesa cuando extraiga los fragmentos de vidrio.

Sujete mejor las herramientas La cinta adhesiva tiene la textura correcta para forrar el mango de las herramientas. Sujetarlas resulta cómodo y, como la cinta es altamente absorbente, las herramientas no se le resbalarán aunque sus manos suden.

¿SABÍA *Usted* QUE...?

En la década de los 20, Josephine Dickson, un ama de casa de Nueva Jersey proclive a los accidentes, inspiró la invención de los "curitas". A su esposo, Earle, que atendía sus diversas quemaduras y heridas, se le ocurrió pegar cuadritos de gasa estéril sobre cinta adhesiva, cubriéndola con una capa de tela de algodón y enrollándola hacia arriba, de manera que Josephine pudiera cortarla y aplicarse los vendajes ya listos.

Earle trabajaba para Johnson & Johnson, compañía que pronto comenzó a producir los primeros Curitas. Earle se convirtió en miembro del consejo de administración, y para cuando murió, en 1961, las ventas excedían los 30 millones de dólares anuales.

Cuando forre los mangos, sobreponga cada capa a casi la mitad del ancho de la cinta, y use tantas capas como sean necesarias. Aquí algunas aplicaciones útiles:

- Los mangos de los desarmadores a veces resultan demasiado angostos o resbaladizos cuando mete o saca tornillos rebeldes. Fórrelos con varias capas de cinta adhesiva hasta que pueda sujetar la herramienta cómodamente; esto es especialmente útil si sufre de artritis.

- Siga el ejemplo de los carpinteros que forran los mangos de madera de los martillos que pueden volverse resbaladizos con el sudor. Forre toda el área que sirve para asir la herramienta. Algunas capas bajo la cabeza también protegerán al martillo del daño ocasionado por golpes mal dirigidos.

- Los plomeros también llevan cinta adhesiva en su caja de herramientas: cuando quieren cortar un tubo en un lugar demasiado estrecho para su sierra de arco, hacen una minisierra, quitando la hoja y forrando con cinta un extremo para formar un mango..

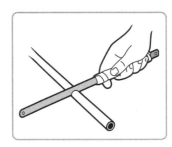

Cinta plateada

Haga un dobladillo profesional a sus pantalones Compró unos pantalones vaqueros magníficos, pero están largos, así que esperará a que se encojan un poco, ¿para qué dobladillarlos? Además, la mezclilla gruesa es difícil de coser. Simule el dobladillo con cinta plateada. El dobladillo durará unas cuantas lavadas.

Quite las pelusas de su ropa Está listo para salir por la noche y nota pelos de su mascota en su traje. Recurra a la cinta plateada y en un santiamén estará listo para irse. Envuelva su mano con un tramo de cinta , con el adhesivo hacia afuera. Luego pase la cinta pegajosa contra su ropa con un movimiento de vaivén hasta que quite el último pelo. No frote; podría dañar la tela.

Haga una vendita de emergencia Se rasguñó. Aquí tiene cómo protegerse hasta conseguir una vendita apropiada. Doble un pañuelo o una toalla de papel para cubrir la herida y péguelo con cinta plateada. No será atractiva, pero funciona.

Reselle bolsas de papas fritas ¿Cansado de papas fritas rancias? Para mantener fresca una bolsa a medio terminar, doble la parte superior y séllela con cinta plateada.

Protector de carpeta con bolsillo Las carpetas con bolsillo viejas pueden perder su robustez, pero siguen siendo útiles. Cubra su carpeta vieja con cinta plateada; refuerce entre secciones y quedará como nueva.

Calcomanía para la defensa (el guardabarro) ¿Tiene algo que decir? Dígalo por escrito en su propia calcomanía. Corte un tramo de cinta plateada, péguela en la defensa de su auto y, con un marcador puntiagudo, escriba su mensaje.

Guarde en secreto un duplicado de la llave del auto Nunca volverá a quedarse afuera de su auto si pega una llave extra en el chasis con cinta plateada.

Atrape esas molestas moscas Se registró en una cabaña rústica cerca del lago y está listo para empezar sus vacaciones. Todo sería perfecto si los insectos voladores no fueran parte del trato. Tome su rollo de cinta plateada y corte algunas tiras de 30 cm de largo. Cuélguelas de las vigas como papel matamoscas. Pronto se habrá librado de los bichos y podrá enrollar la cinta para tirarla a la basura.

Reemplace un ojillo de la cortina de baño ¿Cuántas veces ha tirado de la cortina de baño sólo para rasgar uno de los delicados ojillos? Tome la cinta plateada para hacer una reparación simple. Una vez que esté seca la cortina, corte una pieza rectangular y dóblela del frente hacia atrás sobre el agujero rasgado. Haga una ranura en la cinta con un cuchillo, hoja de afeitar o tijeras, y empuje el anillo de la cortina de baño de nuevo en su lugar.

Repare la manguera de la aspiradora ¿La manguera de su aspiradora se partió y se le hizo una fuga? No significa el fin de su aparato. Repare la manguera rota con cinta plateada. Su aspiradora durará hasta que el motor sufra una avería.

Refuerce la encuadernación de un libro La cinta plateada industrial es perfecta para reparar la encuadernación rota de un libro. Con cinta de color agradable, córrala a lo largo del lomo y corte piezas más cortas para ponerlas perpendiculares a ésta si necesita refuerzo adicional.

¿SABÍA *Usted* QUE...?

La cinta plateada en realidad no empezó como aislante. En la Segunda Guerra Mundial, el ejército estadounidense necesitaba una cinta flexible, durable e impermeable. Llamaron a Permacell, división de Johnson & Johnson, que usó su cinta médica como base y agregó un adhesivo policapa resistente con recubrimiento de polietileno laminado a un respaldo de tela. La cinta flexible y resistente resultante —color verde militar y fácil de rasgar en tiras— se usó para todo: desde sellador de cajas de municiones hasta reparaciones de parabrisas de jeep. Los soldados la llamaban cinta pato porque era impermeable, como lomo de pato.

Después de la guerra, la cinta, en un nuevo color plateado, se usó para unir ductos de calefacción y aire acondicionado y se dio a conocer como cinta plateada. Ya casi no se usa para unir ductos, pero perdura, ahora en un arco iris de colores, como el mejor amigo de los amantes de las reparaciones.

Forre un libro Use cinta plateada de un color interesante para crear un forro durable para un libro de texto escolar o un libro en rústica que llevará a la playa. Haga un patrón para el forro en una hoja de papel periódico (de diario); ajuste el patrón a su libro, luego cubra el patrón, una fila a la vez, con cinta plateada, superponiendo las filas. El forro removible resultante será impermeable y resistente.

Repare el marco de una foto Muchos disfrutan mostrar fotos familiares en marcos tipo caballete en repisas y mesitas por toda la casa. Pero a veces la pata plegadiza que sostiene un marco se separa de éste y su foto no se sostiene bien. ¡No se desespere! Use cinta plateada para pegar la pata rota al marco.

Cuelgue luces navideñas Las luces decorativas son divertidas en temporada, pero son en verdad engorrosas cuando es tiempo de guardarlas. Use cinta plateada para colgar sus luces y el trabajo de quitarlas será mucho más fácil. Corte tiras delgadas de cinta. A intervalos, envuelva tiras alrededor del cable y luego pegue la tira al canalón o donde sea que cuelgue sus luces.

Envuelva obsequios Ésta es una forma novedosa de envolver un regalo especial. Olvídese del papel. Vaya directo a la cinta. Pegue cinta plateada directo en la caja del regalo. Haga diseños o cubra con tiras y agregue detalles decorativos cortando figuras, letras y motivos en la cinta para pegarlos a la superficie "envuelta".

※ CINTA PLATEADA **PARA LOS NIÑOS**

Diseñe disfraces para Halloween ¿Desea ser el Hombre de Lata en Halloween? ¿Qué tal un robot? Éstas son sólo dos ideas que se adaptan muy bien a la cinta plateada clásica. Hágale a su hijo un disfraz básico con bolsas de papel de estraza de la tienda, con aberturas atrás, de modo que él pueda ponérselo y quitárselo con facilidad. Cubra este patrón con hileras de cinta plateada.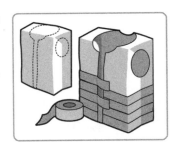

Para las piernas, cubra unos pantalones viejos, de nuevo, dejándole a su pequeño una forma fácil de quitarse el traje para ir al baño. Hay cinta de muchos colores, así que deje su creatividad a la imaginación.

Forje una espada de juguete ¿Tiene un par de aspirantes a espadachines en casa? Haga espadas de juguete para esos pequeños mosqueteros dibujando una espada tamaño infantil en un cartón. Use dos piezas si no tiene una lo suficientemente gruesa. Asegúrese de hacer un mango en el que quepa la mano del niño con comodidad una vez que aumente su grosor con varias capas de cinta plateada. Envuelva la hoja entera con cinta plateada. Envuelva el mango con cinta negra.

Haga anillos y brazaletes de juguete Haga anillos cortando tiras de cinta plateada de 1.2 cm de ancho, y luego doble las tiras a la mitad longitudinalmente, juntando los lados con adhesivo. Continúe poniendo más tiras sobre la primera hasta que el anillo tenga el grosor suficiente para sostenerse por sí solo. Puede ajustar el tamaño con tijeras y pegar los extremos. Para hacer una piedra para el anillo, forre un guijarro (un pequeño canto rodado) y péguelo al anillo. Haga un brazalete enrollando cinta plateada alrededor de un patrón de papel rígido.

Haga títeres de guante La cinta plateada es magnífica para hacer títeres. Use una bolsa de papel para almuerzo pequeña como base para el cuerpo de su títere. Cubra la bolsa con hileras superpuestas de cinta plateada. Haga sisas a través de las cuales sacará sus dedos. Forme la cabeza con una bola de guata, estopa o algodón cubierta con cinta y pegue botones o cuentas para ojos y boca.

Haga gallardetes (adornos) para bicicleta Agregue gallardetes elegantes a los manillares (manubrios) de las bicicletas de sus hijos, usando cinta plateada en varios colores. Corte la cinta en tiras de 1.2 cm de ancho por 25 de largo. Doble cada tira por la mitad, con los lados adhesivos juntos. Cuando tenga media docena para cada lado, péguelas en el extremo del manillar y asegúrelas con vueltas de la cinta, para asegurarse de que su hijo tenga un buen agarre en el manillar.

✳ CINTA PLATEADA **PARA ARREGLOS MENORES**

Repare una luz trasera ¡Alguien golpeó su auto por atrás y rompió la luz trasera! Aquí hay una reparación que durará hasta que tenga tiempo de ir al taller. Según el lugar de la rotura, use cinta amarilla o roja para mantener juntas las partes. En algunos lugares esta reparación incluso pasaría la inspección.

Arregle a corto plazo las mangueras del auto Hasta que pueda ir con su mecánico, la cinta plateada es un arreglo provisional fuerte y confiable para mangueras de agua rotas de su auto. Pero no espere demasiado. La cinta plateada sólo resiste temperaturas de hasta 93°C. Además, no la use para reparar una fuga en el conducto de gasolina (nafta) de su auto, pues ésta disuelve el adhesivo.

SABÍA *Usted* QUE...?

Como la mayoría de los canadienses saben, la estrella de *The Red Green Show* en la Canadian Broadcasting Corporation, y el Public Broadcasting System en Estados Unidos, usa cinta plateada para todo desde arreglar una llanta hasta reparar el tejido de una silla de jardín. El actor que encarna a Red, Steve Smith, admite que no usa "el arma secreta del que hace bricolaje" tanto como su personaje de la pantalla. "Vivo en un vecindario muy bonito, donde la cinta plateada se rechaza como herramienta de renovación", dice. No obstante, cuando tuvo que impedir que su puerta se cerrara, puso una tira pequeña de la cinta sobre el cerrojo. Señala que ésa fue la primera vez que la usó "para que algo *dejara* de funcionar".

Haga una teja temporal para el techo Si su techo perdió una teja de madera, haga un reemplazo temporal envolviendo tiras de cinta plateada en una pieza de 6 mm de contrachapado cortada al tamaño. Ponga la teja improvisada en su lugar para cubrir el hueco y repeler el agua hasta que repare el techo.

Arregle un agujero en su fachada ¿El clima de tormenta dañó su fachada de vinilo? Una rama rota azotada por la tormenta, granizo o hasta una pelota de béisbol pueden dañar su fachada. Parche los estragos en la fachada de vinilo con cinta plateada. Elija cinta de un color que corresponda al de su fachada y aplíquela cuando la superficie esté seca. Alise su reparación a mano o con un rodillo. El parche durará al menos una temporada o dos.

Reemplace el tejido de su silla de jardín El verano llegó, y usted saca del cobertizo sus muebles de jardín sólo para descubrir que el tejido de su silla favorita se ha desgastado. No la deseche. La cinta aislante de color funciona como un tejido de reemplazo muy bueno y resistente. Corte tiras del doble de largo de lo necesario. Doble la cinta, juntando los lados que tienen adhesivo, de modo que la parte brillante quede hacia afuera en ambos lados de la silla. Luego atorníllelos en su lugar con los tornillos de la silla.

Pegue con cinta una ventana rota Antes de quitar el vidrio roto de una ventana, entrecrúcelo con cinta plateada para mantenerlo unido. Así se asegurará de que ningún fragmento se desprenda y le cause una herida.

Repare los cojines (los almohadones) de exterior No deje que una pequeña rasgadura en los cojines de sus muebles de exterior lo perturbe. Repare la rotura con una cinta de color parecido y resistirá varias temporadas.

Repare un cesto de basura Los cestos de basura de plástico se agrietan o parten a los lados. Pero no tire la basura con todo y cesto. Repare la grieta con cinta plateada: es lo bastante fuerte para resistir el maltrato que recibe un cesto de basura, y es fácil de aplicar en su superficie, ya sea ésta curva u ondulada. Ponga cinta sobre la grieta por dentro y por fuera del cesto.

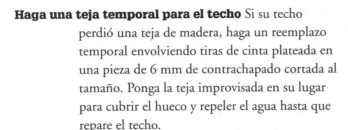

Arregle rápido el asiento de su baño Tiene una fiesta y alguien le da un golpecito en el hombro para decirle que el asiento del baño se ha roto. No tiene que correr a la ferretería. Tome la cinta plateada y con cuidado envuelva la rotura para una reparación urgente y decorosa. Sus invitados lo agradecerán.

Repare un mosquitero ¿Entran bichos por la grieta en el mosquitero de su ventana o puerta? Evítelo mientras la repara cubriendo el agujero con cinta plateada.

Ajuste sus espinilleras Los jugadores de fútbol necesitan protección extra. Use cinta plateada para ajustar las espinilleras con firmeza. Póngase el uniforme, escepto las medias. Ahora corte la cinta al ancho adecuado a su parte baja de la pierna (los niños podrían necesitar tiras más angostas que los adultos) y empiece a envolverla alrededor de su espinillera para mantenerla ajustada a su pierna.

Déle vida a su palo de hockey Los palos de hockey suelen recibir duras golpizas. Si al suyo ya se le nota la edad, déle un poco de vida envolviendo la parte inferior del palo con cinta plateada. Reemplace la cinta con la frecuencia necesaria.

Extienda la vida de los zapatos en patineta (monopatín) Los niños que realizan hazañas fantásticas en sus patinetas desgastan muy rápido sus zapatos porque en muchos saltos deslizan la punta o el costado de los pies por la tabla. Acaban pronto sus zapatos nuevos. Proteja sus pies y prolongue la vida de esos zapatos poniendo una capa o dos de cinta plateada en las partes que rozan con la tabla.

Repare sus guantes para esquiar ¿Sus guantes para esquiar parecen abrirse? La cinta plateada es la solución perfecta para los guantes para esquiar rasgados porque es impermeable, increíblemente adhesivo, fuerte y puede cortarse en tiras de cualquier ancho. Haga su reparación longitudinalmente o alrededor de los dedos y salga a las pendientes de nuevo.

Repare una tienda de campaña (carpa) Abre su tienda en el campamento y ¡descubre una rasgadura! No hay problema si lleva consigo cinta plateada. Cubra el agujero con un parche; para doble protección, que el lado brillante del parche quede dentro de la tienda. Mantendrá a los insectos y al clima en su lugar.

 SABÍA *Usted* QUE...?

El personal que está a cargo de los números telefónicos en donde se dan informes de los productos 3M manejan muchas llamadas sobre la cinta plateada. Tres de las preguntas más comunes son:
1. ¿La cinta plateada puede usarse para quitar las verrugas?
2. ¿La cinta plateada puede usarse para asegurar el ducto de la secadora doméstica en el exterior?
3. ¿Es impermeable?

Las respuestas oficiales:
1. La cinta plateada no se recomienda para quitar verrugas porque no se ha probado científicamente.
2. La compañía no recomienda usar cinta plateada para el ducto de la secadora, pues las temperaturas pueden exceder los 93°C, que es la temperatura máxima que resiste la cinta plateada.
3. El reverso de la cinta plateada es impermeable, pero el adhesivo no. La cinta plateada resistirá el agua por un tiempo, pero al final el adhesivo se acaba.

CINTA PLATEADA*

133

Aislamiento extra Haga sus botas de invierno un poco más calientes cubriendo las plantillas con cinta plateada, con el lado plateado hacia arriba. La cinta brillante reflejará el calor de sus pies de vuelta a sus botas.

Permanezca a flote Sale a remar, cuando descubre un agujero pequeño en su canoa. Gracias a Dios pensó en empacar su cinta plateada con su equipo. Saque la canoa del agua, seque el área alrededor del agujero y aplique un parche de cinta plateada en el exterior de la canoa. Está listo para concluir su viaje.

Calzado impermeable ¿Quiere un par de zapatos impermeables para la pesca, el jardín o para un paseo en bote? Cubra un par de zapatos deportivos viejos con cinta plateada, sobreponiendo los bordes de cada capa de cinta. Al redondear las esquinas, corte pequeñas **V** en la cinta para poder doblarla.

Parche la piscina La cinta plateada reparará un agujero en su piscina inflable lo bastante bien para resistir el agua, al menos una temporada. Cubra muy bien el área.

Protéjase de las garrapatas Al salir de excursión, ir a su sitio de pesca favorito o desyerbar el patio, proteja sus tobillos de las molestas garrapatas. Envuelva cinta plateada alrededor de la parte baja de sus pantalones para que no entre ningún insecto. ¡Esta técnica también sirve para evitar que su pantalón se atore en la cadena de la bicicleta!

Improvise un tendedero Ya sea que esté en un campamento al aire libre o en su propio patio, cuando necesite un tendedero y no tenga una cuerda, piense: cinta plateada. Retuerza una pieza larga de cinta plateada para formar una cuerda y átela entre dos árboles para improvisar un tendedero. También sirve como una estupenda cuerda para saltar o como una cuerda básica lo bastante resistente para sujetar dos objetos. Incluso puede usar la cuerda que acaba de hacer para tirar del carrito de su hijo.

Proteja la manguera de su parrilla de gas Por alguna razón, a los ratones y ardillas les encanta roer el hule, y uno de sus bocadillos favoritos es la manguera de hule del tanque de su parrilla de gas. Protéjala envolviéndola con cinta plateada.

Haga una agujeta (un cordón) de emergencia para sus tenis (zapatillas) Está jugando a patear una pelota a la entrada de su casa cuando se le rompe una agujeta. Haga una pausa y saque la cinta plateada del garage. Corte un tramo de cinta del largo que necesite y rasgue el doble de ancho que le haga falta. Doble la cinta longitudinalmente por la mitad, con el adhesivo hacia dentro. Ponga esta agujeta nueva en el zapato, átela y está listo para seguir pateando.

Repare sus pantalones para esquiar ¡Oh no!, se rasgaron sus pantalones para esquiar y el viento azota la capa exterior de nailon. No necesita pagar precios inflados en el albergue por un par nuevo si tiene un rollo de cinta plateada en el auto. Sólo deslice un pedazo de cinta por dentro de la rasgadura, con el adhesivo hacia afuera y presione con cuidado en ambos lados del punto dañado. La reparación apenas se notará.

✳ Clips

Quite la envoltura a un CD Esto puede ser toda una prueba de pericia y paciencia. Evite usar las uñas o dientes, pues puede dañarlos. Tome un clip, estírelo hasta tener un alambre recto, deslícelo por dentro del sello de la envoltura, evitando rayar la caja, y así podrá abrirlo fácilmente.

Úselos como ganchos para colgar Los clips pueden ser increíbles ganchos improvisados. ¿Está haciendo una placa de cerámica? Inserte un clip grueso en la parte posterior de la placa antes de que la pasta se endurezca. Luego cuélguela.

Úselos para abrir cierres (cremalleras) No se deshaga de su chamarra (campera) o de su mochila sólo porque el cierre se atascó. Estire un clip pequeño, páselo por el orificio del cierre, tuérzalo hasta formar un ovillo y tire de él. Puede darle un toque decorativo insertando cuentas o lentejuelas en el clip antes de cerrarlo.

Señale el extremo de la cinta adhesiva ¿Tiene un rollo de cinta sin dispensador? No se vuelva loco tratando de localizar la punta para levantarla. Cuando use la cinta adhesiva, péguele al final un clip y la próxima vez podrá levantarla con facilidad.

FERIA DE LA CIENCIA

¿Quiere sorprender a sus amigos? Rételos a hacer que un clip flote en el agua.

Déles un vaso de agua y un clip, y cuando hayan fallado en su intento, será su turno para mostrarles cómo se hace. Tome una servitoalla (servilleta grande de papel), recorte un pedazo un poco más grande que el clip, y póngalo

sobre el agua. Ahora ponga el clip encima de la toalla y espere unos segundos. La toalla se hundirá, y el clip permanecerá flotando. De hecho, es la tensión en la superficie del agua la que permite que el clip flote. Conforme la toalla se hunde, baja el nivel del clip en el agua sin romper la tensión.

Haga un separador Los clips son excelentes para este propósito, pues no se caen. Un listón (una cinta de seda) de color atado al clip lo hace más fácil de ubicar.

Deshuese cerezas ¿Necesita una cereza sin hueso para alguna receta o simplemente para comerla? Utilice un clip. Sobre un recipiente estire un clip limpio e inserte la parte más larga, o la corta, dependiendo del tamaño de la cereza, desde arriba. Afloje el hueso y jale. Si quiere dejar el rabo intacto, entonces inserte el clip desde abajo. (El jugo de la cereza mancha, así que si llega a mancharse, lave su prenda inmediatamente.)

Haga una extensión a la cadena de su ventilador de techo Coloque una cadena hecha de clips a la punta de la cadena de su ventilador, y le será más fácil alcanzarla y echar a andar el aparato.

✳ Coladeras (coladores)

Evite las salpicaduras de grasa ¿Cansada de limpiar salpicaduras de grasa en la estufa (cocina) al freír? Ponga invertido un escurridor (colador) de metal grande sobre la sartén. El calor escapa por los agujeros y las salpicaduras quedan en el escurridor. ¡Cuidado! El escurridor estará caliente. Use un guante para retirarlo.

Caliente un tazón (bol) de pasta ¿Su pasta se enfría rápido? Para mantenerla caliente más tiempo, caliente primero el tazón. Con un escurridor (colador) sobre el tazón, vierta la pasta y el agua caliente. Mantenga el agua por unos segundos en el tazón para calentarlo. Tire el agua, agregue la pasta y la salsa, y sirva.

Conserve frescas las uvas ¿Sus uvas se enmohecen antes de disfrutar su dulce sabor? Para mantenerlas frescas por más tiempo, guárdelas en un escurridor (colador), no en un recipiente de plástico cerrado, en el refrigerador (heladera). El aire frío circulará por los orificios del escurridor, conservando las uvas frescas por días.

Guarde los juguetes para baño No deje que la bañera luzca como otra caja de juguetes desordenada. Después de cada baño, ponga los juguetes pequeños de su hijo en un escurridor (colador) grande y guárdelo en la bañera. El agua se escurrirá de los juguetes, quedarán listos para la próxima vez y la bañera estará ordenada.

Úselos como juguete para la arena No compre juguetes para arena caros para su arqueólogo en ciernes. Un escurridor (colador) de plástico barato es perfecto para cavar en la playa o en el arenero.

✳ Conectores de alambre forrado

Organice los cables eléctricos ¿El sitio de su computadora se ve como si hubiera sido invadido por un viñedo silvestre? ¿Tiene un matorral de cables en su centro de entretenimiento? Dome esa jungla de cables eléctricos enrollándolos, acomodándolos y asegurándolos con conectores hechos con alambres forrados.

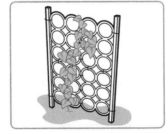

Haga un enrejado de guía para enredaderas Todo lo que necesita es conectar con alambres forrados varios plásticos de six-pack, para hacer un magnífico enrejado, que sirva de guía para las enredaderas de estación como las campanillas o los chícharos (guisantes). Sólo utilice los alambres forrados para unir tantos six-packs como usted quiera. Coloque el enrejado sujetándolo entre dos estacas, y también usando alambres forrados. Incluso puede usted ir agregando secciones de acuerdo con el crecimiento de la planta, de tal forma que parezca que ésta escala por su cuenta. Al final de la temporada, sólo retire el enrejado, enróllelo y guárdelo para el próximo año.

Ate los tallos de las plantas Los conectores de alambre forrado son excelentes para asegurar el tallo doblado de las plantas, así como para atar un enrejado. No apriete demasiado los alambres para que no se dañen los tallos ni se vea limitado su crecimiento.

Repare temporalmente sus lentes ¡Ay! Sus lentes se le caen porque se le salió el tornillito de la pata. Asegúrela provisionalmente. Introdúzca el alambre sin forro, tuérzalo y corte el excedente.

Úselos como una agujeta (un cordón) de emergencia Si no tiene otra agujeta a mano, ate varios alambres forrados directamente de un ojillo a su opuesto.

Marque sus llaves Si tiene varias llaves similares, identifíquelas de inmediato enrollándoles alambre forrado de distintos colores en los agujeros.

Cuelgue los adornos del árbol navideño Asegure esos adornos que han estado tantos años con la familia y evite que se rompan. Use alambre forrado, además de sus ganchos, para colgarlos.

Haga una mancuernilla (gemelo) de emergencia ¡Oh, está usted en problemas! Trajo la camisa de mancuernillas para asistir a la boda, pero olvidó las mancuernillas. No importa, sólo haga pasar por los ojales un alambre forrado. Dóblelo hacia dentro para ocultarlo con discreción.

Encuaderne hojas sueltas de carpeta Mantenga unidas las hojas perforadas de carpeta haciendo pasar alambres forrados por sus orificios.

✳ Congelador

Elimine las palomitas de maíz (pochoclos) sin reventar ¿No odia los granos de maíz que quedan sin reventar en el fondo del recipiente de las palomitas? Evite estos granos inservibles guardando el maíz sin preparar en el congelador.

Quite la cera de los candeleros Los candeleros de plata, reliquia de la abuela, cobrarán nueva vida si los pone en el congelador y luego retira las gotas de cera acumuladas. Pero no haga esto si sus candeleros están hechos con más de un tipo de metal. Los metales pueden expanderse y contraerse a diferente velocidad y dañar los candeleros.

Prolongue la vida de sus velas Ponga las velas en el congelador al menos por dos horas antes de quemarlas. Durarán más.

Despegue fotos Imagine esto: se derrama agua sobre sus fotografías, dando como resultado que se peguen. Si las separa, sus fotos se arruinarán. No se apresure.

Métalas en el congelador por unos 20 minutos. Luego use un cuchillo para mantequilla (manteca) para separarlas con cuidado. Si no se separan, póngalas de nuevo en el congelador. Esto también funciona para sobres y estampillas.

Limpie una olla Su olla favorita se quedó en la estufa (cocina) demasiado tiempo y ahora tiene que limpiar todo un desastre quemado. Ponga la olla en el congelador por un par de horas. Cuando la comida quemada se congele, será más fácil de quitar.

Tip **Tácticas para el congelador**

> He aquí algunas formas de aprovechar al máximo su congelador o el congelador de su refrigerador (heladera):
>
> ● Para evitar la putrefacción, mantenga su congelador a -18°C. Para comprobar la temperatura, meta un termómetro para congelador (que se vende en ferreterías) entre dos recipientes con comida congelada.
>
> ● Un congelador lleno enciende el compresor con menos frecuencia y permanece frío más tiempo. Recuérdelo en el próximo apagón.
>
> ● Los anaqueles de la puerta del congelador están un poco menos fríos que el interior, por lo que son ideales para guardar pan y café.
>
> ● Cuando lo descongele, ponga una toalla o sábana grande en la parte inferior. El agua caerá en ella, lo que facilitará la limpieza.
>
> ● La próxima vez que lo descongele, aplique una capa delgada de vaselina a las paredes para evitar que la escarcha se pegue.

Elimine olores ¿Tiene un libro que huele a cerrado o un recipiente de plástico con olor a pescado? Póngalos en el congelador toda la noche. Por la mañana estarán frescos. Esto funciona con casi cualquier otro objeto pequeño con mal olor.

✳ Corchos

Prepare un cebo para pescar Es una idea tan vieja como Tom Sawyer, pero vale la pena recordarla: un corcho es un gran sustituto de un cebo para pescar. Inserte una grapa (un gancho) en la parte superior del corcho, luego jale la grapa un poco de modo que pueda pasar su línea de pesca o sedal a través de ella.

Improvise un alfiletero ¿Necesita un lugar accesible para guardar alfileres mientras cose? Guarde los corchos de las botellas de vino: ¡son excelentes alfileteros!

No deje que su cerámica raye los muebles Su hermosa cerámica puede hacer rayones feos en los muebles. Para proteger sus mesas, corte trozos delgados de corcho y péguelos en la parte inferior de sus objetos de cerámica.

Reemplace tapas de botellas ¿Perdió la tapa de su refresco (gaseosa) y necesita reemplazarla? ¡Encórchela! La mayoría de los corchos de vino le quedan a las botellas de refresco.

Haga un pitorro ¿No tiene uno de esos pitorros de metal elegantes para controlar el flujo de su botella de aceite o vinagre? No necesita uno. Haga su propio pitorro haciendo un corte en forma de cuña a todo lo largo del corcho con un cuchillo. Coloque el corcho en la botella y vierta. Cuando haya terminado, cubra el agujero con un trozo de cinta adhesiva.

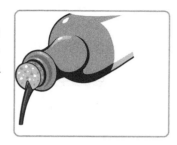

Úselos como pintura facial A muchos niños les encanta disfrazarse de vagabundos en Halloween. Para darles apariencia desaliñada, chamusque el extremo de una pieza de corcho sosteniéndolo sobre una vela. Déjelo enfriar y frótela en la cara del pequeño.

Bloquee el deslumbramiento solar En los tiempos antiguos del fútbol y el béisbol, los jugadores quemaban corcho y lo frotaban bajo sus ojos para reducir los destellos del sol y de las luces del estadio. Hoy, los jugadores usan productos comerciales para hacer lo mismo, pero usted aún puede usar corcho.

Evite que las sillas se rayen El sonido de una silla raspando su hermoso piso puede ponerle los pelos de punta. Resuelva el problema cortando corcho en trozos delgados y pegándolos bajo las patas de la silla con pegamento para madera.

Haga sus propios sellos artesanales Puede usar corcho para crear un sello personalizado. Talle el extremo de un corcho en cualquier forma o diseño que desee. Úselo con tinta de una almohadilla para sellos para decorar tarjetas y notas. O deje que los niños mojen en pintura corchos tallados para plasmar su arte.

¿SABÍA *Usted* QUE...?

El corcho, la corteza del alcornoque, se ha usado para sellar botellas de vino y otras vasijas por más de 400 años. La corteza tiene una estructura celular en forma de panal única: cada célula está sellada, llena de aire y no está conectada con ninguna otra célula. Esto la hace resistente al agua y mala conductora del calor y de las vibraciones. Además, el corcho contiene suberina, una sustancia cerosa natural que lo hace impermeable tanto a líquidos como a gases, e impide que se pudra. No es de sorprender que aún sea el material que muchos eligen para sellar su cabernet o champagne favoritos.

Haga una estupenda cortina de abalorios ¿Desea una cortina creativa y elegante de abalorios para la habitación de un niño o un adolescente? Perfore (sólo un agujero) a través de corchos y ensártelos en una cuerda junto con cuentas y otros adornos. Haga tantas cuerdas como necesite y átelas en una barra para cortinas.

Fije sus aretes (aros) Cuando los broches de los aretes se pierden, no siempre se encuentra al momento un reemplazo. Use un trocito de corcho como sustituto temporal. Corte un pedazo pequeño más o menos del tamaño del broche y póngalo presionando. También servirá un trozo de goma de un lápiz.

CUIDADO ¿Debe usar un sacacorchos para abrir una botella de vino? Sí, ¡pero no lo use en una botella de champagne! ¡Meter un sacacorchos en una botella de champagne contra la presión de la carbonatación puede hacer que la botella explote! Si es posible, espere un día antes de abrirla y permita que la carbonatación se estabilice un poco. Envuelva el corcho en una toalla y gire despacio la botella, no el corcho.

Para abrir una botella de vino, use un sacacorchos tradicional que gire en el tapón. Quite la parte superior del plástico para descubrir el corcho. Inserte el sacacorchos en el centro. Gírelo de modo que entre derecho y tire firmemente del corcho para que salga recto.

Marcos perfectos para fotos Si siempre pone los marcos de las fotografías pegados a la pared, corte algunos pedacitos planos de corcho, todos del mismo grosor, y péguelos atrás del marco. El corcho se adhiere a la pared y evita el deslizamiento. También impedirá que el marco estropee la pared.

Producción en serie de agujeros para sembrar Éste es un truco ingenioso para sembrar sus semillas en hileras rectas de agujeros espaciados uniformemente. Marque el espaciado que desea en una tabla. Taladre e inserte tornillos a través de los agujeros, cuidando que sobresalgan 2 cm de la tabla. Ahora enrosque corchos de vino en los tornillos. Presione la tabla, con los corchos hacia abajo, en el suelo del jardín, ¡y listo! Agujeros para semillas al instante.

✳ Cordel (cuerda)

Pula la plata más fácilmente ¿Recuerda las fotos de sus padres en la mesa del comedor bellamente adornada para las comidas de los días festivos? El brillo de la plata pulida era parte de su belleza. Para que su platería recobre su antiguo esplendor, tome un poco de pulidor de plata con un tramo de cordel (cuerda) y pula los sitios difíciles, como el espacio entre los dientes de los tenedores.

Riegue las plantas Regar las plantas mientras está de viaje es más fácil de lo que piensa. Llene un gran recipiente con agua y póngalo junto a sus macetas. Corte tramos de cordel (cuerda) lo bastante largos para que un extremo quede en el fondo del recipiente, y el otro quede enterrado algunos centímetros en la tierra de la maceta. Empape los cordeles y colóquelos. Al comenzar a secarse la tierra, la acción capilar llevará el agua del recipiente a las macetas, a través de los cordeles.

Detenga el goteo de una llave (canilla) Si el ruido de una llave que gotea, "plop … plop … plop", le impide dormir, hay una forma de silenciarlo hasta que llegue el plomero. Ate un pedazo de cordel a la llave, con un extremo en el sitio en el que sale el agua y el otro en el fondo del lavabo (la pileta). Las gotitas viajarán a través del cordel (la cuerda) silenciosamente, evitando así volverlo loco.

Use como guía recta Recortar un seto largo en forma recta es una hazaña casi imposible, a menos que use una guía visual. Clave dos estacas en la tierra, una en cada extremo del seto. Mida la altura a la que desea cortar y márquela en las estacas. Amarre un cordel entre las dos estacas, atando cada extremo a la altura marcada. Al cortar, hágalo hasta donde está el cordel, no más abajo; su seto quedará tan derecho como una flecha.

Facilite la apertura de paquetes La próxima vez que empaque una caja para mandarla por correo, facilítele su apertura al destinatario. Ponga un cordel (una cuerda) a lo largo del centro y de las junturas laterales antes de aplicar la cinta adhesiva, dejando fuera un pedacito de cordel. De esta forma, el destinatario sólo necesitará tirar del cordel para cortar la cinta, sin recurrir a navajas que pudieran dañar el contenido. Haga lo mismo en las cajas de mudanza.

Perfile el jardín Cuando haga un nuevo jardín, coloque cordeles blancos sobre la tierra para esbozar las veredas (los caminos) y los arbustos. Desde una ventana superior u otra posición ventajosa, podrá ver si los bordes están derechos y si la disposición es la adecuada.

Mida objetos irregulares Una cinta métrica de tela es la herramienta ideal para medir objetos de formas irregulares, pero si usted no cose es posible que no tenga una. Use un cordel (una cuerda) para rodear el objeto, y lleve la longitud tomada a una regla para obtener la medida que necesita.

Haga surcos perfectamente derechos Hacer surcos en su jardín es más difícil de lo que parece. Use cordeles (cuerdas) para mantener alineadas las plantas:

- Para plantar semillas pesadas como frijoles, fije estacas en la tierra en cada extremo del surco y amárreles un cordel para guiarlo mientras planta.

- Para plantar docenas de semillas ligeras de una sola vez, corte un cordel del largo del surco, mójelo completamente y espolvoree las semillas sobre él. La humedad hará que éstas se peguen lo suficiente para colocar el cordel en el surco preparado. Sólo cubra el cordel con tierra, ¡y listo!

Deje de dar portazos ¿Le molestan los portazos? Éstas son dos ideas para usar un cordel (una cuerda) para controlar la forma de cerrar una puerta:

- Un pedazo de cordel de cáñamo atado a ambos lados de una perilla y alrededor del borde de la puerta proporciona la suficiente fricción contra el marco para reducir su velocidad y evitar el portazo cuando cierra.

- Use una cuerda más gruesa de la misma forma para mantener abierta temporalmente una puerta que automáticamente se cierra, o para asegurarse de que las mascotas no queden atrapadas en una habitación.

✳ Cortinas de baño

Forre los anaqueles No tire sus viejas cortinas de baño o sus manteles de vinilo. Úselos como forros de anaqueles fáciles de limpiar. Simplemente corte al tamaño del anaquel y coloque, usando un poco de pegamento si lo prefiere. Cuando haya que limpiarlos, sólo necesitará una esponja húmeda.

Confeccione un delantal Póngase un delantal hecho con una cortina de baño vieja cuando vaya a hacer esos trabajos sucios de la casa. Haga un delantal completo, estilo zapatero. Use tijeras dentadas para cortar el vinilo. Hágale dos agujeros en la parte de arriba para sujetar el área del cuello con cordones y haga otros dos agujeros a los lados para atarlo a la cintura.

 SABÍA *Usted* QUE...?

A principios de la década de 1920, Waldo Semon, un científico dedicado a estudiar el caucho, no se emocionó demasiado cuando descubrió el cloruro de polivinilo, comúnmente conocido como vinilo. Intentaba desarrollar un nuevo adhesivo, ¡y esto no se pegaba! Waldo rápidamente se dio cuenta del potencial de este material y comenzó a experimentar con él, haciendo incluso pelotas de golf y tacones (tacos) de zapatos. Pronto surgieron los productos de vinilo como los impermeables y las cortinas de baño. Hoy, el vinilo es el segundo plástico más vendido en el mundo, y esta industria emplea a más de 100,000 personas tan sólo en los Estados Unidos.

Limpie escurrimientos de pintura Salve una vieja cortina de baño y úsela como trapo para la pintura que gotea cuando pinte una habitación. Su material es más grueso y durable que el de los paños que se venden para este fin.

Proteja el piso debajo de una silla alta Incluso los bebés más lindos y mejor portados dejan un tiradero en el piso cuando comen. Proteja su piso o alfombra y facilite su limpieza. Corte un cuadrado de alrededor de 1 m por lado de una vieja cortina de baño, y colóquelo debajo de la silla del bebé. También puede usar los sobrantes de cortina para hacer baberos.

Cubra las mesas y bancos del picnic No deje que una mesa o un banco sucios le arruinen su próximo picnic. Use una vieja cortina de baño como mantel provisional (o como forro del mantel). Lleve una cortina vieja extra, dóblela y póngala sobre un banco pegajoso o sucio antes de sentarse a comer.

Proteja la mesa cuando corta tela La próxima vez que corte un patrón o una plantilla sobre su mesa del comedor, ponga una cortina de baño o un mantel de plástico debajo antes de cortar. Las tijeras se deslizarán más fácilmente y protegerá la superficie de la mesa de un rayón accidental.

Evite las malas hierbas Esas viejas cortinas de baño también resultarán prácticas la próxima vez que haga algún trabajo de jardinería con gravilla o trocitos de corteza. Sólo coloque la cortina bajo el material de abono, para evitar que aparezcan las malas hierbas.

✳ Crayones

Úselos como relleno para piso Los crayones son un gran relleno para escopleaduras o agujeros pequeños en pisos robustos. Saque su caja de crayones y seleccione el color que se parezca más al del piso. Funda el crayón en el microondas sobre papel encerado a potencia media, un minuto a la vez, hasta tener una masa blanda de color. Aplique la masa sobre el agujero con un cuchillo de plástico o una espátula para enmasillar. Alíselo con rodillo, un libro o algún otro objeto plano. El crayón se enfría rápido. Encere el piso para dar una capa protectora transparente a su nuevo relleno.

Rellene rayones en los muebles ¿Sus mascotas tratan sus muebles como… poste para rascar? No se desespere. Use un crayón para cubrir los rayones en los muebles de madera. Elija el color más parecido al terminado de la madera. Suavice el crayón con una secadora de pelo o en el microondas (en "descongelar"). Coloree los rayones y pula con un paño limpio para devolverle el lustre al mueble.

Disimule la alfombra Hasta los más cuidadosos podemos manchar la alfombra. Si ha tratado de eliminar una mancha sin lograrlo, aquí hay un remedio. Busque un crayón que sea del mismo color o que combine con su alfombra. Suavícelo un poco con una secadora de pelo o en el microondas en "descongelar". Coloree el punto. Cúbralo con papel encerado y planche con suavidad el color. Ponga la plancha en calor bajo. Repita tan frecuentemente como sea necesario.

Decoración colorida Aquí hay un proyecto divertido para hacerlo con los niños. Haga un receptor de sol multicolor rallando crayones sobre una hoja de 10 o 12 cm de papel encerado con un pelador de papas o rallador. Ponga otra hoja de papel encerado encima y presione con plancha caliente hasta que las ralladuras se fundan. Haga un agujero cerca de la parte superior a través de las capas de cera y de crayón mientras aún están calientes. Una vez que su adorno se enfríe, retire los papeles y ensarte un listón para colgarlo en una ventana.

✳ Crema de cacahuate (maní)

Cómo quitar goma de mascar (chicle) del cabello El chicle que le dio usted a su pequeño hace menos de 10 minutos es ahora un verdadero revoltijo en su cabello. Aplique un poco de crema de cacahuate (maní) y frote el chicle hasta que se desprenda. El cabello de su pequeño olerá a crema de cacahuate hasta que lo lave con champú (shampoo), pero esto es mejor que cortarlo.

Quite el pegamento de la etiqueta de precio Recién quitó la etiqueta de precio de ese nuevo florero que acaba de comprar, pero quedó ese gomoso pegamento en el cristal. Despréndalo fácilmente frotando crema de cacahuate (maní) sobre él.

Use como cebo en una trampa para ratones Sabe que los ratones andan por ahí, correteando por la cocina en la noche. Es tiempo de ser rudo. Ponga trampas, pero use como cebo crema de cacahuate. Les encanta, y es casi imposible que no caigan en la trampa. Pronto se deshará de los roedores.

Elimine el mal olor del pescado Si está tratando de comer más pescado por razones de salud, pero odia el olor que queda en su casa después de cocinarlo, pruebe este truco: ponga un poco de crema de cacahuate (maní) en la cacerola con el pescado friéndose. La crema de cacahuate absorbe el olor en lugar de sus muebles.

Tape un barquillo de helado Es divertido comer barquillos de helado pero también son un poco sucios. Aquí hay una solución deliciosa: tape la parte inferior de un barquillo de helado con un poco de crema de cacahuate (maní). Ahora, cuando muerda esa bola doble de helado de chocolate, estará protegido de fugas. Y habrá una sorpresa de cacahuate al final del convite.

✳ Crema limpiadora

Borre tatuajes temporales A los niños les encantan los tatuajes temporales, pero quitarlos puede requerir restregones dolorosos. Para borrarlos con facilidad, frótelos con crema limpiadora y luego frote con suavidad con una toalla facial. ¡Listo!

Quite calcomanías de la defensa (del guardabarro) ¿Su defensa aún tiene esa calcomanía que dice "Vote por Reagan"? Borre el pasado frotando la calcomanía con crema limpiadora y dejando que la empape. Luego deberá poder despegarla con facilidad.

Haga pintura facial ¿Necesita una pintura facial inocua y natural para Halloween? Mezcle 1 cucharadita de harina de maíz, 1/2 cucharadita de agua, 1/2 cucharadita de crema limpiadora y 2 gotas de color vegetal (dependiendo del disfraz). Use una brocha (un pincel) chica para pintar la cara de su hijo. Retire con agua y jabón.

¿ SABÍA *Usted* QUE...?

La crema limpiadora, o *cold crea*, en verdad es fría. Esto se debe a que contiene mucha agua que se evapora y enfría la cara caliente. La crema limpiadora es la abuela de todas las pomadas faciales. Fue inventada por el médico griego Galeno en 157. No se sabe con exactitud por qué Galeno creó su mezcla pero, según Michael Boylan, profesor del Marymount College en Arlington, Virginia, y experto en Galeno, la medicina antigua se basaba en el tratamiento de los opuestos. Y Galeno quizá estaba en busca de una cura para una afección de piel caliente y seca como eccema o psoriasis. Pero las mujeres de la antigua Grecia descubrieron pronto que la crema blanca calmante era buena para quitar el maquillaje, que sigue siendo su principal uso.

✳ Crema de afeitar

Úsela para limpiarse las manos La próxima vez que se ensucie las manos durante una excursión, guarde la valiosa agua para beber y cocinar. Frótese las manos con un poco de crema de afeitar, y límpieselas con una toalla.

145

Evite que el espejo se empañe Antes de bañarse, limpie el espejo del baño con un poco de crema de afeitar. Esto evitará que se empañe, así que no tendrá que llevar sus artículos de afeitar al trabajo, ni esperar a salir de la regadera.

Desmanche su alfombra Su hijo está muy apenado por haber derramado un poco de jugo sobre la alfombra, así que "mejore las cosas" con algo de crema de afeitar. Seque la mancha, déle golpecitos con una esponja mojada, póngale un poco de crema de afeitar, y limpie con una esponja húmeda. Use la misma técnica en su ropa para pequeñas manchas; la crema de afeitar puede quitar esa mancha del desayuno que se descubrió en el baño.

SABÍA *Usted* QUE...?

De finales de la década de 1920 a principios de la de 1960, una de las mejores cosas de un largo y tedioso viaje en carro, eran los anuncios cada 100 metros de Burma-Shave, una crema de afeitar que no necesitaba brocha. Éstos son algunos de los más memorables:

Brochas de afeitar …
Pronto las verá …
en el estante …
de algún museo …
Burma-Shave.

¿Cuando usted despierta …
su nueva barba …
es más dura que …
un filete de 25 centavos? …
Pruebe … Burma-Shave.

En este valle…
de lágrimas … y pecados …
Su cabeza pierde el pelo …
pero no su barbilla. Use …
Burma-Shave.

¡Golfistas!
Si lo que ansían …
son menos golpes …
están en lo correcto …
con … Burma-Shave.

Acalle el rechinido de la puerta Un rechinido puede arruinar una tranquila siesta. Gracias a que puede filtrarse entre los rincones y grietas, un poco de crema de afeitar en la bisagra le permitirá velar el sueño del bebé.

✱ Cremor tártaro

Desmanchador de bañeras Permita que esta solución simple de cremor tártaro y peróxido de hidrógeno haga el trabajo pesado de eliminar por usted las manchas de la bañera. Llene una taza o un plato pequeño y poco hondo con cremor tártaro y agregue peróxido de hidrógeno gota a gota hasta que tenga una pasta espesa. Aplique a la mancha y deje secar. Al quitar la pasta seca la mancha se habrá ido.

Abrillante sus cacerolas Las ollas de aluminio opacadas recuperarán nuevamente su brillante resplandor si las limpia con 2 cucharadas de cremor tártaro disueltas en 1 litro de agua. Ponga a calentar la mezcla dentro de la olla, y hierva por 10 minutos.

Haga masa para jugar He aquí cómo hacer masa para jugar similar al famoso producto comercial: mezcle 2 cucharadas de cremor tártaro, 1 taza de sal, 4 tazas de harina simple (sin agentes que la esponjen) y 1 o 2 cucharadas de aceite de cocina. Mezcle bien con una cuchara de madera, luego agite lentamente mientras agrega 4 tazas de agua. Cocine la mezcla en un cazo a fuego medio, agitando ocasionalmente hasta que espese. Estará lista en cuanto forme una bola que no sea pegajosa. Si desea, agregue color vegetal. Deje enfriar, luego permita que los niños den rienda suelta a su creatividad. Seca más rápido que la comercial, así que guárdela en un recipiente hermético en el refri (la heladera).

✳ Cubos de hielo

Riegue plantas colgantes y árboles de Navidad Si tiene que usar una escalerilla para regar sus plantas colgantes difíciles de alcanzar, los cubos de hielo pueden ayudar. Ponga varios cubos en las macetas. El hielo se funde y riega las plantas sin causar un diluvio repentino por el orificio de drenaje. También es una buena forma de regar su árbol de Navidad, cuya base puede ser difícil de alcanzar con regadera.

Saque huecos de la alfombra Si ha reacomodado los muebles de su sala, sabe que las piezas pesadas dejan huecos feos en su alfombra. Use cubos de hielo para quitarlos. Ponga un cubo de hielo, por ejemplo, en el punto donde estaba la pata de la silla. Deje que se funda, luego cepille el hueco. Rehabilitación completa.

Alise las junturas enmasilladas Está enmasillando alrededor de la bañera, pero la masilla pegajosa se adhiere a su dedo cuando trata de alisarla. Si no hace algo, el trabajo terminado se verá bastante feo. Solucione el problema corriendo un cubo de hielo a lo largo de la línea de masilla. Esto alisa la masilla de manera uniforme, pues la masilla nunca se pegará al cubo de hielo.

Ayude a planchar arrugas Su camisa lista para usarse está llena de arrugas y no tiene tiempo para lavarla de nuevo. Encienda la plancha y envuelva un cubo de hielo en un paño suave. Frote sobre la arruga justo antes de plancharla y la camisa se alisará.

Encubra el sabor de la medicina Sin importar qué sabor ofrezca su farmacéutico en la medicina infantil, los niños aún hacen gestos por el sabor. Haga que chupen un cubo de hielo antes de tomar la medicina. Esto entume las papilas gustativas y permite que traguen la medicina, sin la cucharada de azúcar.

Saque una astilla Reto paterno número 573: sacar una astilla de la mano de un niño que grita y se retuerce. Antes de empezar a pincharlo con una aguja, tome un cubo de hielo y entumezca el área. Esto le permitirá quitar la astilla más rápido y con menos dolor.

Evite las ampollas por quemaduras ¿Se ha quemado alguna vez? Un cubo de hielo aplicado a la quemadura evitará que se ampolle.

Agua fría para sus mascotas Imagine lo que es llevar un abrigo de pieles en verano. Sus conejos, hámsters y gerbos adorarán su amabilidad si pone algunos cubos de hielo en su plato de agua para enfriarla. También es un buen consejo para su gato, que pasa la calurosa mañana holgazaneando en su cama, o para su perro, que acaba de retozar en el parque.

Despegue un triturador de basura lento Si su triturador de basura no funciona a su máximo por la acumulación de grasa (no por algo atorado dentro), los cubos de hielo pueden ayudar. Meta algunos al triturador y muélalos. La grasa se adherirá al hielo, liberando de residuos al triturador.

Prepare un aderezo para ensalada cremoso ¿Quiere hacer su aderezo para ensalada casero tan suave y uniforme como el embotellado? Pruebe esto: ponga todos los ingredientes del aderezo en un tarro con tapa, luego agregue un cubo de hielo. Cierre la tapa y agite vigorosamente. Saque el hielo y sirva. Sus invitados se impresionarán por lo cremoso que estará su aderezo para ensalada.

Evite que se cuajen sus salsas Imagine esto: sus vecinos altaneros vendrán el domingo para un almuerzo con huevos Benedictine. Pero al mezclar mantequilla (manteca) y yemas de huevo con jugo de limón para hacer salsa holandesa para el plato, éste se cuaja. ¿Qué hacer? Ponga un cubo de hielo en la cacerola, agite y vea cómo la salsa vuelve a ser una sedosa obra maestra.

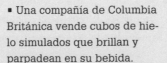

SABÍA *Usted* QUE...?

Desgrase sopas y estofados ¿Quiere quitar tanta grasa como se pueda de su sopa o estofado caseros lo más rápido posible? Llene un cucharón de metal con cubos de hielo y pase la parte inferior del cucharón sobre la parte superior del líquido en la olla de sopa. La grasa se juntará en el cucharón.

Recaliente arroz ¿Su arroz sobrante se seca al recalentarlo en el microondas? Pruebe esto: ponga un cubo de hielo sobre el arroz cuando lo meta al microondas. El hielo se derrite mientras se calienta el arroz, dándole al arroz la humedad tan necesaria.

Quite goma de mascar (chicle) de su ropa Está listo para salir y… su hijo señala una goma de mascar pegada en su pantalón. Cálmese y tome un cubo de hielo. Frote el hielo sobre la goma de mascar para endurecerla, luego ráspela con una cuchara.

✳ Cuchara para helado

Haga con cuchara albóndigas y pasta para galletas Si desea albóndigas de tamaño uniforme, use una cuchara para helado para medir esferas perfectas. Este método también funciona para galletas. Meta la cuchara en la pasta y ponga la bola en la bandeja para galletas. Tendrá galletas del mismo tamaño, y no habrá riñas sobre cuál es la más grande.

Haga bolas de margarina En su próxima reunión familiar, haga globos grandes de margarina para servirlas a sus invitados. Una cuchara más pequeña, o una para melón, puede crear bolas de margarina individuales.

Haga sus castillos de arena En su próximo viaje a la playa, ponga una cuchara para helado en su valija. Sus hijos tendrán una herramienta divertida para hacer sus propios castillos de arena. La cuchara les permitirá hacer interesantes formas redondeadas con la arena.

Plante semillas Si está en su jardín frente a un pedazo de tierra que necesita sembrarse, vaya al cajón de su cocina por ayuda. Una cuchara para helado hará agujeros de igual tamaño para plantar las semillas para su futura cosecha.

Cambie de maceta una planta ¿La tierra se desparrama por todas partes cuando cambia de maceta sus plantas? Una cuchara para helado es la forma perfecta para agregar tierra a la maceta nueva sin hacer un desorden.

Prepare bolas de helado Si está cansado de que los niños lo fastidien constantemente por una bola de helado, siga este consejo: sirva varias bolas de helado espaciadas en una bandeja para galletas cubierta con papel encerado. Ponga la bandeja con las bolas en su congelador para que endurezcan de nuevo. Retire las bolas del papel encerado y apílelas en una bolsa de plástico autosellable. La próxima vez que los niños quieran una bola de helado de fresa, podrán servírsela solos.

D

✱ Destapacaños

Saque abolladuras del auto Antes de gastar mucho dinero en hojalatería para reparar una abolladura en su auto, intente esto: humedezca una bomba destapacaños de plomero, presiónela sobre la abolladura y jálela con brusquedad.

Atrape la pedacería cuando taladre el techo Antes de usar una broca (mecha) cruciforme para hacer un agujero en alto, quite el mango de madera de un desatapacaños y ponga la copa de hule sobre la caña de la broca. La copa atrapará los trozos de yeso, cemento o ladrillo que caigan.

Úselos como un candelero para exteriores ¿Busca un lugar para poner una de esas velas de citronela para repeler bichos? Clave el mango de un destapacaños en la tierra y coloque la vela en la copa de hule.

✱ Destapador

Quite las cáscaras de las castañas Una forma fácil de descascarar las castañas consiste en emplear el extremo puntiagudo de un destapador para romper la parte superior e inferior de las cáscaras; luego, hierva las castañas durante 10 minutos.

 SABÍA *Usted* QUE...?

Corte la cinta para embalaje en cajas de cartón ¿No puede esperar para abrir ese paquete tan esperado? Si no tiene una navaja a mano, sólo corra el extremo afilado del destapador a lo largo de la cinta. Deberá hacer muy bien el trabajo.

Raspe la parrilla ¿Busca una forma fácil de limpiar los restos quemados de la parrillada del fin de semana anterior en su parrilla? Si tiene un destapador y una lima de metal, está de suerte. Tan sólo lime una hendidura de 3 mm de ancho en el extremo plano del destapador y estará listo para empezar.

Afloje el yeso o remueva acabados Puede no ser el mejor amigo del carpintero, pero el extremo afilado de un destapador puede ser útil para quitar el yeso suelto de una pared antes de resanarla. Corre estupendamente a lo largo de las grietas, y puede usarlo para socavar un agujero; es decir, para hacerlo más ancho en el fondo que en la superficie, de modo que el yeso nuevo "encaje" en el viejo. El extremo afilado del destapador es igual de útil para quitar el acabado antiguo de entre los azulejos de su baño antes de volver a lechar.

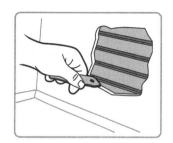

✳ Discos compactos (CD)

Úselos como adornos navideños ¡Decore su árbol de Navidad en grande! Cuelgue discos compactos por el lado brillante para crear una serie de luces parpadeantes, o pinte y decore el lado de la etiqueta para crear adornos personalizados. Para variar, corte los CD en forma de estrellas y otras formas con tijeras afiladas. Taladre un agujero de 6 mm en el CD y pase un hilo para colgarlo.

Despliegue arte en el cuarto de su adolescente Los CD viejos son arte barato y estrafalario para las paredes de la habitación de su adolescente. Pegue los CD con chinchetas y úselos para crear un borde en el techo o a la mitad de una pared. O deje que el adolescente los use para enmarcar sus carteles favoritos.

Atrape gotas de cera Siempre debe usar un candelabro diseñado específicamente para recoger la cera derretida. Sin embargo, si no dispone de uno, un CD lo saca de apuros. Asegúrese de que sea una vela corta con base plana que pueda sostenerse sola. También deberá ser un poco más grande que el orificio del CD. Ponga el candelabro en una superficie estable, resistente al calor y vigílela.

Haga tazones (bols) artísticos ¿Quiere un tazón decorativo? Ponga un CD en el horno a calor bajo sobre un tazón de metal hasta que el CD esté suave. Con guantes protectores, doble con suavidad el CD en la forma deseada. Selle el agujero pegando el borde inferior a otra superficie como un plato plano con pegamento epóxico o de PVC. No lo use para alimentos.

> **Cosas de niños** Use un **CD viejo** para hacer un **marco para fotos** para un ser querido. Necesita un CD, una **foto** que sea más grande que el orificio del CD, una **cuenta grande, listón** (cinta de seda) y **pegamento.** Pegue la foto en medio del lado brillante del CD. Si lo desea, decore el CD con **marcadores** o **calcomanías.** Use **pegamento caliente** para pegar la cuenta sobre el CD, deje secar y ensarte el listón a través de la cuenta.

Úselos como plantilla para círculos perfectos ¿Necesita dibujar un círculo perfecto? Olvídese de trazarlo con una taza o usar un compás. Cada CD provee dos tamaños de círculos; trace con el agujero interior o con la circunferencia exterior.

Tip **Reparación de CD**

> Antes de tirar o reciclar un CD rayado, intente repararlo. Primero, límpielo bien con un paño sin hilachas o jabón líquido y un poco de agua. Sostenga el CD por el borde para no dejar huellas. Púlalo del centro hacia el borde, sin movimientos circulares. Si su CD aún se salta, use un poco de pasta dental (dentífrico) que no sea de gel: aplique un poco en la punta de su dedo y frote ligeramente el CD. Con un pañuelo de papel húmedo elimine la pasta y séquelo con otro pañuelo. El abrasivo fino de la pasta podría sacar la raya. También elimine un rayón con cera para auto (vea p. 117).

Haga un receptor de sol decorativo Los receptores de sol son atractivos a la vista, y todo lo que necesita para hacer uno es un par de CD. Pegue los dos CD, con el lado brillante hacia afuera, pase hilaza o cordel de colores por el agujero y cuélguelos en una ventana. El prisma dará un hermoso espectáculo de luces.

Fabrique un trompo (una peonza) Haga un juguete divertido para niños (¡y adultos!): con un cuchillo, corte dos ranuras a ambos lados del agujero de un CD. Meta a presión una moneda hasta la mitad del agujero y gire el CD sobre este eje.

Diseñe un reloj de CD ¡Los CD viejos pueden ser funcionales! Convierta un disco en la carátula de un reloj gracioso con una maquinaria de las que venden en comercios de artesanías. Pinte y diseñe un lado del CD y deje secar. Escriba o use calcomanías para poner números alrededor del borde. Monte la maquinaria en el CD.

Cúbralos con fieltro y úselos como posavasos Los CD evitan que las tazas dejen manchas sobre la mesa: sólo corte una pieza redonda de fieltro que abarque el CD y péguela en el lado de la etiqueta, de modo que el lado brillante del CD quede hacia arriba cuando lo use como posavasos.

* Embudos

Haga un despachador de cuerda No se enrede con una cuerda hecha nudos. Clave un embudo grande a la pared, con la parte angosta apuntando hacia abajo. Coloque una bola de cuerda dentro del embudo y pase el extremo por dentro de la parte alargada. Tendrá un despachador de cuerda desenredada al instante.

Separe claras y yemas ¿Desea un separador de huevo excepcional? Pruebe con un embudo. Tan sólo quiebre el huevo sobre el embudo. La clara se deslizará por la espita o parte alargada hacia otro recipiente, mientras la yema se quedará en el embudo. Tenga cuidado de no romper la yema cuando abra el huevo.

Improvise un teléfono para los niños Sólo porque usted se atraganta cada vez que le llega su recibo telefónico no significa que a los niños les pase lo mismo. Con dos embudos pequeños de plástico hágales un teléfono de cuerda durable. Para cada embudo, ate un botón al extremo de un tramo de hilo de cáñamo y pase éste por la boca del embudo. Ate otro botón en la parte inferior de la espita a fin de mantener el hilo en su lugar, y deje que los niños empiecen a parlotear.

* Empaque con burbujas

Prevenga la condensación en el tanque del inodoro Si el tanque de su inodoro suda en clima cálido y húmedo, recubrir su interior con empaque con burbujas impedirá que se enfríe el exterior del mismo y cause condensación al entrar en contacto con aire caliente y húmedo. Para recubrirlo, cierre la válvula de suministro y tire de la cadena para vaciarlo. Limpie y seque el interior. Use sellador de silicona para pegar pedazos de empaque de tamaño apropiado en las principales superficies planas.

Conserve frías las bebidas Envuelva las latas de refresco (gaseosa) con empaque con burbujas para mantener las bebidas frías en los días calurosos de verano. Haga lo mismo con paquetes de alimentos congelados o fríos para el día de campo. Envuelva el helado justo antes de salir al día de campo para mantener su consistencia hasta ingerirlo.

Proteja las plantas en maceta Mantenga sus plantas de exterior en maceta calientes y protegidas de las heladas invernales. Envuelva cada maceta con empaque con burbujas y asegúrelo con cinta adhesiva o cuerda. Procure que la envoltura sobrepase unos centímetros el borde de la maceta. El aislamiento mantendrá caliente el suelo todo el invierno.

Proteja los productos en el refri (la heladera) Recubra el cajón de su refrigerador con empaque con burbujas para prevenir magulladuras en frutas y otros productos. Esto también facilita la limpieza: si se ensucia un empaque, tírelo y cámbielo.

Manténgase aislada Corte tiras anchas de empaque con burbujas y péguelas con cinta adhesiva por dentro de sus ventanas: mantenga así el calor de su hogar y ahorre en combustible en invierno. Baje las persianas para hacerlas menos notorias.

Tenga un regulador para la hora de dormir Evite que el aire frío entre a su cama en una noche fría colocando una hoja grande de empaque con burbujas entre su colcha o edredón (acolchado) y su sábana superior. Le sorprenderá lo efectiva que es para mantener el aire caliente adentro y el aire frío afuera.

Acolche su superficie de trabajo Al reparar vidrio o porcelana, cubra la superficie de trabajo con empaque con burbujas para prevenir roturas.

Proteja sus herramientas Reduzca el desgaste en sus herramientas de calidad y prolóngueles la vida. Recubra su caja de herramientas con empaque con burbujas. Use cinta adhesiva para mantenerlo en su lugar.

Duerma sobre aire al acampar Duerma mejor en su próximo campamento: lleve un

¿ SABÍA *Usted* QUE...?

¿Papel tapiz de empaque con burbujas de aire? Sí, eso tenían en mente los inventores Alfred Fielding y Marc Chavannes al desarrollar el producto en Saddle Brook, Nueva Jersey, a fines de la década de 1950. Quizá pensaban en el mercado de las celdas acolchadas. En cualquier caso, pronto se dieron cuenta de que su invento tenía mucho más potencial como material para empaque. En 1960 reunieron 85,000 dólares y fundaron Sealed Air Corporation. Hoy es una compañía Fortune 500 con 3.5 miles de millones de dólares en ingresos anuales. La compañía produce acolchamientos Bubble Wrap en muchos tamaños, colores y propiedades, junto con materiales de empaque protectores como los sobres acolchados Jiffy.

rollo de 2 m de empaque con burbujas ancho para usarlo como colchoneta ba-jo su bolsa de dormir. ¿No tiene bolsa de dormir? Doble por la mitad una pieza de 3.6 m de largo de empaque con burbujas ancho, con el lado de las burbujas hacia afuera, y pegue los bordes con cinta adhesiva. Métase y disfrute de una noche de descanso en su bolsa de dormir improvisada.

Acolchone tribunas y bancos Lleve algo de empaque con burbujas al juego para acol-chonar los asientos del estadio. O ponga un tramo sobre un banco y coma cómodamente sentado en el día de campo.

✳ Enjuague bucal

Limpie el monitor de su computadora ¿Se le acabó el líquido para limpiar vidrios? Un enjuague bucal hecho a base de alcohol le servirá para el mismo propósito, si no es que hasta mejor. Aplíquelo con un paño húmedo, y saque brillo con uno seco. Tenga precaución de usar este truco sólo con pantallas de vidrio y ¡no con pantallas de cristal líquido! El alcohol seguramente las dañaría.

Limpie su rostro profundamente El enjuague bucal funciona perfectamente como loción astringente sobre su cutis. Sólo cerciórese de que no contenga azúcar, y proceda de la siguiente manera: enjuague su rostro primero con agua tibia y jabonosa, frótelo con un algodón previamente remojado en enjuague bucal de la misma manera en que usaría una loción astringente. Enjuague su rostro ahora con agua tibia, y después dele un último enjuague con agua fría. Su cara se sentirá limpia y fresca.

Como tratamiento para el pie de atleta Un antiséptico bucal sin azúcar le puede ser muy útil en los casos simples de pie de atleta. Use un poco de algodón, mójelo con enjuague bucal y aplíquelo en el área afectada varias veces al día. Prepárese: arderá un poco, pero el pie de atleta responderá al cabo de varios días. Los hongos de las uñas tardarán alrededor de varios meses en ceder. Si después de este tiempo no ve ninguna mejora, consulte a su dermatólogo o al podólogo (pedicuro).

Agregue a su lavadora (lavarropas) Los calcetines (medias) olorosos del gimnasio están llenos de bacterias y hongos que son difíciles de quitar con una simple lavada, a menos que agregue una taza de enjuague bucal sin azúcar.

Tip **Enjuague bucal casero**

> Haga su propio enjuague bucal en casa. En una jarra de 1/2 litro, mezcle 30 gramos de clavo, u 85 gramos de romero, en dos tazas de agua hirviendo. Cubra la jarra y deje reposar la mezcla una noche antes de colar. Así, cuando necesite un poco de enjuague bucal, añada a 1/2 taza de su preparado 1/2 cucharadita de bicarbonato de sodio, ¡y listo!

Acabe con el mal olor de las axilas Los desodorantes regulares sólo "maquillan" el mal olor de las axilas con un perfume fuerte, pero no atacan el problema de raíz. Para eliminar la bacteria que causa el mal olor del sudor, remoje un poco de algodón con enjuague bucal sin azúcar a base de alcohol. Unte en las axilas. Si se rasuró recientemente esa área del cuerpo, lo recomendable es dejarlo para otra ocasión.

Desinfecte una cortada Si tiene una ligera cortada o herida, use su enjuague bucal con alcohol para desinfectarla. Recordemos que antes de ser usado como enjuague bucal, esta fórmula fue empleada como antiséptico en las salas de operación de los hospitales.

Elimine la caspa Dé tratamiento a esa caspa severa: lave su cabello con su champú (shampoo) de siempre; después, lávelo con enjuague bucal hecho a base de alcohol. Luego puede aplicar su acondicionador de costumbre.

Limpie su inodoro ¿Se le acabaron todos los limpiadores para el excusado? Intente este truco: vierta 1/4 de taza de enjuague bucal a base de alcohol en el inodoro, déjelo reposar en el agua por media hora; después, cepille como de costumbre y tire el agua. El enjuague bucal desinfectará de gérmenes el inodoro y, además, éste quedará brillando de limpio.

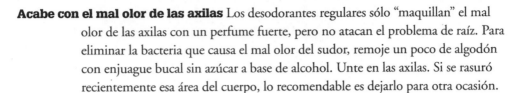

✳ Envases con atomizador

Rocíe sus plantas de interior Mantenga sus plantas de interior sanas y contentas rociándolas con una botella con atomizador. Limpie la botella, si ésta contenía otra sustancia, con agua y vinagre a partes iguales —no use jabón líquido, pues es probable que no pueda enjuagarlo por completo—, deje reposar la solución durante una hora y enjuague a fondo con agua fría. Repita si es necesario. Luego, llene la botella con agua templada, y rocíe frecuentemente sus plantas.

Consígase un auxiliar de lavado Una botella con atomizador vacía siempre puede utilizarse en la lavandería. Use botellas recicladas limpias para rociar con agua su ropa mientras plancha. O llene una botella con una solución quitamanchas, de manera que pueda aplicarla a sus prendas por lavar, sin gotear.

Refrésquese Si sale a correr al parque, descansa entre partidos de voleibol o sólo se está asoleando, una botella con atomizador reciclada llena de agua puede ser una gran compañía durante el verano. Úsela para refrescarse durante y después de hacer ejercicio, o mientras está en la playa (o en el tráfico).

Conserve limpias las ventanas del auto Asegúrese de llevar en la cajuela (baúl) del auto una botella con atomizador llena con líquido limpiaparabrisas. Úsela para limpiar los faros (las luces), espejos y ventanas, siempre que sea necesario. Durante los meses de invierno, añádale 1/2 cucharadita de anticongelante, el que servirá para derretir el hielo del parabrisas o el espejo.

Aleje las plagas del jardín Guarde algunos envases con atomizador reciclados para usarlos en el jardín. Estos son dos usos inmediatos:

- Llene una con vinagre blanco sin diluir para librarse de las malas hierbas que crecen en las grietas del concreto, así como de hormigas y otros insectos, pero cuídese de no rociar con ella sus plantas: la acidez podría matarlas.

- Ésta es una eficaz receta insecticida que funciona para la mayoría de las plagas de cuerpo blando, pero que no daña sus plantas: mezcle varios dientes de ajo machacados, 1/4 de taza de aceite de canola, 3 cucharadas de salsa picante, y 1/2 cucharadita de jabón líquido suave en 4 litros de agua. Vierta un poco en su recipiente, y agite bien antes de usar.

superobjeto
24 usos

Envases y cajas de cartón

* ENVASES Y CAJAS DE CARTÓN POR TODA LA CASA

Improvise una bandeja para cama Desayune en la cama con una bandeja hecha con una caja de cartón. Sólo quite las aletas superiores y corte arcos en los dos lados largos para que se adapte a su regazo. Decore el fondo de la caja —el que, ahora, es la parte superior de la bandeja— con papel adhesivo decorado y ya está lista para esos deliciosos huevos con tocino (panceta).

Proteja puertas y muebles Use escudos de cartón para proteger puertas y muebles y evite mancharlos al pulir los picaportes de las puertas y las manijas de los muebles. Corte el escudo al tamaño apropiado y deslícelo sobre los objetos que va a pulir. Esto funciona mejor cuando hace escudos que se deslizan sobre el cuello de los pomos o tiradores. Pero también puede hacerlos para bisagras y manijas en forma de U.

¿ SABÍA *Usted* QUE...?

Los chinos inventaron el cartón a principios del siglo XVI, anticipando, por cientos de años, la demanda de contenedores para la comida china que se compra "para llevar".

En 1871, el neoyorquino Albert Jones patentó la idea de pegar un trozo de papel corrugado entre dos pedazos de cartón plano para crear un material lo suficientemente rígido para usarlo para embarque. Pero no fue hasta 1890 que otro estadounidense, Robert Gair, inventó la caja de cartón corrugado. Sus cajas eran piezas planas precortadas y fabricadas a granel que se doblaban como cajas, igual que las cajas de cartón que nos rodean en la actualidad.

Diseñe una envoltura de regalo sorpresa Siga el ejemplo de los rusos y sus muñecas *matriuskas* anidadas. La próxima vez que le dé a un amigo un regalo pequeño —pero que seguro apreciará mucho—, coloque la caja pequeña que contiene el regalo dentro de una serie de cajas envueltas cada vez más grandes.

Consígase guardapolvos (forros) Aleje el polvo y la suciedad de un aparato pequeño, de una herramienta eléctrica o de un teclado. Corte las aletas de una caja de cartón cuyo tamaño se ajuste al del artículo, decórela o fórrela con papel auto-adhesivo y úsela como protección.

Tip Una buena fuente de envases de cartón

Aun si no bebe alcohol, los propietarios de su licorería local general-mente estarán felices de proporcionarle cajas vacías de vino y licor. No olvide pedir que le dejen intactas las útiles y prácticas divisiones.

Tenga una bandeja en la oficina Es fácil hacer una bandeja para su escritorio. Sólo corte la parte superior y un panel o costado grande de una caja de cereal; luego corte en ángulo los lados angostos. Recubra con papel decorativo autoadhesivo.

Diseñe unos manteles individuales Corte varias piezas de cartón de 30 x 45 cm y cúbralas con papel adhesivo de colores o cualquier otra decoración.

Juegue "tiro de pelota" con una caja de licor Transfor-me su dormitorio o su patio en un parque de diversión. Sólo deje las divisiones de una caja de vino o licor vacía. Ponga el cartón en ángulo y monte una pequeña rampa en el frente (un tapete de hule sobre una pila de libros servirá). Asigne valores numerados a cada sección del cartón, tome unas pelotas de tenis o golf y ¡a jugar!

✳ ENVASES Y CAJAS DE CARTÓN PARA GUARDAR COSAS

Proteja la cristalería y los focos (las lamparitas) Una buena forma de guardar en forma segura la cristalería fina es ponerla en una caja de cartón de vino o licor vacía con divisiones. También puede usar este tipo de cajas para almacenar focos, pero clasifíquelos por potencia para que pueda hallar el correcto cuando necesite reemplazar uno.

Tenga un revistero Guarde sus revistas en revisteros hechos con cajas de jabón en polvo vacías. Quite la parte superior, luego corte la caja en ángulo, desde la parte superior de un lado hasta el tercio inferior del otro. Forre los revisteros con papel decorativo autoadhesivo.

Guarde sus carteles y trabajos de arte Una caja de cartón de licor limpia con sus divisiones intactas es un gran lugar para guardar carteles enrollados, dibujos en papel y lienzos. Sólo inserte en las divisiones los artículos en posición vertical.

Almacene sus adornos navideños Cuando quite su árbol de Navidad, envuelva cada adorno en papel periódico (de diario) o en papel de seda y guárdelos en una caja de licor vacía con divisiones. Cada uno de los segmentos de la caja puede contener varios de los adornos navideños envueltos.

❋ ENVASES Y CAJAS DE CARTÓN **PARA LOS NIÑOS**

Improvise un trineo Sobre una caja de cartón grande y aplastada empuje a un niño pequeño (o una carga de leña) sobre la nieve.

Abra un garage para vehículos de juguete Ponga de costado una caja grande, vacía, y deje que los niños la usen como "garage" para sus autos de juguete. Una caja más chica les servirá para autos, camiones y autobuses miniatura.

Construya un teatro de títeres Haga un agujero grande atrás de una gran caja de cartón para que los titiriteros entren agachados, y uno más pequeño en el frente para el escenario. Decore con marcadores o use pedazos de tela como cortinas.

Erija un castillo para jugar Convierta una caja de cartón de un aparato grande en un castillo medieval. Corte las aletas superiores y haga almenas cortando hendiduras a lo largo de la parte superior. Para ello emplee un cuchillo y haga un corte en cada lado de la sección que desea quitar; luego doble hacia delante la sección cortada y, de nuevo, corte a lo largo del doblez. Para el puente

levadizo, haga una abertura grande manteniéndola unida por la parte inferior. Conecte la parte superior del puente a las paredes laterales con cuerdas en cada lado, perforando agujeros para la cuerda y anudándola por dentro. Use cinta aislante para reforzar los agujeros. Haga aberturas estrechas en las paredes para las ventanas. Puede dejar que los niños intenten la conquista del castillo arrojándole piedras a las paredes.

Organice los artículos deportivos de los niños Tenga una caja de vino o licor vacía, decorada, con divisiones y sin tapa en el cuarto de sus hijos y úsela para que guarden raquetas de tenis, bates de béisbol, cañas de pescar, etcétera.

✳ ENVASES Y CAJAS DE CARTÓN **PARA ARREGLOS MENORES**

Repare un techo Para reparar temporalmente un techo que gotea, ponga una pieza de cartón en una bolsa de plástico y deslícela bajo las tejas.

Organice su taller Una caja de cartón de vino o licor seccionada es un estupendo lugar para guardar enchufes, molduras, incrustaciones, burletes y varillas metálicas.

Guarde herramientas de jardinería grandes Convierta tres cajas de licor vacías en un depósito de almacenamiento seccionado para sus herramientas de jardinería de mango largo. Ponga en el suelo una caja con divisiones sin tapas. Luego corte las tapas y el fondo de dos cajas similares y apílelas de modo que las divisiones coincidan. Use cinta aislante para unir las cajas entre sí. Use el depósito para guardar azadas, rastrillos y otras herramientas de jardinería de mango largo.

Proteja las superficies de trabajo Evite que se dañen las superficies de trabajo. Aplane una caja grande o corte una pieza plana grande de una caja y úsela para proteger su restirador, mesa de trabajo o escritorio, de la tinta, pintura, pegamento o rayones de cuchillos y tijeras. Reemplácela cuando se estropee.

Cuide sus dedos ¡Auch! Golpeó su dedo con el martillo. Para evitar que esto pase de nuevo, meta el clavo a través de un trozo pequeño de cartón delgado antes de martillarlo. Sostenga el cartón por un borde, ponga en posición el clavo y clávelo. Cuando termine, retire el cartón con sus dedos indemnes.

Mantenga alineadas las chinches ¿Va a retapizar una silla o un sofá? Aquí hay una forma ordenada de conseguir clavar una hilera de chinches perfectamente alineadas y con un espaciado uniforme. Marque el espaciado a lo largo del borde de una tira de cartón ligero y empuje las chinches a través de él. Después de colocar todas las chinches de este modo, clávelas sobre
el mueble hasta la mitad y jale la tira de cartón para liberar el borde antes de clavar el resto.

Improvise un recolector Evite que una fuga de aceite ensucie el piso bajo su auto. Haga un recolector de aceite colocando unas cuantas piezas de cartón corrugado en una bandeja de galletas y colóquela bajo la gotera del auto. Para una mejor absorción, esparza un poco de arena para gatos, aserrín o harina de avena en la bandeja sobre el cartón. Reemplácelo con cartón nuevo cuando sea necesario.

Ayude a su mecánico *Algo* gotea del motor de su automóvil, pero no sabe qué es. En lugar de lloriquearle impotente a su mecánico, coloque un pedazo grande de cartón bajo el motor y déjelo ahí durante toda la noche; cuando lleve el auto a servicio, también lleve el cartón con usted. El color y ubicación del líquido que goteó le ayudará al mecánico a identificar el problema.

✳ Envases de leche

Fabrique hielo para sus fiestas Mantenga frías las bebidas en su próxima reunión o fiesta con la ayuda de bloques grandes de hielo, hechos con los cartones vacíos de leche. Simplemente enjuague esos envases viejos de leche, llénelos de agua, y póngalos en el congelador. Rompa el bote de cartón cuando esté listo para poner los bloques en la hielera o en el tazón (bol) del ponche de frutas.

Elabore una vela de encaje Ésta es una forma sencilla de hacer una fina vela de encaje. Cubra el interior de un cartón de leche con aceite de cocina en spray, coloque una vela en el centro, rellene entonces la base con cera derretida, y después con cubitos de hielo. Ahora vierta cera caliente; cuando ésta enfríe, rompa el cartón. El hielo al derretirse formará unos huecos hermosos, como de encaje, en la cera.

Lleve el boliche (bowling) a los niños Haga un boliche para sus hijos con envases de leche y jugo vacíos. Tan sólo enjuague los envases y déjelos secar. Después, tome un par de ellos y coloque uno dentro del otro; presione un poco para que ajusten bien. Una vez que tenga 10 de estos pinos de cartón, colóquelos al final de un corredor y deje que sus hijos los tiren con una pelota de tenis.

¿ SABÍA *Usted* QUE...?

John van Wormer, el propietario de una fábrica de juguetes en Ohio, no prorrumpió en llanto cuando derramó la leche sobre el piso una mañana de 1915. Por el contrario, se inspiró para patentar un envase de cartón para leche, el cual llamó Pure-Pak. Le llevó 10 años perfeccionar una máquina que cubriera el cartón con cera y sellara el bote con pegamentos animales. En aquellos tiempos los consumidores escépticos no confiaban en los contenedores encerados, los cuales tardaron tiempo en ser aceptados. Hoy se venden más de 30,000 millones de Pure-Paks al año.

Alimente a las aves en invierno Si quiere que en el invierno la visiten unos cuantos bellos amigos emplumados, combine un poco de sebo de res (vaca) con el acostumbrado alpiste en un cartón de leche vacío y limpio. Proceda así: corte o muela el sebo y caliéntelo a fuego lento hasta que se derrita. Después use un pañal de tela para transvasarlo al cartón de leche. Inserte un aro de hilo de cáñamo dentro de la mezcla con el sebo aun derretido. Una vez que se endurezca, rompa el cartón y tendrá un cubo sólido de comida para aves para el invierno con todo e hilo para colgar. Recuerde que cuando vuelva la primavera y se alcancen los 20°C, el sebo se comenzará a derretir y a oler mal.

Úselos como semilleros Los cartones de leche tienen el tamaño perfecto para usarse como semilleros de futuras plantas. Simplemente corte el cartón por la mitad, haga orificios en la parte inferior, y llénelo con tierra preparada para sembrar; ahora siga ahora las instrucciones del paquete de las semillas para cultivar.

Levante bardas de protección para sus cultivos Use los cartones de leche para deshacerse de las larvas y gusanos que atacan sus cultivos de tomates o pimientos. Simplemente corte los fondos y tapas de los cartones, y cuando la tierra esté aún suave presiónelos hacia dentro y alrededor de las plantas para formar una pequeña barda protectora.

Guarde los desechos orgánicos para abono (composta) Siempre es muy útil tener un cartón de leche vacío cerca del fregadero (la pileta), y usarlo para recoger los desechos orgánicos, para después usarlos como fertilizante de plantas.

Aprovéchelos como bandeja de pintura Si va a pintar en casa algo pequeño y no quiere tener que tirar sobrantes de pintura ni andar cargando una pesada lata, la solución es un envase de leche vacío. Sólo corte la parte superior del cartón y vierta en él la cantidad de pintura que necesita. Una vez cumplido su cometido, tire el cartón a la basura con todo y la poca pintura que haya quedado.

✳ Envases de margarina

Acorrale esas piezas sueltas ¿Tiene chinches regadas en cada mueble o pernos y clavos sueltos en una taza rota? Organice este tipo de objetos pequeños en envases plásticos de margarina. También se pueden guardar más fácilmente las piezas sueltas de cualquier juego de mesa en un contenedor plástico, hasta la próxima vez que los use. Si ya separó las piezas del cielo para su rompecabezas póngalas a salvo en uno de estos envases. Con o sin tapa, unos cuantos envases de margarina pueden hacer maravillas en un desastre de cajón

Úselos como base para hacer un molde de plastilina Conserve una impresión duradera del pie de su bebé, usando plastilina modeladora de secado rápido (la hay de varios colores). Coloque suficiente plastilina en un envase de margarina para obtener una buena impresión. Ponga una ligera capa de vaselina en uno de los pies del bebé y presiónelo firmemente contra la plastilina. Permita que se seque como indican las instrucciones y posteriormente flexione el envase plástico hasta que el molde quede fuera. Años más tarde podrá enseñarle a su hijo que su pie talla 11 era más pequeño que la palma de sus manos. También puede preservar la huella de su mascota de la misma manera.

Déles uso como lata pequeña de pintura Si quiere retocar esos pequeños detalles en su sala (living), pero no quiere andar cargando el galón de pintura, sólo vacíe una pequeña cantidad al envase de margarina. Colóquelo sobre un nido de servilletas de papel para absorber los posibles escurrimientos de pintura. Los envases plásticos con tapa son perfectos para almacenar esos sobrantes que seguro le servirán para retoques en el futuro.

Tenga recipientes individuales para helado Los envases de margarina pequeños tienen la medida exacta para servir una porción de helado. Recién comprado, un litro de helado tiene la perfecta consistencia para servirse en porciones individuales. No pierda tiempo en preparar los tazones (bols), encontrar la cuchara para helados o esperar a que el helado se suavice un poco para poder servirlo. Cada vez que Juan y María quieran su helado "de inmediato", ellos mismos pueden tomarlo y tener ambos una porción igual.

Úselos como moldes para gelatinas No es necesario comprar los moldes caros para su próximo cumpleaños o reunión de amigos, mejor utilice un recipiente plástico de margarina para su gelatina o para el centro de su *mousse*. Para moldes individuales use recipientes más pequeños y forme una carita sorpresa con gomitas o malvaviscos (merengues) en el fondo del molde, la cual se verá al invertir el molde y vaciarlo en una bandeja. Los recipientes más delgados son más fáciles de usar porque son más flexibles, lo que facilita sacar la gelatina.

Almacene sus sobrantes de comida Reutilice los recipientes más resistentes de la margarina y la crema para congelar porciones exactas de sopas y consomés, o para dividir los sobrantes en porciones individuales. Por ejemplo, un contenedor de 1 kilo almacena a la perfección la cantidad de salsa necesaria para 1/2 kilo de pasta. Consejo: antes de congelar sus sobrantes deje que se enfríen para reducir su condensación.

Varíe el refrigerio de sus hijos Deje descansar a sus hijos del tradicional sándwich y mándeles una ensalada de frutas, de arroz o de otra variedad interesante en uno o dos recipientes de margarina o crema. Estos recipientes son fáciles de abrir y no se escurren con facilidad.

Cargue la papilla del bebé ¿Necesita usted cargar con la comida de su heredero? Use un contenedor desechable de margarina o crema y no se ensuciará su pañalera. También es muy útil como tazón (bol), y no tendrá que gastar su papel aluminio ni preocuparse por lavar el recipiente al llegar a casa.

Haga una alcancía de cochinito (chanchito) Utilice un contenedor alto para hacerle este obsequio a su pequeño en casa. Recorte un pedazo de papel y péguelo alrededor del envase, y deje que su pequeño lo decore con su propio estilo. Haga una ranura en la parte superior y ¡que comience a ahorrar!

Viaje ligero con su mascota Los recipientes desechables y ligeros de margarina y crema son perfectos para llevar la comida de su mascota y hasta sirven como platos para comida y agua. Además, las croquetas de su mascota no se romperán si las lleva en uno de estos contenedores plásticos. Si su mascota está de vacaciones en la casa de un amigo, hágale las tareas más fáciles a su anfitrión. Coloque una ración de comida en cada contendor.

Siembre en macetas económicas Sembrar semillas en el interior de su casa debe ahorrarle dinero, así que no lo invierta en macetas y bandejas grandes y nuevas. Tome un contendor de margarina, hágale algunas perforaciones en la parte inferior, agregue tierra preparada para sembrar y plante sus semillas de acuerdo con las instrucciones del sobre. Si lo desea, puede anotar en el recipiente el nombre de la planta que sembró con un marcador permanante. También puede usar la tapa del envase como escurridor. Los recipientes pequeños no sólo le ahorran espacio sino que son muy útiles si quiere experimentar con una o dos semillas.

✳ Envases de toallitas

Organice sus cosas No tire los envases vacíos de las toallitas. Estas cajas de plástico resistentes son increíblemente útiles para guardar toda clase de cosas. ¡Y las rectangulares son apilables! Lave bien los envases y déjelos secar por completo, luego llénelos con artículos para costura, tarjetas con recetas, cupones y suministros de oficina y manualidades, o discos flexibles viejos, herramientas pequeñas, fotos, recetas y facturas. Rotule el contenido con un marcador sobre cinta adhesiva, ¡y listo!

Haga un botiquín de primeros auxilios Todo hogar necesita un botiquín de primeros auxilios. Pero usted no tiene que comprar uno. Reúna su propia selección de artículos esenciales (como vendas, rollos de gasa estéril, cinta adhesiva, tijeras y ungüento antibiótico) y utilice un envase rectangular de toallitas para bebé para guardarlo todo allí. Antes de guardar sus artículos, lave muy bien el envase y talle el interior con un algodón empapado en alcohol cuando el envase esté seco.

Úselo como despachador de hilaza o bramante decorativo Un envase de toallitas cilíndrico es un despachador perfecto para un rollo de hilaza o bramante. Quite la tapa del envase, meta el rollo y ensártelo en la ranura de la tapa, luego vuelva a colocar la tapa. Pinte o forre el envase para darle una apariencia más decorativa.

Tip **Quitar etiquetas**

> Caliente las etiquetas en los envases con una secadora de pelo a temperatura alta para quitarlas con más facilidad. Elimine el pegamento restante con un poco de aceite WD-40 o con limpiador cítrico de naranja.

Guarde sus bolsas de plástico del supermercado ¿Guarda las bolsas de plástico del supermercado para cubrir los cestos de basura pequeños (o quizá recoger la suciedad de su mascota)? Si es así, puede almacenar las bolsas en envases de toallitas rectangulares limpios. Cada envase puede contener de 40 a 50 bolsas, una vez que les ha sacado el aire. También puede reciclar una caja vacía de pañuelos desechables de 250 piezas, con despachador perforado en la tapa.

Otra alcancía de cochinito (chanchito) Bueno, quizá no de "cochinito", pero una alcancía al fin, en la que pueda poner sus monedas. Tome un envase rectangular limpio y hágale una ranura en la tapa con un cuchillo; asegúrese de que sea lo bastante ancha para que entre con facilidad cualquier moneda. Si la alcancía es para un niño, decóresela o deje que él le ponga su "sello" personal.

Tenga toallas o paños en su taller Un envase usado de toallitas para bebé puede ser una adición bienvenida en el taller para guardar paños y toallas de papel, y mantener un suministro constante a mano cuando se necesite. Puede guardar con facilidad un rollo completo de toallas de papel separadas o seis o siete paños de buen tamaño en cada envase.

✳ Escaleras de mano

Haga un estante para exhibición Convierta una escalera corta de madera en un exhibidor de plantas y colecciones. Es tan fácil como contar hasta tres:

1. Quite los extensores plegables de metal que sostienen las patas delanteras y traseras de la escalera. Luego ponga las patas traseras verticales contra la pared y ponga dos listones de madera de 1 x 2 pulgadas para fijar la distancia entre las patas delanteras y traseras. Póngalos de modo que estén al nivel de la parte superior de un peldaño.

2. Cada anaquel se sostendrá en el frente con un peldaño existente. Para sostener la parte posterior de cada anaquel, ponga un listón entre las patas traseras, al mismo nivel que un peldaño.

3. Corte contrachapado en tablas para hacer los anaqueles y atorníllelos a los peldaños y listones. Para terminar, atornille el listón central a la pared.

Construya un enrejado rústico para interior Déle a sus parras y plantas trepadoras algo por donde trepar. Usando anclajes, ponga ganchos recubiertos de vinilo en su pared y cuelgue una escalera recta (o el segmento de una) de los ganchos, colocando las patas de ésta en el piso a unos 10 cm de la pared. Es fácil guiar las plantas en maceta para que crezcan y se enrosquen en este soporte rústico. También luce en un porche.

Exhiba edredones (acolchados) y más ¡No deje que sus costuras elegantes languidezcan en el armario! Para tener una sensación de "hecho en casa", una escalera es una gran forma de exhibir encajes, ganchillo, colchas y cubre-camas. Para que las superficies ásperas no dañen las telas delicadas, alise los peldaños de la escalera de madera con papel de lija, y los peldaños de metal, con lana de hierro, si es necesario.

Cree un punto focal en el jardín ¿Tiene unas escaleras rectas de madera viejas que ya no usa? Demuestre su imaginación creando un arco decorativo en el jardín. Corte dos secciones de escalera vieja al tamaño deseado y póngalas opuestas entre sí. Fije con firmeza las patas de cada uno de los dos postes hundidos profundamente en el suelo. Corte una tercera sección de escalera y ajústela sobre las otras dos. Ate todas con vid flexible, ramas de sauce o yute pesado. Enguirnal-de su arcada con cosas divertidas y caprichosas, como herramientas viejas, o deje que las plantas trepadoras suban por ella. También funciona bien como entrada ornamental.

Acuéstela y plante Si su escalera ya no se puede tener en pie, acostada aún puede ser-virle. En el suelo, una escalera recta o la parte frontal de una escalera de tijera forma una plantadora poco profunda con secciones prefabricadas que lucen bien llenas de plantas anuales, hierbas o verduras. En un par de años de con-tacto con el suelo, una escalera de madera se descompondrá, así que no espere poder usarla de nuevo.

Haga una mesa temporal El día de campo con toda la familia es una necesidad básica en el verano pero, ¿dónde pondrá toda la comida? Haga una mesa improvisada en un abrir y cerrar de ojos poniendo una escalera recta atravesada sobre dos caballetes. Póngale encima una hoja de triplay y cúbrala con un mantel. La escalera resistirá su bufé, al igual que a cualquier invitado que se apoye en ella.

Haga un anaquel para ollas Ponga en su cocina de campo un anaquel para ollas hecho con una tramo de escalera recta de madera con peldaños redondos delgados. Lije los extremos cortados; luego ate dos piezas de cuerda resistente a los peldaños en cada extremo. Para colgar su anaquel, atornille cuatro arandelas metálicas grandes en el techo; luego ate los otros extremos de las cuerdas a ellas.

Ponga algunos ganchos en forma de S de los peldaños para colgar sus utensilios de cocina. Deje el anaquel inacabado si desea una apariencia rústica, o píntelo o barnícelo si desea un mejor acabado.

❋ Escurridores (cestos) de plástico

Mantenga las cortezas lejos del drenaje No obstruya el drenaje de su cocina con las cortezas de papas o zanahorias. Use una cesta para frutas como colador para atrapar las virutas de los vegetales al caer.

Guarde fibras y esponjas para platos ¿Está cansado de tirar prematuramente las fibras para platos oxidadas o las esponjas malolientes? Coloque una cesta para vegetales cerca de la esquina de su fregadero (pileta) y recubra el fondo con una capa de papel aluminio resistente. Moldee un canal de salida en la esquina del papel más cercana al fregadero que pueda actuar como drenaje para que el agua no se acumule en el fondo de la cesta. Ahora disfrute la mayor longevidad de sus fibras y esponjas para platos.

Improvise con su escurridor (colador) ¿Necesita un escurridor chico para lavar porciones individuales de frutas y vegetales o para escurrir esa porción de macarrones calientes del niño? Use una cesta para vegetales vacía. Es un escurridor estupendo para esas faenas.

> *Cosas de niños* Las **cestas para frutas** pueden ser útiles para toda clase de trabajos manuales infantiles. Por ejemplo, puede separar los paneles y cortar formas geométricas para que los niños los usen como **moldes.** También puede convertirlas en **cestas de Pascua** agregando algo de **pasto de celofán** y un **limpiapipas** (de preferencia rosa) como asa. O use una para hacer **burbujas de jabón** múltiples; sólo sumérjala en **agua** mezclada con **detergente para platos** y agítela en el aire para crear burbujas. Por último, deje que los niños decoren las cestas con **cintas** o **cartoncillo** y las usen para guardar sus objetos y juguetes pequeños.

Guarde toallas de papel recicladas No tire esas toallas de papel usadas ligeramente en su cocina. Puede reutilizarlas para limpiar los muebles o para absorber derrames graves. Coloque una cesta para frutos en un lugar conveniente de su cocina para tener sus toallas recicladas a mano cuando las necesite.

Use como canasta en el lavaplatos Si los artículos más pequeños que coloca en su lavavajillas (como tapas de biberones, tapas de tarros y accesorios del procesador de alimentos) no se quedan en su sitio, póngalos en una cesta para frutas. Coloque los artículos dentro de la cesta, luego cúbralos con otra cesta. Sujételas con una liga o goma gruesa y colóquelas en el escurridor superior de su lavavajillas.

Organice sus medicamentos Una cesta para frutas limpia puede ser lo que le recetó el doctor para organizar sus botellas de vitaminas y medicamentos. Si toma varios medicamentos, una cesta le ofrece una forma conveniente de guardarlos todos, o en dosis individuales preempacadas, en un lugar fácil de recordar. También puede usar estas cestas para organizar medicamentos en su armario o botiquín de acuerdo con sus fechas de caducidad o usos.

Arregle flores Los arreglos florales caídos o ladeados no lucen bien. Por ello los profesionales usan una base para mantener las flores cortadas en su lugar. Para hacer la suya, inserte una cesta para frutas invertida en un jarrón (corte la cesta para que quepa, si es necesario). Esto mantendrá sus tallos derechos.

Proteja los plantones Ayude a los retoños a crecer en su jardín cubriéndolos con cestas para frutas invertidas. Las cestas dejarán pasar agua, luz y aire, pero no roedores. Asegúrese de que la cesta esté enterrada bajo el nivel del suelo y bien asegurada (poner unas piedras de buen tamaño alrededor será suficiente).

Haga una jaula de bulbos Las ardillas y otros roedores ven los bulbos recién plantados nada más como bocados sabrosos y botines fáciles. Pero puede aguarles la comida plantando los bulbos en cestas para frutas. Asegúrese de colocar la cesta a la profundidad correcta, luego inserte el bulbo y cúbralo con tierra.

Diseñe macetas colgantes para orquídeas Se dice que las orquídeas son adictivas: una vez que empieza a coleccionarlas, no puede parar. Si tiene la afición, al menos puede ahorrar un poco de dinero haciendo sus propias cestas colgantes para sus orquídeas. Llene una cesta para frutas con musgo esfagno mezclado con un poco de tierra para macetas y suspéndala con un tramo de sedal monofilamento.

Haga un despachador de cuerda o un contenedor para destornilladores Si no desea deshacer nudos cada vez que necesite un trozo de cordel, bramante o hilaza, haga su propio despachador de cordel con dos cestas para frutas. Coloque la bola en una de las cestas. Pase la cuerda a través de una segunda cesta superior invertida. Luego una las dos cestas con tiras de alambre. También 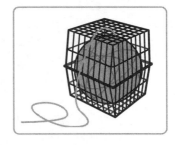 puede montar una cesta invertida en el tablero de su taller y usarla para guardar y organizar sus destornilladores; caben bien en las ranuras.

Esmalte para uñas

Haga brillar los botones en la oscuridad A quién no le ha ocurrido que se apagan o bajan las luces de la habitación, y quiere subirle el volumen a la televisión, pero ¡diantres!, lo que hizo fue cambiarle de canal. Póngale fin a esas metidas de pata en el cuarto de TV: ponga una gota de esmalte de uñas de colores brillantes, fosforescentes, o de pintura especial que brilla en la oscuridad, sobre los botones de los controles remotos. También puede usar estos esmaltes para marcar sus llaves, ojos de cerraduras, u otros objetos difíciles de ver.

Marque su temperatura preferida en su termostato Si se levanta por la mañana porque hace un poco de frío y no trae puestos sus lentes para regular adecuadamente la calefacción, es muy fácil lograr la temperatura deseada si pone marcas en su termostato de disco. Simplemente colóquelo en la posición de su temperatura preferida y marque una línea fina con esmalte de uñas de un color diferente y contrastante sobre el termostato de disco.

Marque las llaves (canillas) de la ducha No pierda más el tiempo buscando el agua caliente. Cuando se esté bañando, seleccione la posición de las llaves en que mejor esté el agua para usted, después ciérrelas y pinte una pequeña raya con esmalte brilloso sobre las llaves indicando la mejor posición. Así evitará los baños de vapor.

Tip **Uso del esmalte para uñas**

> • Si quiere conservar sus esmaltes frescos y listos para usarse, póngalos en su refrigerador. Use un recipiente plástico cuadrado para tenerlos todos juntos en un solo lugar.
> • No agite su esmalte de uñas para que se mezclen bien sus ingredientes, esto causa burbujas. Mejor ruédelo entre las palmas de sus manos.
> • Cuando haya terminado de usar su esmalte, limpie los hilos del aplicador y la tapa con un poco de quitaesmalte antes de cerrarlo. De esta manera abrirá mucho más fácilmente la próxima vez que lo use.

Localice sus medidas en los tazones medidores No encoja más los ojos para ver las rayitas de medición, localice rápidamente las marcas en sus tazones para medir, sobre todo si le gusta cocinar "en un dos por tres". Use un color lo suficientemente visible para localizar esas marcas de medición más comunes. Este truco también le puede servir ya por la noche con el biberón de Juanito, sobre todo si quiere cerciorarse de que se está alimentando bien.

Marque niveles en sus baldes Cuando tiene que mezclar líquidos en un balde, ¿acaso tiene oportunidad de alzarlo para revisar las cantidades? Más aún, quizás su balde ni siquiera tiene marcas para medir bien definidas. Asegúrese de que sabe qué medida está usando: escriba las palabras "cuarto," "medio"y "litro" (o "mitad", "lleno"), con líneas de esmalte para uñas. Use un color que contraste con el color del balde.

Ponga etiquetas a sus accesorios deportivos Si usted y su amigo tienen los mismos gustos, hasta en las pelotas de golf, le recomendamos marcar sus pelotas, y así quedará bien claro quién llega primero. Ponga un puntito de esmalte de uñas en su dotación de pelotas. Esta técnica también funciona con los guantes de béisbol y otros objetos donde no hay mucho espacio para escribir su nombre.

Etiquete los envases con productos tóxicos Si todo mundo en casa tiene acceso a su alacena, asegúrese de poner las advertencias necesarias en aquellos envases o recipientes con contenidos tóxicos y venenosos. Use un esmalte de uñas de color rojo quemado, u otro color fuerte, y marque una X en un lugar visible en la etiqueta y en la tapa del envase.

Selle los sobres Si les tiene desconfianza al pegamento de los sobres, he aquí una posible solución. Ponga un poco de esmalte en la solapa del sobre y no la abrirá ni una tetera a vapor. También puede darle un toque especial a sus sobres si usa el pincel del esmalte para dibujar sus iniciales (o cualquier otro diseño) en la punta de la pestaña del sobre. Ésta es una versión moderna del sello de lacre, con la ventaja de que no necesita derretir nada.

Proteja las etiquetas de sus medicamentos contra manchas Proteja las instrucciones de su receta médica cuando éstas vienen en una etiqueta pegada al envase. Use un poco de esmalte transparente y evite así que sus instrucciones se borren al contacto con los líquidos.

Use etiquetas con direcciones a prueba de agua En esos días lluviosos, asegúrese de que sus paquetes y demás correspondencia lleguen al destino correcto. Ponga un poco de esmalte transparente sobre la etiqueta que contiene la información del destinatario.

Evite la formación de aros de óxido de latas Si tiene visitas constantemente y le piden tomar algo de su botiquín, no querrá que vean las espantosas manchas de óxido que dejan las latas en sus repisas, ¿o sí? Tan sólo ponga un poco de esmalte de uñas en el aro base de la lata de la crema de afeitar, y de las otras latas que pueden dejar esas manchas espantosas.

Cree pisapapeles resplandecientes Para crear unos pisapapeles que luzcan como verdaderas gemas, o simplemente una cuantas piedras decoradas para adornar la maceta de su cactus, haga lo siguiente: consiga algunas piedras del tamaño de la palma de su mano, que estén libres de tierra; coloque 1.5 cm de agua en un molde para hornear flan, y ponga una gota de esmalte de uñas de un color brillante. Este esmalte se esparcirá por toda la superficie del agua, tome una de las piedras con las yemas de los dedos y gire la piedra en el agua para que absorba el esmalte esparcido. Deje que la piedra seque y quedará lista para adornar o como pisapapeles.

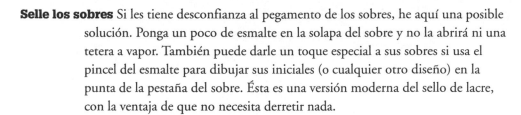

¿SABÍA *Usted* QUE...?

El esmalte para uñas no es un concepto nuevo. Se cree que en el año 3000 a.C. la nobleza de la antigua China se coloreaba las uñas largas con esmaltes hechos a base de goma arábiga, cera de abeja, gelatinas y pigmentos. Los nobles podían usar colores dorados, plateados, rojos y negros; mientras que otras clases sociales sólo podían usar colores de tono pastel. El esmalte para uñas era también popular entre los egipcios, quienes las teñían con henna o con moras. El esmalte no era exclusivo de las mujeres. En Egipto y Roma, los comandantes militares se pintaban las uñas de rojo antes de ir a la guerra.

Evite el óxido en los tornillos de la tapa del baño Si va a instalar una nueva tapa para el asiento del baño, evite que se forme el óxido alrededor de los tornillos de metal. Aplique una a dos manos de esmalte de uñas con laca. También evitará que se mueva el asiento ya que fijará bien los tornillos.

Restrinja el paso de sal Si su salero favorito es un tanto generoso al proveer su contenido, obstruya algunos de los orificios cubriéndolos con esmalte de uñas. Ésta es una excelente idea para aquellos que vigilan su consumo de sal.

Joyería a prueba de paño Con la joyería de fantasía se puede adornar y dar un toque colorido a sus prendas de uso diario, a menos que éstas se empañen y el paño manche su ropa y hasta su piel. Para conservar sus prendas y su piel brillante y reluciente, ponga un poco de esmalte transparente en el reverso de cada joya de fantasía y deje que seque antes de usarla.

Proteja el brillo de la hebilla de su cinturón Cubra el brillo nuevo o recién pulido de las hebillas de sus cinturones con un poco de esmalte de uñas transparente. Así evitará la oxidación y garantizará que se vean siempre como nuevas.

Selle los raspones de sus zapatos En los zapatos de piel, son el talón y la punta las que sufren mayor desgaste y raspones por el uso común. La próxima vez que compre zapatos, en especial para un niño o un adulto muy activo, déles mayor protección a estas áreas en particular: el talón y la punta. Aplique una capa de esmalte de uñas transparente sobre la parte exterior de la costura 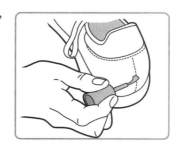 trasera de los zapatos, así como en la punta de los mismos. Frote un poco sobre el esmalte para disminuir el brillo. Después deje secar y estará un paso adelante de esos problemas perennes con los raspones en los zapatos.

Repare las puntas de sus agujetas (cordones) Si las puntas de sus agujetas se han roto, es hora de repararlas con esmalte para uñas. Simplemente sumerja las puntas de sus agujetas en el esmalte y déjelas secar por la noche.

Elimine las verrugas Las verrugas son antiestéticas, vergonzosas e infecciosas. Para eliminarlas y prevenir que la infección se expanda, cúbralas con esmalte para uñas. Así desaparecerán o por lo menos se harán más pequeñas en unos ocho días.

 SABÍA **Usted** QUE...?

El esmalte transparente para uñas es el "caballito de batalla" que emplean los laboratorios en los microscopios.

Llamada allí NPM (esmalte de uñas para portaobjetos), es la sustancia preferida y más barata que se usa alrededor

del cubreobjetos para sellar el portaobjetos y proteger los especímenes del aire y la humedad.

Proteja los botones aperlados Los delicados botones aperlados mantendrán su brillo original si los baña con una capa de esmalte transparente de uñas, además de que también les servirá para que los botones no se desgasten.

No pierda sus botones La próxima vez que compre una camisa, y desee que sus botones permanezcan en su lugar, ponga una gota de esmalte de uñas entre el botón y el hilo que lo sujeta a la camisa. De esta manera no sólo evitará que el hilo se reviente, sino que se ahorrará un momento vergonzoso. Haga lo mismo con los botones recién vueltos a pegar.

Enhebre fácilmente una aguja Si le cuesta trabajo insertar el hilo en el ojillo de su aguja, y el hilo se deshace cada vez que lo moja con saliva hasta que es imposible pasarlo por el ojillo, aquí le damos una buena solución. Pase el hilo roto por una o dos aplicaciones de esmalte de uñas, enrolle el hilo entre su pulgar y su índice, déjelo secar por pocos segundos, y el hilo quedará lo suficientemente duro para enhebrarlo en un segundo. Su caja de costura es muy buen asilo para ese color de esmalte que ya no necesita.

Evite que una prenda se deshilache ¿Tiene su falda (pollera) algunos hilos sueltos por debajo o se ha comenzado a deshilachar el forro de su chamarra? Usted puede domar esos hilachos al aplicar una capa de esmalte transparente en las zonas afectadas.

Prevenga que los listones (las cintas de seda) se deshilachen El regalo es perfecto, así que asegúrese de que la envoltura también lo sea. Pase el pincel del esmalte por los extremos del listón para evitar que se deshilachen. También puede usar este consejo para los listones del cabello de su hija; por lo menos una parte de ella se quedará quieta todo el día.

Repare sus pantimedias corridas Detenga la corrida de sus pantimedias y evítese el bochorno. Prolongue la vida de sus frágiles pantimedias con una gota de esmalte transparente. Simplemente aplique una gota en cada una de las puntas donde comienza y termina la corrida (no necesita quitarse las medias), y deje secar. Usted puede lavar sus medias como de costumbre.

Dígale adiós a la rotura en su uña Se le acaba de romper una uña, ¿y no tiene su equipo de reparación de uñas a la mano? Tome una bolsita de té sin usar, córtela y deseche el té. Ahora corte un pedacito del tamaño y forma de su uña, y cúbrala con esmalte. Presiónela sobre su uña y aplique el color que necesite. Ahora no tiene que preocuparse por su uña rota.

Repare sus lentes temporalmente Se sentó sobre sus lentes y uno de ellos resultó con una pequeña grieta, pero no puede ir en ese momento con su optometrista.

Selle la grieta por ambos lados con una fina capa de esmalte transparente de uñas. Esto mantendrá sus lentes unidos hasta que pueda visitar al especialista.

Evite que se corra una grieta en su parabrisas Si ha aparecido una pequeña grieta en su parabrisas, párela en seco con un poco de esmalte para uñas. Coloque su auto bajo la sombra, aplique varias capas de esmalte por ambos lados del parabrisas, de tal modo que el esmalte penetre bien en la grieta. Ahora pase su auto al sol para que seque. Aunque tendrá que comprar un parabrisas nuevo en el futuro, esta medida le dará un mayor margen de tiempo.

Rellene esas pequeñas hendiduras en pisos y vidrio ¿Han estado jugando en casa los niños últimamente? Rellene las pequeñas hendiduras que han dejado en el piso con esmalte para uñas. Cuando seque, quedará un poco brilloso. Mate el brillo pasando con cuidado una lija de 600 puntos sobre el piso. También puede usar el esmalte para uñas para suavizar los filos de paneles de espejo o vidrio.

Fije de nuevo las piedras de sus joyas Si a alguna joya se le cayó una o dos de sus piedras, no tiene que "jubilarla" aún. Usted puede fijar la piedra de nuevo con una gota de esmalte transparente, el cual actuará como pegamento, y quedará invisible. Además, el esmalte seca en segundos.

Repare sus artículos laqueados ¿Se desportilló su vasija alacarada favorita? Mezcle diferentes colores de esmalte para uñas hasta igualar el color de la pieza y pinte la zona afectada para hacerla menos notoria. Precaución: el valor de una antigüedad se perderá al hacer esta reparación, por lo que recomendamos hacerlo sólo con las piezas más baratas.

Cubra los orificios de su hielera Un pequeño agujero en su hielera no significa que la deba tirar a la basura. Séllela con dos capas de esmalte para uñas y siga guardando en ella el hielo y otras sustancias que se derritan.

Selle las hendiduras de la lavadora (el lavarropas) Aunque se desconocen las causas, a las tinas de las lavadoras en ocasiones se les forman unas muescas cerca de los orificios. Tal situación le preocupa porque sus prendas podrían desgarrarse o mancharse de óxido. Selle estas muescas con un poco de esmalte para uñas.

Evite el óxido en la pintura de su auto Si su automóvil tiene pequeñas grietas o muescas, usted puede evitar que se hagan más grandes o que se oxiden. Basta con que aplique un poco de esmalte para uñas en las áreas dañadas.

Alise los ganchos (las perchas) de madera Si encuentra algunas astillas o hendiduras en sus ganchos de madera, no necesita tirarlos a la basura. Aplique un poco de esmalte para uñas en las orillas rasposas y salve la tela de sus prendas.

Apriete los tornillos sueltos Aunque no sea muy rudo con sus cajones y gabinetes, ¿ha tenido que apretar los tornillos constantemente? Si éste es el caso, ponga algo de esmalte para uñas en los orificios para los tornillos, y deje secar antes de usar los cajones nuevamente. Este truco le puede ser de mucha utilidad también si guarda un destornillador en la cocina para apretar los tornillos de los que penden sus cacerolas. Si también le sucede esto con las tuercas y tornillos de algunas máquinas, puede sellarlos con el esmalte para uñas, y en caso de que necesite quitarlos, tan sólo use una llave inglesa para romper el sello.

Repare los hoyos de los mosquiteros de sus ventanas Si ha notado la aparición de hoyos en las mallas de sus puertas y ventanas, y el diámetro del hoyo no es mayor de 6 mm, usted puede bloquear el paso de los mosquitos y otros insectos y, al mismo tiempo evitar que aumente el tamaño del hoyo, con tan sólo aplicar un poco de esmalte para uñas transparente.

Repare una persiana rasgada ¿Se rasgó su persiana? No se preocupe. Puede arreglar el daño si aplica un poco de esmalte para uñas transparente en la zona afectada.

✳ Especias

Prepare un tónico capilar Puede hacer un tónico capilar casero que realce el color natural de su cabello y le dé brillo. Para cabello oscuro, use 1 cucharada de salvia desmenuzada, o 1 ramito de romero fresco picado, o una mezcla de 1 cucharadita de pimienta inglesa, 1 cucharadita de canela molida y 1/2 cucharadita de clavo de olor molido. Para cabello claro, use 1 cucharada de manzanilla. Vierta 1 taza de agua hirviendo sobre la mezcla (o hierba), deje remojar 30 minutos, cuele con un filtro de café, y ponga a enfriar. Vierta el tónico varias veces sobre su cabello (use una palangana para recuperar el líquido) como enjuague después del champú (shampoo).

Cure cortadas pequeñas Si se corta un dedo mientras pica las verduras para la cena, tal vez no sea necesario que salga de la cocina para atenderse. El alumbre, la antigua sal para conservas que tiene al fondo de su alacena, es astringente. Si es necesario, espolvoree un poco sobre una cortada menor para detener la sangre.

SABÍA *Usted* QUE...?

¿Cuál es la diferencia entre una especia y una hierba? La pauta básica es ésta: si está hecha de la hoja de una planta, es una hierba; si proviene de la corteza, fruto, semilla, tallo o raíz, es una especia. El perejil y la albahaca son hierbas típicas porque comemos sus hojas. La canela (corteza de un árbol) y la pimienta (fruto de una enredadera) se consideran especias. ¿Cómo llamar a la sal, tal vez el realzador de sabor más esencial del mundo, aunque no sea vegetal? *Condimento* es la palabra que designa a todo lo que sazona los alimentos, sin importar su origen.

Deje que sus pies huelan bien La salvia no sólo sirve para el relleno del pavo, también es fantástica para evitar el mal olor de los pies porque mata las bacterias causantes de éste, que crecen en el ambiente cálido y húmedo del interior de los zapatos. Triture una o dos hojas en sus zapatos antes de ponérselos. Al final del día, sólo sacuda los restos en la basura.

Desodorice las botellas para reutilizarlas Reutilice esos bellos frascos de encurtidos de boca ancha, pero sin ese olor que el agua y el jabón no quitan. Revuelva 1 cucharadita de mostaza seca en 1/4 de litro de agua, llene el frasco y déjelo remojando durante la noche. A la mañana siguiente olerá a fresco. Esta solución desvanece el olor de tomates, ajo y otros alimentos de olor fuerte.

Mantenga fresco el termo Acaba de destapar el termo que no ha usado en seis meses y huele a humedad. Para que esto no vuelva a ocurrir, ponga un clavo entero dentro del termo antes de taparlo. También funciona una cucharadita de sal. Asegúrese de vaciar y enjuagar el termo antes de usarlo.

Perfume su hogar ¿Qué puede ser más acogedor que el olor de algo rico cocinándose? En vez de usar los ambientadores comerciales, simplemente hierva a fuego lento un puñado de clavos de olor enteros o una rajita de canela durante media hora. O ponga una cucharadita o dos de estas especias molidas en un molde para galletitas y métalo al horno a 93°C con la puerta entreabierta durante 30 minutos. En cualquier caso, su hogar olerá a fragancia natural.

Proteja sus prendas de lana La ropa de lana puede durar toda la vida... si puede evitar las polillas. Si no tiene una cómoda o un armario de cedro, conserve su ropa de invierno usando sachets de clavo. Compre unas bolsitas de muselina con cordones en una tienda de té o de alimentos naturistas, y llénelas con un puñado de clavos enteros. Para evitar la transferencia de aceite o color a su ropa, ponga el sachet en una bolsita de plástico, pero no la cierre. Cuélguela de un gancho (una percha) en su armario o ponga una en su cómoda para evitar los agujeros en la lana.

Mantenga a raya a las hormigas La harina, el azúcar y el pimentón resultan atractivos para las hormigas. Proteja estos ingredientes esenciales poniendo una hoja de laurel dentro de sus envases. Si le preocupa que el sabor del laurel pase a los alimentos, fije con cinta adhesiva la hoja a la tapa, por dentro. Este truco también funciona en los armarios, donde los sachets o bolsitas de salvia, laurel, canela en raja, o clavos enteros olerán bien mientras desalientan a las hormigas.

Erradique los pececillos de plata Estos insectos frecuentan sitios con mucha humedad, como la cocina, el baño y el lavadero. Cuelgue un sachet aromático que contenga especias como canela, salvia u hojas de laurel en el lavabo (lavatorio), detrás de la lavadora (el lavarropas), o en cestos decorativos a lo largo de los frisos.

Controle los insectos del jardín No tiene que usar fuertes pesticidas para controlar las pequeñas infestaciones en el exterior. Si las hormigas se amontonan en su jardín, añada 1 cucharada de pimienta negra molida (u otra especia molida de olor fuerte, como clavos de olor o mostaza seca) a 1 taza de harina blanca cernida, y espolvoree esta mezcla sobre y alrededor de la plaga. En una hora desaparecerá. Barra la mezcla hacia el jardín o patio, en vez de tratar de quitarla con agua; pues ésta sólo la volvería pegajosa.

Aleje a los herbívoros Todos sabemos que los chiles (ajís) "pican". Así que si los roedores están atacando sus plantas de ornato, la solución puede consistir en "enchilar" a los bichos. De hecho, los chiles son la base de muchos repelentes de roedores.

Corte el chile más picoso que encuentre (el habanero funciona) y combínelo con 1 cucharada de pimienta de cayena molida y 2 litros de agua. Hierva la mezcla durante 15 a 20 minutos, y deje enfriar. Cuele con una gasa, añada 1 cucharada de detergente para platos y viértala en una botella atomizadora. Rocíe abundantemente las plantas vulnerables más o menos cada cinco días. Esto funciona mejor con conejos, ardillas y marmotas, pero también puede repeler venados, sobre todo si lo combina con productos comerciales.

Proteja su huerto Durante siglos, los hortelanos han utilizado plantas acompañantes para repeler las plagas de insectos. Se cree que algunas plantas aromáticas, como la albahaca, el tanaceto, la caléndula y la salvia, envían la señal de alejarse a los insectos, así que intente plantar algunas de ellas cerca de sus valiosas hortalizas. Menta, tomillo, eneldo y salvia son plantas acompañantes de la familia de la col (brócoli, coliflor y coles de bruselas), ya que al parecer rechazan las mariposas de la col. Además, lo mejor es que ¡puede comerse estas sabrosas hierbas!

Tip **Dolor de dientes y clavos**

> Si le duele un diente, vaya al dentista lo más pronto posible. Mientras tanto, el aceite de clavo de olor puede proporcionarle un alivio temporal. Ponga una gota directamente sobre el diente aquejado o aplíquela con algodón. Pero no la aplique directamente sobre las encías. Un ingrediente activo del aceite de clavo, el eugenol, es un analgésico natural.

Esponjas

Haga que las macetas retengan el agua Si sus plantas de maceta se secan demasiado rápido después de regarlas, cuando las cambie de maceta intente este truco para mantener la humedad de la tierra. Coloque una esponja húmeda en el fondo de la maceta antes de llenarla de tierra. Fungirá como reserva de agua. Y también ayudará a evitar derrames si por accidente le echa demasiada agua.

Tenga un tapete desalentador para el jardín Si ha limpiado el piso con amoníaco, sabe que el olor de este fuerte limpiador doméstico es agobiante. Despiste a los animales que se alimentan de sus hortalizas maduras, empapando esponjas viejas en la solución limpiadora de su piso, y distribúyalas en el sitio en el que espera la próxima incursión.

Mantenga frescas sus verduras La humedad que se acumula en el fondo del cajón de su refrigerador (heladera) acelera la descomposición de las verduras sanas. Extienda su vida forrando el cajón con esponjas secas. Cuando note que están mojadas, cuélguelas al aire libre y déjelas secar antes de volver a colocarlas en el refrigerador. De vez en cuando, remójelas en agua tibia con un poco de blanqueador (lavandina) para evitar el crecimiento de moho.

Absorba el agua de los paraguas Está lloviendo y la familia ha estado entrando y saliendo con sus paraguas. Su paragüero sólo tiene un receptáculo casi plano para las gotas que escurren, y de pronto, ¡se avecina una cascada! Proteja su piso de los derrames del paragüero colocando estratégicamente una esponja en su base. Si olvida exprimirla, se secará sola tan pronto como escampe.

Prolongue la vida del jabón La ducha matinal es refrescante hasta que, al intentar tomar el jabón, tiene la pastosa sensación de que éste se ha estado marinando en sus propia sustancia. Disfrutará más de su baño, y su jabón durará más, si coloca una esponja en la jabonera. Ésta absorberá la humedad de manera que el jabón se seque.

Cosas de niños Germinar semillas encanta a los pequeños. Hacer un **jardín de juegos** renovable es algo fácil y limpio. Sólo necesita una **vieja jabonera,** una **esponja** y **semillas** de una planta como la lobelia, el lino o la chía (que puede adquirir en locales de alimentos naturales). Corte la esponja al tamaño de la jabonera; humedézcala, pero no la empape, y espolvoree encima la semilla. Colóquele encima un **recipiente de vidrio invertido** hasta que las semillas empiecen a germinar. Sólo se necesita una ventana luminosa y riego diario para que dure semanas.

Proteja objetos frágiles Si va a enviar o a guardar pequeños objetos valiosos y frágiles que no se dañan con un ligero contacto con el agua, las esponjas son una buena forma de protección. Humedezca una esponja, envuelva con ella el objeto, y use una liga para sujetarla. Al secarse, la esponja se amoldará al contorno de su cenicero de cristal o de su figurita de porcelana. Al desempacar sólo mójela. ¡Hasta la esponja podrá recuperar!

Elimine la pelusa Para quitar fácilmente la pelusa y el pelo de la mascota de su ropa y tapicería, pase rápido por encima de la tela una esponja mojada y exprimida. Después sólo tiene que pasar los dedos sobre la esponja para que la pelusa forme una bola que puede tirar.

❋ Espuma de poliestireno

Conserve el esmalte en sus uñas Cuando se aplique esmalte para uñas, una bolita o un pedazo de algún empaque de poliestireno colocado entre los dedos ayudará a separarlos y a proteger el esmalte hasta que seque.

Elabore su propio material para empaque Sería bueno usar poliestireno para empacar objetos frágiles, pero lo único que tiene son bandejas o bloques de poliestireno, no bolitas. No hay problema. Sólo haga pedacitos el bloque que tiene, lo bastante pequeños para meterlos en la licuadora, y enciéndala y apáguela para triturarlos. Obtendrá un material de embalaje perfecto.

Use para congelar y servir Para preparar de antemano una cantidad de conos (cucuruchos) para helado, corte un pedazo de poliestireno que quepa en su congelador. Hágale agujeros de un tamaño que permita sostener los conos sin que se toquen, caigan o suman. Llene los conos de helado y colóquelos en los agujeros. Meta la bandeja en el congelador y espere el momento de servirlos.

SABÍA *Usted* QUE...?

Pregúntele a cualquiera el tipo de material del que están hechas las tazas de café, el material para embalaje, las hieleras y otros productos térmicos y le responderán que de unicel (telgopor). Pero, en un sentido estricto, el unicel o Styrofoam, marca registrada de Dow Chemical Company, se refiere sólo al poliestireno extrudido como el usado en los tableros de aislamiento azules, familiares en una zona de construcción. Los otros productos blancos más comunes y que son fáciles de romper, están hechos de poliestireno expandido, de producción más económica.

Tenga una bandeja flotante El poliestireno prácticamente no se hunde. Use pequeños bloques de poliestireno para hacerse con una bandeja que flote en la piscina.

- Para sostener en ella latas de refresco (gaseosa), corte dos pedazos del tamaño de la bandeja, y luego haga los agujeros del tamaño de una lata. Pegue el pedazo con agujeros contra la abndeja, usando una pistola térmica para pegamento.

- Para hacer una bandeja con borde, sólo pegue pequeñas tiras de poliestireno de unos 2.5 cm de altura alrededor de la orilla de una sección mayor del material.

Haga un flotador de natación Sólo necesita un cuchillo afilado para convertir un bloque de aislamiento térmico de poliestireno en un flotador de natación.

Ayude a los arbustos en invierno Los arbustos pueden requerir ayuda para sobrevivir al invierno. Las placas sobrantes de aislamiento de poliestireno son perfectas para este trabajo. Son rígidas, a prueba de agua, y detienen el viento y la suciedad del tráfico. He aquí dos formas de usarlas:

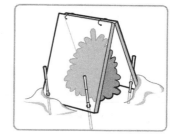

- Para una protección moderada, corte dos placas de poliestireno y sujételas para formar una carpa sobre la planta. Clave dos estacas de bambú en la tierra, a través de cada placa.

- Para algo más sustancial, ajuste las placas para cubrir las plantas con cuatro lados. Clave una estaca en cada esquina y una las piezas con cinta para ductos o para embalaje.

También es más factible que las plantas colocadas en macetas en el exterior sobrevivan con una protección de poliestireno.

 Reciclaje de bolitas de poliestireno

> Aun reutilizando las bolitas de poliestireno de muchas maneras creativas, algunas veces éstas son más de las que pueden usarse. Si éste es el caso, recuerde que los negocios de embalajes y envíos a menudo aceptan las bolitas limpias para su reutilización. Llámelos antes de llevárselas.

✳ Estopilla (tul)

Saque el relleno del pavo con facilidad Para evitar que el relleno del pavo se pegue en el interior del ave, empaque el relleno en estopilla o tul antes de meterlo en la cavidad del pavo. Cuando el pavo esté listo para servirse, jale la estopilla y el relleno saldrá con ella.

Haga una red para mariposas casera Sólo cosa una bolsa de estopilla o tul y péguela o engánchela en un aro formado con una percha de alambre recubierta, y mande a los niños de cacería. O haga una red de estopilla más chica para cuando lleve a los niños de pesca y déjelos usarla para atrapar pececitos. Si quiere hacer un disfraz barato para Halloween, envuelva al niño en estopilla de la cabeza a los pies y mande a su minimomia a recolectar dulces.

Convierta un escurridor (secaplatos) en colador Si no encuentra el colador cuando lo necesita, un escurridor forrado con estopilla servirá en caso de emergencia.

Reduzca el tiempo de aspirado Aquí hay una forma pulcra, que ahorra tiempo, para aspirar el contenido de un cajón lleno de objetos pequeños sin tener que vaciar su contenido. Tan sólo cubra la boquilla de su aspiradora con estopilla o tul —fíjela con una goma resistente— y la aspiradora sólo recogerá el polvo.

Reduzca el desperdicio al secar hierbas Cuando seque hierbas frescas, envuélvalas en estopilla para evitar que se caigan las semillas y los fragmentos desprendidos.

Proteja su comida al aire libre con una tienda (carpa) Mantenga a los insectos y la suciedad lejos de sus alimentos durante el día de campo. Envuelva un pedazo de estopilla o tul alrededor del armazón de alambre de una sombrilla vieja y póngalo sobre los platos. Quite el mango de la sombrilla con una sierra de arco y cosa la estopilla al armazón con aguja e hilo.

Haga cortinas festivas al instante Alegre cualquier habitación con cortinas de estopilla baratas, coloridas y festivas. Tiña estopilla barata (disponible a granel en tiendas de tela) con colores brillantes y córtela a la medida que necesite. Póngales ganchos de clip y sus nuevas cortinas están listas para colgarse.

✳ Etiquetas de dirección

Etiquete sus bolsas Las etiquetas adhesivas no sólo son para pegarlas en sobres. Resultan una forma efectiva y barata de asegurarse de que sus artículos perdidos tengan una probabilidad de encontrar su camino de vuelta a casa. Ponga una etiqueta adhesiva, cubierta con un pedazo pequeño de cinta transparente o clara para empaque para prevenir el deterioro, dentro de la bolsa de su PC portátil, estuche para anteojos, bolsa para el gimnasio, mochila y todas las piezas de equipaje, estén etiquetadas o no.

Identifique sus pertenencias Poca gente se molesta en comprar un seguro para su colección de equipo electrónico personal, pero reemplazar una cámara digital, cámara de video o reproductor de MP3 puede ser costoso. Aun así, una etiqueta adhesiva cubierta con cinta colocada en forma visible en su equipo puede facilitar su regreso a salvo. Por supuesto, no hay garantías en estos asuntos, pero al menos la póliza es bastante barata.

Agárrese a su paraguas Un paraguas bien hecho puede durar años, pero eso no ayudará si lo olvida en un autobús o tren. Minimice el riesgo de que su pérdida se convierta en ganancia de alguien más pegando una etiqueta adhesiva en el mango del paraguas y envuélvalo alrededor con cinta de empaque clara. Esto protege la etiqueta de los elementos, y la hace considerablemente más difícil de quitar.

Asegure sus artículos escolares Es una de las verdades universales de la paternidad: los estuches de lápices (cartucheras), carpetas, marcadores y otros artículos escolares de los niños desaparecen para siempre. Sin embargo, puede disminuir las pérdidas pegando etiquetas adhesivas con un trozo de cinta transparente al contenido del escritorio y la mochila de su hijo.

Identifique artículos para reparación ¿Sufre ansiedad de separación cuando lleva su amado equipo de sonido u otro artículo apreciado al taller de reparación? Puede sentirse mejor si coloca una etiqueta adhesiva en la base o en alguna otra área no dañada y discreta. *Nota:* Esta práctica no se recomienda para todos los tesoros personales; es probable que no desee etiquetar documentos en papel, pinturas, fotos, etcétera.

✱ Extracto de vainilla

Refresque el refrigerador (la heladera) ¿Le cuesta trabajo deshacerse del mal olor de su refrigerador, aunque lo lave bien? Límpielo con extracto de vainilla. A fin de prolongar ese delicioso aroma, humedezca un algodón o un pedazo de esponja en extracto de vainilla y déjelo en el interior.

Desodorice su microondas ¿El olor del pescado u otro olor fuerte persiste en su microondas? Vierta un poco de extracto de vainilla en un tazón (bol), métalo en el microondas y póngalo a temperatura alta durante un minuto. ¡Así está mejor!

Neutralice el olor a pintura fresca Si no le gusta el olor de la pintura fresca, mezcle 1 cucharada de extracto de vainilla en la lata de pintura. Cuando la abra, ¡la casa olerá delicioso!

Endulce el olor de su hogar Éste es un viejo truco de los agentes inmobiliarios. Ponga una o dos gotas de extracto de vainilla sobre un foco (una lamparita), prenda la luz, y su casa se llenará del atractivo aroma de postres horneados.

Úselo como perfume ¡Pruébelo! Sólo póngase una gota de extracto de vainilla en cada muñeca. Olerá delicioso, y a mucha gente le resulta relajante este aroma.

Ahuyente los insectos A todos les gusta el olor de la vainilla, ¡excepto a los insectos! Diluya una cucharada de extracto de vainilla en 1 taza de agua y aplique la mezcla a su piel (la que no cubre la ropa), para repeler a los mosquitos, moscas y garrapatas.

Alivie las quemaduras menores ¡Ay! Accidentalmente agarró una olla caliente o le saltó aceite ardiendo. Acuda al extracto de vainilla para un rápido alivio. La evaporación del alcohol que contiene el extracto refrescará la quemadura.

F

* Fibra metálica

Arregle tenis (zapatillas) maltratados Si sus tenis se ven tan mal que sólo puede disimular su condición, una fibra metálica podría evitar que se vayan a la basura. Humedezca y enjabone la fibra metálica y frote suavemente las manchas y plastas pegadas. Luego limpie los tenis con una esponja húmeda o lávelos en la lavadora (el lavarropas); es probable que le duren varios meses más.

Adiós a los crayones Su niño acaba de crear una obra de crayón en papel; sí, pero en el papel *tapiz* de su casa. Use un pedazo de fibra metálica para raspar ligeramente la superficie, dando golpecitos en una dirección en vez de limpiarla en círculos, y su pared pronto volverá a ser un "lienzo" virgen.

¡Fuera las marcas de tacones (tacos)! Esas marcas negras que dejan las suelas de goma no se quitan sólo pasando un paño, aunque se esfuerce. Para limpiarlas de un piso de vinilo, frótelo levemente con una fibra de metal y jabón. Cuando haya desaparecido la mancha, limpie el piso con una esponja húmeda.

 No use fibra metálica sobre acero inoxidable

> A menudo se aconseja limpiar el acero inoxidable con fibra metálica. No obstante, los fabricantes de acero inoxidable señalan que no debe usarse ningún abrasivo sobre este acero. La fibra puede darle una mejor apariencia al acero inoxidable, pero raya la superficie y finalmente provoca la oxidación. Lo mejor es lavarlo con una esponja, jabón suave y agua.

Afile sus tijeras A veces sólo requiere un pedazo de fibra metálica para un trabajo pequeño. Si corta la fibra por la mitad con unas tijeras, conseguirá el tamaño que desea y, de paso, afilará las tijeras.

Repela a los roedores Los ratones, las ardillas y las mariposas nocturnas son expertas en dar con cualquier entrada concebible a su casa. Cuando descubra una de éstas, rellénela con fibra metálica; es más efectiva que la gomaespuma o el papel de diario. Ni los roedores más obstinados morderían una barrera tan afilada.

Cuide las herramientas de jardín Nada prolongará más la vida de sus aperos de jardinería que una buena limpieza al final de cada temporada de uso exhaustivo. Tome una buena cantidad de fibra metálica, satúrela con el mismo aceite con el que quita el chirrido de las puertas, y talle sus tijeras de podar, la podadora, las palas y cualquier herramienta con partes metálicas. Límpielas con un paño seco, afile las hojas y vuelva a aplicar un poco de aceite antes de guardarlas durante el invierno.

✱ Fieltros autoadheribles

Mantenga los aparatos en su lugar Pegar piezas pequeñas de fieltro autoadherible por debajo de teléfonos, abrelatas eléctricos, altavoces (parlantes) de PC y artículos similares le ayudará a evitar que se resbalen de estantes o escritorios.

Agregue tracción a sus botas Algunas botas de hule son buenas para evitar la humedad, pero no previenen que usted se resbale en el hielo, nieve o lodo. Por lo general, puede mejorar la tracción de su calzado impermeable pegando tiras de fieltro autoadherible en la punta, la parte media y el talón del calzado.

Mejore el agarre de las herramientas Envolver los mangos de herramientas como martillos, hachas y llaves inglesas con fieltro autoadherible le dará un agarre mejor y más cómodo, y también prevendrá que los mangos de madera se dañen. Envuelva el mango en espiral con el fieltro, superponiéndolo a lo ancho.

Arregle ventanas de auto que dejan pasar el agua Use pedazos pequeños de fieltro autoadherible para parchar la cinta de aislamiento mellada alrededor de las ventanas del auto para prevenir que se meta el viento y el agua. También puede usarlos para afirmar juntas de hule pandeadas en la cajuela (baúl) o portezuelas de su auto.

✱ Filtros para café

Cubra los alimentos en el microondas Los filtros para café son seguros de usarse en el microondas. Úselos para cubrir tazones (bols) o platos y evitar salpicaduras mientras cocina en su horno de microondas.

Filtre los trozos de corcho del vino No deje que los pedazos de corcho impidan que disfrute de una buena copa de vino. Si al abrir una botella caen al interior trozos de corcho, tan sólo decante el vino a través de un filtro para café.

Forre un colador Si reutiliza su aceite de cocina luego de freír grasa, forre su colador con un filtro para café estilo cesta para eliminar restos de comida e impurezas pequeñas.

Sostenga sus alimentos Sirva en filtros para café de cono o estilo cesta perros calientes (panchos), palomitas de maíz (pochoclos) y otros alimentos que suelen ensuciar mucho. El filtro es una funda perfecta que le ayudará a mantener limpios sus dedos y, además, facilita la limpieza posterior.

Atrape gotas de helado Cuando los niños pidan helado, sírvaselos con un protector contra el goteo elaborado con filtros para café estilo cesta. Pase el cono por el centro de dos filtros y las gotas se quedarán en el papel, no en el niño o en su preciosa alfombra.

Haga un embudo al instante Corte el extremo de un filtro para café estilo cono para hacer un embudo instantáneo. Guarde unos cuantos en su automóvil y utilícelos para evitar derrames cuando agregue uno o dos litros de aceite.

Limpie sus gafas La siguiente ocasión que limpie sus anteojos, utilice un filtro para café en vez de un pañuelo de papel. Los filtros para café de buena calidad se hacen con papel 100% virgen, así que no dejan hebras. También puede usarlos sin peligro alguno para pulir espejos y pantallas de televisores y monitores de computadoras.

SABÍA **Usted** QUE...?

El filtro para café fue inventado en 1908 por un ama de casa de Dresden, Alemania. Melitta Bentz buscaba una forma de preparar una taza de café perfecta sin el amargor que a menudo se produce por hervirlo en exceso. Decidió tratar de hacer un café filtrado, vertiendo agua hirviente sobre café molido y filtrando los restos. Melitta experimentó con diferentes materiales, hasta que encontró que el papel secante que su hijo usaba en la escuela funcionaba mejor. Cortó un pedazo redondo de papel secante, lo puso en una taza de metal y nació así el primer filtro para café Melitta. Poco tiempo después, Melitta y su esposo, Hugo, fundaron la compañía que todavía lleva su nombre.

Evite las fugas de tierra Cuando trasplante una planta de una maceta a otra, forre ésta con un filtro para café para evitar que la tierra salga por el agujero de drenaje.

Elabore un refrescante de ambientes Llene un filtro para café con bicarbonato de sodio, átelo con un alambre y tendrá un refrescante ambiental. Haga varios y póngalos en zapatos, armarios, refrigerador (heladera) y en cualquier otro lugar en que lo necesite.

No permita que se oxiden sus sartenes Prolongue la vida de sus cacerolas de hierro fundido. Ponga un filtro para café en la sartén cuando no esté en uso. El filtro absorberá la humedad y de este modo evitará que se oxiden.

✳ Frascos (tarros)

Almacenes impermeables para el campamento Cuando pasea en bote o acampa, mantener secas cosas como fósforos y billetes puede ser un reto. Guarde los objetos que no deban mojarse en frascos transparentes con tapas de rosca que no se zafen. Aun si lleva mochila, los frascos de plástico transparente son lo bastante ligeros para no pesarle, además de que proporcionan más protección para artículos que se pueden aplastar o que las bolsas de plástico resellables.

Convierta su taller en almacén No deje que se revuelvan los objetos de su taller. Guarde sus clavos, tornillos, tuercas y pernos atornillando tapas de frascos a la parte inferior de una repisa de madera o melamina. (Asegúrese de que el tornillo no sobresalga por la parte superior del anaquel.) Luego ponga cada objeto en su propio frasco y enrosque cada frasco en su tapa. Mantendrá todo fuera de los mostradores y, al usar frascos transparentes, encontrará lo que necesite de un vistazo. ¡También funciona para guardar semillas en el macetero!

Seque guantes o mitones Luego de palear la nieve se toma usted un descanso para comer sopa y un sándwich. Ahora desea volver al trabajo. Para que sus guantes o mitones se sequen mientras almuerza, ponga cada uno sobre el fondo de un frasco vacío, luego coloque éste al revés sobre un radiador o calefactor. El aire caliente llena el frasco e irradia hacia afuera y seca la ropa húmeda al instante.

FERIA DE LA CIENCIA

Reproduzca una **biosfera miniatura** en un **frasco de boca ancha**. Limpie el frasco y la tapa, luego ponga un puñado de **guijarros** (cantos rodados) y **trozos de carbón** en el fondo. Agregue un poco de **tierra para macetas** esterilizada ligeramente húmeda. Seleccione algunas **plantas** que requieran condiciones similares (como helechos y musgos, a los cuales les gusta la luz moderada y la humedad). Añada **piedras** de colores, **conchas** o un pedazo de **madera**. Agregue un poco de **agua** para humedecer el terrario. Cierre la tapa y ponga el frasco bajo luz tenue por dos días. Luego exhíbalo bajo luz brillante, pero no bajo la luz solar directa. No necesita más agua, se recicla de las plantas a la tierra y viceversa. Algo importante: deberá usar tierra esterilizada a fin de evitar que se introduzcan organismos no deseados. El carbón filtra el agua al reciclarse.

Déle forma a sus galletitas Casi cualquier frasco pequeño, limpio, vacío y de boca ancha resulta adecuado para cortar cualquier masa aplanada con rodillo.

Déle una alcancía Fomente el ahorro en su hijo dándole una alcancía hecha con cualquier frasco con tapa metálica. Quite la tapa del frasco, colóquela sobre una superficie de trabajo plana, como una tabla para cortar, y con un destornillador y un martillo hágale con cuidado una ranura en el centro. Luego, golpee los bordes ásperos de la parte inferior de la ranura con el martillo o límelos con una lima escofina para proteger los dedos de arañazos. Personalice la alcancía con pintura o un *collage.* Este proyecto es divertido de hacer en un día lluvioso.

Coleccione insectos Ayude a los niños a observar la naturaleza atrapando con cuidado luciérnagas y otros insectos en frascos transparentes con perforaciones pequeñas en las tapas, para que puedan respirar. ¡No haga muy grandes las perforaciones o sus bichos escaparán! No olvide liberar a los animales luego de admirarlos.

Guarde porciones de comida para bebé Aproveche que los frascos de alimento para bebés ya tienen el tamaño perfecto para porciones infantiles. Límpielos a fondo antes de volverlos a utilizar y llénelos con puré de zanahorias o budín de vainilla. Con una goma o liga, adjunte al frasco una cuchara y tendrá una comida perfecta para llevar cuando viaje con su pequeño.

Lleve regalos para los bebés El cereal seco puede ser un bocadillo nutritivo para su bebé. No necesita llevar la caja entera cuando salga de casa; empaque porciones individuales en frascos limpios y secos de alimento para bebés. Si se derraman, el desorden será mínimo.

✳ Frijoles (porotos) deshidratados

Úselos como fichas de juego Sabemos que le encantaría ser el auto de carreras en el próximo juego de Monopolio, pero si el auto se perdió en un viaje a lugares desconocidos, ¿se conformaría con un frijol? Los frijoles son excelentes como piezas de recambio para todo juego de mesa, desde damas hasta lotería (bingo).

Trate músculos adoloridos ¿Le duele de nuevo la espalda o le dan calambres en el codo? Una bolsita de frijoles caliente puede ser la cura que necesita. Ponga un par de puñados de frijoles secos en un calcetín viejo (una media vieja) o en una toalla pequeña atada por los extremos con fuerza, y póngalos en el microondas a temperatura alta por 30 segundos a 1 minuto. Deje enfriar por un minuto o dos, luego aplique a sus músculos adoloridos.

Hágase una pelota Vierta 3/4 a 1 1/2 tazas de frijoles secos en un calcetín viejo (una media vieja), llevándolos hasta la punta. Haga un nudo flojo y apriételo conforme lo baja contra los frijoles. Luego corte el material sobrante más o menos 1 pulgada (2.5 centímetros) sobre el nudo. Ahora tiene una pelota de frijoles para lanzarla o hacer malabares. O úsela como pelota de ejercicios para los músculos de sus manos.

Practique su percusión Haga una maraca casera para usted o su pequeño. Agregue 1/2 taza de frijoles secos a un tarro de plástico pequeño, o a una lata de jugo, o incluso a un coco vacío. Cubra cualquier abertura con cinta adhesiva. Puede usar este sonajero en eventos deportivos o como herramienta para entrenar a un perro (sacúdala un par de veces frente a él cuando se porte mal).

Decore una calabaza (zapallo) Incremente el potencial aterrador de su calabaza para Halloween pegando varios frijoles secos a manera de ojos y dientes.

Recicle un muñeco de felpa Haga su propia creación quitándole el relleno a uno de los muñecos de felpa que su hijo ya no utilice. Reemplace el relleno con frijoles secos y vuelva a coser el muñeco. Reavivará el interés de su pequeño.

✳ Fundas para almohada

Sacuda las aspas de su ventilador de techo ¿Alguna vez ha visto briznas de polvo cayendo de su ventilador de techo cuando lo pone a funcionar luego de varias semanas? Tome una funda para almohada vieja y póngala sobre una de las aspas del ventilador de techo. Retire despacio la funda. El aspa se limpiará y las briznas de polvo se quedarán en la funda, en lugar de caer al piso.

Limpie telarañas Hay una telaraña en un rincón en lo alto de su comedor. Antes de retirarla con una escoba, cubra la escoba con una funda para almohada vieja. Ahora puede limpiar la telaraña sin rayar la pintura de la pared. Además, es más fácil quitar la telaraña de la funda que retirarla de las cerdas de la escoba.

Cubra el cambiador de su bebé ¿Ha visto últimamente el precio de las costosas cubiertas para cambiadores de bebé? ¡Olvídelo! Tome unas cuantas fundas para almohada blancas de las más baratas que pueda encontrar y cubra con ellas su cambiador. Cuando se ensucie, sólo quítelas y reemplácelas con unas limpias.

Elabore un juego de servilletas de tela ¿Quién necesita servilletas de tela formales que se tienen que planchar cada vez que se usan? Hay fundas para almohada en una amplia gama de colores y diseños. Escoja el color y diseño que le gusten y córtelas. Si lo desea, cosa un dobladillo de 1.25 cm en los bordes. Tendrá un juego de servilletas de colores por un costo menor que el de las servilletas normales.

Prepárese con almohadas de viaje Los viajes por carretera son divertidos, pero también algo sucios. Sus hijos pueden querer llevarse sus almohadas, pero las mancharán con dulces, comida y marcadores. Tome sus almohadas favoritas y cúbralas con varias fundas. Cuando la exterior se ensucie, quítela, y que empiecen de nuevo.

Guarde sweaters Guardados en plástico, los sweaters huelen a cerrado; guardados únicamente en el armario pueden ser presa de las polillas. La solución está entre su ropa blanca. Ponga los sweaters en una funda para almohada para almacenarlos fuera de temporada. Estarán libres de polvo, y la tela de la funda les permitirá ventilarse.

Proteja la ropa colgada en un armario Acaba de lavar su camisa o falda (pollera) favoritos y sabe que no se la pondrá de nuevo por un tiempo. Para proteger la prenda, realice un corte en la parte superior de una funda para almohada vieja y póngala sobre la percha y la ropa.

Guarde accesorios de piel Cuando usted saca un bolso (cartera) de piel o unos zapatos de gamuza del armario, están polvosos y tiene que limpiarlos. Ahorre tiempo y molestias la próxima vez guardando artículos que utilice poco en una funda para almohada. De este modo estarán limpios y listos para usarse cuando la ocasión así lo amerite.

Mantenga juntos los juegos de sábanas Resuelva la pesadilla de los huéspedes. Sus invitados recién llegados por la noche desean irse a dormir, pero la cama no está lista. Corre al armario, pero no encuentra sábanas que hagan juego. La próxima vez, clasifique su ropa blanca. Ponga las sábanas recién lavadas y dobladas en la funda para almohada que haga juego con ellas antes de ponerlas en el armario.

Ponga en la lavadora (lavarropas) ropa delicada Los sweaters y las pantimedias pierden su forma al retorcerse cuando se lavan. Para proteger estas prendas durante el lavado, póngalas en una funda para almohada y ciérrela con una cuerda o una liga (goma). Ponga la máquina en posición para ropa delicada, añada el jabón y no se preocupe por los nudos.

Lave a máquina los muñecos de felpa La bonita colección de muñecos de su pequeña hija necesita un baño. Métalos en la lavadora (lavarropas) dentro de una funda para almohada; tendrán una lavada suave pero profunda. Si a algún muñeco se le cae una parte, quedará atrapada en la funda y la recuperará luego de su baño.

Cosas de niños A los pequeños les encanta personalizar su dormitorio. Ayude a los niños de hasta 5 años a hacerlo convirtiendo una **funda para almohada en un colgante**. Deje que escoja el color de la funda y haga un agujero de 2.5 cm de largo en cada costura lateral. Pídale que cree un diseño o escena con **pinturas para tela** o **sellos de goma**. Pase un **palo** por las aberturas en la costura. Corte un tramo de **hilaza** de unos 75 cm de largo. Ate un extremo de la hilaza en cada extremo del palo. Cuélguelo en la pared y deje que el pequeño reciba los elogios.

Úselas como papel para envolver ¿Trata de envolver una pelota de baloncesto o una pieza de arte de forma irregular? ¿Su papel para envolver no funciona? Ponga el regalo en una funda para almohada y átela con un listón (cinta de seda).

Úselas como bolsa de viaje para ropa sucia Cuando viaja, siempre desea separar la ropa sucia de la limpia. Meta una funda para almohada en su equipaje y ponga en ella la ropa sucia conforme se acumule. Al llegar a casa, sólo vacíe la funda en la lavadora (lavarropas), y lave la funda también.

Lave un montón de lechuga en la lavadora (lavarropas) ¿Espera una multitud para un almuerzo con ensalada al aire libre? ¿Tiene que lavar 20 piezas de lechuga? Aquí está la solución: ponga una funda de almohada dentro de otra. Separe las hojas de la lechuga y llene la funda interior con ellas. Cierre ambas fundas con cuerda o una liga (goma), y meta el paquete entero en la lavadora con otra prenda grande, como una toalla, para equilibrarla. Ahora póngala en el ciclo de centrifugado unas cuantas veces. Sus hojas saldrán enjuagadas y secas. Es mejor que un secador de ensaladas.

G

✳ Ganchos de ropa (perchas)

Detenga la filtración en un pegamento Para evitar que el pegamento rezume del tubo una vez terminado el trabajo, corte un tramo de 7.5 cm de alambre de percha; moldee un extremo como gancho e inserte el otro extremo recto en el tubo. Podrá tirar del tapón con facilidad cuando lo requiera.

Asegure un cautín (herramienta para soldar) Evitar que un cautín caliente se ruede y queme algo en su mesa de trabajo es un verdadero problema. Solución: haga un soporte con un gancho (percha) de alambre: tan sólo doble un gancho ordinario a a la mitad para formar una **V** grande. Luego doble cada mitad otra vez a la mitad, de modo que la pieza entera quede en forma de **W**.

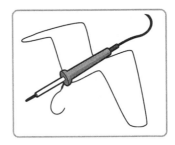

Amplíe su alcance ¿No alcanza ese utensilio que cayó detrás del refrigerador (heladera) o la estufa (cocina)? Enderece un gancho de alambre (salvo el extremo del mismo) y úselo para pescar el objeto.

Haga una varita para burbujas de jabón gigantes A los niños les encantará hacer burbujas de jabón gigantes con una varita casera formada con un gancho (percha) de alambre. Forme con éste un aro con mango y sumérjalo en un balde lleno con

---

FERIA DE LA CIENCIA

He aquí una forma divertida de demostrar la **Primera ley del movimiento de Newton**. Doble un **gancho** (percha) de alambre y haga una **M** grande, como se muestra. Sosteniéndola por el medio, ponga **bolas de plastilina** de igual tamaño en cada

punta. Luego coloque el centro inferior de la **M** sobre su cabeza. Si **gira la cabeza** a la izquierda o a la derecha, la **inercia** de las bolas las **mantendrá en su lugar**, demostrando la ley de Newton que dice "los objetos en reposo tienden a permanecer en reposo". Con práctica, dará toda la vuelta sin que se muevan las bolas.

una porción de detergente líquido para platos en dos de agua. Agregue unas cuantas gotas de color vegetal para hacer más visibles las burbujas.

Realice sus propias artesanías Haga móviles para la habitación de los niños usando ganchos (perchas) de alambre; píntelos con colores brillantes. O use ganchos para hacer alas y otros accesorios para disfraces.

Destape excusados (inodoros) y aspiradoras Si un objeto extraño obstruye su baño, sáquelo con un gancho (una percha) de alambre enderezado. Use también este gancho para desatascar una manguera (tubo) de aspiradora obstruida.

Improvise un invernadero en miniatura Para convertir una jardinera de ventana en un invernadero en miniatura, doble tres o cuatro tramos de gancho (percha) de alambre en **U** y clave los extremos en la tierra. Haga agujeros pequeños en una bolsa de tintorería y envuelva con ella la jardinera antes de regresarla a la ventana.

Cuelgue una planta Coloque un gancho (percha) de alambre enderezado alrededor de una maceta de 15 a 20 centímetros, justo debajo del borde superior; tuérzalo sobre sí mismo a manera de amarre para asegurarlo, y luego cuélguelo.

Haga señalizadores de plantas ¿Necesita señalizadores impermeables para plantas de exterior? Corte una botella de plástico rígido en cuadritos. Escriba el nombre de la planta con marcador indeleble. Corte tramos cortos del alambre de un gancho (percha). Haga dos ranuras en cada señalador y pase los tramos de alambre por ellas. Ni la lluvia ni el aspersor oscurecerán sus señales.

Improvise un asa para su lata de pintura Mientras está arriba de una escalera pintando su casa, se sostiene con una mano y con la otra pinta. ¿Cómo sostiene la lata de pintura? Con unas tijeras para alambre corte la punta curva de un gancho (percha) de alambre, con un tramo adicional de 2.5 centímetros. Con unas pinzas fije el alambre cortado en el asa de la lata de pintura. Ahora puede colgar la lata.

¿SABÍA *Usted* QUE...?

Alcance un piloto difícil Se apagó el piloto más alejado de su estufa (cocina) u horno. No se arriesgue a una quemadura encendiendo un fósforo y metiendo el brazo para alcanzarlo. Mejor abra un gancho de alambre y péguele el fósforo a un extremo con cinta adhesiva. Enciéndalo y use el gancho abierto para alcanzar el piloto.

✳ Gis (tiza)

Ahuyente a las hormigas Trace una línea de gis (tiza) en las entradas de su casa para repeler a las hormigas. Éstas se alejarán por el carbonato de calcio en el gis, que se hace con conchas de animales marinos molidas y comprimidas. Esparza gis en polvo alrededor de las plantas del jardín para repeler hormigas y babosas.

Pula metal y mármol Para hacer brillar el metal como nuevo, ponga un poco de polvo de gis (tiza) en un paño húmedo y frote. (Puede hacer polvo de gis usando un mortero.) Pula con un paño suave para un terminado aún más brillante. Frote el mármol limpio con un paño suave y húmedo introducido en el polvo de gis. Enjuague con agua limpia y seque bien.

Evite que se deslustre la plata Le encanta sacar su vajilla y cubiertos de plata para agasajar a sus invitados, pero pulirlos es otra historia. Ponga una o dos piezas de gis (tiza) en el cajón donde guarda su platería. El gis absorberá la humedad y la plata brillará más tiempo. Ponga un poco en su joyero para detener ahí también el deslustrado.

Elimine las manchas de grasa Frote gis (tiza) sobre una mancha de grasa en la ropa o la mantelería y permita que absorba el aceite antes de cepillarla. Si la mancha persiste, frótela con gis de nuevo antes de lavarla. Elimine también las manchas del cuello. Marque las manchas fuertemente con gis antes de lavar las prendas. El gis absorberá los aceites que guardan la suciedad.

SABÍA *Usted* QUE...?

La primera "pintura callejera" tuvo lugar en el siglo XVI en Italia, cuando varios artistas empezaron a usar gises para hacer dibujos en el pavimento. Los artistas a menudo hacían pinturas de la Virgen María (Madonna, en italiano) y por tanto se les empezó a conocer como *madonnari*. Los antiguos *madonnari* eran artistas itinerantes conocidos por una vida de libertad y de viajes. Pero siempre se las arreglaban para asistir a los muchos festivales regionales que se realizaban en cada provincia italiana. En la actualidad, los *madonnari* y sus pinturas callejeras singulares continúan siendo una parte colorida de las celebraciones que tienen lugar todos los días en la moderna Italia.

Evite que se resbale el destornillador ¿Su destornillador se resbala cuando trata de meter un tornillo? No se resbalará tanto si frota un poco de gis (tiza) en la punta.

Reduzca la humedad del armario Ate una docena de gises (tizas) y cuélguelos en su armario húmedo. El gis absorberá la humedad y ayudará a evitar el moho. Reemplace las piezas por un puñado fresco cada dos o tres meses.

Oculte las marcas en el techo Cubra temporalmente marcas de agua o desgaste en el techo hasta que tenga tiempo de pintar o hacer una reparación permanente. Frote un trozo de gis (tiza) blanco sobre la marca hasta que ésta se aclare o desaparezca.

Evite que se oxiden las herramientas Elimine la humedad e impida que el óxido invada su caja de herramientas: basta con que coloque unos cuantos gises (tizas) en la caja. Sus herramientas no se oxidarán ni tampoco la caja de herramientas.

✱ Glicerina

Haga su propio jabón El jabón casero es un gran regalo y elaborarlo es fácil si tiene glicerina y un microondas. Vea cómo: corte la glicerina —la venden en bloques— en cubos de 5 cm. En el horno de microondas y a potencia media, meta varios cubos en un recipiente de vidrio por 30 segundos a la vez, revisando y agitando cuando sea necesario, hasta que se funda la glicerina. Agregue gotas de tinte de color o esencias en este punto, si lo desea. Vierta la glicerina fundida en moldes para jabón o dulces. Si no tiene, llene el fondo de una taza de poliestireno de 2 cm. Deje endurecer 30 minutos.

Limpie un derrame del congelador Los derrames de comida pegajosa congelada en su congelador no pueden contra la glicerina. Despegue el derrame y límpielo con un trapo con un poco de glicerina, que es un solvente natural.

GLICERINA*

Quite manchas de alquitrán ¿Cree imposible eliminar una mancha de alquitrán o de mostaza? No es así, si usa glicerina. Frote con glicerina la mancha y déjela una hora. Luego, con toallas de papel, quite suavemente la mancha, sin frotar, sólo oprima (para que la absorba en el papel) y levante la toalla. Quizá necesite hacerlo varias veces.

Haga jabón líquido nuevo ¿No sabe qué hacer con los pedazos sobrantes de jabón? Agrégueles un poco de glicerina y deshágalos con algo de agua tibia. Vierta la mezcla en una botella con válvula dosificadora. Tendrá jabón líquido barato.

✳ Globos

Proteja un dedo vendado Vendar una lesión en su dedo es fácil; mantener la venda seca durante el día es una historia diferente. Pero aquí está el secreto para saltarse los cambios de vendas mojadas: sólo coloque un globo pequeño en su dedo cuando lave los trastes, se bañe o se lave las manos.

Sígale la pista a su hijo Los globos baratos llenos de helio que venden en los centros comerciales (shoppings) pueden ser más que un regalo para un pequeño; podrían ser invaluables para localizar a un niño que se aleja en una multitud. Aun si lo tiene controlado, puede comprar un poco de tranquilidad con sólo atar un globo (aunque no muy apretado) a la cintura de su hijo cuando vaya de compras el fin de semana.

Haga una invitación para una fiesta ¿Qué tal una invitación imaginativa? Infle un globo (por higiene, use una bomba eléctrica, si es posible). Sostenga el extremo, pero no lo anude. Escriba los detalles de su invitación en el globo con un mar-

---

FERIA DE LA CIENCIA

Usted experimenta una descarga de **electricidad estática** al tocar un picaporte tras arrastrar los pies por una alfombra. Pero rara vez ve este fenómeno, con excepción del rayo, que es electricidad estática a gran escala. Aquí hay un experimento que ofrece una muestra deslumbrante de electricidad estática en acción. Vacíe el conte-

nido de un sobre de **gelatina** en polvo sin sabor en un pedazo de **papel**. Infle un **globo**, frótelo en un **sweater de lana** y luego sosténgalo más o menos a 3 cm sobre el polvo. Las **partículas de gelatina se arquean** hacia el globo. Los electrones con carga ligeramente negativa, la electricidad estática acumulada en el globo, atraen a los protones con carga positiva en la gelatina en polvo.

cador brillante permanente; asegúrese de que la tinta esté seca antes de desinflarlo. Coloque el globo en un sobre y envíe uno a cada invitado. Cuando sus invitados lo reciban, tendrán que inflarlo para ver lo que dice.

Transporte flores cortadas No se moleste con bolsas de plástico inadecuadas llenas de agua cuando viaje con flores recién cortadas. Sólo llene un globo con 1/2 taza de agua y métalo por los extremos cortados de sus flores. Enrolle una goma varias veces alrededor de la boca del globo para evitar que se salga.

Úselo como molde de sombrero Para conservar la forma en su gorra tejida recién lavada o sombrero de tela, colóquelo sobre un globo inflado mientras se seca. Use un trozo de cinta adhesiva para evitar que el globo se ladee o se caiga al suelo.

Marque su campamento Lleve varios globos llenos de helio en su próximo viaje de campismo para atarlos a su tienda (carpa) o a un poste. Facilitarán que los miembros de su grupo localicen su campamento cuando excursionen o exploren en el bosque.

Haga una bolsa de hielo ¡Busca una bolsa de hielo flexible para enfriar una espalda adolorida o conservar comida en su hielera? Llene un globo grande y durable con tanta agua como necesite y póngalo en su congelador. Puede moldearlo hasta cierto grado en formas específicas; por ejemplo, póngalo bajo algo plano, como una caja de pizza, si desea una bolsa de hielo plana para su espalda. Use globos de látex chicos para hacer bolsas de hielo chicas para loncheras (viandas).

Congele para un ponche más frío Para mantener frío y lleno el tazón (bol) del ponche para su fiesta, vierta jugo en varios globos (use un embudo) y colóquelos en su congelador. Cuando sea hora de la fiesta, pele el látex del hielo y periódicamente ponga un par en el tazón del ponche.

Rechace visitantes indeseables en el jardín Ponga a trabajar en su jardín globos metálicos viejos desinflados, de esos que hay por toda la casa de fiestas de cumpleaños pasadas. Córtelos en tiras verticales y cuélguelos de palos alrededor de sus vegetales y en árboles frutales para ahuyentar aves, conejos y ardillas invasoras.

Proteja su rifle Un rifle sucio puede atascarse y ser peligroso de usar en absoluto. Pero puede evitar que se acumule el polvo y la suciedad en el cañón de su rifle poniendo un globo de látex resistente sobre el extremo frontal del cañón.

✳ Golf (equipo)

Haga un corbatero con "tees" de golf Si sus corbatas están desperdigadas en su armario o habitación, use "tees" de golf para organizarlas. Lije y pinte un pedazo de madera de pino. Taladre agujeros de 3 mm cada 5 cm. Meta la punta de cada "tee" en pegamento amarillo para carpintería e

insértela en un agujero. Cuelgue el corbatero en el armario o detrás de la puerta. Un regalo perfecto para el golfista de su vida.

Airee su césped Mate dos pájaros de un tiro usando sus zapatos de golf para airear su césped la próxima vez que lo pode. El agarre que le da un zapato para golf también funciona si tiene que empujar la podadora cuesta arriba.

Rellene agujeros de tornillos desmontados Está usted reemplazando una bisagra oxidada de la puerta cuando de pronto descubre que un tornillo no apretará porque su agujero se agrandó demasiado. Es fácil arreglarlo. Introduzca la punta de un "tee" de golf en pegamento amarillo para carpintería y métalo en el agujero. Corte con un cuchillo el "tee" para nivelarlo con el marco de la puerta. Cuando se seque el pegamento, puede taladrar un nuevo agujero guía para el tornillo en el mismo punto.

✱ Goma de mascar (chicle)

Recupere objetos valiosos ¡Se le cayó un arete (aro) u otro objeto valioso pequeño por el drenaje! Recupérelo con goma de mascar (chicle) recién masticada pegada a un plomo de pesca. Balancéela con una cuerda atada a un plomo, deje que se pegue y enróllela.

Atraiga cangrejos Comerá mucho cangrejo con este truco: mastique una barra de goma de mascar para que esté suave pero sin que pierda su sabor y póngala en un sedal para cangrejos. Baje el sedal y espere que los cangrejos vayan por la goma.

Rellene las grietas Rellene la grieta de un florero de barro o el plato de comida del perro con un pedazo de goma de mascar bien masticada.

Úsela como masilla emergente para las ventanas ¿Le preocupa que un vidrio flojo pueda caerse y romperse antes de que pueda arreglarlo? Manténgalo temporalmente en su lugar con una o dos bolas de goma de mascar recién masticada.

SABÍA *Usted* QUE...?

Repare sus anteojos Cuando se afloje una lente de sus anteojos, ponga un trozo pequeño de goma masticada en la esquina de dicha lente para mantenerlo en su lugar hasta que pueda llevar a que reparen adecuadamente sus anteojos.

Combata la flatulencia y la acidez Alivie los gases y acidez estomacal masticando goma de hierbabuena. Los aceites de esta planta son antiflatulentos. La masticación estimula la producción de saliva, lo que neutraliza el ácido estomacal y corrige el flujo de los jugos digestivos. La hierbabuena también es digestiva.

✳ Gomas de borrar

Lustre sus monedas Si heredó una colección de monedas bastante sucia de su tío, pero le gustaría verlas más brillantes, pruebe una goma de borrar para lustrar las monedas. Pero no lo haga con monedas raras y valiosas, podría borrar su valor junto con su pátina superficial.

Guarde alfileres o brocas Una caja no es el lugar más práctico para guardar alfileres para costura. ¿Qué tal si se cae la caja? ¿Qué tal si no puede tomar sólo uno cuando esté trazando piezas de patrón? Aquí está la solución: clave los alfileres en una goma. No se caerán, y será fácil tomar uno cuando lo necesite. Éste también es un buen consejo para guardar varias brocas de taladro angostas.

Limpie marcas de crayón Su niño se ha alocado con los crayones, pero dibujó en las paredes y no en el papel. Ha intentado todo para quitarlo, pero no esto: una goma de borrar. Pruebe a "borrar" las marcas de crayón para dejar limpia la pared.

Quite rayones en pisos de vinilo Los zapatos nuevos de su esposo han dejado rayas negras en el piso de la cocina. Una goma de borrar las quitará de inmediato. Dele la goma a él y deje que lo haga.

Limpie las teclas de su piano Ya sea el piano de cola de su bebé que ocupa el rincón de la sala, uno vertical más convencional o sólo un teclado electrónico portátil, limpiar las teclas puede ser una pesadilla de polvo y marcas de dedos. Y cuando lo limpia, es difícil alcanzar algunos puntos para quitar la mugre. Los lados de las teclas negras son especialmente difíciles de limpiar. Encuentre una goma de borrar que quepa entre las teclas blancas y las negras y listo. Esto funciona bien ya sea que tenga un piano con teclas de marfil reales o las más comunes de plástico.

Acolchone marcos para fotografías ¿No odia cuando el marco de ese espejo o foto pesado está ligeramente curvado? ¿Cansado de preocuparse por las marcas negras y rayones que deja en la pared el marco? Pegue gomas de borrar en las esquinas inferiores del marco. Ahora las fotos colgarán derechas y no dejarán marcas.

Quite residuos de etiquetas adheribles Esa sustancia gris gomosa en el nuevo marco para fotografías que acaba de comprar es una vista desagradable y no se quita con agua y jabón. Frote el residuo con una goma de borrar y vea como se despega.

✳ Granos de café

Refresque su aliento ¿Qué hacer cuando se le acaban sus pastillas para el aliento? Sólo chupe un grano de café por un rato y su boca olerá limpia y fresca de nuevo.

Quite el mal olor de sus manos Si sus manos huelen a ajo, pescado u otro alimento fuerte que haya estado manipulando, unos cuantos granos de café puede ser todo lo que necesita para deshacerse del olor. Ponga los granos en sus manos y frótelas. El aceite liberado por los granos de café absorberá el mal olor. Cuando éste haya desaparecido, lávese las manos con agua tibia jabonosa.

Llene una bolsa de granos No por nada las llaman bolsas de granos. Los granos de café son ideales como relleno de estas bolsas, pero con el precio actual del café es mejor esperar una oferta y comprar la variedad más barata disponible.

✳ Guantes

Agarre una tapa de tarro terca Se pone de mal humor cuando no puede abrir un tarro de mayonesa o aceitunas. Si no puede aflojar la tapa, póngase unos guantes de hule. Tendrá un mejor agarre para destapar el tarro.

Haga una bolsa de hielo Si necesita una bolsa de hielo deprisa, llene un guante de hule de cocina con hielo. Cierre la muñeca con una goma para contener el agua del hielo derretido. Cuando termine, voltee al revés el guante para secarlo.

Dedal para pasar hojas ¿No le apetece lamer su dedo cuando tiene que hojear una pila de papeles o billetes? Corte el dedo índice de un guante de hule viejo y tendrá listo el dedal perfecto para su dedo la próxima vez que tenga que clasificar rápidamente algunos papeles.

Haga gomas resistentes Si necesita algunas gomas con resistencia extra, corte guantes de hule viejos. Haga cortes horizontales en la sección de los dedos para gomas pequeñas y en el cuerpo del guante para gomas grandes.

Guantes quirúrgicos de látex para un aislamiento extra Tiene un buen par de guantes o mitones, pero sus manos continúan frías mientras palea la nieve o realiza otras actividades al aire libre. Pruebe a ponerse un par de guantes quirúrgicos de látex debajo de sus mitones o guantes usuales. El hule es un aislante estupendo, así que sus manos permanecerán calientes, y secas también.

Limpie sus chucherías ¿Necesita sacudir su colección de animales de cristal u otros adornos u objetos delicados? Póngase unos guantes de tela, entre más suave mejor, para limpiar a fondo sus baratijas.

Sacuda una araña Si su araña es un refugio para telarañas y polvo, pruebe este consejo, ya probado, para sacudir. Moje unos guantes de tela con limpiador para ventanas. Póngaselos y limpie las lámparas. Le encantará el reluciente resultado.

Quite el pelo de gato Aquí hay una forma rápida y fácil de quitar pelo de gato de la tapicería: póngase un guante de hule y mójelo. Cuando lo frote contra la tela, el pelo del gato se pegará al guante. Si le preocupa que la tapicería quede un poco húmeda, haga la prueba primero en un área apenas visible.

✳ Guantes aislantes

Úselas para cubrir bebidas o calentar huevos Evite que se enfríe esa taza de café o té cuando se ausenta colocando una manopla (agarradera) para el horno sobre ella. El aislamiento del guante la mantendrá caliente hasta que regrese. También use una manopla para el horno para mantener calientes los huevos cocidos hasta por media hora. A la inversa, una manopla mantendrá una bebida fría más tiempo.

Úselos para sacudir y pulir Aunque las manoplas (agarraderas) para el horno típicamente se limitan a deberes de cocina, en realidad son formidables para sacudir el polvo y pulir por toda la casa. Use un lado de la manopla para aplicar lustrador a sus muebles y el otro lado para pulir. Es una forma estupenda para usar manoplas viejas o todas esas adicionales que ha coleccionado.

Cuando pode plantas espinosas Aunque las manoplas para el horno pueden ser demasiado inadecuadas para usarlas para deshierbar o plantar plantones en su jardín, pueden volverse muy prácticas cuando se trata de podar árboles, setos y arbustos, en particular esos demonios espinosos como acebos, piracantos y rosales.

Quite partes calientes del motor Llevar una manopla para el horno en la guantera o la cajuela (baúl) del auto puede hacerle la vida mucho más fácil cuando necesite manipular tapones de radiador calientes y cosas por el estilo en una emergencia.

Cambie una bombilla caliente ¿Se fundió la bombilla de su lámpara de lectura? No se queme los dedos cuando lo cambie. Una vez que haya quitado la pantalla, póngase una manopla para el horno, quite la bombilla fundida del enchufe y tírelo a la basura. De esta forma, no tendrá que estar todavía soplándose los dedos cuando ponga la bombilla nueva.

H

✳ Harina

Ahuyente a las hormigas con harina Espolvoree una línea de harina a lo largo de la parte posterior de los estantes de la despensa y en cualquier lado por donde entren las hormigas a su casa. Repelidas por la harina, las hormigas no cruzarán la línea.

Renueve sus naipes Tras algunas partidas, los naipes pueden acumular una pátina de residuos de bocadillos y grasa de las manos, pero puede restaurarlas con un poco de harina en una bolsa de papel. Meta los naipes en la bolsa con suficiente harina para cubrirlos, sacuda con vigor y luego saque los naipes. La harina absorberá la grasa. En cuanto a la harina, puede quitarla fácilmente de los naipes barajando éstos con vigor.

Engrudo para los trabajos manuales de los niños No vaya más allá de la cocina para obtener un engrudo barato y no tóxico ideal para los proyectos de trabajos manuales en papel de los niños, como el papel maché y los álbumes de recortes. Para hacer el engrudo, ponga 3 tazas de agua fría en una cacerola y mezcle 1 taza de harina. Agitando constantemente, hierva la mezcla. Baje el fuego y hierva a fuego lento, agitando hasta que esté suave y espeso. Enfríe y vierta en una botella de plás-

SABÍA *Usted* QUE...?

¿Alguna vez se ha preguntado por qué la palabra *flour* se pronuncia exactamente como la palabra *flower*? Bueno, puede que le sorprenda saber que *flour* en realidad se deriva del vocablo francés *fleur*, que significa "flor". Los franceses usan la palabra para describir la parte más deseable, o la parte más harinosa y rica en proteínas, de un grano luego que el procesamiento elimina la cascarilla. Y debido a que mucha de nuestra terminología para la comida proviene del francés, todavía horneamos y hacemos salsas con la flor de los granos, como el trigo, a la cual llamamos harina.

tico oprimible. Este engrudo simple durará semanas en el refrigerador (heladera), y se limpia fácilmente con agua y jabón.

Haga plastilina Mantenga ocupados a los niños con plastilina en un día lluvioso; incluso pueden ayudar a hacerla. Amase 3 tazas de harina, 1/4 de taza de sal, 1 taza de agua, 1 cucharada de aceite vegetal y 1 o 2 gotas de color vegetal. Si la mezcla está pegajosa, agregue más harina; si está demasiado tiesa, agregue más agua. Cuando la "plastilina" tenga una consistencia moldeable, guárdela hasta que la necesite en una bolsa de plástico autosellable.

Pula latón y cobre No necesita salir a comprar limpiador para su latón y plata. Puede crear el suyo a un costo mucho menor. Sólo combine partes iguales de harina, sal y vinagre, y mezcle hasta obtener una pasta. Extienda la pasta sobre el metal, deje secar y pula con un paño seco y limpio.

Devuelva el brillo a un fregadero (pileta) opaco Para pulir su fregadero de acero inoxidable y devolverle su brillo, espolvoree harina sobre él y frote ligeramente con un paño suave y seco. Luego enjuáguelo para restaurarle su lustre original.

✴ Harina de maíz

Champú (shampoo) en seco Fido necesita un baño, pero usted no tiene tiempo. Frótele harina de maíz en el pelo y cepíllelo; así se le esponjará hasta que lo bañe.

Desenrede nudos Puede ser difícil deshacer los nudos en agujetas o cordones, pero la solución es sencilla. Espolvoree el nudo con un poco de harina de maíz. Entonces será fácil desanudar los segmentos.

Absorba los residuos del lustra-muebles Terminó de lustrar sus muebles, pero algo quedó en la superficie. Espolvoree ligeramente harina de maíz sobre el mueble. Limpie el aceite y la harina, luego dé brillo a la superficie.

Quite manchas de tinta de la alfombra ¡Oh, no, tinta en la alfombra! En este caso derramar un poco de leche podría evitarle el llanto. Mezcle la leche con harina de maíz para hacer una pasta. Aplique la pasta a la mancha. Déjela secar por unas cuantas horas, luego cepille el residuo seco y aspire.

Dé un aroma fresco a las alfombras Antes de aspirar un cuarto, espolvoree un poco de harina de maíz en sus alfombras. Espere una media hora y luego aspire en forma normal.

Haga su propio engrudo La próxima vez que los niños pretendan hacer algo con cartulinas y engrudo, ahorre dinero haciendo el engrudo usted mismo. Mezcle 3 cucharaditas de harina de maíz por cada 4 cucharaditas de agua fría. Revuelva hasta conseguir una consistencia de pasta. Es magnífica, en especial para aplicarla con los dedos o con un abatelenguas de madera. Si agrega color vegetal, el engrudo puede usarse para pintar objetos.

Haga pinturas para dedos Esta sencilla receta mantendrá felices por horas a los niños. Mezcle 1/4 de taza de harina de maíz y 2 tazas de agua fría. Ponga a hervir y deje que la mezcla continúe hirviendo hasta que espese. Vierta su producto en varios recipientes pequeños y agregue color vegetal a cada recipiente. Ha creado una colección de pinturas caseras para pintar con los dedos.

Limpie animales rellenos Para limpiar un animal de felpa relleno, frote un poco de harina de maíz en el juguete, espere unos 5 minutos, y luego cepille. O ponga el animal relleno (o unos cuantos pequeños) en una bolsa. Espolvoree harina de maíz en la bolsa, ciérrela muy bien y sacúdala. Ahora cepille a las mascotas.

Separe los malvaviscos (merengues) ¿Alguna vez compró una bolsa de malvaviscos sólo para hallarlos pegados? Aquí hay una forma de separarlos: agregue al menos 1 cucharadita de harina de maíz a la bolsa y agítela. La harina absorberá la humedad extra y separará la mayor parte de los malvaviscos. Guarde de nuevo los malvaviscos sobrantes en un recipiente y congélelos para evitar que se peguen otra vez.

SABÍA *Usted* QUE...?

Se han hecho "cacahuates" (maníes) biodegradables de harina de maíz para empaque que se venden a granel. Si recibe un artículo empacado en este material, puede desechar los cacahuates en el césped: se disolverán con agua, sin dejar residuos tóxicos. Para probar si son de harina de maíz, moje uno en agua para ver si se disuelve.

Desvanezca una marca de quemadura en la ropa Movió muy despacio la plancha y ahora tiene una quemadura en su camisa favorita. Moje el área quemada y cúbrala con harina de maíz. Déjela secar, luego cepíllela y la marca se irá.

Quite salpicaduras de grasa de la pared Ni el cocinero más cuidadoso puede evitar que haya ocasionalmente una salpicadura. Una cocina activa sufre algún desgaste, pero he aquí un remedio práctico para esa desagradable mancha de grasa. Espolvoree harina de maíz en un paño suave. Frote la mancha poco a poco hasta que desaparezca.

Desaparezca las manchas de sangre Cuanto más rápido actúe, mejor. Ya sea en la ropa o en manteles, puede quitar o reducir una mancha de sangre con este método. Haga una pasta de harina de maíz mezclada con agua fría. Cubra el punto con la pasta y frote con suavidad la tela. Ahora ponga a secar la prenda en un lugar soleado. Una vez seca, cepille el residuo. Si la mancha no desapareció por completo, repita el proceso.

Pula la plata ¿Se acabó el brillo de sus objetos de plata? Haga una pasta mezclando harina de maíz con agua. Use un paño húmedo para aplicar la pasta a su plata. Deje secar, luego frote con un paño suave para descubrir su brillo anterior.

Haga brillar sus ventanas Prepare su propia solución para limpiar ventanas sin rayarlas mezclando 2 cucharadas de harina de maíz con 1/2 taza de amoníaco y 1/2 taza de vinagre blanco en un cubo que contenga de 3 a 4 litros de agua tibia. No se asuste por la mezcla lechosa que acaba de hacer: mezcle bien y ponga la solución en una botella rociadora con gatillo. Rocíe en las ventanas, luego límpielas con un enjuague de agua tibia. Ahora frote con una servilleta de papel seca o un paño que no se deshile. ¡Listo!

Elimine las cucarachas No hay métodos refinados para acabar con este problema. Haga una mezcla que sea 50% yeso blanco y 50% harina de maíz. Extienda esto en las grietas donde aparecen las cucarachas. Es una receta mortal.

✱ Hilo dental

Saque un anillo atorado He aquí una forma sencilla de sacarse el anillo que se le atoró en el dedo. Envuelva con hilo dental —que quede apretado— todo el largo del dedo, del anillo a la uña. Ahora deslice el anillo sobre la "alfombra" de hilo.

Despegue las galletas ¿Alguna vez luchó con una galleta recién horneada que no podía separar de la bandeja? Esas galletas son tan buenas como las demás, pero de seguro no se ven tan bien en la mesa. Use hilo dental para despegar con facilidad las galletas de la bandeja para hornear. Sostenga un tramo de hilo dental tirante y deslícelo con cuidado entre la galleta y la bandeja.

Corte pastel (torta) y queso Use hilo dental para cortar pasteles (tortas), en especial los delicados y pegajosos que se adhieren al cuchillo. Sostenga un tramo del hilo tirante sobre el pastel (torta) y luego rebánelo, moviéndolo ligeramente de un lado a otro mientras lo introduce al pastel. También puede usar hilo dental para cortar trozos de queso.

Repare equipo exterior Como el hilo dental es resistente pero delgado, es el sustituto ideal de la hilaza para reparar una sombrilla, tienda de campaña (carpa) o mochila. Estos artículos se golpean y a veces se agujeran. Cosa los agujeros pequeños con hilo dental. Para arreglar hoyos más grandes, cosa para adelante y para atrás sobre los agujeros hasta que haya cubierto el espacio con un parche de hilo dental.

Cuerda extrafuerte para colgar cosas Considerando lo delgado que es el hilo dental, se puede decir que es muy fuerte. Úselo en lugar de cuerda o alambre para colgar sin riesgos fotos o campanillas de viento. Úselo con una aguja para coser papeles que desee unir o los que desee exhibir (como tendedero).

Asegure un botón permanentemente ¿Se cayó de nuevo ese botón? Esta vez, cóselo con hilo dental; es mucho más fuerte que el hilo común, lo cual lo hace perfecto para reinstalar botones en abrigos, sacos y camisas gruesas.

Separe las fotos A veces las fotos se pegan entre sí y parece que la única manera de separarlas es echándolas a perder. Intente pasar un tramo de hilo dental entre las fotos para separarlas con suavidad.

✳ Huevos

Dése un masaje facial ¿Quién tiene tiempo o dinero para gastarlo en el sauna, para que luego alguien le diga lo horrible que está su piel? Para consentirse, saque un huevo del refrigerador (la heladera) . Si tiene piel seca que necesita humectarse, separe el huevo y bata la yema. La piel grasosa requiere la clara del huevo, a la que puede agregar un poco de limón o miel. Para piel normal, use el huevo entero. Aplique el huevo batido, relájese y espere 30 minutos; luego enjuague. Le encantará su nuevo rostro.

Úselos como pegamento ¿Se le acabó el pegamento blanco regular? Las claras de huevo pueden sustituir al pegamento para pegar papel o cartón ligero.

Agregue al abono Los cascarones de huevo son una gran adición a su abono porque son ricos en calcio, un nutriente que ayuda a las plantas. Aplastarlos antes de ponerlos en su abono les ayudará a descomponerse más rápido.

Riegue sus plantas Luego de hervir huevos, no tire el agua al caño. En vez de eso, déjela enfriar; luego riegue las plantas con el agua nutritiva.

Germine semillas Plante semillas en cascarones de huevo. Ponga mitades de cascarón en el cartón, llénelos con tierra y empuje las semillas dentro. Las semillas obtendrán nutrientes adicionales de los cascarones. Una vez que los gérmenes tienen unos 7.5 centímetros de alto, están listos para trasplantarse a su jardín. Sáquelos del cascarón antes de plantarlos. Luego aplaste los cascarones y póngalos en su abono o entiérrelos en su jardín.

 Imanes

Para recoger clavos regados. Adhiera un imán fuerte a su banco de jardín. Ahorre tiempo y energía en aquellas ocasiones en que se le caigan al suelo objetos metálicos pequeños, como clavos, tornillos, chinches o rondanas, y deje que el imán haga el trabajo por usted.

Chapas de autos sin congelar. Éste es un uso genial de los imanes de refrigerador (heladera): durante el terrible frío de invierno, colóquelos en la parte inferior de las chapas del automóvil durante la noche y evitará así que éstas se congelen.

Recoja los clips en su cajón. Si sus clips están regados por todos lados en su cajón de escritorio, simplemente coloque un imán para recoger todos los clips.

Guarde su escoba atrás del refrigerador (la heladera). No hay necesidad de correr al armario del pasillo, cada vez que quiera barrer la cocina, mejor atornille un imán a la mitad del palo de la escoba y guárdela a un lado de su refrigerador, entre éste y la pared, donde permanecerá oculta, pero lista para cuando necesite usarla.

 SABÍA *Usted* QUE...?

Los antiguos chinos y griegos descubrieron que algunas piedras extrañas, llamadas magnetitas, atraían mágicamente pedazos de hierro, y siempre apuntaban a la misma dirección cuando se les dejaba mover libremente.

Los imanes artificiales vienen en diferentes formas y tamaños, pero cada imán tiene un polo positivo y uno negativo. Si usted rompe un imán en varios pedazos, cada uno de ellos tendrá ambos polos. El campo magnético producido por un imán se ha usado para aprovechar la energía, aunque hasta la fecha los científicos no sepan cómo funciona.

J

✳ Jabón

Afloje los cierres atorados ¿Se le atoró el cierre? Para liberarlo, frótelo con una barra de jabón a lo largo de los dientes. La lubricación del jabón lo hará moverse.

Desatore los cajones Si los cajones de su armario o tocador se atoran, frote la parte de abajo del cajón y los soportes sobre los que descansa con una barra de jabón.

Lubrique los tornillos y las hojas de las sierras Facilite el trabajo con la madera usando jabón. Gire un tornillo sobre una barra de jabón antes de atornillarlo, y frote la barra sobre la hoja de la sierra para que ésta penetre más fácilmente.

Saque una bombilla rota Si una bombilla se rompe estando atornillada, no se arriesgue a cortarse tratando de quitarla. Apague el interruptor. Inserte la esquina de una barra grande de jabón seco en el socket, y gírela un poco para aflojar la base.

Acabe con las pulgas ¿Ya está harto de las pulgas del perro que ya no tiene? Ponga unas gotas de lavaplatos y un poco de agua en un plato, y coloque éste en el suelo, junto a una lámpara encendida. Las pulgas saltarán sobre el plato y se ahogarán.

Desodorice su carro ¿Desea que su carro huela bien, pero está cansado de los desodorantes comerciales de pino? Ponga un pedazo de su jabón favorito en una redecilla y cuélguelo de su espejo retrovisor.

 ¿SABÍA *Usted* QUE...?

Contrariamente a lo que se cree, colgar una barra de jabón perfumado no necesariamente alejará a los venados de su propiedad. Stephen Vantassel, quien dirige la Asociación de Control de Daños de la Fauna en Springfield, Mass., dice que esto depende de varios factores, incluyendo el tipo de planta que esté protegiendo y la ubicación del jabón. Sin embargo, los estudios indican que los jabones, especialmente los de base de sebo, evitan que los venados se coman los arbustos. Los centros de jardinería locales pueden aconsejarle otros repelentes.

Marque un dobladillo Olvídese de los gises (las tizas) especiales. Un trozo delgado de jabón, como los que quedan cuando se termina la barra, funciona igual de bien cuando está marcando un dobladillo, y las marcas desaparecen con la lavada.

Haga un alfiletero Ésta es una alternativa fácil a los alfileteros comunes. Envuelva un jabón en una tela y amárrelo con un listón. Ya puede clavar sus alfileres. Además, el jabón lubrica los alfileres, facilitando su inserción.

Evite las marcas del hierro fundido Olvídese de las marcas negras en los platos después de una excursión. Frote la parte trasera de su olla de hierro fundido con una barra de jabón antes de cocinar con ella sobre las flamas de la fogata.

Tip **Jabón casero**

> El jabón casero es un magnífico regalo fácil de hacer. Necesita una barra sólida de glicerina (de una farmacia); moldes para jabón (de un local de manualidades); una lata seca y limpia; una cacerola para baño María; colorante vegetal, y aceite esencial. Ponga la glicerina en la lata y ponga ésta en la cacerola y caliente hasta que la glicerina se derrita. Para darle color, añada el colorante. Rocíe el molde con un spray antiadherente de cocina y llénelo hasta la mitad con la glicerina derretida. Añada unas gotas de aceite esencial y llene con glicerina. Deje endurecer.

Mantenga fresca la ropa guardada Entre la ropa que guarda o empaca, incluya una barra de su jabón favorito perfumado. Esto hará que su ropa huela a fresco hasta la próxima estación y evitará el olor a humedad en su equipaje.

Guarde los pedacitos de jabón Cuando los trocitos de jabón sean demasiado pequeños para manipularlos, no los tire. Haga un pequeño corte en una esponja e introduzca los pedacitos. El jabón durará más lavadas. O haga una pequeña manopla para los niños con un calcetín (una media) relleno con los restos.

✳ Jugo de tomate

Desodorice los envases de plástico Para quitar los olores fétidos de los utensilios de plástico, vierta un poco de jugo de tomate en una esponja y frote el interior del recipiente de plástico. Luego lávelo, junto con su tapa, con agua caliente y jabonosa, séquelo bien y métalo en el congelador destapado por un par de días. Quedarán sin olor y listos para usarse.

Elimine el mal olor de su refrigerador (heladera) ¿Falló la electricidad y la comida se echó a perder, dejando un mal olor en su refrigerador? Deshágase de ese olor con la ayuda de un poco de jugo de tomate. Frote enérgicamente las superficies tanto del refrigerador como del congelador, con un paño impregnado en jugo de tomate. Enjuague con agua caliente y jabonosa, secándolo todo después. Si queda algún rastro de olor, repita el procedimiento o use vinagre en lugar del jugo de tomate.

Quítele a su perro el olor a zorrillo (zorrino) Si vive en un área rural, no es difícil que su perro se tope con un zorrillo y que éste lo rocíe con su característico olor. Empape el área afectada con jugo de tomate sin diluir. Asegúrese de limpiar bien la cara de su perro con una esponja (los ojos no). Espere un rato hasta que los ácidos del tomate neutralicen el olor del zorrillo y bañe a su perro con champú (shampoo). Repita el procedimiento varios días, las veces que sea necesario.

Restaure el color rubio del cabello Si usted tiene cabello rubio y nada en piscinas desinfectadas con cloro, habrá notado un tono verdoso poco atractivo en su cabello. Para recuperar su apariencia natural, satúrelo con jugo de tomate sin diluir, cúbralo con una gorra de baño y espere de 10 a 15 minutos. Luego enjuáguelo y dése champú (shampoo). Cuando vea los resultados, volverá a divertirse sin preocupación.

Alivie el dolor de garganta Para un alivio temporal de los síntomas del dolor de garganta, haga gárgaras con una mezcla de 1/2 taza de jugo de tomate y 1/2 taza de agua caliente con unas 10 gotas de salsa picante.

* Lápices

Introduzca una llave nueva en una cerradura Tiene una llave nueva para su casa, pero al parecer no entra en la cerradura. Frote un lápiz sobre los dientes de la llave. El polvo de grafito ayudará a que la llave abra la puerta.

Úselos como accesorio para el cabello Lleve un lápiz a la escuela para ayudarle con su… cabello. Un lápiz puede ayudar a sostener un chongo (rodete) si no tiene con que sostenerlo. Dos lápices cruzados en **X** también pueden estabilizar y decorar un chongo, además de ser una herramienta de escritura nueva si pierde la suya.

Decore un marco para foto Adorne el marco de la foto de su clase de este año con lápices. Pegue dos lápices afilados a lo largo del marco. Afile otros dos lápices hasta que se ajusten al ancho del marco.

Repela polillas con virutas de lápiz Si está cansado de encontrar sus sweaters de invierno llenos de agujeros de polilla después de guardarlos para la temporada, esto puede ayudar. Vacíe su sacapuntas eléctrico en saquitos de tela y úselos en su armario. Las virutas de cedro harán que las polillas salgan volando.

FERIA DE LA CIENCIA

¿Sus ojos lo engañan? Corte un **trozo de papel** cuadrado de unos 5 centímetros. Voltee el cuadrado de modo que sea un diamante. En un lado, dibuje un animal o una persona. En el otro lado, dibuje una escena para el animal, o un sombrero y cabello para la persona.

Algunos ejemplos son un tigre y pastizales o un niño con un sombrero. Después pegue con **cinta** la punta inferior del diamante en la punta de un **lápiz**. Luego, sosteniendo el lápiz de modo que el dibujo esté vertical, **gire** rápido el lápiz entre sus manos. Deberá ver **ambas imágenes** de los dos lados del papel **al mismo tiempo**.

Haga un rodrigón (tutor/vara) para una plantita ¿Necesita sostener una planta chica? ¿Necesitará regarse? Un lápiz le ayudará en ambos problemas. Tiene el tamaño perfecto de un rodrigón para una planta pequeña, atada con un trozo de pantimedia (mediabacha) o una tira de tela. O métalo en la tierra para ver si necesita agua.

Lubrique un cierre pegajoso Su cierre no quiere moverse, sin importar que tanto tire de él. Tome un lápiz y termine con su frustración. Corra la mina del lápiz a lo largo de los dientes del cierre para despegarlo. En seguida cruzará la puerta con su chamarra (campera) cerrada en forma segura.

✳ Latas

Sujete las mesas Cuando tenga una cena para mucha gente, una varias mesas de juego colocando las patas adyacentes, por pares, en latas vacías. No tendrá que limpiar ningún derrame causado por el movimiento de las mesas.

Haga reflectores Es sencillo hacer reflectores para su campamento o para las luces del patio. Sólo quite el fondo de una lata vacía y grande con un abrelatas y retire todas las etiquetas. Luego, con unas tijeras para metal corte la lata a la mitad y a lo largo. Acaba de hacer dos reflectores.

Parche rápido para el piso Clave tapas de latas a un piso de madera para tapar agujeros y mantener fuera a los roedores. Si tiene acceso al agujero desde el sótano, clave la tapa desde abajo para que el parche no se note.

Lata de atún para escalfar huevos Una lata de atún de 170 gramos tiene el tamaño perfecto para escalfar huevos. Retire el fondo de la lata al igual que la tapa y quítele todas las etiquetas. Luego coloque el anillo de metal en una sartén o una cacerola con agua a punto de hervir y rompa un huevo en ella.

¿SABÍA *Usted* QUE...?

Las latas a menudo se describen como "herméticamente selladas", pero ¿conoce el origen del término? La palabra *hermético* viene de Hermes Trismegisto, alquimista legendario que se cree que alguna vez vivió en los primeros tres siglos a.C. y que inventó un sello mágico que mantiene hermética una nave.

La lata hermética fue inventada en 1810 por el mercader inglés Peter Durand. ¡Sus latas eran tan gruesas que tenían que martillarse para abrirlas! Dos años después, el inglés Thomas Kensett estableció la primera fábrica de conservas de América en el muelle de Nueva York para enlatar ostras, carnes, frutas y vegetales.

Haga un minicampo de golf Distribuya varias latas tras haberle quitado ambos extremos de modo que la pelota pase a través de ellas, y póngales una rampa o tablero.

Alimente a las aves A un ave no le importa si el alimentador es sencillo o decorado, en tanto esté lleno de sebo. Para un alimentador básico, ponga una lata pequeña llena con sebo entre las ramas de un árbol o en postes; que quede bien sujeta.

Haga un muñeco de nieve decorativo Envuelva una lata de refresco (gaseosa) con papel blanco pegado con cinta adhesiva transparente. Para la cabeza use una bola de poliestireno pegada encima de la lata. Cubra el cuerpo con guata o algodón y péguelo con cinta o pegamento. Haga un sombrero con un cono de papel; y los ojos y nariz, con botones. Para los brazos, perfore en los lados de la lata e inserte unas ramas. Pinte puntos con un marcador negro para hacer botones en el frente del muñeco. Haga una bufanda con una tela de lana.

Haga plantadores más portátiles No se lastime la espalda al mover un plantador cargado con tierra pesada. Reduzca la cantidad de tierra y aligere la carga llenando primero de un tercio a la mitad del fondo del plantador con latas de aluminio vacías al revés. Termine de llenar con tierra y agregue sus plantas. Además de hacer más ligero el plantador, el aluminio inoxidable lo ayuda a drenar bien.

Proteja las plantas jóvenes Quite ambos extremos de una lata de aluminio y las etiquetas de papel. Luego, como collar, insértela en la tierra: las plantas quedarán protegidas de las orugas. Use latas de sopa o de café, según el tamaño que necesite.

Haga un separador de herramientas ¿Cansado de hurgar en su bolsa de herramientas para encontrar la que necesita? Use latas de jugo congelado vacías para que las bolsas anchas y hondas de una bolsa de clavos tengan separadores prácticos para llaves inglesas, pinzas y destornilladores. Quite el fondo y la tapa de las latas. Una con cinta adhesiva o pegamento los cilindros para que no se muevan, y métalos en las bolsas para formar divisiones.

Haga un pedestal Llene varias latas del mismo ancho con piedras o arena y péguelas, una sobre otra. Atornille una pieza de madera en el fondo de la lata más alta antes de unirla, al revés, a las otras. Pinte su pedestal y coloque encima una maceta, lámpara o estatua. Vea el Tip en la página siguiente para sugerencias sobre el tipo de pegamento a usar en este proyecto.

Organice su escritorio Si su escritorio es un desorden, unas latas vacías serán una ingeniosa solución. Sólo agrupe varias latas de estaño de diferentes tamaños, a fin de hacer un contenedor de artículos de oficina para su escritorio. Primero limpie y seque las latas, y retire las etiquetas. Luego píntelas (o fórrelas con fieltro). Cuando seque la pintura, péguelas con pistola de pegamento caliente. Su organizador de escritorio está listo para guardar plumas, lápices, clips, tijeras, etcétera.

Tip Pegamento para latas

> Cuando pegue latas y otras piezas de metal, use un pegamento que se adhiera bien al metal, como cloruro de polivinilo (PVC), soldadura líquida o epóxico. Si la unión no estará sujeta a presión, puede usar una pistola de pegamento caliente. Asegúrese primero de lavar y secar las latas, y quitar las etiquetas. Deje secar bien cualquier pintura antes de pegar.

Haga casilleros Reúna media docena, o más, de latas vacías y píntelas con esmalte brillante. Luego de secar, pegue las latas y colóquelas de lado en un estante. Guarde objetos de plata, clavos, artículos de oficina u otras chucherías en ellas.

✳ Latas de café

Hornee un pan perfectamente redondo Use latas de cafe chicas para hornear hogazas de pan cilíndricas perfectas. Haga su receta favorita, pero ponga la masa en una lata de café bien engrasada (enmantecada) en vez de un molde para pan. Para panes con levadura, use dos latas y llene cada una sólo a la mitad. Engrase (enmanteque) el interior de las tapas y póngalas en las latas. Para panes con levadura, sabrá el momento de hornear cuando la masa empuje las tapas. Ponga las latas, sin tapas, en el horno.

Separe las hamburguesas Antes de congelar las hamburguesas, apílelas colocando una tapa de lata de café entre cada una de ellas y luego métalas en una bolsa

¿SABÍA *Usted* QUE...?

El café molido pierde su sabor de inmediato, a menos que se empaque en forma especial o se prepare. El café recién tostado y molido a menudo es sellado en bolsas combinadas de plástico y papel, pero la lata de café es, con mucho, el recipiente más común en Estados Unidos. Las latas selladas al vacío mantienen el café fresco hasta por tres años. Estados Unidos es el mayor consumidor de café en el mundo: importa 1.1 millones de kilogramos) al año. Más de la mitad de la población estadounidense consume café. El bebedor de café típico toma 3.4 tazas de café al día. Esto equivale a 350 millones de tazas al día.

de plástico. Cuando las hamburguesas estén congeladas, podrá despegar con facilidad tantas como necesite.

Tire las sobras Ponga una bolsa de plástico chica dentro de una lata de café y colóquela cerca del fregadero para tirar sobras y peladuras. En vez de ir hasta el cesto de la basura una y otra vez, hará un solo viaje para tirar las sobras al mismo tiempo.

Haga una alcancía ¿Quiere hacer una alcancía para los chicos, o una lata para recolectar fondos en pro de alguna causa? Con un cuchillo haga una ranura de 3 milímetros en el centro de la tapa de plástico de una lata de café. Luego pegue papel decorativo o el plástico adhesivo a los lados de la alcancía; para la lata recolectora, use los lados de la lata para resaltar la causa que está apoyando.

Haga un recipiente para juguetes Haga un recipiente decorativo para los libros y juguetes miniatura de los niños. Lave y seque una lata de café y lime los bordes afilados. Aplique con esponja dos capas de pintura acrílica blanca; deje secar entre una mano y otra. Corte un diseño de una sábana o funda viejas para forrar la lata. Mezcle 4 cucharadas de pegamento blanco con suficiente agua a fin de darle consistencia de pintura. Aplique la mezcla y presione con suavidad la tela sobre la lata. Recorte el fondo y meta los bordes superiores dentro de la lata. Aplique dos capas de pegamento a la tela, dejando secar entre una capa y otra.

Guarde los cinturones Si tiene más cinturones que lugares para colgarlos, sólo enróllelos y guárdelos en una lata de café limpia con una tapa transparente. Las latas de café tienen el tamaño justo para evitar que los cinturones se arruguen, y las tapas transparentes le permitirán encontrar cada cinturón con facilidad.

Mantenga limpio el cuarto de lavado (lavadero) Antes de poner una carga de lavado, tenga cerca una lata de café vacía al revisar los bolsillos de los niños. Úsela para depositar chicles y envolturas de caramelos, papeles y otros artículos que los niños guardan en sus bolsillos. Tenga a mano otra lata para monedas y billetes.

Haga un deshumidificador Si su sótano es demasiado húmedo, pruebe este deshumidificador fácil de hacer. Llene una lata de café vacía con sal y déjela en un rincón donde no lo toquen. Reemplace la sal cada mes o según sea necesario.

Mantenga secas las alfombras Ponga tapas de plástico de latas de café bajo las plantas domésticas. Protegen alfombras o pisos de madera y recogen el exceso de agua.

Conserve seco el papel higiénico cuando acampe Lleve unas cuantas latas para café vacías a su próximo campamento. Úselas para mantener seco el papel higiénico en clima lluvioso o cuando lleve suministros en una canoa o bote.

Mida la precipitación pluvial o la cobertura del aspersor Averigüe si su jardín recibe suficiente agua de la lluvia. La próxima vez que empiece a llover, ponga latas de café vacías en varios lugares del jardín. Cuando deje de llover, mida la profundidad del agua de las latas. Si mide al menos una pulgada, no necesita riego adicional. Ésta también es una buena forma de probar si su aspersor manda suficiente agua a las áreas que se supone que cubre.

Haga un alimentador para aves Para convertir una lata de café en un alimentador para aves robusto, use una lata llena y abra la parte superior sólo a la mitad. (Vierta el café en un recipiente hermético.) Luego abra la parte inferior de la lata a la mitad de la misma forma. Doble con cuidado los extremos cortados hacia adentro de la lata, para que no se corte. Haga un agujero en el lado de la lata en ambos extremos —donde será la "parte superior" del alimentador— y pase un pedazo de alambre a través de cada extremo para colgarlo.

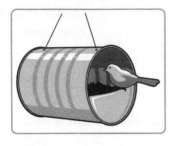

Haga un semillador de césped Cuando sea tiempo de sembrar en los sitios descubiertos de su césped, no use un diseminador regular que desperdicia semilla al lanzarla por todos lados. Para sembrar con precisión, haga un semillador con una lata de café vacía y un par de tapas de plástico. Taladre agujeros pequeños en el fondo de la lata, apenas del tamaño justo para que pasen por ellos las semillas de pasto. Ponga una tapa sobre el fondo de la lata, llénela con semillas y cúbrala con la otra tapa. Cuando esté listo para diseminar las semillas, quite la tapa del fondo. Al terminar, vuelva a taparla para guardar las semillas que no usó.

Elimine el desorden en su taller Quiere tener a mano cosas pequeñas como tornillos, tuercas y clavos, pero no quiere que ocupen espacio en su mesa de trabajo. He aquí una forma para que no le estorben. Taladre un agujero cerca de la parte superior de latas de café vacías para colgarlas con clavos en la pared de su taller. Rotule las latas con cinta adhesiva de modo que sepa lo que hay adentro.

Remoje su brocha (pincel) Una lata de café es perfecta para remojar una brocha en diluyente antes de continuar el trabajo al día siguiente. Corte una **X** en la tapa e inserte el mango de la brocha: las cerdas deben quedar más o menos a 12 milímetros del fondo de la lata. Si ésta no tiene tapa, pegue un palo al mango de la brocha con una goma para evitar que las cerdas toquen el fondo.

Atrape gotas de pintura Use, como protectores, las tapas de plástico de latas de café viejas bajo las latas de pintura y las patas de los muebles cuando pinte. Proteja también sus estantes poniéndolas bajo tarros de aceite de cocina y jarabe.

✳ Latas de película (rollos de fotos)

Sonajero para el gato Los gatos se divierten con objetos pequeños que suenan y se agitan, y en realidad no les importa cómo se ven. Para darle entretenimiento interminable a su gato, ponga algunos frijoles (porotos) secos, una cucharada de arroz seco u otros objetos pequeños que no dañen al gato, en una lata de película vacía, tápela y que empiece la diversión.

Práctico despachador de estampillas Para evitar que se dañe un rollo de estampillas, haga un despachador con una lata de película vacía. Mantenga firme la lata pegándola a un mostrador con cinta aislante, y use un cuchillo para cortar con cuidado una ranura en un lado de la lata. Meta el rollo de estampillas, páselo por la ranura, tape la lata y está listo para usarse.

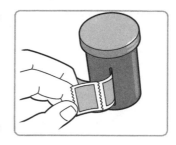

Úselos como rulos Puede juntar todos los rulos que necesitará en su vida si guarda sus latas de película fotográfica de plástico vacías. Para usarlas, quite la tapa, enrolle el cabello húmedo alrededor de la lata y manténgala en su lugar pasando un broche (pinza) para el cabello por el extremo abierto de la lata y su cabello.

Equipo de costura de emergencia Nunca estará perdido si se le cae un botón o si su dobladillo se descose si llena una lata de película vacía con botones, alfileres y una aguja con hilo ensartado. Haga varios y ponga uno en cada bolsa de viaje, bolso o mochila para el gimnasio, y váyase a disfrutar.

Dosificador de píldoras para viaje Use latas de películas fotográficas vacías como pastilleros para su bolso o neceser cuando viaje. Si toma más de una medicina, use una lata separada para cada uno. Escriba el nombre del fármaco y la dosis en una etiqueta adhesiva y péguela en cada lata. Para identificarlos de un vistazo, coloree las etiquetas con rotuladores fosforescentes de diferentes colores.

Tip **La lata de película en vías de extinción**

> Las latas de película de plástico tienen muchos usos, desde ceniceros de emergencia hasta botes de especias. Pero con el auge de las cámaras digitales, estas maravillas están siguiendo con rapidez el camino del teléfono de dial o la aguja del tocadiscos. Una buena fuente de latas de película gratuitas siempre ha sido la tienda o el local de revelado rápido de su barrio. Sin embargo, ahora puede encontrar que incluso en ellas escasean las latas. Si es así, busque en la sección amarilla un revelador profesional, pues muchos fotógrafos profesionales aún usan película, y sus latas.

Guarde sus moscas para pesca Puede ahorrar un montón de dinero y pena guardando sus moscas para pesca y sus anzuelos en latas de película. No ocupan mucho espacio en un chaleco de pesca, y si se le cae una al arroyo, la tapa hermética la mantendrá a flote lo suficiente para que usted… bueno… la pesqué.

Lleve especias para cocinar en el campo Sólo porque va al campo no significa que tenga que comer alimentos desabridos. Puede llevar multitud de condimentos en latas de película individuales cuando vaya de campamento, y aún tendrá mucho espacio para la comida en su mochila o en el portaequipajes del auto. También es recomendable para sus vacaciones en cabañas de tiempo compartido.

Lleve cambio para la ropa y el peaje Las latas de película tienen el tamaño exacto para guardar monedas. Ponga una lata con cambio en su bolsa para la lavandería (lavadero automático) o en la guantera de su auto, y nunca tendrá que buscar cambio cuando vaya lave o esté en una caseta (puesto) de peaje.

Lleve sus auxiliares de dieta Si lleva una dieta especial, puede llevar con facilidad y discreción sus aderezos de ensalada favoritos, edulcorantes artificiales u otros condimentos a restaurantes en latas de película de plástico. Las latas vacías y limpias contienen porciones individuales, tienen tapas a presión a prueba de fugas y son lo suficientemente pequeñas para meterlas en su bolso.

Tenga su joyería a mano Una lata de película vacía no ocupa mucho espacio en su bolsa para el gimnasio, y es práctico para evitar que se pierdan sus anillos y aretes (aros) mientras entrena.

Quitaesmalte de emergencia Haga un pequeño estuche portátil a prueba de derrames para removedor de esmalte de uñas metiendo un pedazo pequeño de esponja en una lata de película de plástico. Sature la esponja con removedor de esmalte y tápelo. Para una reparación de emergencia, inserte un dedo y frote la uña contra la esponja empapada para quitar el esmalte.

✳ Latas de caramelos

Equipo de costura de emergencia Una lata de dulces pequeña tiene el tamaño exacto para llevar una selección útil de agujas, hilo y botones en su bolso o de su maletín para hacer reparaciones inmediatas.

Guarde la joyería rota No pierda las piezas pequeñas de esa joya rota que planea llevar a reparar algún día. Conserve seguras las piezas en una lata de dulces pequeña.

Evite que se enreden las cadenas de joyería Mantenga los collares y brazaletes de cadenas separados y sin enredarse en sus propias latas individuales.

Guarde juntos los aretes (aros) Se le hace tarde para la fiesta pero sólo puede encontrar un arete del par que hace juego con su vestido. Para evitar que los pares de aretes pequeños se separen, guárdelos juntos en una lata de dulces pequeña y llegará a tiempo a la siguiente fiesta.

Haga un recuerdo de cumpleaños Decore el exterior de una lata de dulces pequeña, fórrela con fieltro o seda y meta una moneda de plata, trate de que sea del año en que nació su amigo o ser querido.

Organice su equipo de costura Use una lata de dulces pequeña para guardar broches de presión, lentejuelas, botones y cuentas en su caja de costura. Rotule las tapas o pegue una muestra para una fácil identificación del contenido.

Guarde accesorios de su taller Las latas de dulces son formidables para guardar clavos, tacos, tornillos, arandelas y otros artículos pequeños que de otro modo podrían desordenar su taller.

Guarde los fusibles de su auto Siempre sabrá dónde hallar los fusibles de repuesto de su auto si los guarda en una lata para dulces pequeña en la guantera de su auto.

❋ Leche

Haga que el pescado congelado sepa fresco. Si desea que el pescado en su congelado sepa como si hubiese sido pescado ayer, intente este truco: coloque el pescado congelado en un baño de leche hasta que se descongele, la leche hará que sepa fresco.

Mejore el sabor del elote (choclo) He aquí una forma sencilla para hacer que un elote sepa más dulce y más fresco. Simplemente agregue un 1/4 de taza de leche en polvo a la olla donde hierven sus elotes.

Repare su porcelana agrietada. Antes de que decida tirar ese platón (bandeja) agrietado de su abuela, intente enmendarlo con un poco de leche. Coloque el platón en una olla, cúbrala con leche fresca o reconstituida y haga que hierva. Baje la flama en cuanto la leche comience a hervir, deje a fuego lento durante los siguientes 45 minutos. La proteína de la leche enmendará milagrosamente la mayoría de las grietas pequeñas.

Pula sus cubiertos de plata. La platería deslustrada se verá como nueva con la ayuda de un poco de leche agria. Si no tiene leche agria a la mano, puede hacerla agregándole vinagre a la leche fresca, después remoje su platería en la leche, de 30 minutos a 1 hora. Para terminar, enjuáguela en agua tibia y jabonosa, saque brillo con un paño seco y suave.

Alivie quemaduras de sol y picaduras de insectos. Si su piel arde mucho a causa de una larga exposición al sol o tiene mucha comezón por las picaduras de insectos, intente aliviar los síntomas con una pasta de leche. Mezcle una parte de leche en polvo con dos partes de agua y una o dos pizcas de sal, frote sobre la quemadura o los piquetes; las enzimas de la leche en polvo ayudarán a neutralizar el veneno del insecto y aliviar el ardor de la quemadura.

Improvise un removedor de maquillaje. Si se le ha terminado el removedor de maquillaje y no puede ir a la tienda en ese momento, use leche en polvo. Simplemente disuelva 3 cucharadas soperas de leche en polvo con 1/3 de agua tibia y mezcle bien. Agregue más agua o leche en polvo hasta lograr la consistencia de la crema de leche. Ahora está usted lista para aplicar su removedor de maquillaje con una toalla facial; posteriormente enjuague con agua.

Hágase una mascarilla facial. Otra forma de hacerse una mascarilla de la calidad de un spa en casa es la mezcla de 1/4 de taza de leche en polvo con suficiente agua para formar una pasta espesa. Cubra por completo su cara con la mezcla y deje secar perfectamente, después enjuague con agua tibia. Su rostro se sentirá fresco y rejuvenecido.

Suavice su piel. Dése un baño lujoso de leche espumosa. Agregue 1/2 taza de leche en polvo a su tina (bañera) mientras se llena. La leche actua como suavizante natural sobre la piel.

Limpie y suavice sus manos sucias. Si usted ha regresado del jardín con las manos sucias y agrietadas, el jabón regular no hará nada por ellas. Intente lo siguiente: forme una pasta de avena con leche y tome un poco y frótese las manos con ella vigorosamente. Las manchas desaparecerán y la mezcla de avena con leche suavizará su piel.

Limpie sus artículos de piel. Haga que sus bolsos (carteras) o zapatos de piel luzcan como nuevos otra vez. Simplemente frote un poco de leche, déjela secar y saque brillo con un paño seco y suave.

Remueva las manchas de tinta. Para quitar manchas de tinta de su ropa de color, un baño de leche por toda una noche logrará el cometido. Simplemente remoje la prenda con las manchas en leche por toda una noche y lave como de costumbre al día siguiente.

✳ Ligas (gomitas de elástico)

Detenga esas cucharas que se resbalan ¡Plop! La cuchara se deslizó de nuevo al tazón (bol) mezclador y ahora tiene que ensuciarse para sacarla de la pasta. Esta vez, después de enjuagar la cuchara, envuelva una goma alrededor de la parte superior del mango para atrapar la cuchara y evitar el desastre.

¿ SABÍA *Usted* QUE...?

La primera goma fue patentada en 1845 por Stephen Perry, quien poseía una compañía manufacturera en Londres.

Un ingrediente clave para hacer gomas es el azufre. Cuando se agrega al hule y se calienta, proceso conocido como vulcanización, hace al hule fuerte y elástico y previene que se pudra. El proceso de hacer gomas es sorprendentemente parecido al de hacer una hogaza de pan. Primero se mezclan los ingredientes secos con hule natural. La fricción y la reacción química resultante calienta y vulcaniza en forma parcial el hule. El hule se enfría, luego se enrolla como masa para pan. Se mete en un tubo largo y el tubo se calienta para terminar la vulcanización. Después se enjuaga, se enfría y se rebana en bandas.

Asegure las tapas de su cacerola ¡No lo derrames! Esto dice al entregar a alguien su cacerola preparada con amor para que la lleve en el auto a esa cena de cooperación. No se preocupará si asegura la tapa a la base con un par de gomas anchas.

Ancle su tabla para cortar ¿Persigue su tabla para cortar por toda la mesa al picar vegetales? Déle tracción a la tabla poniendo una goma alrededor de cada extremo.

Obtenga agarre en tapas de rosca ¡Auch! Se supone que ahora las tapas en las botellas de cerveza son de rosca, pero por alguna razón aún tienen esas pequeñas ondulaciones filosas de los días del destapador. Y esas ondulaciones pueden enterrarse en la mano. Envuelva la tapa con una goma para ahorrarse el dolor. El mismo truco funciona para las tapas de refresco (gaseosa) suaves difíciles de agarrar.

Obtenga agarre en vasos ¿La artritis le dificulta agarrar un vaso en forma segura, en especial cuando está húmedo por la condensación? Envuelva un par de gomas alrededor del vaso para que sea más fácil agarrarlo. También funciona para los niños, a cuyas manos pequeñas a veces se les dificulta sostener un vaso.

Renueve su escoba No necesita tirar esa escoba porque las cerdas se han extendido con el uso. Enrolle una goma alrededor de la escoba unos cuantos centímetros sobre la parte inferior. Déjela un día más o menos para que las cerdas se alineen.

Gabinetes de cocina y baño a prueba de niños ¡Vienen los nietos! Tiempo de sacar las gomas y proteger temporalmente los gabinetes del baño y la cocina que no desea que abran. Sólo enróllelas apretadas alrededor de pares de tiradores.

Evite que se enrede el hilo ¿Cansada del hilo enredado en su caja de costura? Sólo enrolle una goma alrededor de los carretes para evitar que el hilo se desovíle.

Haga un soporte para la visera de su auto Meta un par de gomas alrededor de la visera de su auto. Ahora tiene un lugar práctico para poner recibos de peaje, direcciones, y a lo mejor hasta su CD favorito.

Hojee papeles con facilidad Deje de lamer su dedo. Sólo enrolle una goma alrededor de su dedo índice unas cuantas veces la próxima vez que necesite revolver papeles. ¡Pero no demasiado apretada! No querrá cortar la circulación de su dedo.

Extienda un botón ¿Tiene problemas para respirar? Tal vez el botón superior de su camisa queda muy apretado. Pase una goma chica por el ojal, luego enlace los extremos sobre el botón. Póngase la corbata y respire con facilidad.

Úselas como señaladores Los señaladores de papel para libros funcionan bien, hasta que se salen del libro. En su lugar, enlace una goma de arriba abajo alrededor de la parte del libro que ya leyó. No perderá su lugar, aun si se le cae el libro.

Acolchone su control remoto Para proteger sus muebles finos de los rayones y mellas (hendiduras), enrolle una goma ancha alrededor de ambos extremos del control remoto del televisor. También protegerá el control remoto; será menos probable que se caiga y se dañe.

Asegure las tablillas (maderas) de la cama ¿A veces se resbalan las tablillas bajo su colchón? Enrolle gomas alrededor de sus extremos para mantenerlas en su lugar.

Apriete las ruedas de los muebles Las ruedas en las patas de los muebles pueden aflojarse con el uso. Para apretar una rueda, enrolle una goma alrededor de la espiga y reinsértela.

Mida sus líquidos Mmm, ¿cuánto barniz queda en esa lata que está en el estante? Ponga una goma alrededor de los recipientes de líquido en su taller para indicar cuánto queda y siempre lo sabrá de un vistazo.

Escurra su brocha Cada vez que moja su brocha, escurre el exceso contra el lado de la lata. Antes de darse cuenta, la pintura está chorreando por un lado de la lata y la ranura alrededor del borde está tan llena de pintura que salpica por todas partes cuando pone la tapa de nuevo. Es fácil evitar todo este lío. Sólo enrolle una goma alrededor de la lata de arriba abajo, cruzando la parte media de la abertura de la lata. Después, cuando moje su brocha, puede escurrirla contra la goma y el exceso de pintura caerá de nuevo en la lata.

* Lijas

Afile sus agujas de coser Piénselo dos veces antes de tirar un papel de lija usado de grano fino: las esquinas no usadas son perfectas para guardarlas en su costurero. Para que sus agujas de coser estén más puntiagudas que nunca, meta y saque algunas veces las agujas en el papel, o envuélvalas en el papel de lija doblado y hágalas girar varias veces.

Afile sus tijeras ¿Sus tijeras ya no cortan como solían hacerlo? Use un pedazo de papel de lija de grano fino para afilarlas.

Quite la pelusa de los sweaters Si está metido en una batalla perdida contra la pelusa de sus sweaters o jerseys, use un papel de lija, de cualquier grano, y frote con él la prenda ligeramente en una sola dirección.

Saque las quemaduras de la lana Si su prenda de lana tiene una pequeña quemadura debida a una chispa, la marca será menos notoria si la frota suavemente con un papel de lija de grano mediano alrededor de los bordes.

Sostenga los pliegues mientras plancha Si es un perfeccionista en dobleces, tenga un papel de lija de grano fino a mediano a la mano mientras plancha. Ponga el papel bajo el pliegue para fijarlo mientras lo plancha.

> **Cosas de niños** Usted o su pequeño Da Vinci pueden diseñar una bella y original **camiseta**. Pídale al joven que dibuje con **crayones** un diseño definido en el lado áspero de una hoja de papel de lija. Coloque la camiseta en su **tabla para planchar** y deslice dentro de la camiseta una hoja de **papel aluminio**. Coloque la lija sobre la camiseta, con el diseño hacia abajo. **Planche** y prense el papel durante unos diez segundos en cada sitio hasta prensar todo el diseño. Deje que se enfríe la camiseta para que se fije bien el diseño, lávela con agua fría y luego cuélguela durante un par de horas.

Raspe las suelas resbaladizas Los zapatos nuevos con suelas de cuero resultan resbaladizas y pueden mandarlo a volar, así que tome un pedazo pequeño de papel de lija y lije las suelas a lo ancho. Esto resulta más económico y sencillo que llevar los zapatos a que les pongan suelas de goma.

Quite las manchas de tinta y los rayones de la gamuza Un pedazo de papel de lija de grano fino y un toque suave hacen maravillas para eliminar o minimizar una mancha de tinta o un rayón en las prendas o zapatos de gamuza. Luego, frote con un cepillo de dientes o de uñas. ¡Puede ahorrarse el gasto de la tintorería!

Ahuyente las babosas Las babosas son unas visitas incómodas que nunca se van, pero usted puede evitar que se acerquen a sus plantas: coloque discos de lija usados bajo la base de sus macetas asegurándose de que el papel de lija tenga un diámetro mayor que el de la base de la maceta.

Elimine las manchas de yeso Algunas veces el limpiador abrasivo de baños no es lo suficientemente abrasivo. Acuda a un papel de lija de grano fino. Doble el papel y use la orilla doblada para lijar las uniones de yeso entre los mosaicos. Cuídese de no lijar ni rayar el acabado.

Abra fácilmente un frasco atorado ¿Le cuesta trabajo abrir un frasco? Tome un pedazo de papel de lija y coloque el lado áspero sobre la tapa. El papel debe mejorar su agarre de manera que pueda abrir el frasco sin problemas.

Hágase una lima de uñas Si no tiene una a la mano, asalte el taller de la cochera. Busque un pedazo de papel de lija que en la parte de atrás tenga los números 120 o 150

✳ Lima de uñas

Lije hendiduras profundas Si está restaurando una pieza de madera detallada —como las patas torneadas de una mesa o los ejes de una silla— puede usar limas de uñas para suavizar las hendiduras difíciles de alcanzar antes de aplicar barniz o acabado. Estas limas son fáciles de manejar y son una opción a las lijas.

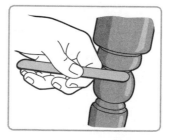

Quite la mugre de una goma de borrar ¿Tiene un estudiante molesto al que no le gusta la suciedad en el extremo de un lápiz? Tome una lima de uñas y frote ligeramente sobre la goma de borrar hasta que desaparezca la mugre.

Prepare semillas para plantar Quite la capa dura de las semillas con una lima de uñas antes de plantarlas. Brotarán más rápido y absorberán mejor la humedad.

Salve el ante ¿Alguien pisó sus zapatos de ante azul? O peor, ¿derramó un poco de vino sobre ellos? No se registre en el hotel de los corazones rotos. Frote ligeramente la mancha con una lima de uñas, y luego sostenga el zapato sobre el vapor de una tetera o cacerola para eliminar la mancha. También sirve para ropa de ante.

¿ SABÍA **Usted** QUE...?

¿Alguna vez se ha preguntado algo acerca de las limas de uñas, esos palitos que metemos en nuestros cajones y parece que nunca podemos encontrar cuando necesitamos limar una uña rota? El esmeril es una mezcla natural de corindón y magnetita. El diamante es el único mineral más duro que el corindón. Los zafiros y rubíes también son variedades de corindón. Por eso es fácil entender por qué una revista para manicuristas exhortaría a las mujeres a "tratar sus uñas como joyas, no como herramientas". Las limas han cambiado mucho desde 1910, cuando fueron lanzadas al mercado. Ahora vienen con diseños brillantes, despiden aromas o tienen forma de corazones y estrellas.

superobjeto

34 usos

Limones

*LIMONES **POR TODA LA CASA**

Elimine el olor de la chimenea No hay nada más acogedor en una noche fría de invierno que un fuego ardiente en la chimenea, a menos que dé la casualidad que el fuego huela horrible. La próxima vez que tenga un fuego que apeste la habitación, ponga unas cuantas cáscaras de limón en las llamas. O tan sólo queme algunas cáscaras de limón junto con su leña como medida preventiva.

Deshágase de esas manchas difíciles en el mármol Quizá considere el mármol una piedra, pero en realidad es calcio petrificado (o conchas marinas antiguas). Esto explica por qué es tan poroso y se mancha y daña con facilidad. Estas manchas pueden ser difíciles de quitar, pero hay un método muy sencillo que podrá serle de utilidad: corte un limón a la mitad, introduzca la pulpa expuesta en un poco de sal de mesa y frótela vigorosamente sobre la mancha. ¡Le sorprenderá lo bien que funciona!

Aromatice y humidifique el ambiente Refresque y humecte el aire en su hogar en días invernales secos. Haga su propio aromatizante que además funciona como humidificador. Si tiene estufa (horno) de leña, ponga una olla o tazón de hierro fundido esmaltado, llénelo con agua y ponga cáscaras de limón (o naranja), canela en rama, clavos y cáscaras de manzana. ¿No tiene estufa (horno) de leña? Use su estufa (cocina) de gas y hierva el agua a fuego lento periódicamente.

Neutralice el olor de la caja del gato No necesita usar un aerosol para neutralizar el mal olor de la caja del gato o refrescar el aire en su baño. Corte un par de limones a la mitad. Luego póngalos en un plato en el cuarto, con el lado cortado hacia arriba, y pronto el aire olerá a limón fresco.

Desodorice un humidificador Cuando su humidificador empiece a oler mal, desodorícelo con facilidad: vierta 3 o 4 cucharaditas de jugo de limón en el agua. No sólo eliminará el olor sino que lo reemplazará con una fragancia de limón fresco. Repita cada dos semanas para mantener el aroma.

SABÍA *Usted* QUE...?

Con el debido respeto a Trini López y su interpretación de "El limonero", en realidad un limonero no es muy bonito, y sus flores tampoco son fragantes. Las ramas desordenadas del árbol se parecen poco al follaje denso de un naranjo, y sus flores purpurinas carecen de la fragancia de los azahares. Sí, el fruto del "pobre limón" es agrio, gracias a su alto contenido de ácido cítrico, pero difícilmente es "imposible de comer". Los marineros han chupado limones ricos en vitamina C por cientos de años para prevenir el escorbuto. Hasta este día, la marina inglesa requiere que los barcos lleven suficientes limones para que cada marinero tenga 30 mililitros de jugo diaria.

Limpie el latón deslustrado Diga adiós a la empañadura en latón, cobre o acero inoxidable. Haga una pasta de limón y sal (o use bicarbonato de sodio o cremor tártaro en vez de sal) y cubra el área afectada. Déjela por 5 minutos. Lave en agua tibia, enjuague y pula para secar. Use la misma mezcla para limpiar también fregaderos metálicos. Aplique la pasta, restriegue con suavidad y enjuague.

Pula el cromo Deshágase de depósitos minerales y pula grifos (canillas) y otros objetos cromados empañados. ¡Tan sólo frote corteza de limón sobre el cromo y véalo brillar! Enjuague bien y séquelos con un paño suave.

✳LIMONES **EN LA COCINA**

Impida que las papas se pongan café Las papas y la coliflor tienden a ponerse café cuando se cuecen, en especial cuando tiene compañía para cenar. Puede asegurarse que los vegetales blancos sigan blancos exprimiendo una cucharadita de jugo de limón fresco en el agua de cocimiento.

Refresque el refrigerador (heladera) Elimine fácilmente los olores del refri. Humedezca un algodón o esponja con jugo de limón y déjelo en el refrigerador varias horas. Asegúrese de desechar cualquier cosa que pudiera causar el mal olor.

Abrillante el aluminio Haga brillar esas ollas y cacerolas opacas, por dentro y por fuera. Frote el lado cortado de medio limón sobre ellas y pula con un paño suave.

Cosas de niños A los niños les encanta enviar y recibir mensajes secretos, ¿y qué mejor forma de hacerlo que escribirlos con **tinta invisible**? Sólo necesitan **jugo de limón** (recién exprimido o embotellado) para usarlo como tinta, un **cotonete** para escribir y una hoja de **papel blanco**. Cuando la tinta seque y estén listos para leer el mensaje invisible, haga que sostengan el papel contra la luz solar brillante o un foco (lamparita). ¡El calor hará que la escritura se ponga café claro y el mensaje se leerá! Asegúrese de que no calienten en exceso e incendien el papel.

Evite que se pegue el arroz Para evitar que el arroz se le pegue en una masa informe, agregue una cucharada de jugo de limón al agua hirviendo cuando lo cocine. Cuando el arroz esté hecho, déjelo enfriar unos minutos, luego espónjelo con un tenedor antes de servir.

Refresque tablas para cortar ¡No es de extrañar que su tabla para cortar huela! Después de todo, la usa para picar cebolla, triturar ajo, cortar carne y pollo crudo y cocido, y preparar pescado. Para eliminar el olor y desinfectar la tabla, frótela con el lado cortado de medio limón o lávela con jugo sin diluir directo de la botella.

Conserve verde el guacamole (palta) Preparó un guacamole para la gran fiesta y no desea que se ponga café antes que lleguen los invitados. La solución: rocíe una cantidad generosa de jugo de limón fresco sobre él y permanecerá fresco y verde. El sabor del jugo de limón es un complemento natural para los aguacates (paltas) en el guacamole. También haga con horas de anticipación la ensalada de frutas. Exprima algo de jugo de limón en las rebanadas de manzana y permanecerán blancas.

Haga fresca una lechuga húmeda No tire esa lechuga húmeda a la basura. Con ayuda de un poco de jugo de limón puede tirarla mejor en la ensalada. Agregue el jugo de medio limón a un tazón (bol) de agua fría. Luego ponga la lechuga húmeda en él y refrigere por 1 hora. Asegúrese de secar las hojas por completo antes de ponerlas en ensaladas o sándwiches.

Eche de la cocina a los bichos No necesita insecticidas o trampas para hacer su cocina a prueba de hormigas. Sólo el tratamiento del limón. Primero exprima algo de jugo de limón en el umbral de las puertas y alféizares de las ventanas. Luego exprima jugo de limón en hoyos o grietas donde se metan las hormigas. Por último, esparza rebanadas de cáscara de limón alrededor de la entrada exterior. Las hormigas entenderán que no son bienvenidas. Los limones también son efectivos contra cucarachas y pulgas: mezcle el jugo de 4 limones (con las cáscaras) con 2 litros de agua y lave sus pisos, y las verá huir. Odian el olor.

Limpie su microondas ¿El interior de su microondas está cubierto de trozos de comida endurecida? Puede limpiarlo bien sin raspar la superficie con limpiadores duros ni cansarse. Sólo mezcle 3 cucharadas de jugo de limón en 1 y 1/2 tazas de agua en un recipiente para microondas. Póngalo en potencia alta por un período de 5 a 10 minutos, permitiendo que el vapor se condense en las paredes interiores y techo del horno. Luego sólo limpie la comida suavizada con un paño para trastes (repasador).

Desodorice su triturador de basura Si su triturador de basura empieza a hacer que su fregadero huela asqueroso, aquí hay una forma fácil para desodorizarlo: guarde las cáscaras de limón y naranja sobrantes y tírelas por el drenaje. Para que siga oliendo fresco, repita una vez al mes.

✱LIMONES **EN LA LAVANDERÍA**

Blanquee telas delicadas El blanqueador con cloro doméstico (lavandina) ordinario puede causar que el hierro en el agua se precipite en sus telas, dejando manchas adicionales. Para un blanqueador suave, sin manchas, moje su ropa delicada en una mezcla de jugo de limón y bicarbonato de sodio al menos media hora antes de lavarla.

Quite manchas de las axilas Evite facturas de lavandería costosas. Puede eliminar manchas feas en las axilas de camisas y blusas con sólo restregarlas con una mezcla de partes iguales de jugo de limón (o vinagre blanco) y agua.

Tip Antes de exprimir

> Para obtener más jugo de los limones frescos, téngalos a temperatura ambiente y ruédelos bajo su palma contra su mesa de cocina antes de exprimirlos. Esto romperá el tejido conectivo y las paredes de las células de jugo, lo que permite que el limón libere más líquido al exprimirlo.

Mejore el detergente para ropa Para eliminar óxido y decoloraciones minerales de camisetas y calzoncillos de algodón, vierta 1 taza de jugo de limón en la lavadora (el lavarropas) durante el ciclo de lavado. La acción blanqueadora natural del jugo suprimirá las manchas y dejará la ropa oliendo fresco.

Quite el moho a la ropa Desempaca la ropa que almacenó para la temporada y descubre que algunas de las prendas están manchadas con moho. Para quitar el moho de la ropa, haga una pasta de jugo de limón y sal y frote el área afectada, luego seque la ropa al sol. Repita el proceso hasta que la mancha desaparezca. También funciona bien para manchas de óxido en la ropa.

Blanquee ropa Diluido o puro, el jugo de limón es un blanqueador de telas seguro y efectivo cuando se agrega al agua para lavar. Además su ropa quedará con un fresco olor a limón.

✳LIMONES **PARA LA SALUD Y LA BELLEZA**

Aclare manchas de la vejez Antes de comprar cremas medicinales caras para aclarar las desagradables manchas del hígado y pecas, pruebe esto: aplique jugo de limón directo en el área, déjelo por 15 minutos y enjuague su piel. El jugo de limón es un agente seguro y efectivo para aclarar la piel.

Hágase reflejos rubios Para reflejos rubios dignos del mejor salón de belleza, agregue 1/4 de taza de jugo de limón a 3/4 de taza de agua y enjuague su cabello con la mezcla. Luego siéntese al sol hasta que se le seque el cabello. El jugo de limón es un blanqueador natural. No olvide ponerse mucho bloqueador solar antes de sentarse al sol. Para maximizar el efecto, repítalo diario por una semana.

Límpie y blanquee las uñas Mime sus uñas sin ayuda de la manicurista. Agregue el jugo de 1/2 limón a 1 taza de agua tibia y moje sus dedos en la mezcla por 5 minutos. Después de echar hacia atrás las cutículas, frote con algo de cáscara de limón de un lado a otro contra la uña.

Purifique su cara Limpie y exfolie su cara lavándola con jugo de limón. También puede aplicar ligeramente jugo de limón en las espinillas para quitarlas durante el día. Su piel mejorará después de varios días de tratamiento.

FERIA DE LA CIENCIA

¡Convierta un **limón en una pila**! No encenderá su auto, pero podrá sentir la corriente con su lengua.

Ruede el limón sobre una superficie plana para "activar" los jugos. Luego corte dos ranuras pequeñas en el limón con 1.25 centímetros de separación. Ponga un **clavo de zinc** en una ranura y un **clavo de cobre** en la otra. Ahora toque con su **lengua** los dos clavos al mismo tiempo. Sentirá un ligero **hormigueo eléctrico**. Así funciona: el ácido en el limón reacciona en forma diferente con cada uno de los dos metales. Un clavo contiene cargas eléctricas positivas, mientras el otro contiene cargas negativas. Las cargas generan corriente. Su lengua conduce las cargas, causando que fluya una pequeña cantidad de electricidad.

Refresque su aliento Improvise un enjuague bucal con jugo de limón directo de la botella. Enjuáguese con el jugo y tráguelo para tener un aliento fresco duradero. El ácido cítrico en el jugo altera el nivel de pH en su boca, matando las bacterias que causan el mal aliento. Enjuague luego de unos minutos, porque la exposición prolongada al ácido en el limón puede dañar el esmalte de sus dientes.

Trate la caspa escamosa Si la caspa escamosa lo tiene rascándose la cabeza, el alivio puede estar tan cerca como su refrigerador (heladera). Dé masaje a su cuero cabelludo con 2 cucharadas de jugo de limón y enjuague con agua. Luego revuelva 1 cucharadita de jugo de limón en 1 taza de agua y enjuague su cabello con él. Repita esto diario hasta que desaparezca la caspa. No más comezón en su cuero cabelludo, y su cabello olerá a limón fresco.

Suavice esos codos secos y escamosos Que sus codos estén secos y le provoquen comezón ya es bastante desagradable, pero además se ven terribles. Sus codos se verán y se sentirán mejor después de unos cuantos tratamientos con este régimen: mezcle bicarbonato de sodio y jugo de limón para hacer una pasta abrasiva. Luego frote la pasta en sus codos para un tratamiento calmante, suavizante y exfoliante.

Quite las manchas de ciertos frutos Seguro que fue divertido cosechar sus propias bayas, pero ahora sus dedos están manchados con jugo de baya que no se quitan con agua y jabón. Lávese las manos con jugo de limón sin diluir. Espere unos cuantos minutos y lávese con agua jabonosa tibia. Repita si es necesario hasta que la mancha desaparezca por completo.

Desinfecte cortadas y arañazos Deje de sangrar y desinfecte cortadas y arañazos menores. Vierta unas cuantas gotas de jugo de limón directo en la cortada o aplique el jugo con un algodón y sosténgalo con firmeza en el lugar por un minuto.

Calme el sarpullido de la hiedra venenosa No necesita un mar de loción de calamina la próxima vez que tropiece con una hiedra venenosa. Aplique jugo de limón puro directo en el área afectada para calmar la comezón y aliviar el sarpullido.

Alivie manos ásperas y pies adoloridos No tiene que tomar medidas extremas para aliviar sus extremidades. Si tiene manos ásperas o pies adoloridos, enjuáguelos con una mezcla de partes iguales de jugo de limón y agua, luego deles masaje con aceite de oliva y séquelos con toques ligeros con un paño suave.

Quite verrugas Ha probado innumerables remedios para deshacerse de sus verrugas y nada parece funcionar. La próxima vez, intente esto: aplique un toque de jugo de limón directo en la verruga, usando un cotonete. Repita varios días hasta que los ácidos en el jugo de limón disuelvan la verruga por completo.

Limpiador de hornos

Devuelva el estilo a su rizador (cepillo) ¿Su rizador está cubierto de una capa de gel estilizador o acondicionador endurecida? Antes de usarlo de nuevo, rocíelo ligeramente con limpiador de hornos. Deje una hora, limpie con paño húmedo y seque con otro limpio. *Advertencia:* no lo use hasta que esté bien seco.

Quite el círculo de la bañera ¿Tiene una mancha o círculo terco alrededor de su bañera de porcelana blanca que se rehúsa a limpiarse? Llame a la artillería pesada rociándola con limpiador de hornos. Déjelo unas cuantas horas, luego enjuague a fondo. *Advertencia:* no aplique limpiador de hornos a bañeras de porcelana de colores; podría decolorarse. Y tenga cuidado que no caiga limpiador de hornos en la cortina de la ducha; podría arruinar tanto plástico como tela.

Limpie las líneas de la lechada (sellado) sucias en los azulejos ¿Listo para atacar sin cuartel a la mugre en la lechada? Primero, asegúrese de tener mucha ventilación; en un baño chico es aconsejable usar su extractor de aire. Póngase guantes de hule y rocíe limpiador de hornos en las líneas de la lechada. Quite el limpiador con una esponja antes de 5 segundos. Enjuague bien con agua para que reluzca.

> **CUIDADO** Los limpiadores de hornos contienen lejía muy cáustica, que quema la piel y daña los ojos. Siempre use guantes de hule largos y gafas protectoras al usar limpiador de hornos. El rocío del limpiador en aerosol irrita las membranas nasales. La ingestión causa quemaduras corrosivas en boca, garganta y estómago que requieren atención médica inmediata. Guárdelo fuera del alcance de los niños.

Limpie refractarios Ha intentado todo para refregar esas manchas de quemaduras de sus refractarios Pyrex o CorningWare. Ahora intente esto: póngase guantes de hule y cubra el refractario con limpiador de hornos. Luego coloque el refractario en una bolsa para basura resistente, ciérrela apretándola con alambres retorcidos y déjela toda la noche. Abra la bolsa al aire libre, alejando su cara de los gases peligrosos. Use guantes de hule para quitar y lavar el refractario.

Limpie una olla de hierro fundido Si necesita limpiar y renovar esa sartén de hierro fundido de segunda mano que halló en una venta de garage, empiece por darle una buena rociada con limpiador de hornos y poniéndola en una bolsa de plástico sellada toda la noche. (Esto mantiene funcionando al limpiador al evitar que se seque.) Al día siguiente, saque la olla y frótela con un cepillo de alambre rígido. Luego, lávela bien con agua y jabón, enjuáguela bien y séquela de inmediato con un par de paños limpios y secos. *Nota:* esto elimina la mugre y grasa acumuladas, pero no el óxido. Para eso, use vinagre. Pero no lo deje mucho. La exposición prolongada al vinagre daña los utensilios de hierro fundido.

Quite manchas del concreto Elimine esas manchas desagradables de grasa, aceite y líquido de transmisión del piso de concreto de su entrada o garage. Rocíelas con limpiador de hornos. Déjelo 5-10 minutos, luego restriegue con un cepillo rígido y enjuague con manguera en su mayor presión. Las manchas difíciles pueden requerir una segunda aplicación.

Quite pintura o barniz Para una forma fácil de eliminar pintura o barniz de muebles de madera o metal, trate de usar una lata de limpiador de hornos; cuesta menos que los removedores de pintura comerciales y es más fácil de aplicar (es decir, si lo rocía en vez de aplicarlo con brocha). Después de aplicar, frote la pintura vieja con un cepillo de alambre. Neutralice la superficie despintada cubriéndola con vinagre y luego lávela con agua limpia. Permita que se seque bien la madera o metal antes de volver a pintar. No use limpiador de hornos para despintar antigüedades o muebles caros; puede oscurecer la madera o decolorar el metal.

✳ Limpiapipas

Decore una colita para el pelo ¿Necesita un estilo fresco para su cabello? ¿Está cansada de usar listones viejos? Una vez que se haya hecho una colita, enrolle un limpiapipas alrededor de la banda de pelo. Enrolle un par junto para un efecto más brillante.

Úselo como agujeta (cordón) de emergencia Su agujeta o cordón se rompió y está a punto de salir a la cancha para jugar ese partido de basketball de rivalidad. Un limpiapipas es una buena atadura provisional. Sólo póngala en su zapato como una agujeta y tuérzalo en el extremo.

Soporte de alfileres de seguridad Los alfileres de seguridad vienen en tantos tamaños que es difícil organizarlos. Ensarte los alfileres de seguridad en un limpiapipas, a través de la gaza inferior de cada alfiler, para un acceso fácil.

SABÍA *Usted* QUE...?

Según fuentes confiables, los limpiapipas fueron inventados a fines del siglo XIX en Rochester, Nueva York, por J. Harry Stedman, quien también tuvo la idea de emitir boletos para transbordar entre tranvías locales. Aunque fumar pipa ha disminuido mucho desde entonces, los limpiapipas han florecido, habiendo sido adoptados por la comunidad de artes y oficios. Técnicamente, los limpiapipas usados en salones de clases, campamentos de verano, tropas de niños exploradores, etcétera, se llaman escobellones. Éstos vienen en varios colores y anchos y son más rizados que los limpiapipas reales que usan los fumadores.

Limpie quemadores (hornallas) de gas ¿Ha notado que no encienden todas las boquillas de los quemadores de su estufa (cocina)? ¿Ve un círculo incompleto de azul cuando enciende un quemador? Introduzca un limpiapipas a través de las pequeñas aberturas. Esto lo limpiará y permitirá que funcione mejor. Esta táctica sirve también para las válvulas de seguridad de als cocinas de presión.

Haga anillos para servilletas Los limpiapipas de colores son un recurso fácil y rápido para hacer anillos para servilletas. Sólo enróllelos alrededor de la servilleta y póngalos en la mesa. Si desea ser aventurada, use dos, uno para el anilo de la servilleta, y una el otro a éste, dándole forma de corazón, trébol, flor, ringorrangos o alguna otra cosa.

Úselos como tiras de alambre Va a cerrar esa bolsa de basura de la cocina cuando descubre que se le acabaron las tiras de alambre. Use un limpiapipas en su lugar.

Úselos como juguete de viaje Si le preocupa tener en sus manos un niño aburrido e inquieto durante su próximo viaje largo en auto o avión, meta un montón de limpiapipas en su bolso (cartera). Sáquelos cuando comience a surgir la pregunta "¿Ya llegamos?". Los limpiapipas de colores pueden doblarse y formar figuras divertidas, animales, flores u otra cosa. Incluso son brazaletes y collares temporales estupendos.

Úselos como minicepillo Los limpiapipas son formidables para limpiar en espacios estrechos. Use uno para quitar la mugre de la rueda de un abrelatas o para limpiar el área de la bobina de una máquina de coser.

Decore un regalo Para darle un toque especial a un presente de cumpleaños o de fiesta, haga un arco o un corazón con un limpiapipas. Pase un extremo por el agujero en la tarjeta y péguela al paquete con una pizca de pegamento.

✳ Limpiaventanas

Reduzca la inflamación por piquetes de abeja Rocíe algo de limpiador para ventanas en un piquete de abeja es una forma rápida para reducir la inflamación y el dolor. Pero primero asegúrese de quitar cualquier aguijón. Sáquelo moviéndolo de costado, no lo saque con pinzas, luego rocíe. Use sólo limpiador para ventanas en rociador que contenga amoníaco y nunca use un producto concentrado. Es la pequeña cantidad de amoníaco la que hace el trabajo, y los apicultores han sabido por años que una solución muy diluida de amoníaco alivia picaduras.

Saque ese anillo atorado Ese anillo se sintió un poco apretado al meterlo y ahora… ¡ups!… está atorado. Rocíe un poco de limpiador para ventanas en su dedo para lubricarlo y facilitar sacar el anillo.

Limpie su joyería Use limpiador para ventanas para limpiar joyería que es toda de metal o con gemas cristalinas, como diamantes o rubíes. Rocíela con el limpiador y límpiela un cepillo de dientes viejo. Pero no haga esto si la pieza tiene piedras opacas como ópalo o turquesa, o gemas orgánicas como coral o perla. El amoníaco y los detergentes en el limpiador decoloran estas preciosidades porosas.

Quite manchas tercas en la ropa sucia Si lavar con detergente no basta para sacar manchas difíciles como sangre, pasto o salsa de tomate de una tela, pruebe un limpiador para ventanas claro con amoníaco en rociador. (Es el amoníaco el que hace el truco, y deseará que no tenga color para evitar manchar la tela.) Rocíe la mancha con el limpiador y deje reposar 15 minutos. Seque con un paño limpio, enjuague con agua fría y lave de nuevo. Unas cuantas sugerencias:

- Haga una prueba en una costura u otra parte discreta de la prenda para ver si el color se corre.

- Use agua fría y no ponga la prenda en la secadora hasta que haya desaparecido por completo la mancha.

- No use esto en seda, lana o sus mezclas.

- Si el color de la tela parece cambiar después de usar en ella limpiador para ventanas, humedezca la tela con vinagre blanco y enjuague con agua. La acidez del vinagre neutralizará la alcalinidad del amoníaco.

SABÍA *Usted* QUE...?

¿Rociar limpiador para ventanas en un grano en verdad ayuda a hacer que se quite? Aunque la fórmula varía según la marca, los limpiadores para ventana por lo general contienen amoníaco, detergentes, solventes y alcohol. Esta combinación limpiará, desinfectará y secará la piel. Así que en tanto lo mantenga lejos de sus ojos y no sea alérgico a los ingredientes, es probable que le ayude a suprimir los granos.

✳ Líquido corrector

Cubra rayones en aparatos Aplique líquido corrector a lo largo —en rayas pequeñas— sobre sus aparatos domésticos. Cuando seque, cubra su reparación con barniz de uñas transparente para una mayor duración. También funciona en porcelana blanca, pero sólo para exhibición. Ahora que hay líquido corrector de colores, su uso va más allá del blanco. Puede hallar un beige o un amarillo igual al de su estufa (cocina) o de su refrigerador (heladera).

Retoque el techo Tape las manchas de techos blancos o beige con pinceladas —aplicadas sensatamente— de líquido corrector. Puede atenuar la brillantez, si es necesario, puliendo el área reparada con una servilleta de papel una vez que haya secado.

Borre las marcas ¿Necesita arreglar rápido las marcas de sus zapatos blancos? El líquido corrector disimulará las desagradables marcas. En cuero, pula con suavidad una vez que seque el líquido. No necesita pulir en charol.

Póngase de fiesta Decore sus ventanas para cualquier ocasión. Pinte copos de nieve, flores o letreros de *Bienvenido a casa* usando líquido corrector. Luego puede quitar su arte con quitaesmalte, una solución de amoníaco, vinagre y agua, o un limpiador de ventanas comercial. O puede rasparlo con una hoja de afeitar de filo sencillo en un soporte para quitar pintura del vidrio.

✱ Líquido para encendedor

Limpie óxido Las marcas de óxido en el acero inoxidable se quitarán en un santiamén. Vierta un poco de líquido para encendedor en un paño limpio y frote la mancha. Use otro paño para limpiar cualquier líquido restante.

Líbrese de un chicle en el cabello Le sucede hasta al mejor, por no decir a los niños. Quitar un chicle del cabello es difícil. Esta solución fácil si funciona: aplique unas gotas de líquido para encendedor directo en el área, espere unos segundos y peine o limpie la goma. Los solventes en el líquido descomponen el chicle (goma de mascar), facilitando quitarla de muchas superficies además del cabello.

Retire etiquetas con facilidad El líquido para encendedor despegará etiquetas y adhesivos casi de cualquier superficie. Úselo para quitar fácil y rápidamente la cinta resistente de los aparatos nuevos o para quitar las calcomanías de las cubiertas de los libros.

Quite marcas de crayón ¿Los niños dejaron su marca con crayones en sus paredes durante su última visita? No hay problema. Ponga algo de líquido para encendedores en un paño limpio y frote hasta que las marcas se desvanezcan.

CUIDADO El líquido para encendedor es barato, fácil de hallar (busque una botella de plástico pequeña junto a las botellas grandes de encendedores de parrillas) y tiene muchos usos sorprendentes. Pero es muy inflamable y es peligroso para su salud si se inhala o ingiere. Siempre úselo en un área bien ventilada. No fume cerca ni lo use cerca de una flama.

Quite marcas de tacones (tacos o pisadas) de los pisos No tiene que restregar para quitar esas marcas negras de tacones en el piso de la cocina. Sólo vierta un poco de líquido para encendedor en una toalla de papel y limpie las marca.

Deshágase de manchas de aceite de cocina en la ropa Si no se quitan las manchas de aceite de cocina de la ropa, vierta un poco de líquido para encendedor directo en la mancha antes de lavarla otra vez. la mancha saldrá en la lavada.

* Llaves

Ponga pesos a sus cortinas ¿Necesita que sus cortinas cuelguen en forma apropiada? Meta algunas llaves viejas en los dobladillos. Si le preocupa que se caigan, manténgalas en su lugar con unas cuantas puntadas que pasen por los agujeros en las llaves. También puede evitar que se enreden los cordones de las persianas usando llaves como pesos en su extremo.

Haga plomos para pesca Las llaves viejas no usadas son pesos estupendos para su línea de pescar. En vista que ya tienen un agujero, atarlas a la línea es fácil. Siempre que encuentre una llave no identificada, métala en la caja de su equipo de pesca.

Cree una plomada al instante Está listo para colocar el papel tapiz y necesita trazar una línea vertical perfecta en la pared para empezar. Tome un tramo de cuerda y ate una llave o dos a un extremo. Tendrá una plomada que le dará una vertical verdadera. También puede hacer lo mismo con unas tijeras.

M

* Macetas

Molde para hornear pan ¿Desea darle a la base de la vida una forma interesante? Tome una maceta de barro mediana y limpia, remójela en agua unos 20 minutos y engrase ligeramente el interior con mantequilla (enmanteque). Ponga en la maceta su masa para pan, preparada como acostumbre, y hornee. La maceta de barro dará a su pan un exterior crujiente y mantendrá húmedo el interior.

Haga un contenedor de leña ¿Quién necesita un costoso anaquel o repisa de metal o latón para guardar leña para la chimenea? Ahórrese el gasto y ponga una maceta de cerámica o barro extragrande junto al hogar. Es un lugar perfecto, y barato, para guardar leños chicos y astillas listas para cuando haga mal tiempo.

Despliegue el hilo sin nudos Ese sweater que está tejiendo se eternizará si se detiene constantemente para desenredar el hilo. Para evitar esto, ponga su bola de hilo debajo de una maceta al revés y pase el extremo por el agujero de drenaje. Colóquela junto al lugar donde se sienta para que teja más cómodamente.

Haga una cueva para peces de acuario A algunos peces les encantan los rincones oscuros de los acuarios caseros, manteniéndose a salvo de depredadores imaginarios. Ponga una maceta miniatura de costado en el fondo del acuario a fin de crear una cueva para peces espeleólogos.

Mate hormigas rojas Si las hormigas rojas acosan su patio y está cansado de que lo piquen, una maceta solucionará el problema. Ponga la maceta al revés sobre el hormiguero. Vierta agua hirviendo por el agujero de drenaje y quemará su casa.

¿ SABÍA *Usted* QUE...?

Por miles de años, la gente ha usado macetas para transportar una planta nativa a una tierra nueva o llevar una planta exótica a casa. En 1495 a.C., la reina egipcia Hatshep- sut envió hombres a Somalia a fin de traer árboles de incienso en macetas. Y, según se dice, en 1787 el capitán Bligh tenía más de 1,000 árboles del pan en macetas de barro a bordo del H.M.S. *Bounty*. Estaban destinadas a las Indias Occidentales, donde se cultivarían como alimento para los esclavos.

Contenedor auxiliar para raíces de plantas Las plantas que quiere poner en ese hermoso contenedor hondo nuevo que ordenó para su patio tienen raíces cortas, y no desea tomarse la molestia, y el gasto, de llenar ese enorme contenedor con tierra. ¿Qué hacer? Cuando ponga plantas de raíces cortas en un contenedor hondo, una solución fácil es encontrar otra maceta que quepa al revés en la base de la maceta honda y ocupe mucho espacio. Después de insertarla, llene alrededor con tierra antes de poner sus plantas.

Conserve la tierra en su maceta La tierra de su planta casera no se saldrá de la maceta si pone fragmentos de una maceta de barro en el fondo de la maceta antes de colocar la planta. Cuando riegue sus plantas, verá que el agua se sale, pero la tierra no.

✱ Malla metálica

Guarde sus aretes (aros) Organice y tenga a la vista todos sus aretes (aros) con un tramo sobrante de malla metálica fina. Corte un cuadrado de esta malla con tijeras para metal, y recubra las orillas con cinta para ductos o tela adhesiva. Después coloque sus aretes a través de la malla. Si lo desea, puede colgar el cuadro de malla de la pared sujetándolo de las esquinas superiores con una cuerda o hilo decorativo.

Deshágase de los grumos de pintura Si usted desea dar unos retoques de pintura, pero al abrir el envase usado de pintura ve que tiene algunos grumos, en vez de transvasar la pintura a otro recipiente, corte un círculo de malla metálica que quepa dentro del envase (use la tapa como guía). Coloque el círculo de malla sobre la pintura y empújelo con suavidad hacia abajo con un palo revolvedor. Los grumos quedarán atrapados en el fondo del bote. Revuelva la pintura y comience a pintar.

Proteja los semillas recién plantadas Como no se sabe lo que puede andar trasegando por su jardín durante la noche, proteja los nuevos semilleros cubriéndolos con una lámina de malla metálica. También evitará que el gato de su vecino use su suave y mullida tierra como caja de arena. Cuando broten las plantas, puede doblar la malla para formar jaulas.

✱ Mangueras de jardín

Serpiente para asustar aves Si bandadas de molestas y bulliciosas aves invaden su patio, aléjelas con una réplica de su depredador natural. Corte un trozo de manguera, póngala en el césped —que se vea como una serpiente— y las aves se irán.

Fije un árbol Un pequeño trozo de manguera vieja es una buena manera de atar un árbol joven a su rodrigón (tutor). La manguera es lo bastante flexible para doblarse si el árbol lo hace pero, al mismo tiempo, es lo bastante fuerte para mantener el árbol atado a su rodrigón hasta que se sostenga solo. Además, la manguera no daña la corteza del árbol mientras crece.

Capture tijeretas Las molestas tijeretas hallarán su última morada en esa vieja manguera con fugas. Corte la manguera en trozos de 30 centímetros, asegurándose que el interior esté completamente seco. Ponga los segmentos de manguera en donde haya visto tijeretas arrastrándose y déjelas toda la noche. Por la mañana las mangueras estarán llenas de tijeretas y listas para tirarse. Un método es introducir las mangueras en un cubo de queroseno.

Tip **Compra de una manguera**

Sólo es una manguera para jardín, ¿no? En realidad hay algunos puntos importantes a tener en cuenta al comprar esta importante herramienta:

● Para determinar el largo de manguera que necesita, mida la distancia del grifo (canilla) al punto más alejado de su patio. Aumente algunos centímetros a fin de permitir regar alrededor de las esquinas; esto ayudará a evitar molestos retorcimientos que corten la presión del agua.

● Las mangueras de vinilo y hule suelen ser más fuertes y resistentes a las inclemencias del tiempo que las de plásticos más baratos. Si una manguera se aplana al pararse encima, no sirve para labores de jardinería.

● Cómprela con garantía de por vida; sólo las de calidad las ofrecen.

Destape una canaleta Cuando las hojas secas y desechos tapan sus canaletas y cunetas, use su manguera para jardín para hacer que las cosas fluyan de nuevo. Meta la manguera por la canaleta y empújela a través de la obstrucción. Ni siquiera tiene que abrir la manguera, porque el agua que hay en las canaletas hará salir los escombros.

Cubra las cadenas del columpio (hamaca) Ningún padre desea ver a su hijo herido en el columpio (hamaca) del patio. Ponga un trozo de manguera vieja sobre cada cadena para proteger de pellizcos las manos de los chicos. Si tiene acceso a un extremo de las cadenas, meta la cadena por la manguera. Si no, corte la manguera por la mitad y deslícela sobre las cadenas. Cierre la abertura con unas tiras de cinta plateada.

Haga un teléfono de juguete Transforme su vieja manguera para jardín en un divertido teléfono nuevo para los niños. Corte cualquier largo de manguera que desee.

Meta un embudo en cada extremo y únalos con pegamento o cinta adhesiva. Ahora los niños pueden hablar todo lo que deseen, sin cargos por llamada.

Proteja la hoja de su serrucho y las cuchillas de sus patines Mantenga la hoja de su serrucho afilada y segura protegiéndola con un trozo de manguera. Corte un trozo de manguera del largo que necesite. Ábrala a lo largo y deslice sobre los dientes. Ésta es una buena forma de proteger las cuchillas de sus patines camino a la pista y sus cuchillos de cocina cuando los lleve a un día de campo.

Haga un asidero (apoyo) para una lata de pintura No quiere que la lata de pintura se resbale y se derrame. Además las asas de alambre pueden cortarlo. Tenga un mejor agarre con un trozo corto de manguera. Ranúrela por la mitad y cubra con ella el asa.

Haga una lijadora para curvas Si debe lijar una superficie cóncava angosta, por ejemplo, una moldura, tome una pieza de manguera de 25 centímetros de largo. Corte la manguera a lo largo e inserte un borde del papel de lija. Envuélvalo alrededor de la manguera, córtelo al tamaño e inserte el otro extremo en la ranura. Cierre la ranura con cinta plateada. ¡Y a hacer músculo!

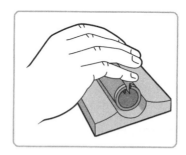

✳ Manteca (grasa)

Limpie las manchas de tinta La próxima vez que una pluma (lapicera) le ensucie las manos de tinta, o manche algunas superficies de vinilo, frótese una cucharada de manteca (grasa vegetal) y quítesela con un paño o papel.

Quite los adhesivos pegajosos No se lastime las uñas tratando de raspar las etiquetas pegajosas. Use manteca para quitarlas (y también su pegamento seco y los residuos de goma) del vidrio, metales y la mayoría de plásticos. Simplemente cubra el área con manteca (grasa), espere 10 minutos y limpie con una esponja.

Tip **Al usar manteca para cocinar (grasa vegetal)**

- Mantenga la manteca lejos del sol para que no se arrancie.
- Nunca descuide la manteca mientras fríe alimentos.
- La temperatura más eficiente para freír con manteca es 165°C-180°C. No caliente demasiado la manteca o ésta se quemará. Si la manteca empieza a humear, apague la lumbre y déjela enfriar.
- Si la manteca se prende, cubra el sartén con su tapa, apague la lumbre y déjela enfriar. Nunca le eche agua a la manteca prendida o caliente: podría saltar y quemarlo.

Limpie sus chanclas (ojotas) de hule Para hacer que las chanclas de hule brillen nuevamente, frótelas con un poco de manteca (grasa) y límpielas con un paño limpio.

Alivie y prevenga las rozaduras La próxima vez que el bebé esté inquieto por estar rozado, frótelo con un poco de manteca (grasa vegetal) para calmarlo rápidamente. Esto aliviará e hidratará su sensible piel.

Quite la brea de la tela Las manchas de brea en la ropa son pegajosas y difíciles de quitar, pero puede facilitar el trabajo con ayuda de un poco de manteca (grasa vegetal). Después de raspar todo lo que pueda la brea, ponga un poco de manteca sobre la mancha. Espere 3 horas, y luego lave como siempre.

Evite que la nieve se pegue a la pala Antes de palear para sacar el auto, o para quitar la nieve de la entrada después de una tormenta de nieve, cubra la hoja de metal de su pala con manteca. No sólo evitará que la nieve se le pegue, sino que facilitará la paleada, haciéndola menos cansada y más eficiente.

Desmaquíllese ¿Se le acabó su crema desmaquillante? No se preocupe. Use un poco de manteca (grasa vegetal) en su lugar. Su rostro no hará distinciones.

Hidrate la piel reseca ¿Por qué pagar cremas y lociones caras para hidratar su piel, cuando la simple manteca puede hacer lo mismo por una fracción de su costo? En algunos hospitales incluso se usa para mantener la piel suave e hidratada. La próxima vez que sienta las manos resecas, sólo fróteselas con un poco de manteca. Es natural y no contiene perfume.

Ahuyente las ardillas Evite que las molestas ardillas lleguen a los comederos de los pájaros. Engrase el poste del comedero con una buena cantidad de manteca, y los roedores no podrán sostenerse para trepar.

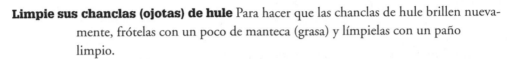

✳ Manteles de plástico

Haga una cortina para la ducha Con un mantel de colores haga una cortina que combine con la decoración de su baño. Haga agujeros con unos 15 centímetros de separación y a 1.25 centímetros de uno de los bordes de un mantel dobladillado. Inserte argollas de cortina para ducha o pase cuerdas por los agujeros y átelos holgadamente a la barra de la cortina.

Haga un protector de piso para silla alta ¡Fuera bombas! Es común que termine más comida de un bebé en el suelo que en su boca. Atrape los restos y proteja su piso extendiendo un mantel de plástico bajo la silla alta.

Recolecte hojas Ahórrese las agachadas al rastrillar las hojas. No levante las hojas para ponerlas en una carretilla para transportarlas al bordillo de la acera (vereda) o a la pila de hojas. Sólo rastrille las hojas sobre un mantel de plástico viejo, junte las cuatro esquinas y arrastre el mantel al bordillo de la acera (vereda) o la pila.

✱ Mantequilla (manteca)

Conserve el queso sin moho No desperdicie un buen queso dejando que los bordes se endurezcan o enmohezcan. Cubra ligeramente los quesos semiduros con mantequilla para mantenerlos frescos y sin moho. Cuando use el queso, cubra el borde de corte con mantequilla antes de envolverlo y ponerlo en el refrigerador.

Que el gato se sienta en casa ¿Su gato está asustado porque se cambiaron de casa? A veces mudarse es traumático para las mascotas al igual que para la familia. Una forma de ayudar a un gato adulto a adaptarse a la casa o departamento nuevos es untar un poco de mantequilla (manteca) sobre una de sus patas delanteras. Los gatos adoran tanto su sabor que regresarán por más.

Libérese del olor a pescado Su viaje de pesca fue un gran éxito, pero ahora sus manos apestan a pescado. ¿Qué hacer? Sólo frote algo de mantequilla en sus manos, lávelas con agua tibia y jabón, y sus manos olerán de nuevo a limpias y frescas.

Trague píldoras con facilidad Si tiene dificultad para tragar píldoras, pruebe a rodarlas primero sobre una pequeña cantidad de mantequilla (manteca) o margarina. Las píldoras se deslizarán por su garganta con más facilidad.

Alivie los pies adoloridos Para aliviar pies cansados, déles masaje con mantequilla, envuélvalos en una toalla húmeda caliente y siéntese por 10 minutos. Sus pies se sentirán revitalizados… y también olerán a palomitas de maíz (pochoclos).

Quite la savia de la piel Regresa a casa tras un paseo agradable en el bosque, pero sus manos están cubiertas de savia pegajosa de los árboles que parece que nunca

SABÍA *Usted* QUE…?

La mantequilla (manteca) es el material semisólido que resulta de agitar la crema, proceso descrito en una tablilla sumeria de 2500 a.C. Se halló una mantequera llena de mantequilla en una tumba egipcia de 2,000 años de antigüedad, y abundaba en la época del rey Tut, cuando se hacía de leche de búfalo de agua y camello. La Biblia también contiene muchas referencias a la mantequilla como producto de leche de vaca. Se cree que los vikingos la llevaron a Normandía, región de renombre mundial por su mantequilla.

En Estados Unidos, la mantequilla fue el único alimento definido por una ley del Congreso antes de la promulgación de la Ley de Alimentos, Drogas y Cosméticos de 1938. La mantequilla hecha en EUA debe contener al menos 80% de grasa de leche. El 20% restante está compuesto de agua y sólidos de leche. Puede tener sal o no (dulce). La sal le da sabor y actúa como conservador. Se requieren 10 kilogramos de leche fresca de vaca para hacer 500 gramos de mantequilla.

se le quitará. No se preocupe. Frote mantequilla en su mano y la savia negra y sucia se quitará con agua y jabón.

Conserve frescos los restos de cebolla La receta pide media cebolla y requiere guardar fresca lo más posible la mitad restante. Frote mantequilla en la superficie de corte y envuelva la cebolla sobrante en papel aluminio antes de ponerla en el refrigerador (heladera). La mantequilla la conservará fresca por más tiempo.

Elimine manchas de tinta en la cara de una muñeca Oh, una de las niñas usó una pluma para dibujar una sonrisa nueva en la cara de su muñeca favorita. Trate de eliminar el graffiti infantil frotando mantequilla en él y dejando la muñeca boca arriba al sol por unos cuantos días. Lávela con agua y jabón.

Corte alimentos viscosos Frote mantequilla en las hojas de cuchillos o tijeras antes de cortar alimentos viscosos como dátiles, higos o malvaviscos (merengues). La mantequilla actúa como lubricante y evita que la comida se pegue a las hojas.

Crema de afeitar de emergencia Si se queda sin crema de afeitar, pruebe a untar algo de mantequilla en su piel húmeda para una afeitada suave y al ras.

Prevenga que las ollas hirviendo se derramen Descuida la pasta por dos segundos y lo siguiente que sabe es que el agua hirviendo se derrama sobre la estufa. La próxima vez mantenga el agua hirviendo en la olla agregando una cucharada o dos de mantequilla (manteca).

Cosas de niños Hacer **mantequilla (manteca)** es divertido y fácil, en especial si hay niños turnándose para batir. Todo lo que necesita es un **tarro**, una **canica (bolita)** y 1 a 2 tazas de **crema para batir** espesa o doble crema (de preferencia sin carragenato u otros estabilizadores). Use la crema más fresca posible y déjela afuera del refrigerador hasta que alcance unos 15°C. Vierta la crema en el tarro, agregue la canica (bolita), cierre la tapa y deje que los niños se turnen para agitarlo (batir), más o menos una sacudida por segundo. Puede tomar de 5 a 30 minutos, pero los niños verán a la crema pasar por varias etapas desde crema batida medio derretida hasta espesa. Al hundirse de pronto la crema batida, serán visibles trozos de grano fino de mantequilla en el suero líquido. Pronto aparecerá una masa pequeña de **mantequilla** amarillenta. Escurra el **suero** y disfrute el delicioso sabor de la mantequilla recién hecha.

Trate el cabello seco ¿Su cabello está seco y quebradizo? Pruebe a untarlo con mantequilla (manteca) para un brillo exuberante. Dé masaje a su cabello seco con un trozo de mantequilla, cúbralo con una gorra de baño por 30 minutos, luego déle shampoo y enjuague a fondo.

✳ Manzanas

Ase un pollo jugoso Si su pollo asado sale del horno tan seco como una bota para la nieve un día de verano, no se apure. La próxima vez que ase un pollo, ponga una manzana dentro del ave antes de colocarlo en el asador. Cuando esté cocido, tire la fruta a la basura, y prepárese para disfrutar un platillo delicioso, y jugoso.

Conserve frescos los pasteles (tortas) ¿Desea una forma sencilla y efectiva para extender la vida útil de sus pasteles caseros o comprados? Guárdelos con media manzana. Mantiene la humedad del pastel por más tiempo que si sólo lo mete al refrigerador (heladera).

Madure tomates verdes ¿Cómo es eso? ¿Acaba de convertirse en el orgulloso propietario de unos tomates verdes? No se preocupe. Puede madurarlos rápido poniéndolos, junto con una manzana madura, en una bolsa de papel por un par de días. Para mejores resultados, ponga cinco o seis tomates por manzana.

Ablande azúcar morena endurecida El azúcar morena tiene el hábito irritante de endurecerse cuando se expone a la humedad. Por suerte, no se requiere mucho para hacer de ésta una condición temporal. Sólo ponga un trozo de manzana en una bolsa de plástico autosellable con el trozo de azúcar morena endurecida. Cierre bien la bolsa y póngala en un lugar seco por un día o dos. Su azúcar se suavizará lo suficiente para usarse de nuevo.

Absorba la sal en sopas y guisados Sazonar con sal es una cosa, pero se puede exagerar. Cuando se le pase la mano con la sal, sólo ponga unos cuantos trozos de manzana (o de papa) en su olla. Después de cocerlos por otros 10 minutos más o menos, saque los trozos, junto con el exceso de sal.

¿SABÍA *Usted* QUE...?

El viejo refrán "Una manzana podrida daña el barril completo" podría ser cierto. Las manzanas están en un grupo de frutas que incluye albaricoques, aguacates (paltas), bananas, arándanos, melón y duraznos, que producen gas etileno, un agente madurador natural: el aumento en el nivel de etileno producido por una sola manzana podrida acelera mucho el proceso de envejecimiento de las otras manzanas.

Las frutas que producen etileno aceleran la maduración (como en el tomate verde, vea la sugerencia en esta página). Pero también pueden tener efectos indeseados. Poner un tazón de manzanas o bananas maduros muy cerca de flores recién cortadas, por ejemplo, puede hacer que se marchiten. Y si sus papas refrigeradas parecen echar brotes pronto, pueden estar muy cerca de las manzanas. Guárdelas al menos en anaqueles o estantes separados.

Úselas como candeleros decorativos Déle una atmósfera campirana acogedora a su mesa con un candelero natural. Con un descorazonador de manzanas haga un hoyo de tres cuartas partes de hondo en un par de manzanas grandes, inserte una vela decorativa alta en cada hoyo, rodee las manzanas con unas hojas, ramas o flores, ¡y ya está! Tiene un centro de mesa hermoso.

✳ Masking Tape (cinta de enmascarar)

Como etiqueta de alimentos y de útiles escolares No compre etiquetas caras ni aparatos sofisticados para etiquetar sus cosas. Use Masking Tape para etiquetar sus recipientes y bolsas plásticas antes de meterlas al refrigerador (heladera) o congelador, y no olvide escribir la fecha. También puede usar Masking Tape para etiquetar libros, cuadernos y artículos escolares de sus hijos.

Repare la costilla rota de un paraguas Si un fuerte viento ha roto una costilla de su paraguas, repárela usted mismo usando Masking Tape y un trozo de alambre de gancho de colgar para hacerle de esta manera una tablilla a su paraguas.

Vuelva a usar el saco de su aspiradora Ahorre dinero al usar dos veces el saco recolector de su aspiradora de la siguiente manera: una vez que esté lleno no lo vacíe de la forma acostumbrada por el orificio frontal. Retire el saco y haga un corte a la mitad en la parte posterior, vacíe el contenido y vuelva a sellar la ranura con Masking Tape. Procure no saturar el saco cuando lo vuelva a usar.

Cuelgue serpentinas y globos Use Masking Tape en vez de cinta adhesiva transparente para colgar globos y serpentinas para su fiesta. El Masking Tape no deja residuos en paredes y techos como la cinta adhesiva. Quítelo en uno o dos días. Si espera demasiado puede dañar la pintura de sus paredes al retirarlo.

SABÍA *Usted* QUE...?

En 1923, cuando Richard Drew ingresó a 3M como ingeniero, la compañía sólo fabricaba papel-lija. Drew se encontraba realizando pruebas de uno de estos papel-lija en un taller de hojalatería y pintura, cuando se percató que a los trabajadores les resultaba difícil marcar una linea divisoria de manera limpia y específica en un trabajo de pintura a dos colores. Esto inspiró a Drew para encontrar una solución al problema y, a pesar de las órdenes del presidente de 3M de sólo dedicarse al papel-lija, en 1925 Drew inventó el primer masking tape, una cinta de papel moreno de 5 centímetros de ancho con adhesivo sensible a presión en el reverso. Cinco años despues inventó la cinta de celofán.

Evite que se tape la válvula de la pintura en spray Simplemente cubra con Masking Tape el contorno de la lata para prevenir que la pintura tape la hendidura de la válvula de la lata.

Haga una carretera para los automóviles de juguete Haga una autopista para esos minúsculos autos de juguete que sus hijos adoran. Simplemente adhiera dos tiras de Masking Tape al piso o a una mesa larga. Hágales un pequeño letrero de cartón con "Alto" y estarán listos para las carreras. Controlar un pequeño auto de juguete en la carretera de Masking Tape no sólo es divertido para los pequeños, también les ayuda al control motriz de sus dedos, lo cual les servirá para desarrollar habilidades más importantes como la escritura.

* Mayonesa

Acondicione su cabello No tire esa mayonesa sobrante; aplíquela en su cabello y cuero cabelludo dando masajes del mismo modo que utiliza un acondicionador fino. Cubra su cabeza con una gorra de baño y espere varios minutos, luego lave con shampoo. La mayonesa le ayuda a su cabello a recuperar su humedad natural.

Aplíquese una mascarilla ¿Para que gastar en mascarillas costosas cuando puede darle a su cara una mascarilla suavizante de mayonesa de huevo directo de su refrigerador (heladera)? Aplique suavemente la mayonesa en su cara y déjela unos 20 minutos, retírela y enjuague con agua fresca. Su cara quedará limpia y suave.

Fortalezca sus uñas Déle fuerza a sus uñas, sólo sumérjalas en un tazón con mayonesa de vez en cuando. Manténgalas sumergidas en la mayonesa por cinco minutos y después enjuáguelas con agua tibia.

Alivie el ardor de una quemada de sol ¿A alguien se le olvidó ponerse bloqueador? Para tratar la piel seca y quemada por el sol, unte mayonesa en el área afectada y aliviará el ardor al mismo tiempo que humectará su piel.

Remueva las células muertas de su piel Frote mayonesa sobre el tejido seco y áspero de su piel, especialmente de codos y pies, dejándola actuar por 10 minutos y retírela con una toalla o paño húmedo.

Método seguro para matar piojos Varios dermatólogos recomiendan el uso de mayonesa para matar y erradicar los piojos de las cabezas de los niños, sustituyendo las recetas tóxicas y brebajes preparados en las farmacias. Lo que es más, los piojos se están volviendo más resistentes a este tipo de tratamientos químicos. Para acabar con los piojos, aplique una cantidad abundante de mayonesa en la cabeza y cuero cabelludo antes de acostarse, cubra con una gorra de baño para darle mayor efectividad. Aplique shampoo por la mañana y use un cepillo de dientes finos para eliminar los residuos. Para erradicar los piojos y liendres por completo repita este procedimiento de 7 a 10 días.

Dé brillo profesional a sus plantas Los floristas profesionales han usado este truco para darle brillo y limpieza a los jardines más exigentes. Usted puede hacer lo mismo en casa; simplemente frote un poco de mayonesa sobre las hojas con una servi-toalla. Notará que sus plantas brillarán por semanas y hasta meses enteros.

Quite las manchas de crayones ¿Sus niños han dejado marcas de crayones en sus finos muebles de madera? He aquí una forma sencilla para quitarlas: frote un poco de mayonesa en las marcas y déjelas reposar por varios minutos. Limpie la superficie con un paño húmedo.

Limpie las teclas de su piano Si las teclas de su piano están tornándose amarillas, toque el mismo con un poco de mayonesa aplicada sobre un paño suave. Espere unos minutos, limpie con un paño húmedo y sáquele brillo. Las teclas de su piano lucirán como nuevas.

Remueva las etiquetas adheribles Si quiere deshacerse de esa calcomanía en la defensa (guardabarro) de su auto "Fox para presidente" en vez de quitarlo con un ras-trillo (máquina de afectar) y correr el riesgo de rayar su defensa, frote mayonesa sobre la calcomanía entera y déjela reposar por varios minutos. Retire la mayo-nesa y habrá removido el pegamento.

Quite el chapopote (mancha de aceite) de su automóvil Para quitar manchas de cha-popote o de savia de pino con facilidad, frote mayonesa en el área afectada y deje reposar varios minutos; limpie posteriormente con un paño limpio y suave.

❋ Moldes para hornear

Haga un colador instantáneo Su lingüini casi está terminado y se da cuenta que olvidó reemplazar su colador roto. Que no le dé pánico. Tome un molde de aluminio para pastel limpio y un clavo pequeño, y hágale agujeros. Al terminar, doble el molde para que quepa sobre un recipiente hondo. Enjuague su colador nuevo, póngalo sobre el tazón y vierta *con cuidado* su pasta.

Controle las salpicaduras al freír ¿Por qué arriesgarse a quemarse o quemar a alguien con aceite caliente que salpica de un sartén? Una forma más segura de freír es hacer unos agujeros en el fondo de un molde de aluminio para pastel (torta) y ponerlo al revés sobre la comida en su sartén. Use pinzas o tenedor para levantar el molde y no olvide usar guantes para cocinar.

Contenga el desorden de los proyectos de los niños El brillo es notorio por aparecer en los rincones y grietas de su casa mucho después de haber enviado la obra maestra de su chico a la abuela. Pero puede minimizar el desorden usando un molde de aluminio para pastel (torta) para meter en cajones proyectos que incluyan brillo, cuentas, pintura en aerosol, plumas... bueno, ya captó.

Cree un centro de mesa Vea cómo hacer un centro de mesa rápido: asegure una vela o algunas veladoras en un molde de aluminio para pastel (torta) derritiendo algo de cera de la parte inferior de las velas en el molde. Agregue una capa delgada de agua o arena, y ponga pétalos de rosa o conchas.

Haga bandejas para suministros para artesanías Ordene el inventario de sus hijos, o el suyo, de crayones, cuentas, botones, lentejuelas, limpiapipas y cosas por el estilo poniéndolas en moldes de aluminio. Para asegurar los materiales, cúbralos con película plástica.

Cosas de niños ¿Quiere mantener ocupados a los chicos dentro de la casa en un frío día invernal? ¿Qué tal hacer un adorno de hielo que pueda colgar en un árbol fuera de su casa como una **decoración de invierno casera?** Todo lo que necesita es un **molde de aluminio para pastel (torta),** algo de **agua,** un trozo de **cuerda** resistente o una agujeta (cordón), y una combinación de materiales decorativos, de preferencia biodegradables, como **flores secas, hojas secas,** piñas, semillas, conchas y ramitas.

Deje que los niños arreglen los materiales en el molde a su gusto. Doble el cordel o agujeta (cordón) a la mitad y póngala en el molde. El doblez debe colgar sobre los bordes del molde, mientras los dos extremos se unen en el centro. Llene despacio el molde con agua, deteniéndose justo antes del borde. Quizá tenga que poner un objeto en el cordel para evitar que flote.

Si la temperatura afuera de su casa en efecto está bajo cero, puede poner el molde en su entrada para que se congele. De lo contrario métalo al **congelador.** Una vez que se ha congelado el agua, retire el molde y deje que sus hijos elijan la ubicación exterior óptima para exhibir su obra de arte en hielo.

Evite bichos en los platos de las mascotas Use un molde de aluminio para pastel (torta) con más o menos 1.25 centímetros de agua para crear un foso de metal alrededor del plato de su mascota. Alejará a las hormigas y cucarachas.

Entrene a su perro Si Rover tiene tendencia a saltar sobre el sofá o el mostrador de la cocina, deje unos cuantos moldes de aluminio para pastel (torta) a lo largo del borde del mostrador o el sofá cuando usted no esté en casa. El ruido resultante le dará un buen susto cuando salte y los golpee.

Aleje de sus árboles frutales a aves y ardillas ¿Demonios peludos y emplumados se roban la fruta de sus árboles? No hay nada mejor para asustar a esos intrusos molestos que unos cuantos moldes de aluminio para pastel (torta) colgantes.

Cuélguelos en pares (para que hagan ruido), y no tendrá que preocuparse por hallar manzanas o duraznos a medio comer cuando llegue la cosecha.

Haga un minirrecogedor (palita recogedora) Si necesita un recogedor de repuesto para su lugar de trabajo o su baño, un molde de aluminio para pastel (torta) puede hacer el trabajo. Sólo córtelo a la mitad y está listo.

Úselos para atrapar salpicaduras bajo una lata de pintura La próxima vez que pinte, ponga un molde de aluminio para pastel debajo de la lata de pintura para contener las salpicaduras. Ahorrará tiempo al limpiar, y puede tirarlo a la basura al terminar. Mejor aún, enjuáguelo y recíclelo para trabajos futuros.

Úselos como cenicero improvisado ¿No tiene un cenicero a mano cuando tiene un invitado fumador? No hay problema. Si usa un molde de aluminio para pastel, o incluso un pedazo de papel aluminio resistente doblado para formar un cuadrado con los lados hacia arriba, será suficiente.

Guarde discos de lija y más Ya que son resistentes a la corrosión, los moldes de aluminio para pastel son adecuados para guardar discos de lija, seguetas y otros accesorios de ferretería en su taller. Corte un molde a la mitad y una el lado abierto (con grapas o cinta aislante alrededor de los bordes) a un tablero de clavijas. ¡Ya está listo para organizarse!

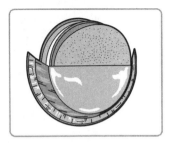

Proteja sus dedos en una comida al aire libre Nada como una comida al aire libre. Al planear una excursión de un día o más larga, empaque moldes de aluminio para pastel. Haga un agujero pequeño en medio de cada molde, pase por ellos los palos para asar perros calientes (panchos) o malvaviscos (merengues). Los moldes desvían el calor del fuego, protegiendo sus manos y las de sus hijos.

✳ Monedas

Pruebe la banda de rodamiento de una llanta Que una moneda chica le diga cuándo cambiar las llantas de su auto. Inserte una en la banda de rodamiento. Si no puede meter más de una cuarta parte en el surco, es tiempo de comprar llantas. Revíselas regularmente y evite el peligro de una llanta desinflada en una calle transitada.

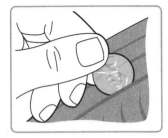

Levante la alfombra Al mover un mueble quedan hendiduras dejadas por las patas en su alfombra. Para esponjarla, sostenga una moneda por el borde y ráspela contra el pelo aplanado. Si no se compone, ponga una plancha de vapor 5 centímetros sobre la parte maltratada. Cuando esté húmeda, raspe de nuevo con la moneda.

Las monedas fueron producidas por primera vez alrededor de 700 a.C. por los lidios, un pueblo que vivió en lo que ahora es Turquía. Desde ahí, se extendieron a la antigua Grecia y Roma. Sin embargo, tomó siglos para que el uso mundial de monedas (y papel moneda) tuviera lugar. Aun en los inicios de Estados Unidos, el trueque seguía siendo una forma popular de intercambiar bienes y servicios. El 2 de abril de 1792, tras la ratificación de la Constitución, el Congreso de Estados Unidos aprobó la Ley de Moneda, que establecía el sistema de acuñación y al dólar como moneda oficial. Las primeras monedas las fabricó Philadelphia Mint en 1793.

Conserve frescas las flores cortadas Sus ramilletes y otras flores cortadas estarán frescas más tiempo si pone una moneda de cobre y un cubo de azúcar al agua.

Haga un sonajero Meta algunas monedas en una lata de aluminio de refresco vacía, selle la parte superior con cinta adhesiva y vaya al estadio a animar a su equipo favorito. Lleve su sonajero con usted cuando pasee al perro y úselo como su auxiliar de entrenamiento. Cuando el perro haga travesuras, sólo sacuda el sonajero.

Medida al instante Si necesita medir algo pero no tiene una regla, busque en su bolsillo y saque una moneda de cinco pesos. Mide exactamente 2.5 centímetros de diámetro. Sólo alinee monedas para medir el largo de un objeto pequeño.

Decore un pasador (hebilla) para el pelo Use monedas brillantes para adornar un pasador de niña. Junte monedas para el proyecto (5 monedas para un pasador grande; algunas menos para pasadores chicos). Acomode las monedas como guste en el pasador y únalas con pegamento caliente. Deje secar 24 horas.

FERIA DE LA CIENCIA

Los científicos usan **ilusiones ópticas** para mostrar cómo se engaña al cerebro. Este sencillo experimento usa **dos monedas,** pero creerá ver tres. Sostenga dos monedas una sobre otra entre sus **dedos pulgar e índice.** Deslice rápido las monedas adelante y atrás y **¡verá una tercera moneda!**
Cómo funciona: los científicos

dicen que todo lo que vemos es en realidad luz reflejada en los objetos. Nuestros ojos usan la luz para crear imágenes en nuestras retinas, el revestimiento sensible a la luz en los globos oculares. Como las imágenes no desaparecen al instante, si algo se mueve rápido puede ver, al mismo tiempo, tanto al objeto como una imagen posterior de éste.

Cuelgue puertas a la perfección Al colocar una puerta, use monedas de cinco y diez centavos para asegurar una holgura apropiada entre el exterior de la puerta y el marco. Con la puerta cerrada, el espacio arriba deberá ser del grosor de una moneda de cinco centavos, y a los lados deberá ser de una moneda de diez centavos. Si hace todo correctamente, la puerta no se atorará y el aire no entrará.

Haga un pisapapeles Si ha viajado al extranjero, quizá regresó con algunas monedas raras de lejanas tierras. En lugar de dejarlas reposando en un cajón del escritorio, úselas para hacer un pisapapeles interesante. Sólo ponga las monedas en un tarro de vidrio chico con tapa y cubra la tapa con tela o papel decorativos.

✳ Mostaza

Alivie el dolor de espalda Dése un baño con mostaza amarilla para aliviar ese dolor de espalda o los dolores causados por la artritis. Simplemente vierta un frasco de mostaza normal (de 175 a 240 gramos) en su tina con agua caliente mientras ésta se llena. Asegúrese de mezclar bien e introdúzcase en la tina (bañera), permanezca ahí aproximadamente 15 minutos. Si no tiene tiempo para un baño de tina, también puede frotar la mostaza directamente en las áreas afectadas. Sólo cerciórese de usar mostaza amarilla y ligera, y haga una prueba previa sobre su piel en una zona aislada. Recuerde que la mostaza sin diluir puede irritar su piel.

Relaje sus músculos tensos Cuando se dé un baño con sulfatos de magnesia, agregue algunas cucharadas soperas de mostaza amarilla a su tina. La mostaza mejorará los efectos relajantes de los sulfatos y relajará sus músculos adoloridos y tensos.

Alivie la congestión Use una capa de mostaza para aliviar la congestión. Frote mostaza preparada en su pecho, moje una toalla pequeña en agua caliente, exprímala y colóquela sobre la mostaza.

Hágase una mascarilla Con suaves masajes en su cara, aplique un poco de mostaza amarilla y tonificará su rostro, además de darle suavidad y un estímulo natural. Haga una prueba para asegurarse que su piel no se irrita con la mostaza.

Quítele a su auto el mal olor a zorrillo Si no vio a un zorrillo en el camino y ahora su auto apesta, no se preocupe, con un poco de mostaza en polvo eliminará esos olores tan desagradables. Mezcle una taza de mostaza en polvo en una cubeta de agua tibia, agite bien y échela directamente sobre las llantas y por debajo de su automóvil. Sus pasajeros se lo agradecerán infinitamente.

Quítele el olor a las botellas Si quiere conservar esas botellas que tanto le gustaron, pero después de lavarlas varias veces siguen oliendo al producto que contenían, tan solo écheles un poco de mostaza después de lavarlas, llénelas de agua tibia, agite vigorosamente y enjuague. El olor se irá.

* Naranjas

Úselas para encender Las cáscaras secas de naranja y limón son una opción superior para usarlas para encender que el periódico (diario). No sólo huelen mejor y producen menos creosota que el papel periódico, sino que los aceites inflamables que hay dentro de las cáscaras les permiten quemarse por mucho más tiempo que el papel.

Haga una almohadilla perfumada Las almohadillas perfumadas se han usado por siglos para llenar espacios pequeños con una fragancia agradable y combatir a las polillas. También son increíblemente fáciles de hacer: tome un montón de clavos e insértelos en una naranja, cubriendo toda la superficie. Es todo. Muy simple, ¿no? Ahora suspenda su almohadilla usando un trozo de cuerda, bramante o línea de pesca monofilamento dentro de un armario o aparador y mantendrá el espacio oliendo a fresco por años.

Haga un popurrí en la estufa (cocina) Llene su casa con un aroma cítrico refrescante hirviendo por unas horas y a fuego lento varias cáscaras de naranja o limón, o ambas, en 1 o 2 tazas de agua en una olla de aluminio. Añada agua (la necesaria) mientras hierve. Este proceso refresca la olla al igual que el aire en su hogar.

Mantenga a los mininos fuera de su césped ¿Los gatos del vecino aún confunden su césped con su caja de arena? Amablemente mándelos a otro lado haciendo una mezcla de cáscaras de naranja y sedimentos de café y distribuyéndola alrededor de "los lugares favoritos" de los gatos. Si no captan la sugerencia, ponga un segundo lote y pruebe humedeciéndolo con un poco de agua.

Aplíquelas como repelente de mosquitos Si no enloquece por la idea de frotar cebolla por todo su cuerpo para alejar a los mosquitos (vea página 114), quizá lo hará feliz saber que con frecuencia puede obtener resultados similares frotando cáscaras de naranja o limón frescas sobre su piel expuesta. Se dice que a los mosquitos y zancudos les repulsa por completo su aroma.

Muéstreles la puerta a las hormigas Deshágase de las hormigas en su jardín, en su patio y a lo largo de los cimientos de su casa. En una batidora, haga un puré ligero con unas cuantas cáscaras de naranja en 1 taza de agua tibia. Vierta despacio la solución sobre y dentro de los hormigueros para hacer que empaque la plaga.

* Neumáticos

Proteja sus verduras Plante sus tomates, papas, berenjenas, pimientos y otras verduras dentro de cortes de neumáticos (cubiertas) enterrados. Los neumáticos protegerán a las plantas de los vientos violentos y el hule negro absorberá el calor del sol y entibiará la tierra circundante.

Haga una piscina portátil para niños Para una piscina provisional, consiga una llanta (cubierta) de camión, coloque una cortina de baño en medio y llénela con agua.

Haga el clásico columpio de neumático (hamaca de cubierta de auto) Este columpio ha resultado ser una fuente de placer eterno para los niños de cualquier edad. Para hacer uno en su propio jardín, haga dos agujeros con un taladro en la parte del neumático que quedará hacia abajo. Haga dos agujeros más en la parte superior, atornílleles dos cadenas de 18 milímetros, suspéndalas de una rama fuerte a la altura deseada y listo. Ponga algo suave debajo, para las caídas.

Tip **Revisión de neumáticos (cubiertas)**

> Invertir cinco minutos al mes en la revisión de los neumáticos puede evitarle averías y choques, mejorar el manejo del vehículo, incrementar el rendimiento de gasolina (nafta) y alargar la vida de los neumáticos.
>
> ● Revise la presión del aire cuando menos una vez al mes y antes de salir de viaje. No olvide revisar el neumático de refacción.
>
> ● Revise si hay desgaste disparejo del dibujo, rajaduras u objetos extraños, "bolas" raras en la pared del neumático o vidrios incrustados que deberá retirar tratando de no cortarse.
>
> ● Asegúrese de que las válvulas de los neumáticos tengan sus tapones.
>
> ● No sobrecargue su vehículo.

Almacene de forma segura los chicotes destapacaños Los neumáticos usadas de bicicleta tienen el tamaño justo para guardar los chicotes destapacaños o las guías para cableado eléctrico. Enrósquelos y deje que se expandan solos dentro del neumático. Quedarán empacados con seguridad para poder colgarlos en su cochera, sótano, taller o cobertizo.

* Ollas y cacerolas

Recolecte el aceite del motor No necesita correr a comprar una bandeja recolectora de aceite. En el momento de cambiar el aceite al motor de su auto, sólo ponga una olla vieja de 4.75 litros o mayor bajo la tuerca del cárter.

Haga un baño para aves al instante Puede proporcionar rápido a los visitantes emplumados en su patio un lugar para refrescarse. Sólo coloque una cacerola vieja sobre una maceta y manténgala llena de agua.

Úselas como una pala grande Deje esos sacos de 20 kilogramos de fertilizante y semillas de pasto en el cobertizo y use una olla para llevar lo que necesita al lugar que está cuidando. Una olla pequeña con mango también es un estupendo achicador de botes o una pala para el alimento del perro.

Haga una parrilla extra Ha planeado una gran parrillada y su parrilla no es lo bastante grande para manejar todas esas hamburguesas y perros calientes (panchos). Improvise una parrilla auxiliar encendiendo fuego en una olla vieja grande. Cocine en una rejilla para pastel (torta) colocada sobre la olla. Al terminar, ponga la tapa de la olla para sofocar el fuego y guardar el carbón para otra comida al aire libre.

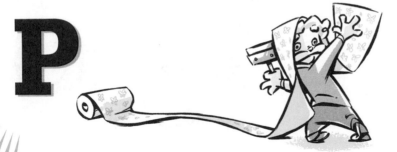

P

✳ Palillos

Marque la carne en las reuniones familiares Semicruda, término medio, bien cocida, pero ¿cómo seguir el rastro de los cortes de carne en una parrillada? Es muy sencillo, márquela con palillos de diferentes colores, y prepárese para los elogios.

Ponga palillos a los dientes de ajo Si sazona usted la comida con dientes de ajo para marinar, atraviéselos con un palillo para que pueda retirarlos antes de servir.

Evite que las ollas se derramen ¡Caray! Parece que sólo hay que voltearse un instante para que la olla derrame su contenido, que se escurre sobre los quemadores de la estufa (hornallas de la cocina). La próxima vez, sólo coloque un palillo entre el borde de la olla y su tapa. Ese pequeño espacio bastará para dejar salir el vapor. También funciona con un plato a la cacerola cocinado en el horno.

Cocine las papas en microondas más rápido La próxima vez que ponga una papa en el microondas, colóquele 4 palillos como si fueran "patas". La papa suspendida se cocerá más rápido, ya que las microondas podrán llegar tanto al fondo de la papa como a los costados y parte superiores.

¿SABÍA *Usted* QUE...?

- Los monjes budistas utilizaban palillos desde el año 700. Los investigadores también han encotrado muescas (hendiduras) de palillos en los dientes de seres humanos prehistóricos.
- Los palillos se usaron por primera vez en Estados Unidos en Union Oyster House, el restaurante más antiguo de Boston, que abrió en 1826.
- Silas Noble y J.P. Cooley patentaron en 1872 la primera máquina para fabricar palillos.
- Una carga de abedul (también conocido como el árbol de los palillos) sirve para fabricar 7.5 millones de palillos.

Controle el flujo de su aderezo para ensaladas Restrinja el consumo de carbohidratos y calorías de su aderezo para ensaladas. En lugar de quitar el sello bajo la tapa, cuando abra la botella use un palillo y haga varias perforaciones. Esto ayudará a evitar el desperdicio del aderezo, y durará un poco más.

Evite que las salchichas giren Cuando fría salchichas, inserte palillos entre dos de ellas formando un par, así será más fácil voltearlas y no se estarán rodando en el sartén. Se cocerán más uniformemente y tendrá que voltearla una sola vez.

Marque el inicio de los carretes de cinta adhesiva En lugar de perder el tiempo tratando de encontrar el inicio, sólo pegue al principio de la cinta un palillo, cuando ha terminado de usarla. Se acabó la frustración, ahora puede usar usted ese tiempo para realizar otra tarea de su lista de pendientes.

Úselos para encender velas Cuando una vela ya se ha usado y el pabilo se hace difícil de alcanzar, no se queme los dedos tratando de encenderla con un fósforo. Prenda un palillo de madera y úselo para desprender y encender el pabilo.

Limpie las grietas Para librarse del polvo, el cochambre (grasa acumulada) y las telarañas en cuarteaduras o grietas difíciles de alcanzar, sumerja un palillo común en alcohol y páselo por el área. También sirve para limpiar los botones de su teléfono.

Aplique pegamento a las lentejuelas Si tiene que pegar lentejuelas o botones, ponga un poco de pegamento en un papel y tome de ahí la cantidad necesaria con la punta del palillo. No se desordenarán y no desperdiciará pegamento.

Cosa más fácilmente Realice sus proyectos de costura y termínelos más rápido. Sólo use un cajita de palillos, colocándolos como rodillos debajo de la tela en la parte cercana a la pata de presión de la máquina de coser.

Retoque las hendeduras de un mueble El secreto para un retoque de pintura es usar la menor cantidad de pintura posible, porque aunque usted cuente con la pintura adecuada, ésta puede verse distinta debido a lo sucia o quemada por el sol que está la pintura del mueble. La solución es un palillo. Meta la punta en la pintura y después aplíquela sólo en la grieta. A diferencia de la brocha, no pintará el área adyacente.

Repare agujeros pequeños en la madera ¿Puso un clavito o un tornillito en donde no iban cuando hizo ese mueble? No se preocupe. Moje en pegamento un extremo de un palillo, clávelo en el agujero, rompa la parte saliente, líjelo al ras y nadie notará nunca la reparación.

Repare el tornillo barrido de esa bisagra Usted quita las puertas al mueble y desatornilla las bisagras antes de pintarlo. A la hora de atornillarlas, los tornillos no aprietan. Repararlo es sencillo, siga los pasos del ejemplo anterior, sólo que deberá introducir varios palillos hasta ajustar los orificios. Taladre de nuevo en el mismo sitio, con una broca (mecha) más angosta que los tornillos y coloque las bisagras de nuevo en su lugar.

Repare el tallo doblado de una planta Si el tallo de su planta favorita se ha doblado, esto no significa en absoluto que ya esté condenada a morir. Enderece el tallo, refuerce la parte doblada colocando palillos a su alrededor, y sujételos con cinta adhesiva. Riegue la planta y esté al pendiente de su restablecimiento. El tallo se recuperará, y usted deberá retirar la cinta para que no haya riesgo de que se estrangule el tallo.

CUIDADO Usar demasiado los palillos puede dañar el esmalte de sus dientes y lacerar las encías. Si tiene usted incrustaciones o amalgamas, sea usted mucho más cuidadoso para evitar que se caigan. Los palillos pueden desgastar las raíces de los dientes, especialmente en los ancianos cuyas encías se han retraído y han dejado expuestas las raíces.

Repare esa manguera agujerada del jardín Si su manguera deja un charco porque está agujerada, no vaya a comprar otra. Sólo localice el agujero, meta un palillo en él y corte la parte sobrante. El agua hará que se hinche, tapando así el agujero.

Desanime a las orugas Las orugas matan las plantas rodeando sus tallos y cercenándolos poco a poco. Para protegerlas, entierre un palillo en la tierra a unos 60 mm de cada tallo. Esto evitará que estos animalillos las rodeen.

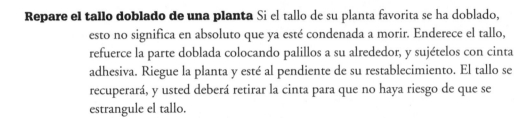 Palitos de paleta (helado)

Tablilla de emergencia para un dedo Tiene un niño con un dedo al parecer roto y se pone en camino a la sala de urgencias. Use un palo de paleta (helado) como tablilla temporal para el dedo. Péguelo con cinta adhesiva para ayudar a estabilizar el dedo hasta que pueda ser atendido.

Enseñe las letras a los futuros artistas y escritores Los palos de paleta (helado) son ideales para extender la pintura para dedos. O, para una forma divertida de ayudar a los pequeños a practicar sus letras, déjelos usar palos de paleta para escribir letras en un montón de crema de afeitar, crema batida o pudín (budín).

Brocheta de comida para niños Es más divertido comer si se juega con la comida, como saben los padres de comedores melindrosos. Es bueno tener palos de paleta a la hora de comer. Haga brochetas de salchicha, piña, melón y más. O déles a los niños un palo y deje que unten su crema de cacahuate (maní) y mermelada.

Rotule sus plantas ¿Eso que nace en su jardín es perejil, salvia, romero o tomillo? Recuerde lo que plantó usando palos de paleta para rotular las plantas. Sólo escriba en el palo el tipo de semillas que plantó con marcador indeleble.

Sígale la pista a los colores de las pinturas Está en la cochera buscando entre las latas de pintura sobrante. ¿Pintó la sala con una pintura llamada Crema Batida o Arena? No se confunda de nuevo. Después de pintar un cuarto, introduzca un palo de paleta (helado) en la lata. Déjelo secar. Escriba en el palo el nombre de la pintura y el cuarto donde se usó. Ahora sabrá qué color usar cuando llegue el momento de pintar de nuevo. Estas guías también pueden ayudar a un decorador de interiores a seleccionar telas y artículos decorativos.

Cosas de niños Aquí hay un pequeño regalo formidable para alentar a los pequeños lectores. Todo lo que necesita es un **palo de paleta (palito de helado), pintura, fomi, pegamento** y un **marcador**. Pinte el palo de paleta con un color brillante, como rojo. Cuando esté seco, escriba en un lado un lema de lectura como "Adoro leer" o "Marcaré la página". Luego recorte una figura en el fomi, como un corazón, flor, gato o perro. Pegue la figura en la parte superior del palo de paleta y tendrá un **separador de libros casero**.

Pan

Elimine el sabor a quemado del arroz ¿Dejó cocer demasiado el arroz y se quemó? Para quitar el sabor a quemado, ponga una rebanada de plan blanco sobre el arroz, aún caliente. Vuelva a poner la tapa de la cacerola y espere varios minutos. Cuando quite el pan, el sabor a quemado se habrá ido.

Suavice malvaviscos (merengues) duros Abre su bolsa de malvaviscos sólo para descubrir que están duros. Ponga un par de rebanadas de pan fresco en la bolsa y ciérrela herméticamente (puede transferir los malvaviscos a una bolsa de plástico resellable). Déjela por un par de días. Al volver a abrir la bolsa, sus malvaviscos deberán tener tan buen sabor como si fueran nuevos.

Absorba olores de vegetales ¿Le encantan la col o el brócoli, pero odia el olor mientras cocina? Pruebe a poner una pieza de pan blanco sobre la cacerola cuando cocine un grupo de vegetales "malolientes". Absorberá mucho del olor.

Absorba grasa y apague llamaradas Parafraseando una expresión famosa: sólo usted puede prevenir incendios por grasa. Una de las mejores formas de prevenir una llamarada de grasa al asar carne es colocar un par de rebanadas de pan blanco en su grasera para absorber la grasa. También reducirá el humo producido.

Limpie paredes y papel tapiz Los niños tardan en comprender la facilidad con que la mugre de sus manos puede transferirse a las paredes. Pero elimine la mayoría de las huellas de suciedad o grasa de las paredes pintadas frotando el área con una rebanada de pan blanco. El pan también es bueno para limpiar papel tapiz no lavable. Sólo corte primero las cortezas para reducir la probabilidad de rayarlo.

Recoja fragmentos de vidrio Por lo general es fácil recoger los pedazos grandes de un vaso o plato roto, pero recoger los fragmentos diminutos puede ser un verdadero dolor (figurativamente aunque no en forma literal). La forma más fácil de asegurar que no omite nada es presionar una rebanada de pan sobre el área. Sólo tenga cuidado de no pincharse cuando tire el pan a la basura.

Quite el polvo en pinturas al óleo No desearía probar esto con un Renoir original, ni con cualquier pintura que sea una obra de arte de museo, de hecho, pero puede limpiar el polvo y la suciedad cotidianos que se acumulan en una pintura al óleo frotando con suavidad la superficie con una pieza de pan blanco (lactal).

* Pañales desechables

Haga una almohadilla calefactora Alivie su cuello adolorido. O su dolor de espalda u hombro. Use un pañal desechable con nivel elevado de absorbencia para crear una almohadilla calefactora suave y adaptable. Humedezca un pañal desechable y póngalo en el microondas en posición media alta por unos 2 minutos. Compruebe que no esté demasiado caliente y aplique a la parte adolorida.

Mantenga una planta húmeda más tiempo Antes de poner una planta en maceta, ponga un pañal desechable en el fondo, con el lado absorbente hacia arriba. Absorberá agua que de otro modo se saldría por el fondo y evitará que la planta se seque muy rápido. También tendrá que regar la planta con menos frecuencia.

¿ SABÍA *Usted* QUE...?

Fue una mamá quien inventó los pañales desechables. Buscando una alternativa para los pañales de tela sucios, Marion Donovan creó por primera vez una cobertura de plástico para pañales. Hizo su prototipo con una cortina de baño y luego con tela de paracaídas. Los fabricantes no se interesaron, pero cuando creó su propia compañía y debutó el producto en 1949 en Saks Fifth Avenue en la ciudad de Nueva York, tuvo un éxito instantáneo. Donovan pronto agregó material absorbente desechable para crear el primer pañal desechable y, en 1951, vendió su compañía en un millón de dólares.

Acolche un paquete Desea enviarle por correo a una amiga esa bella pieza de porcelana que sabe le encantará, pero no tiene envoltura protectora a la mano. Si tiene pañales desechables, envuelva el objeto en el pañal, o insértelos como acojinamiento antes de sellar la caja. Los pañales cuestan más que la envoltura regular protectora para empaque, pero al menos tendrá el paquete listo hoy, y estará seguro de que su regalo llegará intacto.

✳ Paños suavizantes de telas

Levante el pelo de la mascota El pelo de mascota puede adherirse fuertemente a los muebles y la ropa. Pero una hoja o paño (ya usados) de suavizante de telas chupará el pelo de la tela con un par de golpes. Sólo tire a la basura la hoja sucia.

Ponga fin a los olores del auto ¿El olor a auto nuevo se ha vuelto gradualmente un hedor a auto viejo? Meta una hoja o paño de suavizante de telas (sin usar) debajo de cada asiento del auto para contrarrestar el olor a cerrado y a cigarrillo.

Despegue residuos quemados en la cacerola Estas hojas o paños suavizan mucho. Al quemarse comida en su cacerola, no batalle. En vez de llenarla con agua caliente, póngale tres o cuatro hojas de suavizante usadas. Remoje toda la noche, quite las hojas y no tendrá problemas para retirar los residuos. Enjuague bien.

Refresque sus cajones No necesita comprar papel aromatizado para forrar los cajones de su tocador; déles un aroma de aire fresco metiendo un paño suavizante de telas nuevo bajo los forros de su cajón, o pegue uno atrás de cada cajón.

Limpie los residuos de jabón en las puertas o canceles de la ducha ¿Cansado de tallar la puerta sucia de la ducha? Es fácil limpiar los residuos de jabón con una hoja usada de suavizante de telas para secadora.

> **CUIDADO** Las personas con alergias o sensibilidades químicas pueden presentar sarpullido o irritaciones en la piel cuando entran en contacto con ropa tratada con algun suavizante de telas u hojas de suavizante de telas comerciales. Si es sensible a los suavizantes, puede suavizar su ropa sustituyéndolos con 1/4 de taza de vinagre blanco o la misma cantidad de su acondicionador para el cabello favorito en el último ciclo de enjuague de su lavadora (lavarropas) para tener ropa más suave y de aroma fresco.

Repela el polvo de los aparatos eléctricos Debido a que el televisor y las pantallas de PC están cargadas eléctricamente, atraen el polvo, haciendo interminable la tarea de sacudirlas, pero no es así si lo hace con hojas de suavizante para secadora. Estas hojas (paños) están diseñadas para reducir la adherencia estática, así que quitan el polvo y evitan que se vuelva a pegar por varios días.

Elimine el olor a perro Si su mejor amigo se moja con la lluvia y huele a… bueno… a perro mojado, límpielo con paño suavizante de telas usado, y olerá tan fresco como una margarita.

Refresque sus cestos para ropa y papeleras Aún hay mucha vida en las hojas de suavizante de telas usadas. Ponga una en el fondo de una cesta para ropa o papelera para contrarrestar olores.

Controle el olor del vestidor y los zapatos deportivos Desodorizar zapatos y bolsos de gimnasio requiere algo fuerte. Meta una hoja de suavizante de telas nueva en cada zapato y deje toda la noche para neutralizar olores (recuerde sacarlas antes de ponerse los zapatos). Ponga una hoja para secadora en el fondo de una bolsa de gimnasio y déjela ahí hasta que su nariz le diga que es tiempo de renovarla.

Evite el mal olor en sus maletas (valijas) Ponga una hoja de suavizante de telas (nueva) para secadora en una maleta vacía antes de guardarla. Olerá muy bien al sacarla.

Pula el cromo hasta un brillo reluciente Después de limpiar el cromo, puede verse aún rayado y opaco, pero ya sea que se trate de su tostadora o sus tapacubos, puede sacarles brillo con facilidad con un paño suavizante de telas para secadora usado.

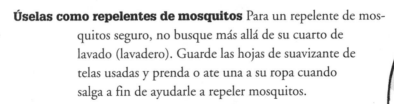

Úselas como repelentes de mosquitos Para un repelente de mosquitos seguro, no busque más allá de su cuarto de lavado (lavadero). Guarde las hojas de suavizante de telas usadas y prenda o ate una a su ropa cuando salga a fin de ayudarle a repeler mosquitos.

Use un refrescante de ambiente discreto No gaste su dinero ganado con tanto esfuerzo en esos refrescantes de ambiente para enchufar. Sólo meta unas cuantas hojas de suavizante de telas en armarios, detrás de cortinas y bajo las sillas.

Suprima la adherencia estática Nunca volverá a sentir vergüenza porque su ropa se le adhiera al cuerpo, si guarda una hoja de suavizante de telas (usada) en su bolso o en el cajón del tocador. Cuando enfrente la estática, humedezca la hoja, frótela sobre sus medias y ponga fin a las faldas pegadas.

Mantenga el polvo lejos de sus persianas Limpiar persianas venecianas es una tarea tediosa, así que haga durar los resultados limpiándolas con un paño suavizante de telas para repeler el polvo. Límpielas con otro paño (o toallita) cada vez que desaparezca el efecto.

Renueve los juguetes de felpa sucios Lave los animales de felpa en lavadora (lavarropas) en ciclo suave, luego póngalos en la secadora junto con un par de zapatos deportivos viejos y una hoja de suavizante de telas: quedarán mullidos y la felpa, suave como seda.

Sustituya un paño común con uno para secadora Los paños pegajosos están diseñados para recoger todos los restos de aserrín en un proyecto de carpintería antes de pintarlo o barnizarlo, pero son caros y no siempre son fáciles de encontrar en la ferretería. Si está en medio de un proyecto sin un paño, sustitúyalo con una hoja de suavizante de telas nueva; atraerá el aserrín como un imán.

Aromatice las sábanas Cuando guarde las sábanas, póngalas en una funda de almohada del mismo juego de sábanas, y meta una hoja (paño) de suavizante de telas nueva en el paquete para darle una fragancia fresca.

Elimine el hilo de costura enredado Para poner fin al hilo enredado, tenga una hoja de suavizante de telas nueva en su equipo de costura. Después de ensartar la aguja, insértela en la hoja y pase por ella todo el hilo para darle un recubrimiento antiadherente.

Pantimedias (medibachas)

Para encontrar pequeños objetos ¿Alguna vez se ha pasado horas de rodillas buscando en la alfombra algún arete (aro), joya, un lente de contacto o algo minúsculo? Si no es así, puede usted contarse entre unos cuantos afortunados, pero si tuviese que enfrentarse alguna vez a esta situación haga lo siguiente: corte una pierna de un par de pantimedias viejas y asegúrese de que la punta no esté rota, colóquela sobre la entrada de la manguera de su aspiradora (para mayor seguridad puede cortar la otra pierna y colocarla sobre la primera pierna) asegure la media con una liga de hule (gomita elástica) bien apretada y encienda la aspiradora. Con mucho cuidado coloque la boca de la manguera sobre la alfombra y muy pronto encontrará el objeto perdido, atrapado en el filtro hecho por la pantimedia.

Aspire la pecera Si su aspiradora tienen la opción de aspirar agua, puede cambiar el agua de su pecera sin tener que remover los accesorios o grava (aunque tenga que reubicar a los peces, por supuesto); solamente remueva el pie de una media vieja y colóquela en la entrada de la manguera, asegúrela con una liga y estará lista para chupar el agua.

Limpie sus zapatos Obtenga el brillo en sus zapatos recién lustrados al frotarlos con una tira de tamaño mediano de una pantimedia. Trabaja tan bien que muy pronto querrá deshacerse de ese pedazo de tela de gamuza para siempre.

Mantenga su cepillo de pelo limpio Si aborrece la idea de limpiarlo, aquí tiene una fórmula para hacer su trabajo más sencillo. Corte una tira de 5 centímetros de largo de la pierna de una pantimedia. Hágala pasar entre las cerdas de su cepillo y estire la media sobre las cerdas, si fuese necesario utilice una horquilla (hebilla) o peine para empujar la media sobre las cerdas. Cuando su cepillo necesite limpieza en una futura ocasión, simplemente levante y remueva la capa de la pantimedia junto con el cabello o pelusa y ponga otra en su lugar.

Papel de envoltura Conserve sus rollos de papel para envoltura evitando que se rompan o arruguen. Almacénelos en tubos hechos de pantimedias (medibachas). Corte las piernas de las pantimedias (no olvide conservar el pie intacto), o si tiene un montón de rollos usados, simplemente coloque uno en cada pierna y cuélguelos sobre un gancho (percha) dentro de su closet.

Remueva el esmalte de uñas ¿No puede encontrar el algodón? Remoje tiritas de una pantimedia reciclada con quita esmalte y remueva el esmalte de sus uñas. Corte la media en cuadros de 7.5 cm cada uno y guárdelos dentro de una caja de curitas vacía, o de algún maquillaje.

Mantenga sus atomizadores limpios Si acostumbra reciclar sus atomizadores para guardar productos líquidos de limpieza, puede prevenir que estos se atasquen al cubrir el tubo que va dentro de la botella con un pedazo de media sostenida por una liga de hule. Esto funciona muy bien especialmente para filtrar los atomizadores de jardín que se usan con concentrados.

Sustituyendo un relleno ¿El osito de peluche o la muñeca de sus hijos está perdiendo relleno? Tenga a la mano aguja e hilo y prepare al paciente para un "transplante de relleno". Reemplace el relleno perdido con pequeñas tiras limpias de medias viejas (hágalas bolita), dé unas puntadas al orificio y le aseguramos una recuperación completa. Esto también funciona con almohadas y cojines.

Organice su equipaje Como cualquier viajero, sabe que se puede obtener más espacio en una maleta (valija) al enrollar las prendas de vestir. Para mantener estos rollos voluminosos en su lugar y evitar que se deshagan, cúbralos con tubos de nailon

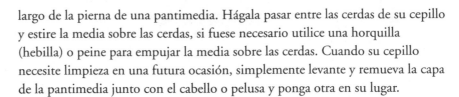

SABÍA *Usted* QUE...?

El nailon, la primera fibra sintética en el mundo, fue inventado en E. I. DuPont de Nemours, Inc., y se dio a conocer el día 28 de octubre de 1938. En lugar de convocar a la acostumbrada conferencia de prensa, el vicepresidente de la compañía, el señor Charles Stine, prefirió usar el marco de la Feria Mundial en Nueva York y hacer el anuncio monumental a 3,000 miembros de un club privado de mujeres, quienes observaron un desfile de varias modelos en vivo, quienes portaron las famosas medias de nailon. La intuición de Stine fue acertada: para finales de 1940, DuPont había vendido ya 64 millones de pares de pantimedias. Sin embargo, el nailon hizo su primera aparición en la pantalla grande un año antes, cuando fue usado para crear el tornado que sacó a Dorothy de Kansas en *El Mago de Oz*.

flexibles. ¿Cómo? Simplemente corte las piernas de un par de pantimedias viejas, elimine la parte del pie y estire las medias sobre sus rollos de ropa. ¡Y feliz viaje!

Tome un baño cítrico Haga su propio baño de aceite perfumado al secar y moler cáscara de naranja o limón y colocarla dentro de la sección del pie de las medias recicladas, haciendo una bolsita. Haga un nudo a 2.5 cm por encima de las cáscaras y deje otros 15 cm más o menos de media por arriba de esto antes de cortar el resto. Amarre la media a la llave de su tina (canilla de su bañera) colgando la bolsita a la altura del chorro del agua. Además de dar a su baño una fragancia fresca a cítricos, puede utilizar la bolsita para exfoliar su piel.

Mantenga la naftalina o popurrí ¿Está buscando una forma fácil de conservar la naftalina en su closet, o hacer sachets para colocarlos en los cajones de su cómoda? Coloque la naftalina o el popurrí dentro del pie de sus pantimedias (medibachas) viejas, anude el contenido y corte el resto de la media. Si planea colgar naftalina, deje algunos centímetros más antes de cortar.

Haga un adorno para su cola de caballo Solamente corte una tira horizontal de 7.5 cm más o menos a lo largo de la pierna de una pantimedia vieja, amárrela alrededor de su cola de caballo y ¡listo!

Seque sus suéteres colgados Evite las marcas de pinzas (broches) en sus suéteres recién lavados poniendo un par de medias viejas a través del cuello del sweater y corriendo las piernas por los hombros a los brazos. Ponga a secar el sweater sosteniéndolo con pinzas que marcaran las medias y no el sweater.

Almacene sus frazadas atándolas Una forma comprobada de evitar esfuerzos innecesarios cuando se doblan mantas y cobijas para guardarlas temporalmente, y conservarlas en su lugar, es usar bandas hechas de la cintura de unas pantimedias usadas y amarrando las frazadas con ellas. Puede seguir usándolas año tras año si es necesario.

Ate cajas, diarios, revistas Si no tiene tiempo suficiente para amarrarlos, utilice un par de medias viejas, corte la banda de la cintura de las medias y con ella podrá mantener todo esto en orden.

✷ PANTIMEDIAS EN LA COCINA

Conserve cebollas en pequeñas bolsas Obtenga la máxima conservación de las cebollas al colgarlas en pequeñas bolsas de nailon que les dan una excelente ventilación y las mantiene frescas. Coloque las cebollas una por una dentro de una pierna de un par de medias limpias. Haga un nudo después de haber introducido cada una y repítalo hasta llenar la pierna, recorte de la

media lo que quede y entonces cuélguela en un lugar frío y seco en su cocina. Así podrá fácilmente usar cada cebolla cuando la necesite al ir recortando cada espacio donde se encuentran las cebollas comenzando por la inferior.

Haga un estropajo (esponja o paño) para sus ollas Limpie esas manchas de su batería de cocina haciendo usted mismo su estropajo. Comprima un par de pantimedias (medibachas) limpias, humedézcalas con un poco de agua tibia y agregue un par de gotas de detergente líquido para platos y estará listo. No solamente puede hacer increíbles estropajos para platos, también podrá hacerlos para limpiar paredes u otras superficies no porosas, cortando el pie de la pantimedia y colocando dentro de ella una esponja, asegurándola con un nudo.

Haga un cernidor de harina ¿Está buscando una forma simple para cernir harina en fuentes para hornear, y utilizar la cantidad exacta de harina? Solamente corte el pie de una pantimedia vieja y limpia, rellénela con harina, ciérrela con un nudo y consérvela en el tarro de la harina. Agite su dispensador cuantas veces necesite cernir harina en una charola para preparar una superficie para amasar pasteles o galletas.

SABÍA *Usted* QUE...?

Es probable que haya escuchado que se puede reemplazar temporalmente la banda rota de un ventilador en un caso de emergencia. Pues no lo crea, no funcionará. Jim Kerr, capacitador en mecánica automotriz del Instituto de Ciencias y Artes Aplicadas de Saskatchewan, y el columnista de "Conversaciones Técnicas" para CanadianDriver.com, dicen que "Las poleas en la mayoría de los vehículos requieren de bandas planas, no las redondas que las pantimedias pudieran proveer. Hasta las mismas poleas de banda en V salen volando tan pronto se enciende el motor. Lo sabemos porque lo hemos hecho". Una mejor solución es cambiar las bandas antes de que su condición realmente empeore.

Evite que su rodillo se pegue Obtener una consistencia perfecta en la masa para pay es un arte. Aunque siempre podemos agregar agua a una masa que está seca, con frecuencia termina con una consistencia pegajosa que se adhiere a su rodillo. Evítese el problema de limpiar su rodillo cubriéndolo con una pieza de pantimedia. Esto evitará que la masa se pegue a su rodillo aunque sea la más húmeda.

Asegure sus bolsas de basura ¿Cuántas veces al abrir el cesto de basura se ha encontrado con que la bolsa está mal puesta y que alguien en su casa la ha cubierto con basura reciente? Puede prevenir dichos accidentes asegurando firmemente la bolsa de la basura con la banda elástica de la cintura de un par de pantimedias viejas, haga un nudo con la banda para mantenerla firme. También puede utilizar este método para mantener las bolsas de basura cerradas cuando se encuentran en los contenedores de la calle.

Limpie bajo el refrigerador (heladera) ¿Tiene problemas para sacar las pelusas que se alojan bajo el refrigerador? Recójalas con un gancho (percha) al que envolverá con un par de pantimedias viejas. El polvo y la mugre se pegarán al nailon, y éste podrá ser lavado fácilmente y reutilizado en un futuro.

✴ PANTIMEDIAS **EN EL JARDÍN**

Enderece sus plantas delicadas Déle a sus plantas y árboles jóvenes el soporte que necesitan. Utilice tiras de medias para asegurarlas. Gracias a su flexibilidad, el nailon se estirará tanto como sea necesario mientras sus plantas maduran, así no las lastimará como una cuerda o un alambre.

Conserve los bulbos de flores en invierno Las piernas de las pantimedias (medibachas) son increíbles sacos para conservar los bulbos de sus flores en el invierno, pues permiten circular el aire libremente. Esto impide que se pudran. Simplemente corte la pierna de un par de pantimedias y coloque los bulbos dentro, atándola después. Ponga tarjetas de identificación en cada saco con una cinta adhesiva. Cuélguelas en un espacio frío y seco y estarán listas para ser plantadas en la primavera.

Prevenga la erosión de la tierra en sus plantas Cuando cambie una planta a un lugar más grande coloque una pieza de pantimedia en el fondo de la nueva maceta. Ésta actuará como un filtro que permitirá fluir el exceso de agua sin arrastrar los nutrientes con ella.

Soportes para melones Conserve melones pequeños como el cantaloupe lejos del suelo y libres de pestes y enfermedades. Haga mangas protectoras con un par de pantimedias viejas. Recorte las piernas de las medias y, mientras sus melones jóvenes maduran, deslice cada uno a la parte del pie y amárrelos a una estaca, suspendiendo así el melón. Estos contenedores de nailon se estirarán conforme los melones maduran y evitarán que estén en contacto con el suelo húmedo, donde serían susceptibles a insectos, moho y otras plagas del jardín

Mantenga a los ciervos lejos de su jardín Si se ha encontrado con que Bambi y sus amigos han estado mordisqueando sus plantas, simplemente llene el pie de la pantimedia con cabello que le quite al peine o cepillo de su baño, o aún mejor, que sea de su mascota. Después de atar las orillas cuelgue las bolsas con cabello ahí donde suelen comer los ciervos. No regresarán por un tiempo, pero deberá remplazar los cabellos cada cuatro o cinco días, ya que perderán su olor.

Limpie después de hacer jardinería He aquí dos tips en uno. Guarde los sobrantes de jabón de tocador y colóquelos dentro del pie de una pantimedia vieja. Después de atarlo, cuélguelo cerca de la puerta o del grifo (canilla) de agua del jardín. Use esta media rellena de sobrantes de jabón para lavarse las manos rápidamente después de haber trabajado en el jardín sin tener que preocuparse de ensuciar el picaporte de la puerta o los grifos del baño dentro de la casa

Cubra el frasco de insectos de los niños ¿A que niño no le gusta coleccionar libélulas esperando liberarlas en una noche de verano? Cuando haga un frasco para insectos a sus pequeños, no se moleste en usar el martillo o una cuña para hacer hoyos a las tapas de metal de los frascos, de hecho, puede guardarlas para otro proyecto. Es mucho más sencillo cortar un cuadro de unos 15 cm de un par de pantimedias (medibachas) viejas y ajustarlas al frasco con una liga de hule (gomita elástica). La cubierta de nailon permite que el aire entre en el frasco libremente y pueden meterse o sacarse los insectos con facilidad.

✳ PANTIMEDIAS **PARA ARREGLOS MENORES**

Aplique pintura a las grietas en madera Hacer llegar la pintura o barniz a las esquinas y grietas más apretadas de ese librero o mesa que acaba de comprar puede ser una tarea como para volverse loco. Su brocha tampoco puede llegar a esos puntos y menos aplicar una capa pareja, pero en realidad no significa nada una vez que se conoce el secreto; solamente corte una tira de un par de

pantimedias viejas, dóblela para hacer un cojín pequeño, únalo con una liga y péguelo a la punta de un palo, moje este aplicador con pintura o barniz y no tendrá ningún problema en llegar hasta los puntos más difíciles.

¿ SABÍA *Usted* QUE...?

Según los datos de la Asociación de la Industria del Juguete, la legendaria fabricante de muñecas, Madame Alexander, tuvo la idea original del concepto de la pantimedia a principios de la década de 1950, cuando comenzó a coser pares de medias de seda a las pantaletas para evitar que se cayeran. Sin embargo, Allen Gant, de Burlington, Carolina del Norte, inventó y patentó las pantimedias como las conocemos hoy en día, las cuales fueron producidas por primera vez en 1959 por Glen Raven Mills, el negocio textil de su familia. Otra pionera de las pantimedias es la actriz de Hollywood, Julie Newmar, mejor conocida por ser la Gatúbela original en la serie de televisión Batman, en los últimos años de la década de 1960, ya que posee la patente de una pantimedia "ultradelgada y ultrasuave".

Compruebe que una superficie esté lisa ¿Piensa que ha hecho un buen trabajo de lijado en ese proyecto de madera que hizo? Póngalo a prueba con una pantimedia. Envuelva un pedazo largo de pantimedia alrededor de su mano y frótela sobre la madera. Si la pantimedia se atora en cualquier punto, continúe lijando hasta que la pantimedia no se rompa en ningún punto.

Parche el hoyo de un mosquitero No deje pasar a los insectos. Utilice un cuadro pequeño hecho de pantimedia (media de nailon) para parchar provisionalmente la malla o ventana. Puede asegurar el parche aplicando un poco de pegamento alrededor del orificio antes de presionar el parche en su lugar. Cuando pueda reparar la malla, solamente despegue el nailon y el pegamento. Si desea que el parche dure un poco más, cósalo a la malla con hilo.

Limpie su piscina ¿Quiere encontrar una manera más efectiva de remover la basura y nata de la superficie del agua de su piscina? Corte una de las piernas de una pantimedia vieja y colóquela sobre la red con la que limpia la piscina. De esta forma la media atrapará esas partículas pequeñas y cabellos que de otro modo se irán directo al filtro de la piscina con la probabilidad de taparlo.

Filtre su pintura como los profesionales Utilice un filtro hecho con pantimedia para remover los grumos de una vieja lata de pintura. Primero corte una pierna de unas pantimedias viejas, retire el pie y haga un corte a lo largo de ésta en secciones de 30 a 32 cm para hacer unos filtros. Estire el nailon sobre un balde limpio u otro recipiente y sosténgalo en su lugar con una liga,  o quizá hasta pueda utilizar el resorte de las pantimedias. Ahora vacíe el contenido de la pintura lentamente en el balde.

✳ Papas

Haga un sello decorativo Olvídese de esos sellos de hule caros. Una papa puede proveer el medio adecuado para hacer su propio sello para decorar tarjetas y sobres festivos. Corte una papa a la mitad por lo ancho. Talle un diseño en una mitad. Luego empiece a sellar como lo haría con una versión de madera.

Quite manchas de sus manos La sopa de zanahoria favorita de su familia está hirviendo en la estufa (cocina), y tiene las manos anaranjadas para demostrarlo. Las manchas difíciles de quitar de sus manos por pelar zanahorias o manipular calabaza desaparecerán de inmediato si frota sus manos con una papa.

Extraiga sal de la sopa ¡Mmm! ¿Se le pasó la mano cuando le puso sal a la sopa? No hay problema. Sólo corte algunas papas en trozos grandes. Métalos en la olla de la sopa que aún está en la estufa (cocina). Cuando empiecen a suavizarse, en unos 10 minutos, retírelas junto con el exceso de sal que absorbieron. Guárdelas para otro uso, como ensalada de papas.

Quite una bombilla (lamparita) rota Está cambiando la bombilla de la lámpara en la mesa de noche (mesita de luz) y se rompe en su mano. Ahora el vidrio está fuera, pero la base aún está dentro. Desconecte la lámpara. Corte una papa a lo ancho y póngala sobre la bombilla rota. Gírela, y el resto de la bombilla deberá salir con facilidad.

Elimine las manchas de su plata Se servirá té en su casa por la noche y se le acabó el pulidor para plata. Tome un montón de papas y hiérvalas. Sáquelas del agua y guárdelas para otro uso. Ponga su plata en el agua que quedó y déjela por una hora. Luego saque la plata y lávela. Se habrán eliminado las manchas.

Mantenga limpias sus gafas para esquiar No puede tener una buena visión de los árboles y de otros esquiadores a través de sus gafas para la nieve que se empañan durante su descenso cuesta abajo. Frote papa cruda sobre las gafas antes del ascenso, y su recorrido de descenso será claro como el cristal.

Ponga fin a los ojos hinchados por la mañana Todos odiamos despertarnos por la mañana y vernos la cara en el espejo. ¿Qué son esos puntos hinchados en su cara? Oh, sí, son sus ojos. Lo que necesita es una pequeña mascarilla matutina. Aplique rebanadas de papa cruda fría a sus párpados para hacer desaparecer la hinchazón.

Atraiga a las lombrices en plantas domésticas Las lombrices entran y salen arrastrándose de las raíces de su planta doméstica favorita. Las raíces padecen. ¿Qué hacer? Rebane papa cruda alrededor de la base de la planta para que actúe como cebo para las lombrices. Saldrán a comer y usted podrá atraparlas y tirarlas.

FERIA DE LA CIENCIA

Aquí hay una forma de demostrar el **poder de la presión del aire**. Tome una **paja de plástico** por la mitad y trate de **hundirla en una papa**. Se arruga y se dobla, incapaz de penetrar la papa. Ahora tome otra paja por la mitad, pero esta vez ponga su **dedo** sobre la parte superior. La paja penetrará el tubérculo. Cuando es atrapado el aire dentro de la paja, empuja contra los lados de ésta, endureciéndola lo suficiente para que penetre la papa. De hecho, entre más profundo penetre la paja, queda menos espacio para el aire y la paja se pone más dura.

Alimente geranios nuevos Una papa cruda puede darle a un geranio en ciernes todos los nutrientes que podría desear. Haga un agujero pequeño en una papa. Meta el tallo del geranio en el agujero. Plántelo con todo y papa.

Mantenga en su lugar un arreglo floral Si tiene un pequeño arreglo de flores que le gustaría estabilizar pero no tiene de esa espuma verde floral a mano para insertar en ella los tallos de las flores, pruebe con una papa grande. Córtela a la mitad longitudinalmente y ponga el lado cortado hacia abajo. Haga agujeros donde desee las flores y luego inserte los tallos.

Restaure zapatos viejos y destartalados Por más que lo intente, sus zapatos viejos están demasiado desgastados para relucir una vez más. No están agujerados, y son tan agradables y confortables que odiaría tirarlos. Antes de mandarlos a paseo, corte una papa a la mitad y frote esos zapatos viejos con la papa cruda. Después de esto, lústrelos; deberán quedar bonitos y brillantes.

Haga una compresa caliente o fría Las papas retienen el calor y también el frío. La próxima vez que necesite una compresa caliente, hierva una papa, envuélvala con una toalla, y aplíquela al área. Refrigere la papa hervida si necesita una compresa fría.

Papel aluminio

✳ PAPEL ALUMINIO EN LA COCINA

Hornee una pasta perfecta Evite que los bordes de sus pays se quemen, cubriéndolos con tiras de papel aluminio. El papel impide que los bordes se doren en exceso mientras que el resto de su pay se dora perfectamente.

Haga moldes para hornear de formas especiales
Haga un pastel (torta) de cumpleaños con forma de osito, o uno con forma de corazón, de árbol de navidad o de la forma que desee. Sólo haga la forma deseada con dos capas de papel aluminio muy resistente dentro de un molde para pastel grande.

Ablande el azúcar morena Para que el azúcar morena regrese a su antigua forma granulada, rompa un pedazo, envuélvalo en papel aluminio y hornéelo en el horno a 150° C durante cinco minutos.

Decore un pastel (torta) ¿No tiene a la mano una bolsa (manga) de repostería? No hay problema. Forme un tubo con un pedazo de papel aluminio resistente y llénelo de azúcar glas. Ventaja: Así no tendrá que limpiar la bolsa, sólo tirar el papel.

Haga una ensaladera extra grande Si ha invitado a la mitad del vecindario a cenar, pero no tiene un tazón (bol) para tanta ensalada, tranquilícese. Sólo forre el fregadero (pileta de la cocina) con papel aluminio, ¡y saque el molde!

Mantenga caliente el pan ¿Desea mantener el calor del pan recién salido del horno hasta la hora de la cena o del picnic? Entonces, antes de llenar su canasta, envuelva los panes en una servilleta de tela y coloque una capa de papel aluminio debajo. El papel aluminio reflejará el calor y mantendrá su pan calientito durante bastante tiempo.

Atrape las gotas de helado Evite que los chicos ensucien su ropa, o su casa, envolviendo la parte de abajo del cono (cucurucho) del helado (o un trozo grande de sandía) con un pedazo de papel aluminio antes de dárselos.

Tueste su propio sándwich de queso La próxima vez que empaque para un viaje, incluya un par de sandwiches de queso envueltos en papel aluminio. De esta forma, si se registra en un hotel después de que la cocina ha cerrado, no tendrá que recurrir a los bocadillos fríos y caros del minibar. Mejor, use la plancha del cuarto de hotel para prensar ambos lados del sándwich envuelto, y tendrá un refrigerio sabroso y caliente.

Pula su plata ¿A su plata le falta brillo? Intente un intercambio de iones, una reacción molecular en la que el aluminio actúa como catalizador. Sólo forre un molde con una hoja de papel aluminio, llénelo con agua fría y añada dos cucharaditas de sal. Sumerja sus piezas de plata opacas en la solución, déjelas reposar durante dos o tres minutos, enjuáguelas y séquelas.

Mantenga su plata sin mancha Guarde la plata recién limpiada encima de una hoja de papel aluminio para impedir que se manche. Si va a guardarla durante largo tiempo, primero envuelva bien cada pieza en papel celofán, saque todo el aire posible y luego envuelva en papel aluminio y selle los extremos.

Conserve la esponja de fibra metálica Es exasperante que una vez que usa una fibra metálica y la pone en su plato junto al fregadero (pileta), al día siguiente encuentra que está completamente oxidada y lista para tirarse a la basura. Para evitar el óxido y sacar provecho a su dinero, envuélvala en papel aluminio y póngala en el congelador. También puede hacer que dure más si arruga una hoja de papel aluminio y la coloca debajo de la fibra, en su bandeja. (No olvide escurrir periódicamente el agua que se junta en el fondo.)

Limpie sus platos ¿No tiene una fibra? Arrugue un poco de papel aluminio y úselo para fregar sus platos.

Mantenga limpio el horno ¿Está horneando una lasagna o un guisado burbujeante? Evite que las gotas ensucien el piso del horno, poniendo una hoja o dos de papel aluminio sobre la rejilla inferior. *No* forre el piso del horno; podría incendiarse.

Alimentos ácidos que corroen el papel aluminio

> Piénselo dos veces antes de cortar una hoja de papel aluminio para envolver los restos de su pastel de carne, particularmente si le escurre salsa de tomate. Los alimentos muy ácidos o salados, como los limones, toronjas (pomelos), ketchup y pepinillos, aceleran la oxidación del aluminio y hasta pueden "corroer" el papel aluminio durante una exposición prolongada. Esto también puede filtrar aluminio a la comida, lo que puede afectar su sabor y puede constituir un riesgo para la salud. Sin embargo, si quiere usar papel aluminio para ese pastel de carne, cúbralo primero con una capa o dos de envoltura de plástico o papel encerado, para evitar que la salsa entre en contacto con el papel aluminio.

✳ PAPEL ALUMINIO **POR TODA LA CASA**

Mejore la eficiencia del radiador Ésta es una forma simple de obtener más calor de sus antiguos radiadores de hierro fundido sin gastar ni un centavo más en su factura de gas o petróleo: haga un reflector de calor detrás de ellos. Pegue con cinta adhesiva papel aluminio resistente a un cartón, con la parte brillante hacia el frente. Las ondas de radiación rebotarán del papel hacia la habitación, en vez de ser absorbidas por la pared que está detrás del radiador. Si su radiador tiene cubiertas, pegue un pedazo de papel aluminio debajo de éstas.

Aleje a las mascotas de los muebles ¿No puede bajar a Snoopy de su sofá nuevo? Coloque papel aluminio sobre las almohadas del asiento, y su mascota ya no considerará cómoda la ruidosa superficie para reposar.

Proteja el colchón infantil Como sabe todo padre de un niño que ya no usa pañales, los accidentes suceden. Sin embargo, cuando ocurren en la cama, puede proteger el colchón, incluso si no cuenta con un protector de plástico. Primero coloque varias hojas de papel aluminio a lo ancho del colchón. Después cúbralas con una toalla grande. Finalmente, ponga la sábana de abajo.

Oculte las manchas de los espejos Una mancha de antigüedad puede darle un toque encantador a un viejo espejo; pero a veces es una distracción. Puede disimular fácilmente los defectos de la superficie reflejante de un espejo pegando en la parte de atrás un pedazo de papel aluminio con la parte brillante hacia el frente; péguelo con masking tape (cinta de enmascarar) al respaldo o marco del vidrio, no al espejo.

Afile sus tijeras ¿Qué puede hacer con esos pedazos sobrantes de papel aluminio que andan por todas partes? ¡Úselos para afilar sus tijeras sin filo! Alise, si es necesario, y doble las tiras en varias capas, y comience a cortarlas. Siete u ocho pasadas deben bastar. Qué simple, ¿no? (Véase la página 43 para ver cómo usar los restos de papel aluminio como abono o para alejar a las aves de sus árboles frutales.)

Cosas de niños Mezclar pinturas para pintar con los dedos es una magnífica idea para que los niños aprendan cómo se combinan los colores, al tiempo que expresan su creatividad. Desafortunadamente, este aprendizaje puede constituir su "momento de hiperactividad".

Para **contener el lío,** corte los lados de una caja de cartón ancha, de manera que midan unos 8 cm de altura. Forre el interior con papel aluminio y deje que los niños viertan la pintura. Con suerte, ésta se quedará en los límites de la caja.

Limpiar joyas Para limpiar sus joyas, simplemente forre un pequeño cuenco con papel aluminio. Llénelo con agua caliente y mezcle una cucharada de detergente en polvo para ropa, sin blanqueador (lavandina). Ponga las joyas en la solución y deje remojando durante un minuto. Enjuague bien y seque. Este procedimiento aplica el proceso químico conocido como intercambio de iones, que también puede usarse para limpiar plata (véase la página 268).

Mueva fácilmente los muebles Para deslizar muebles grandes sobre un piso liso, coloque pedazos pequeños de papel aluminio bajo las patas, con el lado opaco del papel hacia abajo, la parte opaca es más resbalosa que la brillante.

Ajuste las pilas sueltas ¿Su linterna, walkman o un juguete funcionan intermitentemente? Revise el compartimento de las pilas. Los resortes que sostienen las pilas en su lugar pueden perder su tensión después de un tiempo, dejando sueltas las pilas. Doble un pedacito de papel aluminio hasta que tenga una almohadilla lo bastante gruesa para compensar la parte floja; colóquela entre la pila y el resorte.

No manche sus lentes Usted quiere ponerse al día en su lectura durante el tiempo que tarda en teñirse el cabello, pero no puede leer sin sus lentes, y éstos pueden mancharse con el tinte. Solución: envuelva los marcos de sus lentes con papel aluminio.

SABÍA *Usted* QUE...?

¿Se ha preguntado por qué el papel aluminio tiene un lado más brillante que otro? La respuesta tiene que ver con cómo se fabrica. De acuerdo con Alcoa, el fabricante de Reynolds Wrap, las distintas sombras plateadas resultan durante el proceso final de enrollamiento, cuando dos capas de papel aluminio pasan por la laminadora simultáneamente. Los lados que tienen contacto con los pesados y pulidos rodillos salen lustrosos, mientras que las capas internas conservan un terminado opaco o mate. Claro que el lado brillante refleja mejor la luz y el calor, pero para envolver alimentos o forrar parrillas, ambos lados son igualmente buenos.

Limpie su chimenea ¿Está buscando una forma fácil de limpiar las cenizas de su chimenea? Coloque dos capas de papel aluminio resistente a lo ancho del piso de la chimenea, o bajo la madera. Al día siguiente, o cuando esté seguro que se hayan enfriado las cenizas, sólo enrolle el papel y tírelo o, todavía mejor, use las cenizas como se describe en las páginas 54-55.

✱ PAPEL ALUMINIO **EN EL CUARTO DE LAVADO**

Planche más rápido Cuando plancha, gran parte del calor de la plancha es absorbido por la tabla de planchar, lo que hace necesarias más pasadas para eliminar las arrugas de la ropa. Para acelerar el planchado, ponga un pedazo de papel aluminio bajo la cubierta de la tabla de planchar. El papel reflejará el calor a la ropa, alisando las arrugas más rápidamente.

Ponga un parche Un parche puesto con plancha es una forma fácil de remendar los pequeños hoyos en la ropa, pero sólo si no se pega en su tabla de planchado. Para evitar esto, ponga un pedazo de papel aluminio bajo el hoyo. No se pegará al parche, y sólo tendrá que quitarlo cuando termine.

Limpie su plancha ¿El almidón se ha acumulado en su plancha y ésta se pega a la ropa? Para eliminarlo, pase la plancha caliente sobre un pedazo de papel aluminio.

✱ PAPEL ALUMINIO **EN EL JARDÍN**

Ponga algo qué morder en su abono Para alejar a los insectos y babosas hambrientas de sus pepinos y otras verduras, mezcle tiras de papel aluminio en el abono de su jardín. Además, el papel reflejará la luz hacia sus plantas.

Proteja los troncos de los árboles Los ratones, conejos y otros animales a menudo se alimentan de la corteza de los árboles jóvenes durante el invierno. Una forma barata y efectiva de disuadirlos consiste en envolver los troncos con una capa doble de aluminio resistente, a finales del otoño. Quítela en primavera.

Tip **Evite escaldaduras en los árboles**

> Forrar los troncos de árboles jóvenes con un par de capas de papel aluminio durante el invierno puede ayudar a evitar las escaldaduras, una afección ampliamente conocida como enfermedad del suroeste, pues daña el costado sudoccidental de algunos árboles jóvenes de corteza delgada, en especial árboles frutales, fresnos, tilos, arces, robles y sauces. El problema ocurre en los días cálidos de invierno, cuando los rayos del sol reactivan algunas células aletargadas bajo la corteza. La disminución de la temperatura en la noche mata las células y pueden dañar el árbol. En la mayoría de las regiones, se puede quitar el papel aluminio a principios de la primavera.

Ahuyente a los cuervos y otras aves ¿Los pájaros se están comiendo la fruta de sus árboles? Para evitarlo, cuelgue tiras de papel aluminio de las ramas, usando un sedal de monofilamento. Aún mejor, cuelgue algunas conchas marinas envueltas en papel aluminio para asustar aún más con el ruido a los ladrones.

Haga una caja de sol para las plantas Una ventana soleada es un buen lugar para tener plantas de sol. Sin embargo, como la luz siempre proviene de la misma dirección, las plantas tienden a inclinarse hacia ese lado. Para bañar de luz sus plantas por todos lados, haga una caja de sol: quite la tapa y un lado de una caja de cartón y forre los otros tres lados y el piso con papel aluminio, con la parte brillante de frente. Coloque las plantas en la caja, cerca de una ventana.

Haga una incubadora de semillas Para dar a las plantas nacidas de semillas una saludable ventaja, forre una caja de zapatos con papel aluminio, con el lado brillante hacia arriba, dejando unos 5 cm fuera de los lados. Haga varios hoyos en el fondo para el desagüe, llene la caja ligeramente más de la mitad con tierra de abono y plante las semillas. El papel aluminio de adentro absorberá el calor y mantendrá las semillas tibias mientras germinan, al tiempo que el papel de afuera reflejará la luz hacia los brotes. Coloque la caja cerca de una ventana soleada, mantenga la humedad de la tierra, ¡y véalas crecer!

Evite que las matas se enreden Facilite que las matas crezcan fuertes y sin enredarse colocándolas en un recipiente cubierto con una hoja de papel aluminio. Simplemente haga algunos hoyos en el papel e inserte las matas a través de los hoyos. Hay incluso una ventaja: el papel aluminio retrasa la evaporación del agua, así que podrá regarlas con menos frecuencia.

✱ PAPEL ALUMINIO EN EXTERIORES

Aleje a las abejas de las bebidas Está a punto de relajarse en su jardín, con un vaso de limonada o refresco (gaseosa) bien ganado. De pronto, aparecen abejas zumbando alrededor de su bebida, a la que consideran un dulce néctar. Evítelas

SABÍA **Usted** QUE...?

"Pásame el papel de estaño, ¿sí?" Todavía ahora, no es raro que la gente diga esto cuando tiene que envolver sobrantes. El papel de metal doméstico *se hacía* sólo de estaño hasta 1947, cuando el papel aluminio se introdujo en las casas, reemplazando con el tiempo al papel de estaño en la cocina.

cubriendo herméticamente la boca de su vaso con papel aluminio. Introduzca un popote (pajita) a través de éste y disfrute de su bebida en paz.

Haga una bandeja para el jugo de su parrillada Para evitar que el jugo de su carne llegue al carbón de su parrillada, haga una bandeja desechable a partir de un par de capas de papel aluminio resistente. Modélela a mano o use un molde de hornear (no olvide quitar el molde una vez terminada su creación). Asimismo, no olvide hacer su bandeja un poco más grande que la carne en la parrilla.

Limpie su parrilla Después de preparar el último bistec (bife), y cuando todavía están rojos los carbones, ponga una hoja de papel aluminio sobre la parrilla para quitar cualquier resto de comida. La siguiente vez que use su asador, arrugue el papel aluminio y úselo para raspar la comida quemada antes de empezar a cocinar.

Mejore la iluminación exterior Mejore la iluminación eléctrica de su jardín o campamento haciendo un reflector de papel aluminio y colocándolo detrás de la luz. Fije el reflector a alguna parte de la lámpara o instalación con cinta de aislar o plateada, *no* aplique la cinta directamente al foco.

Improvise una fuente para el picnic Cuando necesita una fuente práctica desechable para los picnics o convivios, sólo cubra un cartón con aluminio resistente.

Improvise un sartén ¿No quiere empacar un sartén para una excursión? Haga uno poniendo en medio de dos capas de papel aluminio resistente una rama en forma de horquilla (hebilla). Envuelva firmemente los bordes del papel alrededor de las ramas ahorquilladas, pero deje un poco flojo el papel de en medio. Invierta el palo y presione el centro para poner la comida que va a freír.

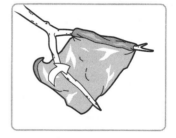

Caliente sus pies cuando acampe Mantenga calientitos sus pies por la noche cuando acampe y haga frío. Envuelva algunas piedras en papel aluminio y caliéntelas en la fogata mientras asa sus malvaviscos (merengues). Cuando se acueste, envuelva las piedras en toallas y póngalas al fondo de su saco de dormir.

Mantenga seca su bolsa de dormir Coloque papel aluminio bajo su bolsa de dormir para aislarla de la humedad.

Mantenga secos los fósforos Éste es un truco probado de los soldados que vale la pena recordar: envuelva sus fósforos en papel aluminio para que no se humedezcan o mojen durante las excursiones.

Atraiga a los peces ¿Ninguno de sus elaborados señuelos le funciona? Puede hacer uno en un santiamén: envuelva un anzuelo en papel aluminio. Hágale un borde para que cubra el anzuelo y se mueva tentadoramente cuando enrolle el sedal.

Haga un embudo ¿No puede hallar un embudo? Doble un pedazo de papel aluminio resistente y enróllelo en forma de cono. Este embudo improvisado tiene una ventaja sobre uno permanente: puede doblar el papel aluminio para llegar a sitios incómodos, como la aceitera oculta junto al motor de su podadora.

Vuelva a pegar una baldosa de vinilo No se preocupe si se despega una baldosa del piso de vinilo. Simplemente vuelva a colocar la baldosa en su sitio, póngale encima papel aluminio y repáselo con la plancha caliente hasta que sienta que el pegamento se está derritiendo debajo de la baldosa. Ponga una pila de libros o ladrillos encima hasta que el pegamento fije. Esta técnica también funciona para alisar protuberancias y junturas en pisos de láminas de vinilo.

Haga una paleta de pintor Corte un pedazo de papel aluminio resistente, enrolle los bordes y tendrá una paleta lista para mezclar pinturas. Si quiere hacerla más elaborada, corte un cartón con la forma de una paleta, hágale un hoyo para el pulgar y cúbralo con papel aluminio. O si ya tiene una paleta de madera, cúbrala con papel aluminio cada vez que la vaya a usar y sólo quite el papel en vez de limpiar la paleta.

Evite que la pintura haga telilla Al abrir una lata de pintura a medio usar, siempre halla una telilla de pintura seca en la superficie. No sólo es molesto quitarla, sino que trozos secos podrían terminar en la pintura. Evítelo con un ataque en dos frentes al cerrar una lata de pintura usada: primero, ponga un pedazo de papel aluminio bajo la lata y trace a su alrededor. Corte el círculo y ponga el disco de papel aluminio sobre la superficie de la pintura. Luego aspire hondo, sople dentro de la lata y ponga rápido la tapa en su lugar. El dióxido de carbono en su aliento reemplaza algo del oxígeno en la lata y evita que se seque la pintura.

Recubra charolas para rodillo Limpiar su charola para rodillo es pesado, razón por la cual mucha gente compra charolas de plástico desechables o forros. Pero recubrir una charola para rodillo de metal con papel aluminio funciona igual de bien, y puede ser mucho más barato.

Evite pintar los pomos Al pintar una puerta, el papel aluminio es formidable para envolver los pomos y no pintarlos. Superponga el papel en la puerta al envolver el pomo, luego pase un cuchillo afilado alrededor de la base del pomo para recortar el papel. Así podrá pintar hasta el borde mismo del pomo. Además de envolver los pomos en las puertas que pintará, envuelva todos los pomos de las puertas que queden en su ruta hasta donde limpiará sus manos y brochas.

Mantenga mojada una brocha ¿Continuará pintando mañana? No se moleste en limpiar la brocha, sólo exprima el exceso de pintura y envuelva la brocha con fuerza con papel aluminio (o película de plástico). Use una liga para apretar el papel en la base del mango. Para un almacenamiento prolongado de la brocha mojada, meta la brocha envuelta en el congelador. Pero no olvide descongelarla por una hora más o menos antes de pintar.

Refleje luz para fotografía Los fotógrafos profesionales usan reflectores para iluminar las áreas oscuras de su sujeto y para uniformar la iluminación general. Para hacer un reflector, cubra ligeramente una tabla o un cartón grueso con cemento de goma y cúbralo con papel aluminio, con el lado brillante hacia afuera. Puede hacer un solo reflector, tan grande como desee, pero es mejor 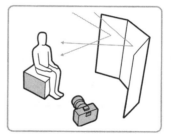 hacer tres paneles y unirlos con cinta aislante de modo que se sostengan solos y se doblen para almacenarlos y transportalos en forma práctica.

Pula su cromo Para un cromado reluciente en sus aparatos, carriolas, palos de golf y defensas de autos viejos, arrugue un puñado de papel aluminio con el lado brillante hacia afuera y aplique algo de esfuerzo. Si frota en verdad duro, el papel incluso eliminará puntos de óxido. *Nota:* La mayor parte del "cromo" en los autos nuevos en realidad es plástico, no lo frote con papel aluminio.

* Papel encerado (fólex)

Decoración de pastel (torta) a prueba de fallas Hizo un pastel especial de cumpleaños y llegó el momento de la verdad: ¿puede rotularlo con azúcar glaseado al primer intento? No muchos podemos, así que pruebe este truco para facilitarlo. Corte una pieza de papel encerado (fólex o papel manteca) del mismo tamaño que su pastel, usando el molde como guía. Luego ponga el nombre y el mensaje en el papel y congélelo. En media hora debe ser fácil de manejar. Afloje el azúcar glaseado y deslícelo al pastel (torta) con una espátula. ¡Todos creerán que es una decoradora de pasteles profesional!

SABÍA *Usted* QUE...?

El papel encerado (fólex) es un ejemplo de lo importante que puede ser el empaque para el éxito de un producto. Antes de 1927, el papel encerado se vendía en hojas precortadas en sobres, pero amas de casa y encargados de almacenes se frustraban porque las hojas se pegaban en días calurosos de verano. Un inventor emprendedor, Nicholas Marcalus, puso papel encerado en rollo en una caja con una cuchilla incorporada, y nació el producto que conocemos hoy. De hecho, el papel encerado Reynolds se llamó Cut-Rite tras esta innovación en el empaque, que se patentó y ahora se usa para multitud de productos.

Meta especias en tarros con embudo Llenar tarros de especias de boca angosta puede hacer un gran lío en la mesa de su cocina. Enrolle una pieza de papel encerado (fólex o papel manteca) como embudo y vierta las especias en sus tarros sin derramar una sola semilla de mostaza. En una emergencia, puede verter líquidos con un par de capas de papel encerado opuestas de modo que las junturas (uniones) no queden alineadas.

Acelere la limpieza de la cocina El papel encerado (fólex) puede ayudar a mantener limpias todas las superficies de la cocina.

- Forre los cajones de vegetales y carnes con una capa de papel encerado. Cuando necesite reemplazarlo, sólo hágalo bola y tírelo a la basura o, si no está manchado con jugo de carne, a la pila de abono.

- Si los gabinetes de su cocina no llegan al techo, una capa de papel encerado encima atrapará el polvo y partículas de grasa. Cada mes o dos, dóblelo, deséchelo y ponga una capa nueva.

- Si le preocupa que el jugo de carne se meta en los poros de su tabla para cortar, cúbrala con tres capas de papel encerado (fólex o papel manteca) antes de rebanar carne cruda y tire el papel de inmediato. ¡Es mejor que limpiar la tabla con blanqueador (lavandina)!

Dome a su gofrera ¿Tiene problemas para sacar los gofres de su gofrera? Las superficies antiadherentes no duran para siempre. No puede arreglar el problema para siempre, pero si sólo quiere hacer que funcione hoy, ponga una capa de papel encerado entre las placas de su gofrera mientras se calienta. La cera se transferirá a las placas, ayudando temporalmente a que se despeguen de nuevo los gofres.

Descorche botellas con facilidad Si tiene una botella de vino para cocinar, es probable que la descorche y la vuelva a tapar muchas veces antes de acabársela. En lugar de luchar con el corcho cada vez, envuelva el corcho con algo de papel encerado (fólex o papel manteca) antes de reinsertarlo. Será más fácil quitarlo la próxima vez, y el papel evita que caigan en el vino pedazos de corcho.

Mantenga sin óxido el hierro fundido Los devotos del hierro fundido opinan que este material superior para cocinar bien vale un poco de esfuerzo extra para mantenerlo en forma. Para prevenir que se oxide entre usos, frote una hoja de papel encerado (fólex o papel manteca) sobre el sartén de hierro después de lavarla, mientras aún está caliente. Ponga la hoja entre la olla y la tapa para guardarla.

Evite que las velas manchen el mantel Las velas en colores que coordinan con el mantel de su comedor son un toque final adorable al poner la mesa, y es útil guardar todo junto, pero si guarda las velas con los manteles, el color de la vela puede pegarse en los manteles. Para evitar esto, envuelva las velas de color con papel encerado (fólex o papel manteca) sencillo antes de guardarlas. Evite el papel con patrones festivos, el cual también puede manchar los manteles.

Guarde telas delicadas Las servilletas de encaje apreciadas y otra mantelería herencia de familia pueden deteriorarse rápido si no se guardan con cuidado. Una hoja de papel encerado entre cada pieza de tela ayudará a bloquear la luz extraña y prevendrá la transferencia de tintes sin atrapar humedad.

Detenga las salpicaduras de agua Tendrá compañía y desea que los cuartos de la casa luzcan de lo mejor. Para tener los accesorios del baño temporalmente inmaculados, frótelos con papel encerado (fólex o papel manteca) tras limpiarlos. La cera desviará las gotas de agua como magia, al menos hasta la siguiente limpieza.

Haga que corra bien la antena de su auto Si tiene un vehículo reciente, es probable que la antena de su auto se retraiga cada vez que lo apaga, arrastrando con ella mugre que con el tiempo puede hacer que se atore su antena (y su recepción). De vez en cuando, frote la antena con un pedazo de papel encerado (fólex o papel manteca) para recubrirla y ayudar a repeler la suciedad.

Haga más veloz un deslizador de nieve Todos lo saben: entre más resbaladizo el deslizador, ¡es más divertido! Haga que los nenes reboten haciendo una bola grande de papel encerado (fólex o papel manteca) y frotando la superficie deslizante.

Cosas de niños ¿A qué niño no le gustaría hacer **"vitrales"** caseros en unos minutos? Primero haga **virutas de crayón** con un **pelador de vegetales**. Separe cada color. Ponga una toalla o bolsa de papel en la mesa. Ponga encima una hoja de **papel encerado (fólex o papel manteca)**, espolvoréelo con virutas de crayón y cúbralo con otra capa de papel encerado y toalla de papel. Presione unos minutos con **plancha tibia** y quite las toallas. Corte su nuevo arte transparente en forma de **medallones receptores de sol** o **separadores de colores para libros** con tijeras zigzag para crear un borde decorativo.

Proteja superficies del pegamento Los carpinteros saben que hay suficiente pegamento en una unión de madera si se sale al sujetarlo con abrazaderas. También saben que será pesado quitar el exceso de pegamento si gotea en la mesa de trabajo o, peor aún, pega los bloques de las abrazaderas al proyecto. Para prevenir esto, cubra la mesa con tiras de papel encerado y ponga papel encerado entre los bloques y el proyecto. El pegamento no se adherirá a la cera ni la empapará.

Haga salvamanteles educativos Una forma de hacer divertido el aprendizaje es con salvamanteles personalizados con hechos matemáticos u otras lecciones que su hijo esté tratando de memorizar. Tome varias tarjetas de vocabulario e intercálelas entre capas de papel encerado cortadas al tamaño del salvamanteles. Intercálelas entre dos capas de toallas de papel y presiónelas con plancha tibia para "laminar" las tarjetas en su lugar. Retire las toallas de papel antes de usar.

 Papel tapiz

Forre sus cajones Los sobrantes de papel tapiz pueden ser un gran sustituto para el papel para forrar estantes cuando se usa para forrar los cajones de su tocador o los estantes de su armario, en especial los diseños con patrones realzados o telas, los cuales pueden añadir algo de fricción para prevenir que se deslicen las cosas. Corte el papel tapiz en tiras del ancho y largo que se ajusten al espacio.

Restaure un biombo Si tiene un biombo antiguo que se ha rasgado o manchado con los años, déle una apariencia más nueva cubriéndolo con papel tapiz sobrante. Use cinta adhesiva para sostener las tiras arriba y abajo si no desea pegarlas sobre el material original.

Proteja los libros escolares Si su hijo gasta las portadas de los libros de texto en forma casi regular, saque algunos rollos viejos de papel tapiz. Las portadas de libros hechas con papel tapiz suelen ser más robustas que las fundas hechas con bolsas de papel de estraza tradicionales; resisten plumas y lápices y son mucho mejores para manejar los elementos, en especial lluvia y nieve.

Haga un rompecabezas ¿Qué hacer con el papel tapiz sobrante? ¿Por qué no usar un pedazo para hacer un rompecabezas? Tan sólo corte una pieza rectangular de tamaño mediano y péguela en una pieza de cartón delgado. Una vez seco, córtelo en formas curvilíneas y angulares. Le dará a usted, o a los niños, algo que hacer en un día lluvioso o nevado.

✳ Paraguas

Tendedero Un viejo paraguas puede ser una útil rejilla para secado. Quítele la tela y cuelgue el armazón al revés de la barra de su ducha. Sujete la ropa mojada con pinzas (broches). Además su nueva rejilla se dobla fácilmente para que la guarde.

Limpie su candelabro La próxima vez que escale para limpiar el candelabro o el ventilador de techo, lleve consigo un viejo paraguas. Ábralo y cuelgue su mango en el empotrado, para que cuelgue al revés y caigan ahí las gotas o el polvo.

Cubra la comida del picnic Para evitar que las moscas se paren en su comida de picnic, abra un viejo paraguas y quítele el mango. Coloque el paraguas sobre los platos. También cubrirá la comida del sol.

Haga señales entre la multitud La próxima vez que usted y su amorcito acudan a un evento concurrido, lleven un par de paraguas de colores brillantes idénticos. Si se separan, pueden subir el paraguas por encima de la cabeza y abrirlo.

Evite mojar sus paredes A las plantas de interior les encantan las pulverizaciones de agua, pero no sucede lo mismo con sus paredes. Coloque un paraguas abierto entre las plantas y la pared, y déle un baño a sus plantas.

Haga soportes vegetales Si el viento atrapó su paraguas, lo volteó y rasgó su tela, antes de tirarlo, quítele las varillas. Pueden ser excelentes soportes para plantas del jardín demasiado pesadas, como las peonias.

Haga un enrejado instantáneo Quítele la tela a un viejo paraguas e inserte el mango en la tierra para que soporte las parras trepadoras, como las dondiego de día. La forma del paraguas cubierta de flores se verá fabulosa en el jardín.

Proteja sus plantas Piensa que esperó lo suficiente para transplantar sus plantitas al aire libre, pero… han pronosticado una helada para esta noche. Sacrifique un viejo paraguas para salvarles la vida. Abra el paraguas y quítele el mango. Coloque el paraguas sobre las plantitas para protegerlas de la helada.

✳ Pasta dental (dentífrico)

Quite las raspaduras de los zapatos Una poca de pasta dental es estupenda para quitar los raspones de los zapatos. Póngala sobre el área dañada y frótela con un paño suave. Límpiela con otro paño húmedo y la piel quedará como nueva.

Limpie el teclado de su piano ¿Al tocar el piano se han ensuciado las teclas? Frótelas con pasta y cepillo dentales. Luego límpielas con un paño húmedo. Después de

Los antiguos egipcios usaban una mezcla de pezuña de buey, ceniza, cáscaras de huevo, mirra, piedra pómez y agua para limpiar sus dientes. Y en la mayoría de los casos los brebajes para la limpieza dental eran usados por los ricos. Esto empezó a cambiar hasta 1850, cuando el doctor Washington Sheffield de New London, Connecticut, desarrolló una fórmula que reconoceríamos como pasta dental. Él la llamó crema dentífrica (Dr. Sheffield's Creme Dentifrice). Fue su hijo, el doctor Lucius Tracy Sheffield, a quien se le ocurrió envasarla en tubos metálicos, al observar las pinturas de óleo. Hasta la fecha, los laboratorios Sheffield, continúan fabricando su pasta dental.

todo, si son de marfil es lo mismo que hacemos con nuestros dientes. El plástico moderno reacciona de la misma forma.

Restaure sus zapatos deportivos y tenis (zapatillas) Si desea limpiar y blanquear la parte de hule de sus zapatos, aplíquele una pasta dental que no sea de gel y frótelos con un cepillo dental usado, límpielos con un paño húmedo y ¡listo!

Limpie su plancha Los abrasivos suaves de la pasta dental sin gel son ideales para quitar la suciedad acumulada de la superficie de la plancha. Aplique la pasta dental en el metal de la plancha fría, tállela con un paño y enjuáguela.

Pula un anillo de diamante Ponga un poco de pasta en un cepillo dental usado y úselo para sacar el brillo al anillo de diamante, en lugar de sus dientes. Enjuáguelo.

Desodorice las botellas del bebé Las botellas de bebé inevitablemente adquieren un olor a leche agria. La pasta dental les quita ese olor en un segundo. Sólo ponga un poco de pasta en un cepillo dental, frótelas y asegúrese de enjuagarlas abundantemente.

Evite que se empañen las gafas protectoras (antiparras) Ya sea que haga un trabajo de madera, esquíe o bucee, no hay nada más frustrante (y algunas veces peligroso) que los visores se empañen. Evítelo cubriendo las gafas protectoras con dentífrico que limpiará con un paño seco después de aplicarlo.

Evite que se empañen los espejos del baño ¡Ay! Se cortó al afeitarse. ¡Claro!, no podía ver bien su cara en el espejo empañado del baño. La próxima vez cubra el espejo con pasta dental y límpiela antes de meterse a la ducha. Cuando salga, el espejo no estará empañado.

Déle brillo al cromo del baño y la cocina Hay limpiadores comerciales con abrasivos muy finos, diseñados para limpiar el cromo. Pero si no los tiene a la mano, la pasta dental sin gel también los tiene y funciona igual de bien. Sólo unte sus accesorios con pasta dental y púlalos con un paño suave y seco.

Limpie el lavabo (lavatorio) del baño La pasta dental sin gel funciona tan bien como cualquier producto diseñado para tal fin. Para quitar esa mancha por goteo, sólo póngale un poco de pasta dental, tállela con una esponja y enjuague la pasta. Además, la pasta dental eliminará cualquier olor que salga por la coladera.

Quite las manchas de tinta o el lápiz labial de las telas ¡Oh, no! !Se abrió una pluma en el bolsillo de su camisa favorita! Esto puede o no funcionar, dependiendo de la tela y de la tinta, pero vale la pena intentarlo antes de convertir en paños la camisa. Ponga pasta dental sin gel en la mancha y frote la tela vigorosamente contra sí misma. Enjuáguela con agua. ¿Se quitó un poco de la tinta? ¡Genial! Repita el proceso unas cuantas veces más hasta que se deshaga de toda la tinta. El mismo proceso funciona para el lápiz labial.

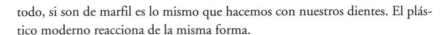

Limpie la crayola (crayón) de las paredes ¿Sus niños se pusieron creativos en su pared? Tome un tubo de pasta de dientes sin gel y un paño o un cepillo. Póngale pasta a la pared y comience a tallar. Los abrasivos suaves de la pasta limpiarán la crayola (crayón) siempre que sea necesario. Enjuague la pared con agua.

Quite las manchas de agua de sus muebles Aunque usted deje posavasos a la mano, algunas personas no los usarán. Deshágase de esos círculos desagradables que dejaron las bebidas frías. Con cuidado frote un poco de pasta dental sin gel en la madera con un paño suave. Retire la pasta con un paño de tela húmedo y deje que se seque antes de aplicar el lustrador para muebles.

Quítese el alquitrán de la playa Quitarse de los pies el alquitrán negro de la playa no debe estropear sus vacaciones: es muy fácil de lograrlo. Sólo frótelos con pasta dental sin gel y enjuáguelos.

Solucione el problema de los granos Sus hijos adolescentes se quejan de mala suerte si un grano prominente aparece en el momento menos oportuno. Coloque un poco de pasta dental (sin gel ni blanqueadores) en el punto afectado y tal vez esté seco a la mañana siguiente. La pasta deshidrata los forúnculos y absorbe la grasa. La pasta funciona mejor en los forúnculos que han emergido a la superficie de la piel. Cuidado: este remedio puede ser irritante para la piel sensible.

CUIDADO Todas las pastas dentales, incluyendo las de gel, contienen abrasivos. La cantidad varía, pero si es demasiada, puede dañar el esmalte de sus dientes. La gente con dientes sensibles debe usar pastas bajas en abrasivos. Pregunte a su dentista qué pasta le conviene usar.

Elimine malos olores en las manos Los ingredientes del dentífrico que desodorizan la boca funcionarán también en sus manos. Si ha tocado algo que huele horrible y el mal olor persiste, lávese las manos con pasta dental y olerán bien.

* Pastillas para limpiar dentaduras

Devuelva el brillo a sus diamantes ¿Su anillo de diamantes perdió el brillo? Llene un vaso con una taza de agua y ponga una pastilla para limpiar dentaduras postizas. Meta su anillo o aretes (aros) de diamantes. Deje reposar unos cuantos minutos. Saque su joyería y enjuague para revelar el antiguo brillo y lustre.

Elimine los depósitos minerales en vidrio Las flores frescas dejan un anillo en sus floreros de vidrio imposible de eliminar no importa qué tan duro los talle. He aquí la respuesta. Llene el florero con agua y póngale una pastilla para limpiar dentaduras postizas. Cuando deje de burbujear, los depósitos minerales se habrán ido. Use el mismo método en termos, vinagreras, vasos y cafeteras de vidrio.

Limpie una cafetera El agua dura deja depósitos minerales en el tanque de su cafetera eléctrica que no sólo hacen más lento el filtrado sino que afectan el sabor de su café. Las pastillas limpiadoras para dentaduras postizas eliminan estos depósitos y también limpian de bacterias el tanque. Las pastillas están diseñadas para limpiar y desinfectar dentaduras, y harán lo mismo en su cafetera. Ponga dos pastillas en el tanque y llénelo con agua. Ponga a funcionar la cafetera. Deseche esa agua y siga con uno o dos ciclos de enjuague con agua limpia.

Limpie el inodoro ¿Quiere que reluzca de nuevo su inodoro? Los accesorios de porcelana responden al agente limpiador en las pastillas limpiadoras para dentaduras postizas. Esta solución hace el trabajo en un abrir y cerrar de ojos. Ponga una pastilla en el inodoro. Espere 20 minutos y tire de la cadena. ¡Es todo!

¿SABÍA *Usted* QUE...?

Los agentes blanqueadores son un componente común de las pastillas limpiadoras para dentaduras postizas, proveyendo la acción química que las ayuda a eliminar la placa y blanquear las manchas. Esto es lo que las hace sorprendentemente útiles para limpiar baños, cafeteras, joyería y bandejas esmaltadas, entre otras cosas.

Limpie cacerolas esmaltadas Las manchas en las cacerolas esmaltadas se quitan con una solución de pastillas limpiadoras para dentaduras postizas. Llene la olla o cacerola con agua tibia y ponga una pastilla o dos, dependiendo del tamaño. Espere un poco; una vez que deje de burbujear, sus cacerolas estarán limpias.

Destape un drenaje ¿Se tapó su drenaje? Saque sus pastillas para dentaduras postizas, ponga un par en el drenaje y deje correr agua hasta que se vaya. Para una obstrucción terca, ponga 3 pastillas en el fregadero (pileta), seguidas por 1 taza de vinagre blanco, y espere unos minutos. Deje correr agua caliente hasta que se vaya.

✳ Patinetas

Use como vehículo de lavandería Si su hogar tiene un tobogán para la ropa sucia, ponga una canasta encima de una patineta, directamente debajo del tobogán. Cuando vaya a lavar, simplemente ruede la patineta hasta la lavadora.

Haga una repisa ¿Su hijo es un patinador nato? Cuando necesite una nueva patineta, convierta la vieja en una repisa para su cuarto. Sosténgala sobre un par de escuadras de metal. Puede quitarle o dejarle las ruedas.

Utilice para pintar Arrastrarse por el piso para pintar un friso puede agotarlo en extremo. Tome prestada la patineta de su hijo y cuídese las rodillas. Siéntese con las piernas cruzadas sobre ésta y ruede junto con su brocha y su tarro de pintura.

✳ Pelapapas

Rebane queso o chocolate Cuando necesite rebanadas de queso más delgadas que las que obtiene con un cuchillo, o si quiere decorar un pastel (torta) con florituras de chocolate, acuda al pelapapas.

Afile sus lápices ¿No tiene a la mano un sacapuntas? Un pelapapas hará un buen trabajo al sacarle punta a su lápiz.

Ablande rápido la mantequilla (manteca) Ya está listo para añadir la mantequilla a su mezcla para pastel (torta) cuando descubre que la que tiene… está dura como una piedra. Cuando requiera ablandar rápido mantequilla, rebane la que necesite con un pelapapas. La mantequilla estará blanda en cuestión de minutos.

Renueve los jabones perfumados Los jabones decorativos perfumados son un buen adorno para el tocador, porque además de decorar la habitación, la aromatizan. Aunque después de un tiempo la superficie de los jabones se reseca y su olor desaparece. Para renovar su aroma, quítele al jabón una fina capa con un pelapapas y revelará una nueva superficie fresca y fragante.

✳ Pelotas de tenis

Esponje su ropa y sus edredones (acolchados) rellenos Las prendas rellenas de plumón, como chamarras (camperas), chalecos, edredones y almohadas, se aplanan y empapan al lavarse. Espónjelas metiendo un par de pelotas de tenis a la secadora.

Lije las curvas de los muebles Envuelva una pelota de tenis con papel de lija y úsela para lijar las partes curvas de los muebles. La bola de tenis tiene justo la medida y la forma que se ajusta confortablemente a su mano.

Cubra el gancho de su remolque Para proteger la bola de remolque cromada de la humedad y los rayones, corte una pelota de tenis y cubra la bola. La cubierta la protegerá de la humedad y evitará que se oxide.

Déle masaje a su espalda Dése un relajante y terapéutico masaje de espalda. Sólo meta unas pelotas de tenis en una media larga, amarre el extremo y extienda su dispositivo de masaje casero por su espalda, tal y como lo haría con una toalla para secarse la espalda después de bañarse.

Mantenga su piscina libre de aceite Deje flotando un par de pelotas de tenis en su piscina para que absorban el aceite del cuerpo de los nadadores. Reemplace cada dos semanas en los períodos de uso intenso.

Modifique el soporte para bicicleta Para evitar que el soporte de pie de la bicicleta se hunda en el lodo, pasto o tierra, haga un corte en una pelota de tenis y colóquela en la punta del soporte.

Guarde sus valores en el gimnasio Una forma ingeniosa de esconder o guardar sus objetos de valor cuando los tiene que dejar en el gimnasio es meterlos dentro de una pelota de tenis "arreglada". Haga un corte de 5 centímetros en una costura y guárdelos dentro. Deje la pelota en su bolso junto con las demás, ¡y recuerde no usar ésa cuando entre a la cancha de tenis!

Estaciónese bien siempre Cuelgue una pelota de tenis del techo de la cochera para que toque el parabrisas de su auto a la distancia correcta para detenerse. Siempre se detendrá en el sitio exacto.

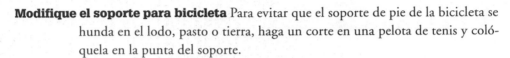

FERIA DE LA CIENCIA

Enséñele a los niños un poco sobre la **gravedad**. Párese en una silla sosteniendo **dos pelotas de tenis**, una en cada mano: extienda sus brazos a la misma distancia del piso. Pídales a los niños que observen mientras suelta las dos pelotas. ¿Tocaron el suelo al mismo tiempo? Haga lo

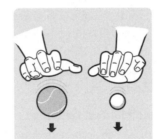

mismo usando ahora una **pelota de tenis** y otra mucho más ligera, una **pelota de ping-pong**. ¿Cuál tocará primero el suelo? La mayoría cree que será la más pesada, pero ambas **tocarán el suelo al mismo tiempo** ya que la gravedad ejerce la misma fuerza en todos los objetos, sin importar su peso. No lo haga con una pluma, pues lo único que demostraría es la densidad y resistencia del aire.

Déles masaje a sus pies adoloridos Quítese los zapatos, ponga una pelota de tenis en el piso y haga girar la pelota lentamente, mientras hace presión con la planta de sus pies. Es simple, pero los resultados son asombrosamente placenteros.

Consiga más agarre en los tapones de rosca (tapas a rosca) Si sus manos están debilitadas por la artritis u otras dolencias, tal vez le cueste trabajo destapar las botellas. Sólo corte a la mitad una bola de tenis y coloque una parte sobre el tapón de rosca, esto aumentará su fuerza de agarre.

✳ Pera de extracción

Vierta una pasta perfecta Para hacer panqueques, galletitas y panecillos perfectos, tan sólo llene su pera de extracción con pasta de modo que pueda verter la cantidad exacta en una plancha o lámina para galletas o un molde para panecillos.

Elimine el exceso de agua de su cafetera La taza de café perfecta depende de usar el balance apropiado de agua y café molido en su cafetera automática. Sin embargo, si vierte demasiada agua tendrá que agregar más café o padecer un infusión aguada. Pero hay otra opción, a menudo pasada por alto: use su pera de extracción para eliminar el exceso de agua y obtener el nivel correcto.

Riegue plantas difíciles de alcanzar ¿Se moja usted o gotea el piso o los muebles al tratar de regar plantas colgantes u otras plantas de interior difíciles de alcanzar? En cambio, llene una pera de extracción con agua y vacíela directo en la maceta. También puede usarla para regar un árbol de Navidad y agregar cantidades pequeñas y precisas de agua a tazas con plantones o semillas germinadas.

Cambie el agua en arreglos florales Es un hecho: las flores cortadas duran más con cambios de agua periódicos. Pero vaciar el agua vieja y agregar la nueva no es una tarea fácil o agradable en particular. A menos, claro, que use una pera de extracción para chupar el agua vieja y luego poner el agua fresca.

> **CUIDADO** Nunca use la pera de extracción de su cocina para tareas como limpiar un acuario o aplicar o transferir sustancias químicas.
>
> Las peras de extracción son productos básicos en las tiendas de descuento, y vale la pena comprar unas cuantas para tenerlas en casa para tareas ajenas a la cocina. Rotúlelas con un trozo de cinta adhesiva para asegurar que siempre usa la misma pera para la misma tarea.

Ponga agua en el plato de su mascota ¿Está cansado de perseguir al conejo, hámster u otra mascota enjaulada por toda la casa siempre que le cambia el agua? Use una pera de extracción para llenar el plato de agua. Por lo general la pera de extracción cabe entre los barrotes sin tener que abrir la jaula.

Limpie su acuario Una pera de extracción facilita mucho cambiar el agua de su acuario o arreglarla un poco. Tan sólo use el utensilio para chupar la suciedad que se acumula en las esquinas y en la gravilla en el fondo de su tanque.

Corra a cucarachas y hormigas Si comparte su casa con cucarachas u hormigas, échelas espolvereando ácido bórico en cualquier grieta o agujero donde haya visto a los intrusos. Use una pera de extracción para soplar pequeñas cantidades del polvo en los rincones difíciles de alcanzar y en cualquier hoyo profundo que encuentre. *Nota:* tenga en cuenta que el ácido bórico puede ser tóxico si lo ingieren sus pequeños o sus mascotas.

Transfiera pinturas y solventes Invariablemente, la parte más difícil de cualquier trabajo de retoque de pintura es verter la pintura de una lata grande a un recipiente pequeño. Para evitar los derrames inevitables, y para facilitarse la vida en general, use una pera de extracción para sacar la pintura de la lata. De hecho, es buena idea añadir en forma permanente una pera de extracclón a su taller para transferir cualquier solvente, barniz y otras sustancias químicas líquidas.

Cure un acondicionador de aire que huele a cerrado Si detecta un olor a cerrado que sale de las ventilas de su acondicionador de aire, es probable que sea causado

P

por un agujero de drenaje obstruido. Primero, destornille el frente de la unidad y localice el agujero de drenaje. Por lo general está bajo la barrera entre el evaporador y el compresor, o bajo el evaporador. Use una percha de alambre doblada para quitar cualquier obstrucción en el agujero o use una pera de extracción para limpiarlo soplando. También puede usar la pera para eliminar el agua que se junta en el fondo de la unidad para poder llegar al drenaje.

Arregle una fuga en su refrigerador (heladera)

¿Hay una fuga de agua dentro de su refrigerador? La causa más probable es un tubo de drenaje bloqueado. Este tubo de plástico sale de un agujero de drenaje en la parte posterior del compartimiento del congelador y desagua en una fuente de evaporación en la parte de abajo del refrigerador. Intente forzar agua caliente a través del agujero de drenaje en el congelador con una pera de extracción. Si no tiene acceso al drenaje, trate de desconectar el tubo para pasar agua por él. Tras destapar el tubo, vierta una cucharadita de amoníaco o blanqueador (lavandina) en el agujero del drenaje para prevenir la reaparición de esporas de algas, las probables culpables.

✳ Periódico (diario)

Envuelva sus vasos para la mudanza ¿Se muda o quiere guardar sus vasos por un periodo largo? Envuelva sus platos o vasos de vidrio, tazones (bols) y otros objetos frágiles con papel periódico húmedo y déjelos secar antes de empacarlos. El papel periódico formará un yeso protector alrededor del vidrio, lo cual aumentará las probabilidades de que sus objetos sobrevivan a la mudanza.

Almacene sweaters y frazadas No permita que las polillas se den un banquete con sus sweaters y frazadas de lana hechos en casa o comprados. Cuando los guarde

¿SABÍA *Usted* QUE...?

El papel prensa (el papel que se usa en todos los periódicos alrededor del mundo), fue inventado hacia 1838 por un adolescente de Nueva Escocia: Charles Fenerty. Después de escuchar sobre las varias quejas de las fábricas de papel sobre la dificultad de tener una provisión constante de hojas de papel, a Fenerty se le ocurrió la idea de fabricar papel de la pulpa de pícea. Desafortunadamente, Fenerty no dio a la luz pública su descubrimiento hasta 1844, y ya para entonces un consorcio de inversionistas europeos lo había patentado.

para la próxima temporada invernal, envuélvalos entre unas cuantas hojas de papel periódico, y asegúrese de cerrar las esquinas con un poco de cinta adhesiva. De esta forma sus prendas estarán a salvo de la polilla y del polvo.

Limpie y pula sus ventanas No gaste su dinero en servitoallas de papel para secar y pulir sus ventanas recién lavadas. ¿Sabía usted que el papel periódico arrugado seca y pule los vidrios de las ventanas mucho mejor que las servitoallas? Y mejor aún, ¡es mucho más económico!

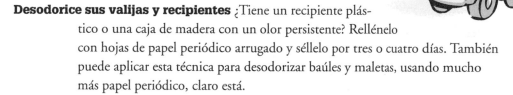

Desodorice sus valijas y recipientes ¿Tiene un recipiente plástico o una caja de madera con un olor persistente? Rellénelo con hojas de papel periódico arrugado y séllelo por tres o cuatro días. También puede aplicar esta técnica para desodorizar baúles y maletas, usando mucho más papel periódico, claro está.

Seque los zapatos mojados Si sus zapatos quedaron empapados después de caminar con ellos bajo la lluvia o la nieve, rellénelos con papel periódico seco y arrugado para prevenir mayor daño. Coloque los zapatos en sus costados sobre el piso a temperatura ambiente para que toda la humedad sea absorbida. Si los zapatos están seriamente mojados, es posible que deba cambiar el relleno varias veces.

Improvise un burro de planchar Si es su costumbre viajar con una plancha, y le ha tocado un hotel que no cuenta con un burro de planchar en el cuarto, es muy fácil improvisar su burro de planchar portátil. Simplemente coloque una pila de periódicos (diarios) dentro de una funda para almohada, tratando que quede lo mas nivelada posible. Después colóquela en alguna barra o en el piso y está lista para planchar.

Haga una tablilla de emergencia Si alguien cercano a usted ha sufrido una terrible caída, y se teme que se ha causado una fractura de hueso en el brazo o pierna, es muy importante inmovilizar la extremidad para prevenir el dolor y mayor daño. Haga una tablilla provisional de la siguiente manera: enrolle varias hojas de papel periódico hasta que forme una tablilla rígida y sujétela debajo de la extremidad usando varias piezas de cinta adhesiva. Es muy probable que necesite unir un par de tablillas de papel para que cubran la longitud de una pierna.

Elimine los residuos del horno Hoy en día nos venden estufas con hornos de limpieza automática, sin embargo siempre terminamos lidiando con la limpieza de los residuos cenizos. No gaste sus servitoallas con estos rescoldos; use unas cuantas hojas de papel periódico húmedo y corrugado.

Recoja los fragmentos de vidrio roto Todo mundo ha roto un vaso o un plato de vidrio alguna vez en su vida. No hay tanto de que preocuparse, existe una forma segura de recoger hasta los fragmentos pequeños que quedan después de recoger los fragmentos grandes. Cubra el área donde se estrelló el vaso con hojas de papel periódico mojado. Estos minúsculos pedazos se adherirán al papel, el cual podrá desechar con mayor facilidad. Sólo hágalo con cuidado.

Destornille una bombilla rota Para quitar una bombilla rota, haga un rollo con varias hojas de papel periódico, presione el papel sobre la bombilla y gire en sentido contrario a las agujas del reloj. Use guantes para su protección y quite la corriente eléctrica. Envuélvala en el mismo papel periódico y tírela a la basura.

Madure los tomates lentamente en el otoño ¿Han pronosticado una helada adelantada y aún tiene varios tomates en su huerto? Relájese, corte sus tomates y envuélvalos en hojas de papel periódico. Guárdelos en recipientes herméticos y dentro de un armario o alacena oscura a temperatura ambiente. Revíselos uno por uno en los próximos tres a cuatro días, todos madurarán a la perfección.

Acolche su triturador de basura Al poner varias capas de papel periódico (diario) en el fondo de su triturador de basura no sólo absorberá los malos olores de las comidas pútridas, sino que también lo protegerá de los objetos filosos.

Úselo como mantillo El papel periódico hace un excelente mantillo para los vegetales y flores. Retiene la humedad perfectamente mientras hace un trabajo fino en la lucha contra la maleza. Simplemente coloque varias capas de periódico, cúbralas con unos 7.5 centímetros de mantillo de madera para que no se vuele. *Advertencia:* evite el uso de hojas de papel abrillantado o con impresiones de color para este propósito. Las tintas contienen plomo o químicos dañinos para la tierra. Si lo desea puede contactar a su periódico local y preguntar el tipo de tinta que usan, hay algunos impresores que hoy día usan tintas vegetales.

Añada a la composta (abono) Agregue un poco de papel periódico en tiras y mojado (sólo el periódico con tinta negra) en su composta y verá que los malos olores se reducen significativamente, además de darle a los gusanos un bocadillo delicioso.

¡Adiós a las tijeretas! Si su jardín está bajo la mira de las tijeretas (insectos con apariencia espantosa y con tenazas en los cuartos traseros), ahuyéntelos con sus propias trampas caseras y seguras para el medio ambiente. Enrolle y apriete varias hojas de papel periódico húmedo y ponga una liga alrededor para que se mantengan unidas. Coloque estos troncos de papel en las zonas donde ha visto a los insectos y déjela toda la noche. A la mañana siguiente, este rollo es hogar de los insectos; colóquelo dentro de una bolsa de plástico, amarre bien y tírela a la basura. Repita hasta que no encuentre tijeretas en las trampas.

Prepare sus llaves (canillas) de agua para el invierno Si vive en una casa de construcción antigua y no cuenta con grifos exteriores antiescarcha, sería bueno que aislara esas llaves externas. Para prevenir el daño causado por el hielo y las temperaturas extremas, asegúrese de cerrar la válvula de cada llave, quite el exceso de agua de los grifos y proceda a aislar cada llave cubriéndola con varias hojas de papel periódico; al final, cúbralas con una bolsa de plástico. Selle la bolsa ya sea con algunas ligas (bandas elásticas) o con cinta adhesiva industrial.

Proteja las ventanas mientras pinta No se moleste en comprar Masking Tape grueso cuando pinte alrededor de las ventanas de su casa. Simplemente moje varias tiras de papel periódico y colóquelas en los vidrios al ras de los cuadros de madera de las ventanas que pinta. El periódico se adhiere fácilmente a la superficie y evitará que la pintura salpicada o chorreada toque los vidrios. Además el periódico será mucho más fácil de retirar que el Masking Tape.

Haga sus propios leños para la chimenea Refuerce sus provisiones de leños. Haga usted mismo unos cuantos leños extra de papel periódico. Simplemente coloque una pila de periódicos alineados y enróllelos apretadamente, ate las puntas con hilo cáñamo o alambre delgado y mójelas en una solución de agua jabonosa. Aunque se tardarán un poco, déjelos secar completamente. *Nota:* No use estos leños de papel periódico en estufas de leña a menos que el fabricante especifique lo contrario.

Refuerce la tracción de sus llantas A menos que su vehículo tenga tracción en las cuatro llantas, nunca está de más traer una pila de papel periódico en la cajuela (baúl) de su auto durante el invierno, para prevenir que se quede atorado en un charco de nieve. Una docena o simplemente un par de hojas de periódico le ayudarán con la tracción de sus llantas para regresar su vehículo sano y salvo a la carretera.

✱ Peróxido de hidrógeno

Quite las manchas de origen desconocido ¿No sabe de qué es la mancha? ¿Aún desea quitarla? Pruebe este removedor seguro: mezcle una cucharadita de peróxido de hidrógeno al 3% con un poco de cremor tártaro o una pizca de pasta dental que no sea de gel. Frote la pasta en la mancha con un paño suave. Enjuague. La mancha, sea de lo que sea, deberá quitarse.

> **CUIDADO** El peróxido de hidrógeno es corrosivo, aun en la solución al 3% relativamente débil que se vende como antiséptico doméstico. No lo ponga en sus ojos ni alrededor de la nariz. No lo ingiera ni lo ponga al fuego.

Quite las manchas de vino El peróxido de hidrógeno funciona bien para quitar manchas de vino, así que no se preocupe si derrama un poco cuando beba.

Elimine las manchas de pasto Si las manchas de pasto arruinan la ropa de sus hijos, el peróxido de hidrógeno puede ayudar. Mezcle unas cuantas gotas de amoníaco con 1 cucharadita exacta de peróxido de hidrógeno al 3%. Frote la mancha. Tan pronto desaparezca, enjuague, lave y planche.

Quite el moho El aspecto y el olor del moho son enemigos del baño. Saque la artillería pesada: una botella de peróxido de hidrógeno al 3%. No use agua, sólo vierta directo el peróxido en el área sucia. Limpie con un paño. El moho se rendirá.

Elimine manchas de sangre Esto sólo funciona en manchas de sangre frescas: aplique peróxido de hidrógeno al 3% directo en la mancha, enjuague con agua, y lave y planche como acostumbre.

Desinfecte su tabla para cortar El peróxido de hidrógeno es un bactericida seguro, justo el aliado que necesita para combatir la proliferación de bacterias en su tabla para cortar, en especial luego de cortar pollo u otras carnes. Para acabar con los gérmenes en su tabla para cortar, use una toalla de papel para limpiar la tabla con vinagre, luego use otra toalla de papel para limpiarla con peróxido de hidrógeno ordinario al 3%.

* Pimienta

Detenga una fuga en el radiador del auto Una ola de calor azotó su ciudad, y el radiador viejo y con fugas de su auto no está muy feliz por ello. Si se sobrecalentó por una fuga pequeña, la pimienta puede ayudar. Antes de llevar su auto a reparar al mecánico, vierta un puñado de pimienta en su radiador. Tapará temporalmente las fugas hasta que consiga ayuda.

Úsela como descongestionante ¿Nariz tapada? ¿Oídos tapados? ¿Está resfriado? Olvídese de los medicamentos. Nada hace que las cosas fluyan de nuevo más rápido que algo de pimienta de Cayena. Espolvoréela en su comida y vaya por pañuelos.

Conserve brillantes los colores Esa camisa nueva rojo cereza que compró es fantástica, pero piensa cómo se decolorará después de unas cuantas lavadas. Agregue 1 cucharadita de pimienta a la carga de lavado. La pimienta mantiene brillantes los colores y también previene que se destiñan.

Aleje a los bichos de las plantas No hay nada más frustrante que un enjambre de bichos mordisqueen los retoños de su jardín. Justo cuando las cosas comienzan a crecer, aparecen los bichos, comiendo. Mezcle pimienta negra con harina. Espolvoréelo alrededor de sus plantas. Los bichos se marcharán.

Aleje a los ciervos de su jardín Su jardín en ciernes parece una invitación para los ciervos vecinos. Buscarán otro lugar para cenar si rocía sus arbustos con una mezcla de pimienta de Cayena y agua.

Mantenga a las hormigas fuera de su cocina Dos o tres de sus visitantes de verano invadieron su cocina. Esas hormigas buscan azúcar. Déles en cambio pimienta.

La pimienta de Cayena espolvoreada en donde ha visto a las hormigas, como abajo de mostradores o en los zócalos, les indicará que no hay azúcar adelante.

Acabe con una colonia de hormigas Si el hormiguero está muy cerca de su casa y las hormigas se meten a su cocina, la pimienta de Cayena puede ayudar a alejarlas. Ponga la pimienta en el agujero del hormiguero y despida a las hormigas.

SABÍA *Usted* QUE...?

La pimienta negra que hay en su mesa en realidad comienza como una baya roja en un arbusto. Cuando la baya del tamaño de un chícharo (arveja) se pone en agua hirviendo por 10 minutos, se encoge y se pone negra, volviéndose el familiar grano de pimienta con el que llenamos nuestras trituradoras de pimienta. Por supuesto, algunos nos saltamos ese paso y compramos pimienta molida. De cualquier forma, la pimienta negra es una especia antigua y la más común en el mundo.

* Pinzas (broches) para ropa

Sujete las luces navideñas Conserve las luces navideñas exteriores en su lugar y listas para resistir los elementos de la naturaleza. Al poner sus luces en canalones, árboles o arbustos sujételas en forma segura con pinzas (broches) para ropa.

Organice su armario Muy bien, encontró un zapato. Ahora, ¿dónde rayos está el otro? De hoy en adelante, mantenga juntos los pares de zapatos, botas o zapatillas con unas pinzas de clip, y ponga fin a esas cacerías no programadas en sus armarios. Recurra a este consejo para sus guantes, ¡funciona!

Haga un tablero sujetapapeles con pinzas (broches) para ropa Organice su taller, cocina o baño con un tablero casero hecho con pinzas para ropa rectas. Espacie varias pinzas de ropa uniformemente en un pedazo de madera y atorníllelas por atrás del tablero (taladre primero los agujeros para no partir las pinzas). Ahora su tablero está listo para colgarse.

Conserve frescos sus bocadillos ¿Cansado de comer papas fritas rancias de una bolsa ya abierta? Cierre las bolsas de papas y otros bocadillos, cereales, galletas y semillas con unas pinzas (broches) para ropa de clip. Los alimentos se conservarán frescos más tiempo y también evitará derrames en la despensa. Use una pinza para ropa para asegurar mayor frescura al guardar alimentos en una bolsa en el congelador.

Conserve sus guantes en forma Luego de lavar guantes de lana, inserte una pinza (broche) recta para ropa de madera en cada dedo. Así conservará la forma de los guantes.

Evite que el cable de la aspiradora se retraiga ¡Rayos! Al aspirar el piso de la sala se para de pronto la máquina. Por accidente jaló el enchufe y el cable se retrajo automáticamente y se metió en la máquina. Para evitar molestias similares en el futuro, tan sólo ponga una pinza para ropa en el cable al largo que desee.

Haga un babero instantáneo Haga baberos para su hijo valiéndose de una pinza para ropa: coloque una toalla para trastes (repasador) alrededor del cuello del chico y sujétela con la pinza. Use toallas más grandes si quiere hacer baberos para que los adultos coman langosta. Es mucho más rápido que atar un babero.

Haga títeres con pinzas (broches) para ropa Las pinzas para ropa rectas tradicionales sin los resortes de metal son ideales para hacer títeres pequeños. Usando la protuberancia como cabeza, haga que los niños peguen trozos de hilaza como cabello y tiras de tela o papel de colores como ropa para darle personalidad propia.

Mantenga abierta la bolsa para hojas ¿Cada vez que usted solo llena una bolsa grande con hojas la mitad se le caen porque la bolsa no se queda abierta? La próxima vez lleve un par de pinzas para ropa como auxiliares. Después de abrir la bolsa, use las pinzas para sujetar un lado de la bolsa a una cerca de eslabones u otro sitio accesible. Podrá llenar la bolsa con facilidad.

Marque el lugar de un bulbo ¿Qué hacer si una flor que nace en primavera… no florece? Sólo clave una pinza (broche) para ropa recta en la tierra en el lugar donde no creció. En otoño sabrá con exactitud dónde plantar bulbos nuevos para evitar huecos.

Agarre un clavo Martille el clavo y no sus dedos. Sólo recuerde usar una pinza para ropa de clip y sostenga los clavos cuando martille en lugares difíciles de alcanzar.

SABÍA *Usted* QUE...?

Entre 1852 y 1857 la Oficina de Patentes de Estados Unidos concedió patentes para 146 pinzas para ropa diferentes. En la actualidad, los fabricantes de pinzas para ropa de madera casi han desaparecido. "Las compañías familiares pequeñas de procesamiento secundario de madera están desapareciendo", dice Richard Penley, quien cerró la planta de pinzas para ropa de su familia en Maine en 2002. La compañía fundada por el abuelo de Penley y dos hermanos en 1923 sobrevive importando y distribuyendo pinzas hechas en el extranjero. Sólo quedan dos fabricantes de pinzas de madera en Estados Unidos: Diamond-Forster, en Maine, y National Clothespin Company, en Vermont.

Sujete objetos pequeños Use pinzas de clip como abrazaderas al pegar dos objetos pequeños. Deje que la pinza los mantenga unidos hasta que seque el pegamento.

Mantenga a flote la brocha (pincel) Evite que su brocha se hunda en el residuo de solvente al remojarla. Sujete la brocha al recipiente con una pinza para ropa.

✳ Pinzas (ganchos) sujetapapeles

Fortalezca su agarre ¿Un agarre débil o artritis le dificulta abrir tarros y hacer otras tareas con sus manos? Use una pinza sujetapapeles grande para aumentar su vigor. Apriete las asas de la pinza plegadas hacia atrás, sóstengalas mientras cuenta hasta cinco y afloje. Haga esto una docena de veces o más con cada mano unas cuantas veces al día. Esto fortalecerá su agarre y también aliviará la tensión.

Monte una foto Aquí hay una forma pulcra de montar y colgar una foto de modo que tenga una apariencia limpia sin marco. Intercale la foto entre una lámina de vidrio o plástico transparente y una pieza de contrachapado o cartón rígido. Luego use pinzas sujetapapeles diminutos en los bordes para sujetar las piezas. Use dos o tres pinzas en cada lado. Cuando estén en su lugar, quite las asas del frente. Ate alambre en las asas posteriores para colgar la foto.

Marque dónde se quedó Una pinza sujetapapeles mediana es un separador para libros ideal. Si no quiere marcar las páginas, pegue un material suave como fieltro, o cinta adhesiva, en el interior de la mordaza del sujetador antes de usarlo.

Haga un clip para dinero Para tener sus billetes en un fajo ordenado en su bolsillo o monedero, apile los billetes, dóblelos a la mitad y póngales una pinza sujetapapeles chica.

Tenga a mano su identificación Está en el aeropuerto y sabe que le pedirán su identificación varias veces. En vez de buscar en su cartera o adivinar en cuál bolsillo la guardó, use una pinza sujetapapeles para sujetar firme y convenientemente su identificación y otros documentos a su cinturón. También úsela para sujetar su identificación del trabajo al cinturón o bolsillo de la camisa.

✳ Plástico autoadherente

Trate un padrastro (pellejo en la uña) Deshágase de un padrastro mientras duerme. Antes de irse a dormir, aplique crema para las manos al área afectada, envuelva la punta del dedo con plástico autoadherente y asegúrela en su lugar con cinta adhesiva transparente. El plástico autoadherente encierra la humedad y suaviza la cutícula.

Trate la psoriasis Aquí hay un método recomendado a menudo por dermatólogos para tratar lesiones individuales por psoriasis. Después de aplicar una crema esteroide tópica, cubra el área con un pedazo pequeño de plástico autoadherente y use cinta adhesiva para fijar el plástico a su piel. El plástico aumentará el efecto del esteroide, sellará la humedad e inhibirá la proliferación del sarpullido.

Aumente el efecto del linimento Para el dolor en la rodilla u otros puntos inflamados, frote algo de linimento y envuelva el área con plástico autoadherente. El plástico aumentará el efecto de calentamiento del linimento. Pruébelo primero en un área pequeña para asegurarse que no le quema la piel.

Conserve suave el helado ¿Alguna vez notó cómo se forman cristales de hielo en el helado en el congelador una vez que se ha abierto el recipiente? El helado permanecerá suave y sin esos cristales molestos si envuelve el recipiente completo en película autoadherente antes de regresarlo al congelador.

Mantenga limpio arriba de su refrigerador (heladera) Hágalo la próxima vez que limpie arriba de su refrigerador. Después de dejarlo todo limpio y reluciente, cubra la parte superior con hojas superpuestas de plástico autoadherente. La próxima vez que limpie, todo lo que necesita hacer es quitar las hojas viejas, tirarlas a la basura y reemplazarlas con capas nuevas de plástico.

Proteja el teclado de la computadora ¡Hurra! Está de vacaciones y no tecleará en la computadora por un par de semanas. Cubra el teclado de su computadora con plástico autoadherente durante periodos largos de inactividad para evitar el polvo y la mugre.

Repare una cometa (barrilete) Volar cometas con los niños es divertido, pero puede ser frustrante si el cometa se rompe con la rama de un

SABÍA *Usted* QUE...?

El Saran (cloruro de polivinilideno) fue descubierto por accidente en 1933 por Ralph Wiley, un laboratorista de Dow Chemical Company. Un día Ralph tropezó con una redoma cubierta con una película verde claro maloliente que no pudo quitar al tallarla. La llamó eonita, por un material indestructible que figuraba en la tira cómica "Anita la huerfanita". Los investigadores de Dow la analizaron y la apodaron Saran. Pronto las fuerzas armadas la usaban para rociar los bombarderos y los fabricantes de autos, para proteger la tapicería. Luego Dow se deshizo del color verde y el olor desagradable y la transformó en un material sólido, aprobado para empacar comida tras la Segunda Guerra Mundial y como envoltura de contacto para alimentos en 1956.

árbol o una cerca. Para un arreglo temporal que mantenga al cometa en el aire, cubra la rotura con plástico autoadherente y péguelo con cinta transparente.

Mantenga fresca la pintura almacenada Su pintura sobrante permanecerá fresca más tiempo si tapa la lata con plástico autoadherente premium antes de cerrarla.

> **CUIDADO** Al poner en el microondas alimentos cubiertos con plástico autoadherente, siempre doble una esquina del plástico o hágale un corte para dejar escapar el vapor. Nunca use plástico autoadherente al poner comidas con mucha azúcar; se calientan demasiado y funden el plástico.

✳ Plátanos (bananas)

Haga una mascarilla facial ¿Quién necesita botox si tiene plátanos? Así es: use un plátano (banana) como mascarilla facial natural que humecta su piel y la deja luciendo y sintiéndose más suave. Machaque un plátano maduro mediano para hacer una pasta uniforme y aplique con suavidad en cara y cuello. Déjela 10 a 20 minutos y enjuague con agua fría. Otra receta popular de mascarilla requiere 1/4 de taza de yogur natural, 2 cucharadas de miel y 1 plátano mediano.

Coma "paleta de plátano (helado de banana)" congelada Como regalo de verano para amigos y familiares, pele y corte a la mitad (a lo largo) plátanos maduros. Ponga un palo para paleta en el extremo plano de cada pieza. Colóquelos en un trozo de papel encerado y póngalos en el congelador. Horas después, sírvalos como paletas heladas de plátano riquísimas. Si desea emplearse a fondo, sumerja sus plátanos congelados en 170 gramos de caramelo de azúcar con mantequilla (manteca) o chocolate fundido (las nueces picadas o coco rayado son opcionales) y vuelva a congelar.

Ablande un asado Las hojas de plátano (banana) se usan por lo común en muchos países asiáticos para envolver la carne al cocinarla para ablandarla. Algunas personas en estas áreas dicen que el plátano en sí también tiene esta capacidad. Así que la próxima vez que tema que el asado que está cocinando quedará duro, trate de suavizarla agregando un plátano maduro (sin cáscara) a la cacerola.

Pula plata y zapatos de piel Parece broma, pero una cáscara de plátano es una gran forma de dar brillo a su plata y sus zapatos de piel. Primero, elimine cualquier resto de material fibroso dentro de la cáscara, luego frote sus zapatos o plata con el interior. Al terminar, dé brillo al objeto con una toalla de papel o un trapo suave. Incluso podría usar esta técnica para restaurar muebles de cuero. Pruébelo primero en una sección pequeña antes de frotar la silla entera.

Abrillante sus plantas de interior ¿Las hojas de sus plantas de interior lucen sucias o polvosas? No se moleste en rociarlas con agua, eso sólo extiende la suciedad. Más bien, limpie cada hoja con el interior de una cáscara de plátano. Eliminará toda la mugre en la superficie y la reemplazará con un brillo lustroso.

Disuada a los áfidos ¿Los áfidos atacan sus rosales u otras plantas? Entierre cáscaras de plátano secas o cortadas a 2.5 o 5 cm de profundidad en la base de las plantas propensas a los áfidos, y pronto los pequeños primos empacarán y se irán. Sin embargo, no use cáscaras enteras o los plátanos mismos; tienden a ser apreciados por mapaches, ardillas, conejos y otros animales, que los desenterrarán.

Use como fertilizante o abono Las cáscaras de plátano, como la fruta en sí, son ricas en potasio, nutriente importante para usted y para su jardín. Seque cáscaras de plátano en pantallas en invierno. Al principio de la primavera, muélalas en un procesador de alimentos o batidora y úselas como abono para dar un inicio saludable a las plantas y plantones nuevos. Muchas especies cultivadas de rosas y otras plantas, como los helechos cuerno de alce, se benefician de los nutrientes de las cáscaras de plátano; sólo corte las cáscaras y úselas como alimento para sus plantas establecidas.

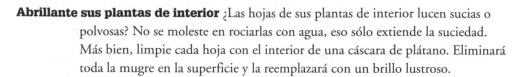

Agregue al abono Con su alto contenido de potasio y fósforo, los plátanos y sus cáscaras son adiciones bienvenidas en cualquier abono, en particular en el llamado abono de recetas de té. La fruta se descompone rápido en especial en temperaturas calientes. Pero no olvide quitar cualquier etiqueta pegada de las cáscaras, y asegúrese de enterrar los plátanos hondo dentro del montón, de lo contrario puede convertirse tan sólo en comida para un visitante de cuatro patas.

Atraiga mariposas y aves Tenga más mariposas y varias especies de aves en su patio colocando plátanos pasados (y otras frutas como mangos, naranjas y papayas) en una plataforma elevada. Haga algunos hoyos en los plátanos para hacer más accesible la fruta a las mariposas. Algunos entusiastas juran que agregar una gota de Gatorade mejora el efecto. También es probable que atraiga más abejas y avispas, así que asegúrese que la plataforma está muy por encima del nivel de la cabeza y no en una ubicación central. Es más, quizá desee quitarlo antes del anochecer para desalentar visitas de mapaches y otras criaturas nocturnas.

✳ Platos desechables

Haga fichas bibliográficas Es inevitable que los chicos necesiten de última hora fichas bibliográficas para el día siguiente; así que, si no tiene ninguna en casa, utilice platos desechables y una regla. Mida una ficha de 3 x 5 o de 4 x 6 sobre el plato y corte. Use la primera como modelo para las demás.

Proteja su vajilla Evite que su vajilla se rompa o astille al guardarla, especialmente cuando cambie de casa. Coloque platos desechables de papel entre cada plato de su vajilla cuando los empaque.

Pintura de lata Para evitar que el piso se manche cuando pinte las paredes de su casa, coloque un plato desechable debajo de la lata; así, cuando escurra la brocha (el pincel) a un lado de la lata, la pintura caerá directo al plato desechable y no al piso.

Tarjetas educativas Escriba números, letras, palabras o figuras que quiera que los niños aprendan en platos desechables. Cuando acierten, deje que los lancen como platillos voladores.

Decore un muñeco de nieve Use los platos desechables para hacer máscaras, móviles o decoraciones navideñas. Para hacer un muñeco de nieve, use 2 platos desechables. Corte la orilla de uno para hacerlo más pequeño, engrápelo (engánchelo) al grande y obtendrá la cabeza y el cuerpo. Hágale un par de botas y un sombrero con papel cascarón. Decore la cara con botones para los ojos y dibuje las demás partes con marcadores o crayones.

✳ Popotes (pajitas)

Conserve las cadenitas sin nudos Se está vistiendo para salir a cenar, abre su joyero para sacar su mejor cadenita de oro y se encuentra con que está toda enredada. La próxima vez que la guarde, colóquela en un popote (pajita) cortado al largo de la cadena y cierre el broche. Siempre estará lista para usarse.

Déle a las flores la altura necesaria Su arreglo floral sería perfecto si no fuera porque algunas flores no son lo suficientemente altas. Puede componer la situación metiendo el corto tallo de cada flor en un popote de plástico recortado para conseguir la altura deseada e insertándolo en el florero.

Haga que la catsup fluya Lo mejor de la salsa catsup es que salga de la botella mientras su hamburguesa y sus papas fritas siguen calientes. Si su catsup es testaruda, inserte un popote (pajita) en la botella y revuélvala un poco para que se fluidifique y salga sin problemas.

Improvise una diversión espumosa Si desea hacer juguetes baratos y fáciles para grupos de niños, corte los extremos de algunos popotes (pajitas) de plástico en un ángulo agudo, y disponga un recipiente poco profundo de lavatrastes (lavaplatos) líquido diluido en un poco de agua. Meta un popote en el jabón y sople por el otro extremo. A los niños pequeños les encantan los montones de burbujas que saldrán.

Haga un protector de juguetes Los juguetes de tirón son favoritos de los niños pequeños, pero puede pasarse todo el día tratando de desenredar los nudos que el niño inevitablemente producirá cuando juega con él. Si coloca la cuerda en uno o varios popotes (pajitas) de plástico, puede conservarlos sin nudos.

Componga el revestimiento Si el revestimiento de un
mueble favorito ha perdido su adherencia cerca
del borde, un poco de pegamento amarillo para
madera es la solución para volver a pegarlo,
pero, ¿cómo hacer que éste llegue hasta el sitio
requerido? Como el revestimiento puede ser
muy quebradizo, puede cortar un tramo de
popote de plástico y presionarlo para aplanarlo

un poco. Dóblelo a la mitad y gotee pegamento en una de las mitades. Meta
esta mitad bajo el revestimiento y sople suavemente para sacar el pegamento.
Limpie el excedente, cubra el área con papel encerado y póngale encima un
pedazo de madera durante toda la noche.

Lleve consigo sus condimentos Tal vez usted esté guardando una dieta baja en sodio y
requiera de sal de potasio que no hay en todos los restaurantes, o tal vez desee
sazonar con sal y pimienta el contenido de su bolsa del almuerzo. Los popotes
(pajitas) proporcionan una forma fácil de llevar pequeñas cantidades de condimentos secos. Doble un extremo y péguelo con cinta, llene el popote y doble y
pegue el otro extremo. Si le preocupa la humedad, use un popote de plástico.

✳ Protector de labios

Prevenga quemaduras por viento Le gusta esquiar, pero odia
usar pasamontañas. Cuando vaya a esquiar en nieve,
póngase protector de labios en la cara antes de subir
las pendientes. El protector de labios resguardará su
piel de las quemaduras por viento.

Saque un anillo atorado No necesita jalar y tirar su pobre dedo
atosigado para tratar de sacar ese anillo que se le atoró.

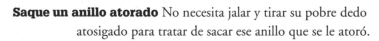

¿ SABÍA *Usted* QUE...?

La búsqueda del whisky con
menta perfectamente frío con-
dujo a la invención del popote
(pajita) para beber. El whisky
con menta se sirve frío y su
sabor disminuye al entibiarse.
Si se sostiene el vaso se
calienta su contenido, así que
la costumbre era beberlo a
través de popotes naturales

hechos con un tramo del tallo
hueco de una espiga, general-
mente centeno. Pero el
centeno transmitía un indeseable sabor "a hierba". En
1888 Marvin Stone, un fabricante de boquillas de papel
para cigarrillos de Washington,
D.C., creó un tubo de papel
para efectuar su libación favo-

rita. Cuando los
aficionados a los
cocteles comen-
zaron a clamar
por sus popotes,
se dio cuenta de
que tenía un gran
producto en sus
manos.

Tan sólo cubra el dedo con protector de labios y deslice con suavidad el anillo para sacarlo.

Arregle cejas revueltas Use protector de labios como cera estilizadora para arreglar bigotes o cejas rebeldes u otros cabellos revueltos.

Tip **Protector de labios y lápiz labial**

En los meses secos de invierno puede estar tentada a aplicar una capa de protector de labios antes de ponerse su lápiz labial. Los expertos en belleza dicen que no es una buena idea porque el protector podría interferir con la adhesión del lápiz labial. En vez de usar protector de labios durante el día, los expertos recomiendan que use lápiz labial humectante. Reserve el protector para humectar sus labios antes de dormir.

Detenga el sangrado si se corta al afeitarse ¡Auch! Se cortó al afeitarse y no tiene tiempo que perder. Aplique un poco de protector de labios directo en la cortada y el sangrado de la mayoría de las heridas por afeitadas se detendrá pronto.

Lubrique una cremallera Frote una pequeña cantidad de protector de labios hacia arriba y abajo de los dientes de una cremallera pegajosa o atorada. Luego súbala y bájela unas cuantas veces. El protector actuará como lubricante en la cremallera.

Simplifique la carpintería Frote algo de protector de labios en clavos y tornillos que va a atornillar o clavar en la madera. El protector les ayudará a deslizarse un poco más fácil.

Evite que se peguen las bombillas las bombillas de exteriores, que están expuestas a los elementos, con frecuencia se pegan y son difíciles de quitar. Antes de colocar una bombilla en un enchufe, cubra la rosca en la bombilla con protector de labios. Esto evitará que se pegue y facilitará quitarla.

Lubrique carriles para cosas deslizantes Aplique protector de labios a los carriles de cajones y ventanas, o a las correderas de un botiquín, para que abran y cierren con más facilidad.

✳ Quitaesmalte

Quite las manchas de su vajilla de porcelana Si su vajilla de porcelana tiene ya varias manchas por el uso, repárela con un poco de quitaesmalte. Limpie las manchas con una mota de algodón y después lave su vajilla como de costumbre.

> **CUIDADO** El uso frecuente de quitaesmalte con acetona (revise los ingredientes) causa resequedad en la piel y debilitamiento de uñas. Todos los quitaesmalte son inflamables y peligrosos si se inhalan por tiempo prolongado; úselos en un área ventilada y lejos de cualquier tipo de fuego. Tenga cuidado con telas sintéticas, terminados de madera y plásticos.

Quite manchas de tinta Si el agua y jabón no son suficientes para quitar las manchas de tinta de sus dedos, pruebe con un poco de quitaesmalte. Tome una mota de algodón y limpie la zona afectada con la solución. Ya que las manchas se hayan ido, lave con agua y jabón. El quitaesmalte también puede eliminar las manchas de tinta en el tambor de su secadora de ropa.

Quite manchas de pintura de las ventanas Mantenga a salvo sus uñas cuando quiera quitar la pintura de sus ventanas. En un área bien ventilada, unte un poco de quitaesmalte en secciones pequeñas, deje reposar la solución por unos minutos antes de pasar un trapo para quitar las manchas de pintura. Una vez que haya terminado, pase un trapo húmedo sobre las ventanas.

Quite etiquetas engomadas de los vidrios Raspar etiquetas de objetos de vidrio es engorroso y deja residuos pegajosos. Despéguelas mojando el área con quitaesmaltes con acetona. También despega etiquetas de superficies de metal.

Disuelva plásticos derretidos ¿Alguna vez dejó una bolsa de plástico muy cerca del tostador de metal? El resultado es un desastre. No permita que este plástico derretido y adherido deteriore sus aparatos. Elimínelo con un poco de quitaesmalte. Antes que nada desconecte el tostador y déjelo enfriar. Después vierta un poco de quitaesmalte sobre un trapo suave y páselo suavemente por las áreas afectadas. Una vez que retiró todo el plástico, limpie una vez más con un trapo húmedo y una toalla de papel. Su tostador está listo para la siguiente batalla.

Combata el superpegamento. Los pegamentos fuertes fijan tenazmente cualquier cosa, incluso su piel. Si intenta pelar el pegamento de sus dedos puede causar daños severos en su piel. Mejor tome una mota de algodón con quitaesmalte con acetona y manténgala presionada hasta que se disuelva el pegamento.

Limpie sus zapatos de vinilo. Para quitar manchas de zapatos de vinilo blancos o de color claro, frote ligeramente pero con firmeza con tela suave o servitoalla humedecida con quitaesmalte. Luego quite los residuos con un trapo seco.

Limpie sus relojes. ¿Cansado de ver la hora en su reloj y ver también los rayones en la carátula? Deshágase de ellos con un poco de quitaesmalte. Si la carátula de su reloj está hecha de plástico resistente, frote el quitaesmalte sobre los rayones hasta que estos disminuyan o desaparezcan.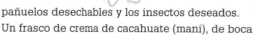

Limpie el teclado de su computadora Mantenga limpio su teclado con un poco de quitaesmalte y un cepillo de dientes que ya no use. Simplemente humedezca el cepillo con el líquido y cepille delicadamente las teclas.

Diluya corrector y esmaltes de uñas Para deshacer los grumos de pegamento del líquido corrector o de esmaltes de uñas viejos, vierta unas gotas de quitaesmalte en la botella y agite bien. Repita hasta que adquiera la consistencia deseada.

Prepare metales para poner laca de nuevo Si la capa de laca de algunos metales se ha desgastado, puede quitar por completo el resto de la laca dañada para aplicar una capa nueva y uniforme. Tome un trapo suave, unte una cantidad pequeña de quitaesmalte de uñas y frote sobre el metal hasta quitar por completo la laca dañada. Su artículo metálico ahora está listo para pulirlo o recubrirlo con laca.

FERIA DE LA CIENCIA

A algunos niños les gusta estudiar a los insectos y, al igual que los profesionales, su prometedor entomólogo puede matar y **conservar a los insectos,** con el uso de quitaesmalte. Use un **quitaesmalte con acetona** (revise la etiqueta o busque el ligero olor a plátano). Humedezca algunas **torundas** con la acetona y colóquelas en un **recipiente de vidrio o plástico** sobre

pañuelos desechables y los insectos deseados. Un frasco de crema de cacahuate (maní), de boca ancha, funciona bien. Los pañuelos desechables ayudan a prevenir que las alas se rompan. Selle el frasco bien con su tapa, y los especímenes se deshidratarán muy pronto. Ahora use un **alfiler** y páselo por el cuerpo del insecto para montarlo en una base de corcho o de cartón corrugado.

✳ Raspadores de hielo

Elimine las salpicaduras de pintura Si acaba de pintar su baño y quedaron salpicaduras de pintura por toda su bañera de acrílico, sírvase de un raspador de hielo para quitarlas sin rayar la superficie de la bañera. Emplee raspadores de hielo para quitar manchas de pintura de cualquier otra superficie que no sea metálica.

Alise relleno para madera ¿Tiene pequeñas escopleaduras en sus pisos de madera? ¿Desea usar relleno para madera para alisarlos de nuevo? Un raspador de hielo puede ayudarle a hacer el trabajo en forma correcta. Una vez que llene un agujero con el relleno para madera, el raspador de hielo es la herramienta perfecta para alisarlo y nivelarlo.

Quite la cera de los esquís Todo esquiador experimentado sabe que la acumulación de cera vieja en los esquís puede hacerlos más lentos. Un raspador de hielo puede quitar rápido e impecablemente esa cera vieja y preparar sus esquís para la siguiente capa.

Raspe su congelador Su parabrisas no es el único lugar donde se acumula hielo y escarcha. Si se ha acumulado escarcha en su congelador y desea demorar la tarea de descongelarlo por un tiempo, diríjase a su auto y saque el raspador.

Limpie la masa para el pan No importa cuánta harina ponga en su superficie de trabajo, algo de la masa pegajosa para el pan siempre parece pegársele. Un raspador de hielo limpio es la herramienta exacta para retirar la masa pegajosa de la superficie de trabajo. En caso de necesidad, un raspador de plástico también puede sustituir a la espátula para bandejas antiadherentes.

✳ Recipientes de plástico

Atrape babosos que se comen las plantas Acabe con los babosos que se comen sus vegetales recién plantados. Cave un agujero del tamaño de un recipiente de plástico cerca de la planta. Meta el recipiente en el agujero al ras de la tierra. Llene el recipiente con cerveza o agua salada y ponga papas cortadas alrededor del borde para atraer a los babosos, que entrarán pero no saldrán.

Deshágase de las peligrosas avispas Si su proximidad le provoca inseguridad y amenaza con poner fin al paseo de su hijo en el parque, tome un recipiente de plástico, llénelo con agua azucarada y hágale un agujero en la tapa. El líquido atraerá a las avispas, las que, luego de pasar por el orificio, quedarán atrapadas.

Aleje a las hormigas de su mesa Si observa hormigas que avanzan por las patas de la mesa de campamento, luego por el tablero y, al final, sobre la comida, he aquí una forma probada de detener su marcha: coloque recipientes de plástico bajo cada pata y llénelos con agua. Las hormigas no podrán saltar este obstáculo.

Úselos para llevar la comida de su perro La siguiente vez que salga de excursión con su perro, empaque el alimento de su mascota en un recipiente de plástico. Desde luego, también puede guardar en otro un bocadillo para usted. Además, un recipiente vacío le servirá como tazón de agua durante su paseo.

Organice su área de costura Está en su área de costura a punto de iniciar sus proyectos navideños pero, en vez de coser, está empeñada en encontrar cierto carrete o el hilo del color correcto. Con recipientes de plástico puede ordenar su área de costura si, por ejemplo, en uno guarda los carretes de hilo, en otro instrumentos como cintas métricas y tijeras, y en otro más, alfileres y agujas.

✳ Recogedores (palitas para basura)

Decore su puerta para otoño Recoja follaje seco en otoño, como maíz, ramas de dulcámara con bayas anaranjadas y otras ramas y hojas verdes decorativas. Átelas como un ramo con una liga o cinta. Extiéndalas en forma de abanico y cubra la atadura con un listón (cinta de seda). Ahora coloque esto contra un recogedor de cobre. Use superpegamento o una pistola de pegamento para unir su ramo al recogedor (palita). Cuelgue este homenaje al otoño en su puerta.

Reclute a un pequeño paleador Los pequeños disfrutan imitando a los mayores. Mientras palea nieve, deje que su hijo le ayude con un recogedor como pala.

Úselos como juguete para la arena Empaque un recogedor limpio junto con sus juguetes de playa. Es una formidable pala para jugar en la arena y ayudará a esos pequeños grandes constructores de castillos.

Acelere la limpieza de juguetes Levantar los juguetes pequeños es una tarea agotadora. Recójalos con un recogedor (palita) y deposítelos en la caja de los juguetes. En verdad le ahorrará tiempo, por no mencionar los dolores de espalda.

Refrescos (gaseosas)

Limpie las terminales de la batería Sí, es cierto, las propiedades ácidas del refresco ayudan a eliminar la corrosión de la batería de su auto. Casi todas las bebidas carbonatadas contienen ácido carbónico, sustancia que disuelve los depósitos de óxido. Vierta un poco de refresco (gaseosa) sobre las terminales de la batería y deje reposar. Quite el residuo pegajoso con una esponja mojada.

Afloje las tuercas y tornillos oxidados Deje de luchar con los tornillos y tuercas oxidados. El refresco puede ayudar a aflojarlos. Empape un paño con refresco y envuelva el tornillo durante varios minutos.

Quite las manchas de óxido del cromo ¿Está cuidando un auto antiguo, de esos que tienen verdadero cromo en el exterior? Si el cromo tiene pequeñas manchas de óxido, puede eliminarlas frotando el área con un pedazo arrugado de papel aluminio mojado con refresco (gaseosa) de cola.

¿SABÍA *Usted* QUE...?

El jengibre ha sido un remedio tradicional para las náuseas, y estudios recientes indican que el refresco de jengibre funciona mejor que un placebo. Este refresco fue comercializado hace unos 100 años por un farmacéutico de Toronto llamado John McLaughlin. McLaughlin intentó nuevas fórmulas hasta que patentó lo que se conoce mundialmente como Canada Dry Ginger Ale. Los refrescos —bebidas carbonatadas— originalmente sólo se servían a los clientes de las fuentes de soda de las farmacias. McLaughlin fue uno de los pioneros del embotellamiento masivo, lo que permitió su venta en botellas.

Haga que las flores duren más No tire esas últimas gotas de refresco (gaseosa). Vierta 1/4 de taza de refresco en el agua del jarrón de las flores. El azúcar del refresco hará que las flores duren más. *Nota:* si tiene un florero transparente, y quiere que el agua se mantenga clara, use un refresco claro, como Sprite o 7-Up.

Limpie su inodoro Elimine la suciedad y el olor con una sola lata de refresco (gaseosa). Viértala en la taza, deje reposar durante una hora, talle y haga correr el agua.

Evite que se tape el drenaje ¿El drenaje está tapado y no tiene destapacaños? Vierta en el drenaje una botella de 2 litros de refresco de cola para ayudar a destaparlo.

Quite el chicle del pelo Es inevitable que los niños regresen con chicle en el pelo. Remoje durante unos minutos los cabellos en refresco de cola y enjuague.

Hidrate su jamón asado ¿Quiere hacer más jugoso su jamón? Añada una lata de refresco de cola a su receta tradicional. ¡Mmm!

Limpie sus monedas ¿Quién quiere dinero sucio? Si colecciona monedas, use refresco de cola para limpiarlas. Coloque las monedas en un plato pequeño y remójelas en el refresco hasta que queden brillantes. No lo haga con monedas raras y valiosas.

Quite las manchas de grasa del concreto Ésta es la forma de quitar las manchas de grasa (aceite) de los pisos de concreto del patio y cochera, para lo cual necesitará: una bolsita de arena de gato, unas latas de refresco de cola, una escoba de cerdas duras, un balde, detergente para ropa, blanqueador (lavandina), protectores para los ojos y guantes de goma. Cubra la mancha con una delgada capa de arena y frótela. Recoja la arena y vierta el refresco cubriendo el área. Talle con la escoba y deje reposar unos 20 minutos. Mezcle 1/4 de taza de detergente con 1/4 de taza de blanqueador en 3.7 litros de agua tibia, y limpie el desastre.

✳ Retazos de alfombra

Amortigüe el ruido de los aparatos que traquetean ¿Su lavadora —o su secadora— tiembla, traquetea y rueda cuando la usa? Ponga un trozo de alfombra debajo de ella, y tal vez sea todo lo que necesita para calmar las cosas.

Atrape un calcetín (media) caído Es probable que nunca logre impedir que los calcetines (medias) y otras prendas se caigan al piso en el trayecto de la lavadora (lavarropas) a la secadora. Pero puede facilitar mucho su recuperación colocando una pieza angosta de alfombra en el piso entre los dos aparatos. Cuando algo se caiga, sólo tire y la prenda saldrá junto con ella.

Mantenga seco el hogar de Fido No deje que la lluvia moje a su perro. Protéjale su casa: haga un alero clavando un sobrante de alfombra sobre la entrada del domicilio de su perro. En áreas más frías, también puede usar pedacitos de alfombra para cubrir las paredes interiores y el piso y aislarlos.

Haga un poste rascador Si su gato araña el sofá de la sala (living), esto podría ser la solución. Haga un poste rascador engrapando (enganchando) tiras de alfombra a un poste o tabla y póngala cerca del objetivo favorito de su minino. Si desea que se pare solo, clave una tabla en la parte inferior del poste para que le sirva como base.

Mantenga las veredas del jardín sin hierbas Ponga unos trozos de alfombra al revés y cúbralos con un mantillo de corteza o paja para tener una senda de jardín sin hierbas. Use trozos más pequeños como mantillo alrededor de su huerto.

Ejercítese con comodidad Haga una colchoneta de ejercicio al instante. Corte un tramo de alfombra vieja de 1 metro de ancho y del largo de su estatura. Cuando no la use para el yoga o sentadillas (saltos de rana), enróllela y guárdela bajo su cama.

Haga sus propios tapetes (alfombras) para el auto ¿Por qué comprar tapetes caros para su auto cuando puede hacerlos usted? Corte sobrantes de alfombra al tamaño del piso de su auto y conduzca cómodamente.

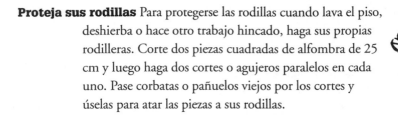

Proteja sus rodillas Para protegerse las rodillas cuando lava el piso, deshierba o hace otro trabajo hincado, haga sus propias rodilleras. Corte dos piezas cuadradas de alfombra de 25 cm y luego haga dos cortes o agujeros paralelos en cada uno. Pase corbatas o pañuelos viejos por los cortes y úselas para atar las piezas a sus rodillas.

Mantenga secos los pisos No deje que el piso se moje al regar sus plantas de interior. Ponga ruedas de alfombra de 30 cm de diámetro bajo las plantas para que absorban cualquier exceso de agua.

Evite que se rayen los pisos Impida que las sillas chirriantes rayen o dejen marcas negras en los pisos de madera o vinilo. Pegue círculos pequeños de sobrantes de alfombra bajo las patas de las sillas y la mesa.

Haga un pulidor Use resina epóxica para pegar un trozo de alfombra vieja a un bloque de madera para hacer un pulidor. Haga varios y use uno para pulir zapatos, otro para limpiar pizarrones y uno más para limpiar los vidrios de las ventanas.

Acolche los estantes de la cocina Reduzca el chirrido cuando saque ollas y cacerolas: acojine los estantes y gabinetes de la cocina con pedazos de alfombra.

Agregue tracción Lleve trozos de alfombra de buen tamaño en la cajuela (portaequipajes) de su auto para agregar tracción si se atasca en nieve o arena. Guarde una pieza con su llanta de refacción: si tiene una ponchadura, no se arrodillará o acostará en el suelo sucio cuando tenga que ver bajo el coche.

Proteja las herramientas del taller ¿El piso de su taller es de concreto u otro material duro? Entonces ponga unos cuantos pedazos de alfombra en el área cercana a su mesa de trabajo. Así, cuando caigan al suelo las herramientas o recipientes por accidente, será menos probable que se rompan.

✴ Revistas

Papel fantasía gratis. Recorte las páginas coloridas de los anuncios publicitarios en las revistas y úselos como papel para regalos pequeños.

Conserve sus botas en forma. Enrolle un par de revistas y úselas como moldes para sus botas humedecidas. Las revistas ayudarán a mantener la forma de las botas, mientras éstas se secan.

Para manualidades de los niños. Guarde sus revistas viejas y úselas para mantener a sus hijos ocupados en casa en esos días lluviosos. Encomiende a sus hijos trabajos de collage, que pueden realizar con las imágenes y frases halladas en revistas.

Mantelitos para cajones. Las páginas de revistas grandes y de papel grueso sirven como mantelitos para proteger los cajones de escritorios o cómodas. Busque anuncios publicitarios con diseños o imágenes coloridas. Recorte la página al ras, colóquela dentro del cajón y presione las orillas para definir la zona de corte.

Sábanas

Haga un tiro al blanco ¿ Se suspendió el juego de sus hijos? Ésta es una forma de aminorar su desilusión y que practiquen sus lanzamientos. Dibuje un gran tiro al blanco en una sábana. Fíjela en una pared y deje que los niños le lancen pequeños sacos rellenos de poliestireno.

Úselas como mantel A usted le toca ser el anfitrión de todo el clan para la cena de Navidad u otro festejo familiar. Usará todas las mesas de la casa, pero no tiene suficientes manteles. Una sábana estampada resultará una cubierta festiva.

Aleje los venados de su jardín Rodee el jardín con una cuerda a 1 metro de altura. Después áteles tiras de sábanas blancas cada 60 cm. Un destello blanco a la altura de la cola es una señal de peligro para un venado.

Recoja las hojas de otoño No tiene que lastimarse la espalda echando los montones de hojas en una carretilla o bolsa. Rastrille las hojas hacia una sábana colocada en el suelo. Luego junte las cuatro esquinas y arrastre a la canaleta o montón de hojas.

Envuelva el árbol de navidad Cuando quite los adornos navideños, envuelva el árbol con una vieja sábana para poder sacarlo de la casa sin dejar un rastro de agujas de pino.

Sal

SAL EN LA CASA

Elimine los residuos de un florero En cuanto su bello ramo de flores se marchita, el recuerdo que deja no es precisamente el mejor: depósitos minerales en el interior del florero. Frote con sal la marca circular que se forma dentro del florero, y después lávelo con agua jabonosa. Si no le cabe la mano, llene el jarrón con una fuerte solución de sal con agua, agítelo o frótelo suavemente con un cepillo para biberones y después lávelo. Esto debe eliminar los residuos.

Limpie las flores artificiales Restitúyales vida rápidamente a sus flores artificiales —ya sean de seda o de nailon— colocándolas en una bolsa de papel con 1/4 de taza de sal. Agite suavemente, y sus flores quedarán tan limpias como cuando las compró.

Mantenga las flores en su sitio La sal es un buen recurso para que las flores artificiales conserven su lugar en un arreglo. Llene un florero o jarrón con sal, añada un poco de agua fría y coloque cada flor en su lugar. La sal se solidificará y las flores mantendrán su sitio en el arreglo.

Conserve el buen aspecto del mimbre Los muebles de mimbre suelen adquirir un tono amarillento con el tiempo, por la luz solar y los elementos. Para conservarlos con su apariencia natural, frótelos con un cepillo duro mojado en agua tibia con sal y déjelos secar al sol. Repita este proceso al año o cada dos años.

Prolongue la vida de las escobas Su escoba de popotillo le durará más si la deja remojando en un balde con agua caliente y sal. Sáquela después de unos 20 minutos y déjela secar.

Facilite la limpieza de la chimenea Si ya está a punto de irse a dormir y la chimenea sigue encendida, apague las flamas con sal. El fuego se extinguirá más rápidamente, los leños humearán menos que si los deja consumirse y habrá menos hollín que limpiar. También será más sencillo limpiar la chimenea porque la sal le dará cuerpo a las cenizas y se podrán barrer con más facilidad.

Haga su propio limpiametales Cuando la exposición a la intemperie opaque los objetos de latón y cobre, no serán necesarios los productos de limpieza caros. Pula sus candelabros o quíteles las manchas verdes a las vasijas de cobre con una pasta elaborada con sal, harina y vinagre a partes iguales. Use un paño suave para frotar la pasta sobre el objeto, enjuague con agua jabonosa y sáquele brillo.

Quite el vino en la alfombra ¿Hay algo peor que una mancha de vino tinto en una alfombra blanca? Sobre la mancha aún fresca vierta un poco de vino blanco para diluir el color. Luego, limpie la mancha con una esponja y agua fría. Espolvoree el área con sal y espere unos 10 minutos. Pase la aspiradora.

¿SABÍA *Usted* QUE...?

La sal puede ser la clave de la vida en Marte. Gracias a las misiones recientes al Planeta Rojo, los científicos han confirmado dos cosas: que Marte cuenta con una gran cantidad de hielo y que hay en él mucha, mucha sal. Claro que la vida como la conocemos requiere de agua. Y aunque las temperaturas en Marte son extremosas, la presencia de sal permite pensar que quizá haya agua salada, acogedora de vida, bajo la superficie marciana.

SAL*

Saque manchas de la alfombra ¿A su aficionado al fútbol televisado se le cayeron las papas fritas sobre su linda alfombra? Antes de matarlo, mezcle 1 parte de sal con 4 partes de alcohol y frote la mancha en la dirección natural de las fibras. Mejor aún: haga que el responsable se encargue de la faena. Después podrá acabar con él.

Elimine las marcas de agua de la madera Las manchas de agua dejadas por vasos o botellas sobre una mesa de madera sí que se notan. Hágalas desaparecer: mezcle 1 cucharadita de sal con unas gotas de agua y forme una pasta. Frote suavemente la pasta sobre las marcas con un paño o una esponja suave hasta que desaparezcan. Lustre la madera con cera para muebles.

Restaure una esponja Las esponjas, por lo general, se ensucian demasiado por el uso, mucho antes de realmente desgastarse. Para restaurarlas, déjelas remojando toda la noche en una solución de 1/4 de taza de sal en 1/4 de litro de agua.

Alivie las piquetes La sal ayuda a disminuir el dolor de las picaduras de abeja y de otros insectos, así como la urticaria:

- ¿Lo picó una abeja? Humedezca inmediatamente la zona afectada y cúbrala con sal. Disminuirá el dolor y la inflamación. Claro que si es usted alérgico, debe obtener atención médica inmediata.

- Contra las picaduras de mosquitos, humedezca con agua salada la piel y aplique una capa de manteca (grasa) de cerdo o aceite vegetal.

- Cuando padezca urticaria, alivie el escozor remojando la zona afectada en agua salada. Si no tolera la comezón, tal vez prefiera sumergirse totalmente en una bañera llena de agua salada.

Evite la escarcha en parabrisas y ventanas Como probablemente sepa, la sal disminuye la temperatura a la que el agua se congela; así pues, evite la formación de escarcha en las ventanas de su casa limpiándolas con una esponja empapada en agua salada y dejándolas secar. Durante el invierno, tenga siempre en su auto

SAL*

una bolsa pequeña de tela con sal: cuando el parabrisas y los demás cristales se empañen, frótelos con la bolsa para evitar que el hielo o la nieve los cubran.

Desodorice sus tenis (zapatillas) Los tenis y otros zapatos de lona pueden despedir mal olor, especialmente si los usa sin calcetines (medias) durante el verano. Elimine el olor y evite la humedad espolvoreando ocasionalmente sus zapatos de lona con un poco de sal.

Haga un aromatizador de ambiente Los aromatizadores comerciales suelen ser caros. Ésta es una maravillosa forma para que su habitación huela a rosas en cualquier época del año: coloque en un frasco capas alternas de pétalos de rosa deshidratados y sal, y ciérrelo. Sólo quítele la tapa para refrescar la habitación.

Desparasite sus peces con un buen baño La próxima vez que les cambie el agua a sus peces, póngalos en tonificante agua salada durante 15 minutos, mientras limpia la pecera. Mezcle 1 cucharadita de sal pura (no yodada) en 1/4 de litro de agua. (Esta agua, al igual que la de la pecera, debe serenarse durante toda la noche para que el cloro se evapore.) El agua salada mata los parásitos de las escamas de los peces y les facilita a éstos la absorción de electrolitos. No vierta sal directamente a la pecera si sus peces son de agua dulce, pues no tolerarían permanecer mucho tiempo en agua salada.

Limpie su pecera Para eliminar los depósitos minerales que libera el agua de su pecera, frote el interior de ésta con sal pura (no yodada), y después enjuáguela bien antes de volver a meter los peces.

Aleje las pulgas Si su perro tiene su casa y la disfruta, es probable que las pulgas también vivan felices allí. Evite que éstas infesten la casa de Fido: lave el piso y las paredes por dentro cada tres semanas con una solución de agua salada.

Termine con el desfile de hormigas Si las hormigas se han abierto paso directo a su hogar, intercéptelas espolvoreando sal a lo ancho del frente de la puerta o directamente en su camino. Las hormigas desistirán ante esta barrera.

✳SAL EN LA COCINA

Limpie el triturador de basura ¿El triturador de basura produce olores desagradables? Límpielo con sal. Vierta 1/2 taza de sal, haga correr el agua fría e inicie el triturado. La sal desalojará los desperdicios atorados y neutralizará los olores.

Elimine la comida pegada Sí, puede eliminar fácilmente los restos de comida que se han adherido a los trastos durante la cocción. Los restos endurecidos pueden "levantarse" con un tratamiento previo de sal: antes de lavar los trastos, espolvoree sal sobre la comida pegada y humedezca la zona; deje reposar hasta que la sal "libere" la comida y luego sólo lave con agua jabonosa.

Desmanche la loza Evite agotarse tratando de quitarles las manchas de comida quemada a sus utensilios de loza. Deje remojando en agua salada el utensilio durante la noche. Después, ponga a hervir el agua salada, con todo y traste. Las manchas deben desaparecer por sí solas.

Evite manchas en el horno La próxima vez que un alimento hierva en el horno y se desparrame, evite que el derrame se cueza y endurezca. Viértale sal mientras aún se mantiene en estado líquido. Cuando el horno se enfríe, podrá limpiar el derrame con un paño. Esto se aplica a la estufa (cocina) por igual. La sal también eliminará los olores, y si quiere que al final huela bien, mézclela con un poco de canela en polvo.

Saque la leche quemada La leche quemada es muy difícil de limpiar, pero la sal facilita la tarea. Vierta un poco de agua en la cacerola quemada y espolvoréela con sal. Espere unos 10 minutos y limpie la cacerola. La sal también absorbe el olor.

Limpie las ollas de hierro La grasa puede ser difícil de eliminar de las ollas de hierro porque no es soluble en agua. Alivie el problema espolvoreando sal en la olla antes de lavarla. La sal absorberá la mayor parte de la grasa. Limpie el interior de la olla y lávela como siempre.

Desmanche su cristalería ¿La máquina lavaplatos no sacó esas manchas rebeldes de su cristalería ni usted puede sacarlas manualmente? Intente esto: mezcle un puñado de sal en 1/4 de litro de vinagre y remoje la cristalería durante toda la noche. Las manchas deberán haber desaparecido por la mañana.

Limpie su wok de hierro forjado No importa cuánto los seque, los woks de hierro forjado tienden a oxidarse cuando se lavan. Así que, cuando termine de cocinar, y cuando todavía esté caliente el wok, agregue 1/4 de taza de sal y frótelo con un cepillo de alambre duro. Límpielo y aplique una capa ligera de aceite vegetal antes de guardarlo. No lo limpie así si se trata de un wok con teflón, porque rayaría su revestimiento.

Quite las manchas de lápiz labial de la cristalería Las manchas de lápiz labial en el cristal pueden ser difíciles de quitar, inclusive en el lavaplatos. Esto se debe a los emolientes que lo fijan a los labios, y también a la cristalería. Antes de lavar

¿ SABÍA *Usted* QUE...?

SAL*

sus vasos de vidrio o sus copas de cristal cortado, frote los bordes con sal para borrar las manchas de labial.

Renueve continuamente sus tablas para picar Después de lavar con agua y jabón sus tablas para picar verduras y para cortar el pan, frótelas con un paño húmedo y sal. Su apariencia y su color se renovarán constantemente.

Limpie su refrigerador (heladera) Todos tenemos que hacerlo alguna vez, y ahora le toca a usted. Después de sacar toda los alimentos y las rejillas, mezcle un puñado de sal en unos 3.5 litros de agua tibia y limpie con esto y una esponja el interior del aparato. Esta mezcla no es abrasiva, así que no estropeará con ella las superficies ni introducirá olores ni gases químicos.

Quite rápidamente los residuos de la masa He aquí una forma de facilitar la limpieza de la mesa después de haber extendido en ella la masa o haber amasado el pan: espolvoree la superficie harinosa con sal. Ahora puede limpiar a fondo con una esponja. Olvídese de los grumos pegajosos.

Elimine las manchas de té y café El té y el café dejan manchas en las tazas y demás utensilios. Usted puede quitar estas feas marcas espolvoreando sal en una esponja y frotando con ella la mancha en pequeños círculos. Si la mancha persiste, mezcle vinagre blanco con sal a partes iguales y frote con la esponja.

Lustre el cuello de su tetera Los cuellos de teteras muy manchados se limpian con sal. Llene de sal el cuello y déjela allí toda la noche. Luego, con agua hirviendo en la tetera, hágala correr por el cuello: la sal arrastrará todo residuo y restaurará el antiguo brillo. Si la mancha persiste, frote con un algodón inmerso en sal.

Limpie su cafetera eléctrica Si su café ya sabe un poco amargo, haga esto: llene su cafetera eléctrica con agua, añádale 4 cucharadas de sal y póngala a funcionar. Después, enjuague bien todas las partes de la cafetera. El siguiente café que prepare en ella tendrá su auténtico y delicioso sabor.

Aproveche el café recocido Si puso a funcionar la cafetera, se distrajo y el café estuvo hirviendo durante mucho tiempo, en vez de tirarlo por el sabor amargo que adquirió, póngale una pizca de sal a una taza de ese café.

Cosas de niños Elabore una **masa artesanal** con la que puede moldear **adornos, comida miniatura** y **muñecas.** En un tazón (bol), disuelva lentamente 1 taza de **sal** en 1 taza de agua hirviendo. Añada 2 tazas de **harina blanca** y revuelva. Vacíe la masa en una superficie de trabajo y amase hasta suavizarla. Si está pegajosa, añada más cucharadas de harina hasta que quede maleable. Ahora, modele bolas, tubos, coronas, etc. Seque con pistola de aire (secadora) u hornee a 95°C durante dos horas: el tiempo depende de su grosor. O métalas al microondas 1 o 2 minutos a temperatura alta. **Píntelas** y déles brillo con **esmalte para uñas transparente** o barniz.

Evite salpicaduras al cocinar ¿Cuántas veces se ha quemado por las salpicaduras mientras fríe tocino para un suculento desayuno? La próxima vez, póngale un poco de sal al sartén antes de freír alimentos que pueden salpicar. Cocinará sin dolor y no tendrá que limpiar su cocina después.

Cocine más rápido ¿Está de prisa? Añada una pizca o dos de sal al agua en la que está cociendo el alimento. Esto hará que el agua hirviendo alcance una temperatura mayor, de manera que el alimento requerirá menos tiempo de cocción. Recuerde que la sal no hace que el agua hierva más rápido.

Descascare más fácilmente los huevos cocidos ¿Alguna vez se ha preguntado si hay un secreto para descascarar los huevos cocidos sin romper el cascarón en un millón de pedacitos? En efecto, existe. Añada una cucharadita de sal al agua antes de poner a hervir los huevos.

Prepare unos huevos escalfados perfectos Usted *sabe* que es posible que las claras se mantengan intactas cuando escalfa huevos; así se los han servido en el restaurante. Pero, por más cuidadoso que sea, las claras siempre terminan esparcidas en el agua cuando los hace en casa. Éste es el secreto que conocen los chefs: espolvoree 1/2 cucharadita de sal en el agua poco antes de meter los huevos. Esto ayuda a "compactar" las claras. Lo mismo harán unas gotas de vinagre, y añadirán a los huevos un mejor sabor.

Pruebe la frescura de un huevo ¿Tiene dudas sobre qué tan fresco está un huevo? Añada dos cucharaditas de sal a 1 taza de agua e introduzca con cuidado el huevo en ella. Un huevo fresco se hundirá y uno viejo flotará.

Descascare las nueces con facilidad Hay nueces que son difíciles de partir, y una vez que lo logra, es más difícil aún sacarles el fruto. Remoje las nueces en agua salada durante varias horas antes de partirlas, y el fruto saldrá limpiamente.

Lave mejor las espinacas Las hojas de espinaca fresca son muy bellas, pero su superficie curvilínea y desigual dificulta quitarles la tierra que se junta en sus hendeduras.

¿ SABÍA *Usted* QUE...?

La concentración de sal en su cuerpo es de casi una tercera parte de la concentración encontrada en el agua de mar. Por eso la sangre, el sudor y las lágrimas son tan saladas. Muchos científicos piensan que los humanos, así como los animales, necesitan de la sal porque la vida surgió en los océanos. Cuando los primeros seres se arrastraron hacia tierra firme, traían consigo la necesidad de sal —y un poco de ella— y la transmitieron a sus descendientes.

Intente esto: sumerja las hojas en agua salada y lávelas. Bastará con un solo enjuague para que la tierra salga junto con la sal.

Mantenga crujiente la ensalada ¿Necesita preparar una apetitosa ensalada antes de una cena? Sale sólo un poco la ensalada inmediatamente después de prepararla, y se conservará crujiente durante varias horas.

Devuélvales "lozanía" a las manzanas arrugadas ¿Sus manzanas necesitan un estiramiento facial? Remójelas en agua ligeramente salada para suavizar su piel.

Evite que se oscurezca la fruta picada Usted está preparando una ensalada de frutas con anticipación al momento de servirla, y desea asegurarse que se vea apetitosa cuando la sirva. Las manzanas y peras picadas conservarán su color si las remoja un par de minutos en un recipiente con agua ligeramente salada.

Use sal para batir La próxima vez que bata crema o huevos, añada primero una pizca de sal. La crema se hará más suave y los huevos se batirán más rápido y tendrán mayor volumen, además de que tendrán mayor consistencia, si acaso los guisa.

Conserve fresca la leche Añada una pizca de sal al envase de leche para que dure fresca más tiempo. Esto también funciona con la crema.

Evite el moho en el queso El queso es demasiado caro para tirarlo si se enmohece. Evite el moho envolviendo el queso en una servilleta remojada en agua salada, antes de meterlo al refrigerador (heladera).

Apague el fuego en la cocina Tenga su recipiente de sal siempre al alcance de la mano. Si el aceite se prende, viértale sal para apagar las flamas. *Nunca* trate de apagar con agua un fuego ocasionado por aceite, pues éste sólo se salpicaría y el fuego se propagaría. La sal también es la solución cuando las llamas de una parrillada se elevan demasiado. Si espolvorea sal sobre el carbón, sofocará el fuego sin producir demasiado humo ni enfriar el carbón, como sí lo haría el agua.

Limpie los huevos rotos Si alguna vez ha tirado un huevo crudo sabrá lo difícil que es limpiarlo. Cúbralo con sal. Esto lo compactará y podrá recogerlo fácilmente con una esponja o con una servilleta de papel.

¿SABÍA *Usted* QUE...?

Una de las muchas palabras que la sal ha añadido a nuestro idioma es *salario*, que proviene de la palabra latina *salarium*, que significa "dinero en sal" y se refiere a la parte de la paga de un soldado romano hecha en sal, o usada para comprar sal, un artículo vital en siglos pasados. Éste también es el origen de la expresión "la sal de la vida".

Conserve limpia su plancha No importa con qué cuidado planche, es frecuente que algo se derrita bajo la plancha, formando una superficie áspera difícil de quitar. Los cristales de sal son la solución. Caliente su plancha a temperatura alta. Espolvoree sal sobre un periódico colocado en la tabla de planchar. "Planche" la sal y eliminará las protuberancias de la plancha.

Salga rápido de un apuro Está en un restaurante cenando con amigos y nota que su pantalón se manchó con aderezo. Ya sabe que el agua no le servirá, pero puede hacer una cosa: poner un poco de sal sobre la mancha, para que la absorba, y evitar así que se arruine su ropa. Una vez en casa, lave la prenda como siempre.

Elimine las manchas de sudor La sal acaba con las manchas amarillentas de las camisas. Disuelva 4 cucharadas de sal en 1/4 de litro de agua caliente. Moje una esponja en la solución y pásela sobre la mancha hasta que ésta desaparezca.

Fije el color de las toallas nuevas Las primeras dos o tres veces que lave sus toallas de color nuevas, añada 1 taza de sal al agua de lavado. La sal fijará los colores, de manera que sus toallas lucirán "como nuevas" durante más tiempo.

Evite que lo invada la broza Las hierbas que aparecen en las grietas de sus veredas pueden ser difíciles de erradicar. Pero la sal puede funcionar. Ponga a hervir una solución de 1 taza de sal en 2 tazas de agua, y vierta el líquido directamente sobre la broza para eliminarla. Otro método igualmente eficaz es vaciar un poco de sal directo sobre las malas hierbas que brotan entre los adoquines. Rocíelas con agua o espere a que llueva.

Líbrese de los caracoles y los babosos de tierra Estos moluscos terrestres no son buenos para sus plantas, pero hay una solución sencilla si desea matarlos en poco tiempo: tome un salero y espolvoree sal sobre ellos.

Limpie las macetas sin agua ¿Necesita limpiar una maceta para volverla a usar? En vez de llenarse de lodo al lavarla, sólo échele un poco de sal y talle la tierra con un cepillo duro. Este método es práctico en especial si no tiene cerca un grifo (canilla) de agua.

Aplíquese un tratamiento contra la caspa Lo abrasivo de la sal de mesa funciona muy bien para eliminar la caspa antes de lavarse con el shampoo. Póngase sal en el cuero cabelludo seco con un salero. Esparza la sal por todo su cabello, dándose un masaje capilar. Esto hará que caiga de su cabeza toda la piel seca y escamosa y la dejará lista para el shampoo.

SAL✱

Acondicione su piel Seguramente habrá oído de las sales de baño, que evocan imágenes de cristales perfumados que burbujean en su bañera, y que pueden contener colores y otras sustancias que ensucian su bañera. Pero a la larga, sólo se trata de sal. Disuelva 1 taza de sal de mesa, o mejor, de sal marina, en su tina y báñese como acostumbra. Su piel se suavizará notablemente. La sal de mar viene en trozos grandes y puede encontrarla en las tiendas de alimentos naturistas o en la sección *gourmet* de algún gran almacén.

Frótese con sal Si desea eliminar las partículas de piel muerta y estimular la circulación, dése un masaje con sal seca, cuando su piel esté húmeda, mientras está en el baño. La sal normal funciona bien; los cristales de mayor tamaño de la sal marina también.

Refresque su aliento a la antigüita Los enjuagues bucales comerciales, además de caros, contienen colorantes, alcohol y edulcorantes. Use la receta de la abuela, y su aliento quedará igual de fragante. Mezcle 1 cucharadita de sal y otra de bicarbonato de sodio en 1/2 taza de agua. Enjuáguese y haga gárgaras.

Desatasque el drenaje Es difícil evitar que los residuos de shampoo y los cabellos se acumulen y se vayan por el drenaje. Disuélvalos con una mezcla de 1 taza de sal, 1 taza de bicarbonato de sodio y 1/2 taza de vinagre blanco. Vierta la mezcla en el drenaje. Luego de 10 minutos, vierta 2 litros de agua hirviendo. Y haga correr el agua caliente del grifo (canilla) hasta que ésta fluya libremente.

Desmanche la bañera Las manchas amarillentas en su bañera o en su lavabo (lavatorio) pueden aminorarse con una mezcla de sal y aguarrás, a partes iguales. Usando guantes de goma, frote la mancha y enjuague completamente. No olvide mantener ventilado el baño mientras realiza esta tarea.

✱ Saleros

Reduzca el azúcar Usted puede reducir su consumo de azúcar, sin dejar de satisfacer su apetito por ésta, si llena con azúcar un salero. Para las dietas bajas en azúcar, use su nuevo "azucarero" para ponerle azúcar a los alimentos que la requieran.

Úselos como surtidor de canela/azúcar La canela y el azúcar son muy socorridos, y a todos nos gusta combinarlos, pero en distintas proporciones. Prepare su propia combinación en un salero. Una vez que dé con las proporciones que le gustan, tendrá ya su combinación personalizada para usarla cuando quiera. Con su surtidor de canela/azúcar también le dará un toque de sabor al cereal.

Úselos con harina En ocasiones, la repostería se vuelve un caos, así que facilítese un poco el trabajo poniendo harina en un salero grande para enharinar sus moldes.

Consérvelo limpio y a la mano en la alacena, ¡en especial si tiene en casa a un joven y emprendedor aprendiz de chef!

Tip **Sal de colores**

> ¿Desea una sorpresa agradable en su mesa? ¡Use sal de colores! Ponga algunas cucharadas de sal en una bolsa para sándwiches y añada algunas gotas de colorante vegetal. Mézclela suavemente con los dedos y déjela secar en la bolsa abierta durante todo un día. Corte la bolsa por una esquina para vaciar la sal en el salero. ¡Su colorida sal de mesa o kosher de fabricación casera será un maravilloso detalle!

Úselos para aplicar fertilizante Si usa un fertilizante seco, llene con él un salero para usarlo cuando fertiliza sus semilleros. Le dará mucho mayor control en la aplicación y evitará quemar los brotes tiernos.

✳ Secadora de pelo

Elimine cera de sus muebles de madera Fue una noche romántica, pero la cera endurecida de las velas en su mesa o buró de madera no es el recuerdo que tiene en mente. Derrítala con una secadora de pelo en su posición más lenta y más caliente. Quite la cera suavizada con una servitoalla de papel y limpie con un paño mojado en partes iguales de vinagre y agua. Repita si es necesario. También elimine cera de candeleros de plata con la secadora: úsela para suavizar la cera, luego sólo despéguela.

Limpie radiadores ¿Esos radiadores de hierro polvorientos en su casa se han vuelto una monstruosidad? Para limpiarlos, cuelgue un paño grande húmedo detrás de cada radiador. Luego use su secadora de pelo en su posición más alta y fría para soplar el polvo y la suciedad oculta hacia el paño.

Quite calcomanías del guardabarros ¿Desea quitar esas lindas calcomanías con que sus hijos decoraron el guardabarros de su auto para "sorprenderlo"? Use una secadora de pelo en su posición más caliente para aflojar el adhesivo. Mueva la secadora despacio de un lado a otro varios minutos, luego use la uña o su tarjeta de crédito para levantar la esquina y despegarla despacio.

Quite el polvo a flores de seda y plantas artificiales Requieren menos cuidado que las naturales, pero las flores de seda y plantas artificiales acumulan polvo y suciedad. Use su secadora de pelo en su posición más alta y fría como una forma rápida y eficiente de limpiarlas. Ya que esto llenará de polvo los muebles y el suelo alrededor de la planta, hágalo antes de aspirar esas áreas.

✱ Sedimentos (restos) de café

No levante polvo Antes de limpiar las cenizas de su chimenea, espolvoréelas con sedimentos de café húmedos. Serán más fáciles de quitar y la ceniza y el polvo no contaminarán la atmósfera de la habitación.

Desodorice un congelador Deshágase del olor de la comida descompuesta luego de una falla del congelador. Llene un par de recipientes con sedimentos de café fresco o ya consumido y colóquelos en el congelador toda la noche. Para un aroma a café, agregue un par de gotas de esencia de vainilla a los sedimentos.

Fertilice las plantas No tire los sedimentos del café. Están llenos de nutrientes que requieren sus plantas que adoran la acidez. Guárdelos para fertilizar rosales, azaleas, rododendros, perennes y camelias. Es mejor usar sedimentos de una cafetera por goteo que los hervidos de una cafetera de filtro. Los sedimentos por goteo son más ricos en nitrógeno.

Mantenga vivas las lombrices Una taza de sedimentos de café mantendrá vivas a sus lombrices para carnada todo el día. Sólo mezcle los sedimentos con la tierra en su caja de carnadas antes de meter las lombrices. A ellas les gusta el café casi tanto como a nosotros, y los nutrientes en los sedimentos las harán vivir más.

Aleje a los gatos del jardín Los gatos ya no considerarán su jardín una letrina si disemina una mezcla penetrante de cáscaras de naranja y sedimentos de café alrededor de sus plantas. La mezcla actúa también como un fertilizante formidable.

Aumente su cosecha de zanahorias Para aumentar su cosecha de zanahorias, mezcle las semillas con café recién molido antes de sembrarlas. No sólo el bulto extra hará más fácil sembrar las semillas diminutas, sino que el aroma del café aleja las larvas de las raíces y otras plagas. Como un beneficio adicional, los sedimentos agregan nutrientes al suelo al descomponerse alrededor de las plantas.

SABÍA *Usted* QUE...?

El café crece en árboles que alcanzan una altura de hasta 6 metros, pero los cultivadores los mantienen podados a unos 2 metros a fin de simplificar la recolección y favorecer una mayor producción de bayas. La primera señal visible de la madurez de un árbol de café es la aparición de pequeñas flores blancas, las cuales llenan el aire con un aroma embriagador que recuerda al jazmín y la naranja. El árbol maduro da bayas ovaladas del tamaño de una cereza; cada baya contiene dos granos de café con sus lados planos juntos. Un árbol maduro produce 450 gramos de café por cosecha. Se requieren 4,000 bayas de café Arábica (8,000 granos) para hacer un kilogramo de café tostado.

También puede añadir algunas semillas de rábano a la mezcla antes de sembrar. Los rábanos crecerán en unos días y marcarán las hileras, y al cultivar los rábanos, adelgazará los plantones de zanahoria y cultivará el suelo al mismo tiempo.

✳ Sobres

Triture más rápido recibos viejos La mejor forma de deshacerse de recibos que pueden tener su número de tarjeta de crédito u otra información personal es triturarlos. Pero introducir recibos pequeños a una trituradora es tedioso. En vez de ello, ponga todos los recibos viejos en unos cuantos sobres viejos y tritúrelos.

Haga un embudo pequeño Ahorra dinero comprando sus especias a granel y desea pasarlas a botellas chicas más prácticas para usarlas en la cocina, pero no tiene un embudo pequeño para hacer el trabajo. Haga un par de embudos desechables con un sobre. Selle el sobre, córtelo a la mitad en diagonal y corte una esquina en cada mitad. Ahora tiene dos embudos para guardar las especias en sus tarros más pequeños.

Clasifique y guarde papel-lija ¿Sabe cómo les encanta a las hojas de papel-lija enrollarse y quedar como tubos inútiles? Evite ese problema y mantenga organizadas sus hojas de papel-lija guardándolas en sobres de cartón tamaño carta para correspondencia. Use un sobre para cada grano y escríbalo en los sobres.

Haga separadores de libros Recicle sobres haciendo prácticos separadores de libros de diferentes tamaños. Corte la solapa engomada y un extremo del sobre. Luego deslice el resto sobre la esquina de la página donde suspendió su lectura para tener un marcador rápido que no dañe su libro. Déle un lote a los niños para que decoren su propia colección o délos como regalo casero.

Haga carpetas archivadoras Que no se revuelvan sus papeles sólo porque se acabaron las carpetas archivadoras. Corte los extremos pequeños de un sobre de cartón ligero. Voltee el interior hacia afuera de modo que tenga un cartón en blanco en el exterior. Corte una tira de 2 centímetros de ancho longitudinalmente desde la parte superior lateral. El otro borde es el lugar para rotular su archivo.

✳ Spray para cabello

Extermine las moscas Una molesta mosca zumbadora ha estado rondando su casa por dos días. Hágala que muera con una rociada de spray para cabello. Apunte y dispare. Vea caer a la mosca. Pero asegúrese que el spray es soluble en agua de modo que, si cae en las paredes, pueda limpiarlo. También funciona con avispas y abejas.

Reduzca las corridas en las medias A menudo esas molestas corridas en sus medias o pantimedias (medibachas) comienzan en los dedos. Interrumpa un desastre inminente rociando spray para cabello en la punta de un par de medias nuevo. El spray refuerza los hilos y aumenta su duración.

Quite lápiz labial de la tela ¿Alguien besó sus camisas? Aplique spray para cabello a la mancha de lápiz labial y déjelo reposar unos minutos. Limpie el spray y la mancha se irá con él. Luego lave las camisas como acostumbra.

Proteja una corona navideña Si compra una corona de flores en su almacén navideño, estará fresca, verde y radiante. Luego de una semana, comenzarán a caérsele las agujas y a verse un poco seca. Para hacerla durar más, tome su lata de spray para cabello y rocíela por completo tan pronto como llegue a su casa con la corona fresca. El spray atrapa la humedad en las agujas.

Proteja los trabajos de sus hijos Imagine esto: su preescolar acaba de llegar a casa con una obra de arte inapreciable pidiendo que le encuentren un lugar en la puerta del refrigerador (heladera). Antes de pegarlo, proteja la creación con spray para cabello, a fin de que dure más. Esto funciona bien en especial en dibujos de tiza, evitando que se corran con facilidad.

Conserve el brillo de sus zapatos Después de lustrar amorosamente sus zapatos para hacerlos ver como nuevos, rocíelos ligeramente con spray para cabello. El betún (pomada) no desaparece tan fácil con esta capa protectora.

Mantenga sus tarjetas de recetas sin salpicaduras No deje que la salsa de espagueti salpique su receta favorita. Una buena capa de spray para cabello evitará que la tarjeta se arruine en su cocina. Con la protección, se limpian con facilidad.

¿SABÍA *Usted* QUE...?

Éstos son grandes momentos en la historia del spray:
- Un inventor noruego desarrolló la tecnología para la lata de spray a principios del siglo xx. ¿Qué sería del spray para cabello sin la lata?
- L'Oréal presentó su spray para cabello, Elnett, en 1960.

Al año siguiente Alberto VO5 sacó su versión.
- En 1964 el spray para cabello superó al lápiz labial como el cosmético femenino más popular. Debió de haber sido por esos peinados de colmena.
- El spray para cabello hizo posible la calcomanía para

autos que decía: "Entre más alto el cabello, está más cerca de Dios."
- En 1984, el spray en el cabello de Michael Jackson se incendió mientras ensayaba para un comercial de Pepsi.

SPRAY PARA CABELLO*

Mantenga libres de polvo las cortinas ¿Compró cortinas nuevas o lavó las antiguas? ¿Desea que luzcan como nuevas por un tiempo? El truco es aplicar varias capas de spray para cabello, dejando secar bien cada capa antes de la siguiente.

Quite las marcas de tinta en la ropa Su nene se alocó con un bolígrafo en su tapicería blanca y en su camisa nueva. Rocíe la mancha con spray para cabello y las marcas de tinta se quitarán bien.

Extienda la vida de las flores naturales Un ramo de flores es algo tan hermoso que usted hará lo que sea para evitar que se marchiten. Al igual que protege su peinado, una rociada de spray para cabello puede conservar sus flores. Párese a 30 centímetros del ramo y déle una rociada rápida, justo en la parte inferior de las hojas y los pétalos.

✱ Spray para cocinar

Evite que se peguen el arroz y la pasta Muchos cocineros saben que un poco de aceite de cocina en el agua hirviendo evitará que el arroz o la pasta se peguen cuando los escurra. Sin embargo, si se le acabó el aceite de cocina, una rociada de aceite de cocina en spray servirá tan bien como el otro.

Ralle queso Ahorre esfuerzos al rallar queso usando un aceite antiadherente en spray en su rallador de queso para un rallado más suave. El rocío también hace más fácil y más rápida la limpieza.

Evite las manchas de salsa de tomate ¿Harto de esas difíciles manchas que deja la salsa de tomate en sus recipientes de plástico? Evítelas aplicando una capa ligera de aceite antiadherente en spray dentro del recipiente antes de verter la salsa.

Conserve limpias las ruedas de su auto ¿Conoce ese fino polvo negro que se acumula en las ruedas de su auto y es tan difícil de limpiar? Es polvo de frenos; se produce cuando las pastillas se desgastan contra los discos o cilindros al frenar. La

¿SABÍA *Usted* QUE...?

próxima vez que se esfuerce en dejar brillantes sus ruedas, aplíqueles una capa ligera de aceite en spray. El polvo de los frenos se limpiará en seguida.

Quite los bichos de su auto Cuando los bichos chocan contra su auto a 90 kilómetros por hora, en verdad se pegan. Rocíe su parrilla con aceite antiadherente en spray y podrá quitar los restos de insectos frotando sobre ellos.

Lubrique la cadena de su bicicleta ¿La cadena de su bicicleta rechina un poco y no tiene a mano aceite lubricante? Déle una rociada de aceite antiadherente en spray. No use demasiado, la cadena no debe verse mojada. Limpie el exceso con un paño limpio.

Remedie el crujido de la puerta ¿Harto de oír el chirrido de la puerta? Rocíe las bisagras con un poco de aceite antiadherente en spray. Use toallas de papel para limpiar el goteo.

Quite pintura y grasa Olvídese de solventes olorosos para quitar la pintura y grasa de sus manos. En vez de esos solventes, use aceite en spray para hacer el trabajo. Deje que penetre bien y enjuague. Lave de nuevo con agua y jabón.

Seque el esmalte de uñas ¿Necesita que se seque rápido su esmalte de uñas? Rocíelo con una capa de aceite en spray y deje secar. El spray también es un gran humectante para sus manos.

Lanzamiento rápido Empaque una lata de aceite en spray cuando vaya de pesca. Rocíe su sedal y podrá lanzarlo con más facilidad y llegará más lejos.

Evite que se pegue el pasto Podar el césped es fácil, pero limpiar el pasto pegado en la podadora es tedioso. No permita que el pasto se pegue en las cuchillas de la podadora y la parte inferior de la caja rociándolas con aceite de cocina antes de empezar a podar.

Evite que se pegue la nieve Palear nieve es bastante difícil, pero puede ser exasperante cuando la nieve se pega a la pala. Rocíe la pala con aceite antiadherente en spray antes de palear; ¡la nieve se caerá! Si usa un lanzador de nieve, rocíe dentro del conducto de descarga para evitar que se obstruya.

✳ Suavizantes de telas

Ponga fin al polvo pegajoso de su televisor ¿Le frustra ver que el polvo regresa rápidamente a la pantalla de su televisor, u otras superficies de plástico, justo después de limpiarlas? Para eliminar la estática que atrae el polvo, moje su sacudidor con suavizante de telas directo de la botella y sacuda como siempre.

Quite tapiz viejo Quitar tapiz viejo es fácil con suavizante de telas. Sólo agite 1 tapa de suavizante líquido en 1 litro de agua y aplique la solución con esponja en el tapiz. Deje que se absorba por 20 minutos, luego raspe el papel de la pared. Si el papel tiene un recubrimiento resistente al agua, ráyelo con un cepillo de alambre antes de tratar con la solución de suavizante de telas.

Suprima las descargas de la alfombra Para eliminar la estática cuando camina por la alfombra, rocíela con una solución de suavizante de telas. Diluya 1 taza de suavizante en 2.5 litros de agua; llene una botella rociadora y rocíe ligeramente la alfombra. Tenga cuidado de no impregnarla y dañar el respaldo de la alfombra. Rocíe en la tarde y deje que la alfombra se seque toda la noche antes de caminar sobre ella. El efecto durará varias semanas.

SABÍA *Usted* QUE...?

¿Cómo reduce la adherencia el suavizante de telas al igual que suaviza la ropa? El secreto está en las cargas eléctricas. Los lubricantes químicos con carga positiva en el suavizante son atraídos por la ropa con carga negativa, suavizándola. Las telas suavizadas crean menos fricción, y menos estática, cuando se frotan entre sí en la secadora, y debido a que el suavizante atrae humedad, la superficie ligeramente húmeda de las telas las hace conductores eléctricos. Como resultado, las cargas eléctricas viajan a través de ellas en lugar de quedarse en la superficie para causar adherencia estática y echar chispas al sacar la ropa de la secadora.

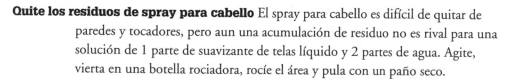

Quite los residuos de spray para cabello El spray para cabello es difícil de quitar de paredes y tocadores, pero aun una acumulación de residuo no es rival para una solución de 1 parte de suavizante de telas líquido y 2 partes de agua. Agite, vierta en una botella rociadora, rocíe el área y pula con un paño seco.

Limpie ahora, no después Limpie mesas de vidrio, puertas de ducha y otras superficies duras, y repela el polvo con suavizante de telas líquido. Mezcle 1 parte de suavizante en 4 partes de agua y guárdelo en una botella dosificadora, como una botella de líquido lavatrastes (lavaplatos) vacía. Aplique un poco de solución a un paño limpio, frote la superficie y luego pula con un paño seco.

Haga flotar la comida quemada Ya no frote. Remoje los alimentos quemados de las cacerolas con suavizante de telas líquido. Llene la cacerola con agua, agregue un poco de suavizante y remoje una hora o hasta que el residuo salga con facilidad.

Mantenga flexibles las brochas (pinceles) Después de usar una brocha, limpie las cerdas a fondo y enjuáguelas en una lata de café llena de agua con una gota de suavizante de telas líquido. Luego de enjuagar, seque las cerdas y guarde la brocha como acostumbre.

Desenrede y acondicione el cabello El suavizante de telas líquido diluido en agua y aplicado después del shampoo puede desenredar y acondicionar el cabello fino y suelto, así como el cabello rizado y grueso. Experimente con la cantidad de acondicionador para la textura de su cabello, usando una solución más débil para el cabello fino y una más fuerte para el cabello rizado y grueso. Peine con ella su cabello y enjuague.

Elimine las manchas de agua dura Las manchas de agua dura en las ventanas pueden ser difíciles de eliminar. Para acelerar el proceso, aplique en las manchas suavizante de telas líquido sin diluir y deje que se absorba por 10 minutos. Luego quite el suavizante, desmanche el vidrio con un paño húmedo y enjuague.

Haga sus propias hojas de suavizante de telas Es cómodo usar hojas de suavizante de telas, pero no son una ganga cuando se comparan con el precio de los suavizantes líquidos. Puede hacer sus propias hojas para secadora y ahorrar dinero. Sólo humedezca una toalla facial vieja con 1 cucharadita de suavizante líquido y póngala en la secadora con su siguiente carga.

✳ Sulfato de magnesio

Deshágase de los mapaches ¿Los merodeadores nocturnos enmascarados hurgan en su cubo de basura, haciendo un lío y gran barullo? Unas cuantas cucharadas de sulfato de magnesio espolvoreadas alrededor del cubo de basura disuadirán a los mapaches, pues no les gusta su sabor. Vuelva a aplicarlo tras la lluvia.

Disuada a las babosas ¿Está cansado de visitar su patio de noche sólo para encontrar el lugar plagado de babosas viscosas? Espolvoree sulfato de magnesio donde se deslizan y dígales adiós.

Fertilice tomates y otras plantas ¿Quiere que sus tomates crezcan grandes? Agregue sulfato de magnesio como un fertilizante a toda prueba. Cada semana, para cada 30 centímetros de altura de su tomatera, agregue una cucharada. Sus tomates serán la envidia del vecindario. El sulfato de magnesio también es un buen fertilizante para plantas domésticas, rosas y otras flores, y árboles.

Haga más verde su césped ¿Qué tan verde es su valle? ¿Dice que no tan verde? El sulfato de magnesio, que agrega magnesio y hierro necesarios a su tierra, puede ser la respuesta. Agregue 2 cucharadas a 3.7 litros de agua. Extiéndala en su césped y luego riegue con agua simple para asegurar que penetra bien.

Limpie los azulejos del baño ¿Los azulejos de su baño se ven sucios? Es tiempo de traer el sulfato de magnesio. Mézclelo en partes iguales con detergente líquido para trastes, luego aplíquelo en el área a limpiar y empiece a refregar. Esta mezcla es ideal para fregar y disolver mugre.

Regenere una batería de auto ¿La batería de su auto empieza a sonar como si no fuera a encender? ¿Le preocupa quedarse varado la próxima vez que trate de encender su auto? Dé a su batería un poco más de vida con esta poción. Disuelva 28 gramos de sulfato de magnesio en agua tibia y agregue un poco de esta mezcla en cada celda de la batería.

Líbrese de las espinillas Elimine sus espinillas con éxito: mezcle 1 cucharadita de sulfato de magnesio y 3 gotas de yodo en 1/2 taza de agua hirviendo. Al enfriarse la mezcla lo suficiente para introducir su dedo, aplíquela a la espinilla con un algodón. Repita el proceso tres o cuatro veces, y vuelva a calentar la solución si es necesario. Quite con suavidad la espinilla y luego aplique un astringente a base de alcohol.

Escarche sus ventanas en Navidad Si sueña con una blanca Navidad, pero el tiempo no coopera, al menos haga que sus ventanas se vean escarchadas. Mezcle sulfato de magnesio con cerveza ya pasada; revise que el sulfato de magnesio se disuelva muy bien. Aplique la mezcla a su ventana con una esponja. Para una apariencia realista, deslice la esponja en arco en las esquinas inferiores. Al secar, la ventana se verá escarchada.

Cosas de niños He aquí dos proyectos divertidos inspirados en el invierno usando sulfato de magnesio para la temporada navideña:

Haga copos de nieve doblando varias veces una pieza de **papel azul** y cortando formas en el cuadrado resultante. Desdoble su copo de nieve. Cepille un lado con una mezcla espesa de **agua** y **sulfato de magnesio**. Después de secar, voltéela y cepille el otro lado. Cuando termine, tendrá un **copo de nieve con aspecto escarchado** que puede colgar en su ventana.

Si quiere hacer una **escena nevada**, use crayones para hacer un dibujo en **cartulina**. Mezcle partes iguales de **sulfato de magnesio** y **agua hirviendo**. Deje enfriar; luego use un pincel ancho de artista para pintar la imagen. Cuando se seque, aparecerán cristales de "nieve".

* Tableros sujetapapeles

Percha para pantalones provisional ¿No encuentra una percha para sus pantalones? Use un tablero sujetapapeles. Cuélguelo de un gancho dentro del armario o en la puerta del dormitorio. Cuelgue los pantalones sujetándolos con chinches.

Tenga sus recetas a la vista Si está siguiendo una receta recortada de una revista o de un diario, resulta difícil leerla y mantenerla limpia cuando el recorte está sobre el mostrador. Resuelva el problema fijando un tablero sujetapapeles a una puerta de alacena a la altura de sus ojos. Sólo clave la receta del día en el tablero y estará listo para crear su magia culinaria.

Guarde sus salvamanteles Cuelgue un tablero sujetapapeles dentro de un gabinete de cocina o de la despensa y use una abrazadera (agarradera) como una forma práctica de ahorrar espacio para guardar sus salvamanteles.

Mantenga en su lugar las partituras Las hojas sueltas de partituras pueden volarse con el aire y en ocasiones parecen pasar más tiempo en el suelo que en el atril. Para eliminar este problema, fije las partituras a un tablero sujetapapeles antes de colocarlas en el atril. Las hojas permanecerán verticales y en su lugar.

Auxiliar para la navegación en carretera Antes de iniciar un viaje largo en auto, doble el mapa en el área por la que viajará. Fíjelo en un tablero sujetapapeles y consérvelo cerca para revisar su avance en las paradas que haga para descansar.

Organice su papel de lija La mayor parte del tiempo, el papel de lija aún es útil después de la primera o segunda vez que se usa. El truco es encontrar ese papel de lija usado otra vez. Cuelgue un tablero sujetapapeles en un gancho en el tablero de clavijas de su taller. Sólo clave al tablero el papel de lija utilizable cuando termine y estará a la mano la próxima vez que lo necesite.

* Talco

Aleje a las hormigas Para un repelente orgánico sumamente efectivo, espolvoree talco abundantemente alrededor de los cimientos y los puntos de entrada, como puertas y ventanas. Otros repelentes orgánicos eficaces son el cremor tártaro, el bórax, el azufre en polvo y el aceite de clavo. Podría intentar también plantar menta alrededor de los cimientos de la casa.

Calle ese piso crujiente No permita que lo vuelvan loco los pisos crujientes. Arréglelos de inmediato. Rocíe con talco, o grafito en polvo, las grietas que rechinan. Si este truco no resulta, lubríquelas con un chorrito de cera líquida.

Quite las manchas de sangre de la tela Para quitar las manchas de sangre fresca de la ropa o la tapicería, haga una pasta con agua y talco y póngala sobre la mancha. Cuando se seque, cepille sólo la mancha. Si no tiene talco puede usar maicena.

Deshágase de esa mancha de grasa en su alfombra Una mancha de grasa puede arruinar la apariencia del más lujoso alfombrado. Puede quitar las manchas de grasa de una alfombra con una combinación de talco y paciencia. Sólo cubra el área afectada con talco y espere cuando menos 6 horas para que el talco pueda absorber la grasa. Luego use la aspiradora. La harina, la maicena o el polvo para hornear pueden sustituir al talco.

CUIDADO Los médicos advierten que el talco perfumado puede causar alergias en la piel y empeorar los olores corporales. Por lo que sólo recomiendan usar talco sin perfume en la piel seca. Se advierte a las mujeres que eviten usar talco en las áreas anal y vaginal, ya que el uso excesivo de talco se asocia con un incremento del riesgo de cáncer de ovario.

Quite las manchas de grasa del poliéster Su camisa o su blusa favorita podrían estar otra vez de moda, pero antes de usarlas, deberá deshacerse de esa horrible mancha de grasa. Para desmanchar el poliéster, rocíe un poco de talco directamente sobre la mancha y frótelo con los dedos. Espere 24 horas y cepíllela suavemente. Repita el proceso tantas veces como sea necesario para que la mancha desaparezca por completo.

Desenrede marañas y nudos No se rompa una uña tratando de desatar el nudo de una agujeta (cordón). Espolvoree un poco de talco en las agujetas (o en cualquier cordón atado) y los nudos se aflojarán más fácilmente. Use talco también para desenredar los collares de cadenitas.

✳ Talco para bebé

Cepille la arena ¿Cuántas veces ha ocurrido que un familiar regresa de un día en la playa sólo para descubrir que han llevado una buena porción de la playa a su sala (living)? Reduzca al mínimo el desorden espolvoreando algo de talco para bebé sobre los niños (y adultos) sudorosos y cubiertos de arena antes que entren en la casa. Además de absorber el exceso de humedad, el talco hace que la arena sea increíblemente fácil de cepillar.

Sábanas frescas en verano ¿Esas sábanas calientes y pegajosas son una molestia cuando usted debería estar en el país de los sueños? Enfríelas espolvoreando un poco de talco para bebé entre las sábanas antes de meterse a la cama en las noches cálidas de verano.

Dé champú (shampoo) en seco a su mascota ¿El pelo del perro necesita arreglo? Frote vigorosamente un puñado o dos de talco para bebé en el pelo de su mascota. Deje que se asiente por un par de minutos, y cepíllelo a fondo. ¡Su perro se verá y *olerá* estupendo! Incluso puede "dar champú en seco" ocasionalmente a su propio pelo, o al de alguien más, siguiendo la misma técnica.

Absorba manchas de grasa en la ropa Freír alimentos puede ser peligroso, en especial para su ropa. Si su ropa se salpica de grasa, trate de quitar la mancha con un poco de talco para bebé en una borla. Asegúrese de frotar bien y luego cepille el exceso de talco. Repita hasta que desaparezca la mancha.

¿SABÍA *Usted* QUE...?

Cuando compra talco para bebé, invariablemente tiene tres opciones: simple, de fécula de maíz o medicinal.

El talco para bebé simple es sobre todo talco en polvo, el cual no es bueno que lo respiren los bebés. Usar talco en niñas no es aconsejable en particular, ya que estudios sugieren que puede causar cáncer ovárico más adelante.

Los pediatras recomiendan a menudo polvo de fécula de maíz, sólo si es necesario, al cambiar los pañales. La fécula de maíz es más grueso que el talco pero no tiene los riesgos de salud. Pero puede provocar infecciones por hongos y no debe aplicarse en los pliegues de la piel o en la piel agrietada.

El talco medicinal para bebé contiene óxido de cinc añadido ya sea al talco o a la fécula de maíz. Por lo general se usa para aliviar el sarpullido provocado por el pañal y para prevenir rozaduras.

Limpie sus naipes Aquí hay una forma simple de evitar que sus naipes se peguen y se ensucien: coloque holgadamente los naipes en una bolsa de plástico junto con un poco de talco para bebé. Cierre la bolsa y déle unas cuantas buenas sacudidas. Cuando saque sus naipes, se sentirán frescos y suaves al tacto.

Póngase sus guantes de hule No trate de meter a la fuerza los dedos en sus guantes de hule cuando la capa de talco del interior se haya agotado. Es mejor espolvorearse un poco de talco para bebé en los dedos. Sus guantes de hule se deslizarán como nuevos.

Elimine el moho de los libros Si algunos de sus libros han sido almacenados en un ambiente poco ideal y están un poco mohosos, intente esto: primero, deje que se sequen por completo al aire. Luego espolvoree algo de talco para bebé entre las páginas y mantenga los libros en posición vertical durante varias horas. Después, cepille con suavidad el polvo restante de cada libro. Puede que no queden como nuevos, pero estarán mejor que antes.

Espolvoree los bulbos de sus flores Muchos jardineros hábiles usan talco medicinal para bebé para espolvorear los bulbos de las flores antes de plantarlos. Coloque 5-6 bulbos y unas 3 cucharadas de talco para bebé en una bolsa de plástico con cierre y sacúdala con suavidad unas cuantas veces. La capa de talco medicinal ayuda a reducir la posibilidad de putrefacción y aleja a topos, ratones, gusanos y otras plagas que se comen los bulbos.

✳ Tang

Limpie su lavavajillas ¿El interior de su lavavajillas tiene un color marrón oxidado? La causa es un contenido elevado de hierro en el agua. Vierta un paquete de Tang sin azúcar en el depósito de jabón y ponga a funcionar la lavadora (lava-rropas) en un ciclo de agua caliente. Cuando abra la puerta, el interior estará tan blanco como el día en que compró la máquina.

Limpie el óxido del concreto ¿Manchas de óxido desagradables en su concreto? Mezcle Tang sin azúcar con agua caliente. Frote la mancha y desaparecerá.

Pinturas de color para la pared Mezcle Tang sin azúcar de cualquier sabor con pintura de látex con base de agua para alterar su color. O mezcle Tang sin azúcar con agua para crear sus propias acuarelas, pero no se las dé a los niños, pues las manchas de Tang pueden ser difíciles de quitar.

Haga brillo de labios para jugar Haga algo de brillo de labios sabroso para que las niñas pequeñas jueguen a arreglarse. Deje que las niñas escojan su sabor de Tang endulzado favorito. Mezcle un paquete de la bebida con 3 cucharadas de manteca (grasa) vegetal y póngala en el microondas por un minuto. Transfiérala a una lata de película de 35 mm y refrigérela toda la noche.

✳ Tapas de frascos (tarros)

Haga reflectores de seguridad ¿Es difícil maniobrar en su rampa de acceso cuando oscurece? Con algunos trozos de madera y tapas de frascos puede hacer reflectores baratos para guiar a los conductores. Rocíe las tapas con pintura reflejante y atorníllelas en los costados de estacas de madera. Introduzca las estacas en el suelo. ¡Listo! ¡No más guardabarros abollados ni flores aplastadas!

Guarde fruta a la mitad ¿Tiene medio durazno, manzana o naranja que quiere guardar? Envuelva la tapa de un frasco con plástico o papel encerado (papel manteca) y ponga la fruta con el lado cortado hacia abajo en el refri (heladera). Un poco de jugo de limón en la superficie cortada de la fruta previene la decoloración. ¿Y por qué tirar un vaso de leche o jugo a medio consumir? Cúbralo con una tapa y refrigérelo.

Corte bollos ¡Mmm: bollos caseros! Las tapas con bordes hondos o las bandas de los frascos de conservas (la parte con el centro cortado) son buenos cortadores de bollos. Use tapas de tamaño diferente para bollos de papá, mamá y el nene. Enharine el borde inferior de la tapa para que no se pegue al oprimir la masa. Evite tapas con bordes doblados hacia adentro; la masa se pega dentro y es difícil de extraer.

Haga un soporte para cuchara Ponga la tapa de un frasco en la estufa (cocina) o en el mostrador junto a la estufa mientras cocina. Luego de agitar una olla, ponga la cuchara en la tapa y habrá menos que limpiar después.

Base antigoteo bajo un frasco de miel La miel es deliciosa, pero puede ser un lío pegajoso. En la mesa, ponga el frasco de miel sobre una tapa de plástico para evitar que las gotas caigan en el mantel. Guárdelo así, y su anaquel (estante) no se ensuciará.

Haga apoyavasos para proteger muebles Los vasos húmedos y las tazas de café en verdad acaban con muchos muebles. Una solución sencilla consiste en tener muchos apoyavasos a la mano. Pegue círculos de fieltro o corcho en ambos lados de la tapa de un frasco (en especial tapas de frascos para conservas planos, que de todos modos no deben reutilizarse para conservas) y guarde un montón con las tazas y los vasos. ¡Sus muebles se lo agradecerán!

Cosas de niños ¿Qué hay en la puerta de su refrigerador (heladera)? Quizá un montón de imanes y dibujos de sus hijos. Combine los dos y tendrá algo útil y bello. Para un **proyecto manual** estimulante, saque **materiales divertidos:** pinturas, pegamento, telas, fotos familiares, ojos saltones, diamantina, borlas o incluso sólo papel y marcadores, y deje que sus hijos decoren varias **tapas de frascos.** Pégueles (el **pegamento caliente** funciona bien) en la parte posterior unos **imanes** (de venta en ferreterías). Una vez que termine, haga una develación: ¡con gaseosas, por supuesto!

Platos para plantas en maceta Las tapas con borde son perfectas para atrapar el exceso de agua bajo las plantas en macetas pequeñas y, a diferencia de los platos de cerámica, si se le incrustan minerales, no le importará tirarlos.

Organice su escritorio Acorrale esos clips para papel y otros pequeños artículos de oficina que cubren su escritorio: póngalos en tapas de frascos con bordes hondos. También funciona bien para guardar las monedas o los aretes (aros) en su tocador o buró. Una capa rápida de pintura mate en aerosol y un sellador de acrílico las harán más atractivas y resistentes al agua.

✳ Tapas de plástico

Tape un fregadero (pileta) o bañera Si su tapón del desagüe ha desaparecido, pero necesita retener el agua en el fregadero o la bañera, he aquí una solución: ponga una tapa de plástico sobre el desagüe. El vacío que se crea impide que el agua se vaya.

Mantenga limpio el refri (heladera) Botellas que gotean y recipientes con fugas pueden provocar un gran desorden en los anaqueles (estantes) de su refri. Cree apoyavasos con tapas de plástico para mantener limpias las cosas. Ponga las tapas bajo los recipientes de comida para detener las fugas potenciales. Si se ensucian, métalas al lavavajillas, mientras los anaqueles (estantes) de su refrigerador siguen limpios.

¿SABÍA *Usted* QUE...?

El tremendo éxito de los recipientes de plástico Tupperware se debe a la inventiva de un hombre y a la comprensión de la sociedad estadounidense de una mujer. El hombre fue Earl Tupper de New Hampshire, quien en 1942 vio que el nuevo plástico durable y flexible llamado polietileno podía moldearse como tazones (bols) de plástico con tapas herméticas. Pero las ventas de Tupperware fueron escasas hasta 1948, cuando Tupper conoció a Brownie Wise, una madre divorciada de Detroit. Wise vio que mientras había un estigma contra las mujeres que trabajaban, era perfectamente aceptable que tuvieran una "fiesta" donde se vendería Tupperware. Tupper atinadamente puso a Wise a cargo de las ventas de Tupperware, convirtiendo al producto en lo que el *Libro Guinness de récords mundiales* llamó "uno de los símbolos perdurables de nuestra era".

Úselas como apoyavasos para niños ¿Entretiene una tropa de niños y desea asegurarse de que sobrevivirán las superficies de sus mesas? (¡O al menos quiere darles la oportunidad de dar la pelea!) Dé a los niños tapas de plástico para que los usen como apoyavasos. Póngales su nombre para que no confundan sus bebidas.

Utilícelas como posavasos para plantas Las tapas de plástico son el posavasos perfecto para plantas de poco tamaño. Una tapa bajo la planta evitará manchas de agua en sus muebles.

Refriegue sartenes antiadherentes Todos sabemos que la grasa se adhiere a menudo a las sartenes supuestamente antiadherentes. Y, desde luego, no debe utilizar lana de hierro para quitarla. Trate de refregar la mugre con una tapa de plástico.

Separe hamburguesas congeladas La fiesta con los vecinos es la próxima semana, pero usted tiene la carne para hamburguesas ahora. Condimente la carne y déle forma. Ponga cada hamburguesa en una tapa de plástico. Luego apílelas, póngalas en una bolsa de plástico y congélelas. Al encender la parrilla, no tendrá problemas para separar las hamburguesas.

Evite que escurra la brocha (pincel) ¿No quiere salpicarse de pintura al retocar una reparación en el techo? Pruebe este truco. Corte una ranura en medio de la tapa de plástico. Las de frascos de café son del tamaño perfecto para la mayoría de las brochas. Inserte el mango de la brocha a través de la tapa de modo que ésta quede en la parte estrecha del mango justo arriba de su mano. La tapa atrapará las salpicaduras de pintura. Aun con este escudo, siempre tenga cuidado de no poner demasiada pintura en la brocha cuando pinte sobre su cabeza.

Cierre una bolsa ¿Se le acabaron los alambres forrados? ¿Necesita sacar la bolsa de basura de la casa? Tome una tapa de plástico, corte una abertura, cierre la bolsa y pase la punta de la misma por la ranura. Ahora la bolsa está sellada y lista para tirarse.

✳ Tapetes (alfombras) de baño

Coloque en la parte inferior del mueble de su PC ¿El gabinete de su computadora perdió sus "patas" (las cuatro pequeñas bases de hule que casi siempre se caen al mover la PC)? Para estabilizar el gabinete, y reducir las vibraciones, corte cuadrados pequeños de un tapete (alfombra) de baño y colóquelos en las esquinas del gabinete donde estaban las bases.

Aplique a zapatillas de baile, zapatos y mamelucos Evite caídas dolorosas causadas por zapatillas de baile de plástico resbalosas, y zapatos nuevos. Corte piezas pequeñas de un tapete de baño (bañera) y aplíquelas a las suelas de cada zapatilla o zapato. También puede coser piezas cortadas de un tapete de baño en las plantas de los "pies" de los mamelucos de sus hijos para prevenir resbalones (y llanto).

Péguelos al fondo de la alberca (piscina) Colocar recortes de tapetes (alfombras) de baño en el fondo de una alberca inflable la hará menos resbalosa para los pequeños y prevendrá caídas, en especial si el juego acuático es rudo. También puede poner un par de tiras de tapete de baño en los bordes de la alberca para darle a los niños un lugar donde asirse.

Pegue a tazas entrenadoras y sillas altas Corte piezas de tapete (alfombra) de baño y póngalas en tazas entrenadoras para bebé para reducir los derrames. También puede pegar piezas de tapete a los asientos de las sillas altas para evitar que se resbale el bebé.

✳ Tapetes de mouse (mouse pads)

Tope para patas de mesas y sillas Cuando compre un nuevo tapete de mouse (mouse pad), no tire a la basura el viejo. Utilícelo para evitar que sus pisos de madera se rayen con las patas de mesas y sillas. Tan solo recorte el tapete en círculos pequeños y use pegamento de contacto para fijarlos a la base de las patas.

Hágase unas rodilleras para jardín Los tapetes de mouse tienen el tamaño perfecto para usarlos como rodilleras al trabajar en el jardín. Simplemente arrodíllese sobre los tapetes y muévalos consigo, o si lo prefiere puede pegarlos a las piernas de su pantalón con cinta canela.

Como portamacetas Evite que sus macetas rayen o dañen sus pisos. Simplemente coloque los tapetes de mouse debajo de las macetas y listo. Use hasta cuatro tapetes cuando las macetas sean grandes.

Como bases para platos calientes Proteja su mesa contra quemaduras por cafeteras, sartenes y ollas calientes. Basta con que utilice tapetes de mouse, pues tienen el tamaño perfecto para ponerlos debajo de esos platos calientes que trae a la mesa.

superobjeto
23 usos

Té

*TÉ **PARA LA SALUD Y LA BELLEZA**

Refresque la piel quemada por el sol ¿Qué hacer cuando olvidó usar su protector solar y tiene que pagar el precio de una dolorosa quemadura? Unas cuantas bolsitas de té aplicadas a la piel quemada le quitarán el ardor. Esto también sirve para otras quemaduras menores (con una cafetera o plancha de vapor). Si la quemadura es grande, ponga algunas bolsas de té en la bañera y sumérjase completamente.

Relaje sus ojos cansados Revitalice los ojos cansados, adoloridos o hinchados. Sumerja dos bolsitas de té en agua tibia y colóquelas sobre sus párpados unos 20 minutos. Los taninos del té reducirán la hinchazón y aliviarán sus ojos.

Reduzca el ardor al afeitarse ¡Ay! ¿Por que olvidó cambiar de máquina de afeitar? Para calmar la irritación de la afeitada y las dolorosas cortadas, aplique una bolsita de té mojada en el área afectada. Y no olvide cambiar el rastrillo gastado por uno nuevo la próxima vez que se rasure.

¿ SABÍA *Usted* QUE...?

Dice la leyenda que el uso del té se inició hace unos 5,000 años con el emperador chino Shen Nung. Siendo un sabio gobernante y científico creativo, el emperador insistía en que se hirviera toda el agua de beber para no enfermarse. Un día de verano, durante un descanso en una lejana región, los sirvientes comenzaron a hervir agua para que bebiera todo el séquito real. Sin darse cuenta, cayeron algunas hojas de un arbusto, que tiñeron de café el agua. La curiosidad científica del emperador hizo que la probara, bebiendo así la primera taza de té.

Recobre su color Haga que su cabello gris recupere su tono negro, sin gastar en el salón de belleza (peluquería) ni usar esos costosos tintes químicos. Fabrique su propio tinte natural con té y hierbas: ponga 3 bolsitas de té en una taza de agua hirviendo. Agregue una cucharada sopera de romero y salvia (frescos o secos) y deje reposar toda la noche antes de colar. Lávese con champú (shampoo) como siempre, y luego vierta o atomice la mezcla en su cabello, asegurándose de impregnarlo bien. (Cuide de no manchar la ropa). Sin enjuagarlo, envuélvalo en una toalla. Puede requerir varios tratamientos para obtener los resultados deseados.

Acondicione el cabello reseco Para darle un brillo natural al cabello seco, use un litro de té tibio sin endulzar (recién hecho) como enjuague final después del shampoo.

Adquiera un lindo bronceado con té Déle una apariencia de bronceado saludable a esa piel pálida, sin arriesgarse a los peligrosos rayos ultravioleta. Hierva 2 tazas de té negro concentrado, déjelo enfriar y rocíelo por toda su piel. Deje que se seque con el aire. Repita las veces que lo desee y el bronceado se incrementará. También ayuda a la apariencia después de afeitarse.

Drene un forúnculo Drene un forúnculo con una bolsita de té hervida. Cubra el forúnculo durante la noche con una bolsita de té mojada, y despierte con el forúnculo drenado y sin dolor a la mañana siguiente.

Alivie los pezones adoloridos por lactancia Si amamantar a su bebé la deja con los pezones adoloridos, alívielos con una bolsita de té helada. Haga una taza de té. Retire la bolsita y colóquela en una taza con cubos de hielo durante un minuto. Después colóquese la bolsita de té mojada sobre el pezón, cubriéndola con una compresa y su sostén unos 30 minutos, mientras disfruta su taza de té. El ácido tánico desinflamará y aliviará el dolor de los pezones.

Alivie esas encías sangrantes Cuando llegue el ratón de los dientes, todo puede ser felicidad, pero en este momento esas encías sangrantes no son nada divertidas. Para detener el sangrado y calmar el dolor de un diente caído o extraído, moje una bolsita de té con agua fría y presiónela directamente en el sitio.

Alivie el dolor del bebé por una inyección ¿*Sigue* llorando ese nene por el piquete de una vacuna reciente? Moje una bolsita de té y colóquela en el lugar de la inyección. Sosténgala suavemente hasta que pare el llanto. El ácido tánico del té calmará el dolor. Usted también puede probarlo la próxima vez que una inyección le deje el brazo adolorido.

Alivie el sarpullido Calme la comezón de la urticaria con un té fuerte. Simplemente remoje un algodón en el té, toque ligeramente el área afectada y deje secar al aire. Repita si es necesario.

Acabe con el olor de pies Déles un baño diario de té. Sólo remoje sus pequeños pies en un té bién hervido unos 20 minutos y despídase de los olores desagradables.

Dése un enjuague bucal calmante Para disminuir el dolor de muelas u otra molestia de la boca, enjuáguese con una taza de té de menta mezclado con una o dos pizcas de sal. La pimienta es un antiséptico y contiene mentol, que alivia el dolor al contacto con las superficies de la piel. Para hacer el té de menta, hierva una cucharada sopera de hojas frescas de menta en una taza de agua y déjelo reposar durante varios minutos.

❋TÉ **EN LA CASA**

Ablande la carne dura Hasta los cortes de carne más duros se derretirán en su boca después de marinarlos en té negro. Agregue 4 cucharadas soperas de hojas de té negro en un recipiente de agua caliente (que no esté hirviendo) y déjelas así por 5 minutos. Exprímalas al sacarlas y mezcle la cocción con 1/2 taza de azúcar hasta que se disuelva. Sazone kilo y medio de carne con sal, pimienta, cebolla y polvo de ajo, colóquelos en una olla grande de metal o barro. Vierta el líquido sobre la carne sazonada y cocínela al horno (precalentado a 165°C) y hornee la carne hasta que esté suave al tacto del tenedor, cerca de 90 minutos.

Limpie los muebles y los pisos El té recién preparado es muy bueno para limpiar los muebles de madera y el piso. Sólo hierva dos bolsitas de té en un litro de agua y deje que se enfríe. Meta una tela suave en el té, exprima el exceso y úsela para limpiar la mugre y la suciedad. Seque y saque brillo con otra tela suave.

Recree la moda "antigua" Remoje los encajes blancos u otras prendas en un baño de té para conseguir un color beige, crudo o marfil de apariencia antigua. Use tres bolsitas por cada dos tazas de agua hirviendo y deje reposar por 20 minutos. Deje que se enfríe 10 minutos más antes de remojar sus prendas. Mientras más tiempo las deje más oscuras se pondrán.

Tip Tiñendo con té de hierbas

> Desde hace mucho se usa el té común para el teñido de telas y para ocultar las manchas de la ropa blanca. Pero se puede usar también té de distintas hierbas para teñir telas de diferentes colores y tonos tenues. Pruebe con el hibisco para lograr tonos rojos y tés de hierbas más oscuros, como el orozuz para tintes café tenue. Siempre experimente con retazos de tela hasta obtener los resultados deseados.

Déle brillo a sus espejos Para hacer que los espejos destellen de brillo, prepare una jarra de té concentrado, déjelo enfriar y úselo para limpiar los espejos. Humedezca un paño suave en el té y limpie toda la superficie de los espejos. Luego pula con otro paño seco y suave para obtener un deslumbrante brillo sin manchas.

TÉ
❋

Controle el polvo de las cenizas de la chimenea Evite que el polvo de las cenizas vuele cuando limpie su chimenea. Antes de empezar a limpiar, arroje en el área hojas de té mojadas, que impedirán que las cenizas se esparzan al recogerlas.

Perfume una bolsita de olor La proxima vez que haga un sachet, trate de perfumarlo con la fragancia de su té de hierbas favorito. Sólo abra algunas de sus bolsitas de té usadas y póngalas a secar al sol sobre papel periódico (diario). Luego úselas para rellenar su sachet.

*TÉ EN EL JARDÍN

Ayude a sus rosas a crecer Esparza algunas hojas de té nuevas o usadas (sueltas o en su bolsita) alrededor de los rosales y cúbralas con abono, como estímulo de verano. Cuando riegue sus plantas, los nutrientes del té se liberarán en la tierra, estimulando el crecimiento. A las rosas les encanta el ácido tánico que contiene el té.

Alimente sus helechos De vez en cuando, programe un té para sus helechos y otras plantas de casa que aman lo ácido. Sustituya el agua por té cuando esté regando sus plantas. O ponga algunas hojas de té mojadas en la tierra de las plantas para que se vean lozanas y hermosas.

Prepare la maceta Cuando ponga plantas en macetas, coloque algunas bolsitas de té usadas en la tierra de abajo, antes de meter la planta. Las bolsitas filtrarán el agua reteniendo los nutrientes para la tierra.

Procese su composta (abono) Para acelerar su proceso de descomposición y enriquecer su composta, échele los restos de té fuerte. El té líquido acelerará la descomposición y favorecerá las bacterias productoras de ácido creando una composta más rica.

* Tela (malla) de alambre

Ahuyente a los ciervos ¿Los ciervos maltratan su jardín? He aquí un método simple para alejarlos: clave tela o malla de alambre *plana* alrededor del perímetro de su jardín. A los ciervos no les gusta caminar sobre ella, y no es una monstruosidad como una cerca.

Corone la hierba gatera Si cultiva hierba gatera para su gato, ponga una corona de malla de alambre sobre la planta, cerca del suelo. Mientras la hierba gatera crece a través del alambre y se la comen, las raíces quedarán intactas, creciendo hierba gatera nueva. Asegúrese de que los bordes del alambre estén doblados en forma segura. La hierba gatera es una planta resistente, aun en temperaturas frías, así que si se conservan las raíces, la verá año tras año.

Proteja sus bulbos de los roedores Evite que los molestos roedores dañen los bulbos de sus flores cuando escarban. Prepare una cama de malla de alambre, plante los bulbos y cúbralos con tierra.

Sujete las flores Conserve alineadas en un florero las flores cortadas. Introduzca un poco de malla de alambre en el fondo del florero antes de insertar las flores.

Haga un corral a prueba de niños Su garage o su cobertizo está lleno de herramientas peligrosas y sustancias tóxicas. Aleje a los pequeños de estos peligros: guarde todas estas cosas en un corral a prueba de niños. Fije primero malla de alambre de ancho estándar a las paredes, en un rincón. Engrape (enganche) cintas a los extremos cortados del alambre y póngales armellas (arandelas) para colocar dos candados.

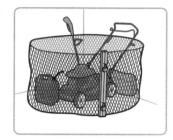

Postes de cerca firmes Antes de insertar el poste de una cerca en el concreto, envuelva la base con malla de alambre. Hará más firme el anclaje y el poste quedará seguro.

Asegure el aislamiento Después de colocar guata de fibra de vidrio entre las vigas del techo o entre las viguetas para el piso, engrape malla de alambre a través de las viguetas para asegurarlas y, en el caso de las vigas, para evitar que se comben.

❊ Toallas (servilletas) de papel

Cocine tocino (panceta) fácilmente en el horno de microondas Coloque un par de capas de toallas (servilletas) de papel al fondo del horno. Ponga las rebanadas de tocino de un lado al otro de las toallas de papel y cúbralas con otro par de capas. Ajuste el horno a temperatura alta en intervalos de 1 minuto, para verificar el tostado; en unos 3 o 4 minutos estará listo. De esta manera no tendrá que lavar el sartén, además de que las toallas de papel absorberán la grasa (aceite) y al terminar, puede tirarlas a la basura.

Cocine elotes (choclos) limpios Si detesta retirar la capa sedosa del elote, una toalla o servilleta de papel puede ser muy útil: humedezca una y pásela por encima del elote (choclo); así atrapará esa capa y el elote quedará listo para cocinarse.

Desgrase un caldo Esa cacerola con caldo de pollo ha estado hirviendo por mucho tiempo y la nata de grasa (aceite) persiste. Utilice toallas (servilletas) de papel para absorberla. Coloque otra cacerola en el fregadero (la pileta de la cocina) con un colador encima, cubierto por una toalla de papel. Vacíe el caldo a través de la toalla a la otra cacerola y notará que la grasa se queda en la toalla. Asegúrese de usar guantes, pues puede quemarse con el líquido hirviendo.

Conserve frescos sus productos por más tiempo ¿Detesta abrir el cajón de verduras del refri (la heladera) y encontrarse con que las zanahorias se encuentran enmohecidas? Forre el cajón con toallas (servilletas) de papel, éstas absorberán la humedad y evitarán que sus verduras se pudran. Además, limpiar será más fácil, pues sólo tendrá que quitar las toallas sucias y cambiarlas por unas limpias.

Evite que el pan congelado se moje Si le gusta comprar mucho pan, esto le servirá para congelarlo y descongelarlo: coloque una toalla o servilleta de papel en la bolsa del pan que vaya a congelar. Así cuando lo saque del congelador, el papel absorberá la humedad mientras se descongela.

Mantenga limpio el abrelatas ¿Alguna vez se ha fijado en la capa que se acumula en la rueda cortadora de su abrelatas? Límpiela con una toalla o servilleta de papel: cierre la rueda sobre la orilla de la toalla, junte las asas y de vuelta a la rosca. La toalla limpiará todos los residuos mientras la rueda corta el papel.

Tenga sus ollas de hierro fundido libres de óxido Evite que la oxidación ataque a su preciada colección de ollas de hierro. Luego de lavarlas, coloque una toalla o servilleta de papel en cada olla, para que absorba la humedad. Antes de guardar las ollas, sepárelas de sus respectivas tapas con más toallas de papel.

Elabore manteles individuales para niños Sus queridos nietos están por llegar para una estancia prolongada. Aunque son adorables, también son un desastre al comer. Las toallas (servilletas) de papel le ayudarán a sortear el temporal. Úselas como manteles individuales, ya que atraparán los derrames y las migajas de la comida y le facilitarán la limpieza.

Sepa si aún sirven esas semillas viejas Acaba de encontrar un paquete de semillas de sandía de hace dos años. ¿Vale la pena plantarlas o su período de conservación

FERIA DE LA CIENCIA

Descubra cómo todos los otros colores son en realidad una mezcla de los primarios: rojo, azul y amarillo. Corte varias tiras de toalla o servilleta de papel y, con un marcador, dibuje un rectángulo o un círculo grande en uno de los extremos de cada tira. Intente usar diferentes tonos: naranja, verde, violeta, o marrón. El negro es una posibilidad también. Ahora coloque el otro extremo de las tiras en un recipiente de vidrio con agua, dejando el extremo coloreado y seco colgando fuera del recipiente. Conforme el agua sube lentamente (en aproximadamente 20 minutos) por las tiras de papel hacia el extremo coloreado, verá cómo los colores se separan. Esto también demuestra la atracción capilar (la fuerza que permite a la superficie porosa del papel absorber el agua y transportarla al otro lado del contenedor.

ya expiró y conviene más sembrarlas en el cesto de basura? Para saberlo a ciencia cierta, empape dos toallas (servilletas) de papel y coloque en ellas algunas semillas. Cubra con dos toallas aún más empapadas. Durante un par de semanas, mantenga las toallas humedecidas y revise las semillas. Si casi todas las semillas brotan, entonces plante el resto en el jardín.

Limpie su máquina de coser Tras el último servicio, su máquina de coser quedó como nueva, pero a usted le preocupa que la grasa de la máquina pueda manchar la tela del nuevo chaleco que está por coser. Enhebre la máquina y cosa primero varias líneas sobre una toallita de papel. Eso eliminará la grasa residual y usted podrá retomar sus proyectos de costura.

Diseñe una bonita mariposa para los niños Trace con marcadores un dibujo de vivos colores en una toalla (servilleta) de papel. Luego, rocíe ligeramente la toalla, sin empaparla, a fin de que los colores se corran con la humedad. Ya que esté seca la toalla, dóblela por la mitad; luego ábrala y júntela siguiendo la línea del doblez como guía. Forme un lazo con un limpiapipas en el centro de 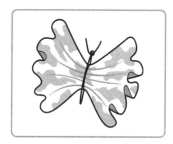 la toalla para hacer el cuerpo de la mariposa; al final cierre el lazo. Para formarle las antenas, doble otro limpiapipas en forma de V y deslícelo debajo del primero, en la cabeza de la mariposa.

✳ Toallitas para bebé

Úselas para limpiar rápidamente y en cualquier lugar Las toallitas para bebé sirven para más que sólo limpiar traseros de bebés. Son estupendas para limpiar sus manos tras cargar gasolina (nafta), secar ligeros derrames en el auto y refrescar su frente sudorosa después de correr. De hecho, son compañeras de viaje ideales. Así, la próxima vez que salga, empaque unas cuantas toallitas en una bolsa para sándwiches bien cerrada y póngala en la guantera de su auto o en su bolso o mochila.

Lustre sus zapatos Muchas mamás saben que una toallita para bebés es estupenda para lustrar los zapatos de piel blancos de los pequeños. Pero, ¿alguna vez se le ocurrió usar una para lustrar *sus* zapatos de charol, en especial cuando se acerca con rapidez esa reunión a las 10 a.m.?

Recíclelas como paños Aunque usted no lo crea, algunas marcas de toallitas para bebé (Huggies, por ejemplo), pueden lavarse y volverse a usar como paños para limpiar. Huelga decir que sólo las toallitas "ligeramente" sucias deben considerarse candidatas para la lavandería (el lavadero automático).

Pula su baño ¿Tendrá visitas y no tiene mucho tiempo para arreglar la casa? No se apure. Pruebe este truco a dos manos: tome una toallita para bebé en una mano y empiece a pulir las superficies de su baño. Lleve una toalla seca en la otra mano y abrillante las cosas mientras hace su recorrido.

Quite manchas de alfombras, ropa y tapicería Use una toallita para bebé para eliminar derrames de café en su tapete o alfombra; absorberá tanto el líquido *como* la mancha. Las toallitas también pueden ser efectivas para limpiar varios derrames y salpicaduras en su ropa y en la tapicería de sus muebles.

Limpie el teclado de su PC Sacudir periódicamente el teclado de su PC es una buena forma de quitarle el polvo y los residuos que se acumulan debajo y entre las teclas. Pero esa sólo es la mitad del trabajo. Use una toallita para bebé para eliminar la suciedad y los derrames secos que se acumulan en las teclas. Asegúrese de apagar la computadora o desconectar el teclado antes de limpiar las teclas.

Alivie su piel ¿Se asoleó demasiado en la playa? Refresque temporalmente una quemadura de sol golpeando ligeramente y con suavidad el área afectada con una toallita para bebé. También pueden usarse estas toallitas para tratar cortadas y arañazos. Aunque la mayoría de las toallitas no tienen propiedades antisépticas, no es incorrecto usar una para una limpieza inicial antes de aplicar el tratamiento tópico apropiado.

Quite el maquillaje Es uno de los secretos peor guardados de la industria de la moda: muchas modelos consideran que una toallita para bebé es su mejor amiga cuando llega el momento de quitarse ese maquillaje rebelde del rostro, en particular el delineador negro. Haga la prueba y véalo por sí misma.

✳ Torundas

Perfume la habitación Impregne una torunda o bola de algodón con su colonia favorita y póngala en la bolsa de su aspiradora. Ahora, cuando aspire, el aroma se esparcirá e impregnará con delicadeza la habitación.

Desodorice el refrigerador (la heladera) A veces el refri no huele a fresco. Humedezca una torunda con extracto de vainilla y póngala en un anaquel (estante). Verá que actúa como desodorante, ofreciendo su propio y agradable aroma.

Combata el moho Siempre hay puntos difíciles de alcanzar en el baño, por lo general alrededor de los accesorios, donde se forma moho en la lechada (sellado) que hay entre los azulejos. Olvídese de convertirse en contorsionista para devolverle el brillo a esas áreas. Empape unas cuantas torundas o bolas de algodón en blanqueador (lavandina) y póngalas en esos puntos difíciles. Deje que hagan su magia por unas cuantas horas. Cuando las quite, verá que el trabajo ya se ha hecho. Para terminar, enjuague con agua tibia.

Proteja los dedos de los chicos Acolche los extremos de las correderas del cajón con una bola de algodón. Esto impedirá que el cajón se cierre por completo y evitará que los niños se machuquen los dedos cuando se cierre el cajón.

Rescate sus guantes de hule Si sus uñas largas manicuradas a veces pinchan el interior de las puntas de los dedos de sus guantes de hule para lavar platos, aquí hay una solución que agradecerá. Meta una torunda o bola de algodón en cada dedo de sus guantes. Esta barrera suave prolongará la vida de los guantes.

✱ Tubos de cartón

Extienda el alcance de la aspiradora ¿No alcanza la telaraña en el techo ni con la extensión de su aspiradora? Use el tubo interior de cartón de sus rollos de materiales para envolver para tener un mayor alcance. Si aplana un extremo del tubo llegará hasta las grietas. Con cinta aislante selle las uniones.

Haga fundas Aplane el tubo vacío del papel aluminio, séllelo con cinta por un lado y tendrá una funda para cuchillos. Use tubos de papel higiénico para los más chicos.

Evite que se enreden los cables eléctricos Evite que se enmarañen los cables de la PC y de los aparatos. Doble el cable y páselo por un tubo de papel higiénico antes de conectarlo. También puede usar estos tubos para guardar las extensiones eléctricas cuando no se usan. Los tubos más grandes también funcionarán. Sólo córtelos por la mitad antes de usarlos para guardar los cables.

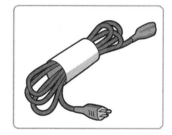

Haga una tira matamoscas Deshágase de moscas y mosquitos molestos con un matamoscas casero. Cubra un tubo de papel aluminio o de papel higiénico con cinta transparente, con el adhesivo hacia afuera, y cuélguela donde se requiera.

Úselos como leños Convierta los tubos de papel higiénico y toallas de papel en leños para su chimenea. Para encender el fuego, corte con tijeras el cartón en tiras de 3 milímetros. Guarde las tiras en un recipiente cerca de la chimenea para usarlas

¿SABÍA *Usted* QUE...?

Tomó casi 500 años para que el papel higiénico hiciera la transición de hojas a rollos. El papel higiénico se produjo por primera vez en China en 1391 para uso exclusivo del emperador, en hojas con un tamaño colosal de 60 x 90 cm cada una. El papel higiénico en rollos lo hizo por primera vez, en Estados Unidos, la Scott Paper Company en 1890. Scott empezó a hacer toallas de papel en 1907, gracias a un intento fallido por desarrollar un nuevo papel higiénico crepé. Este papel era tan grueso que no podía cortarse y enrollarse para usarse como papel higiénico, así que Scott hizo rollos más grandes, perforados en hojas de 33 x 45 cm, y los vendió como Sani-Towels.

cuando encienda un fuego. Para formar los troncos, tape con cinta un extremo del tubo y llénelo con tiras de papel periódico (de diario). Luego tape el otro extremo. Cuanto más apriete el periódico su tronco arderá más tiempo.

Horme sus botas Para evitar que las botas largas y flexibles se doblen y agrieten, inserte tubos de cartón grueso en ellas para que conserven la forma.

Haga un protector de árboles Es fácil marcar por accidente el tronco de un árbol joven cuando poda la maleza a su alrededor. Para evitarlo, corte un tubo de cartón grueso por la mitad y a lo largo, y ate las dos partes alrededor del tronco mientras trabaja cerca de él. Luego retírelo y úselo en otro árbol.

Proteja documentos importantes Antes de guardar diplomas, certificados y otros documentos importantes en su baúl, enróllelos apretados e insértelos en tubos vacíos de papel alumino. No se arrugarán y se mantendrán limpios y secos.

Tenga su semilleros No vaya al local de jardinería para comprar macetas biodegradables para los semilleros. Use los tubos de cartón del papel aluminio y papel higiénico. Corte con tijeras cada tubo pequeño en dos depósitos de semillas, o cada tubo grande en cuatro. Coloque en una base los cilindros cortados apretados entre sí, de modo que no se vuelquen al regar los semilleros. Esto evitará también que se sequen demasiado rápido. Ahora llene cada "maceta" con la mezcla inicial de semillas y entiérrelas con suavidad. Cuando plante estos semilleros, asegúrese de abrir los tubos por un costado y de que todo el cartón quede enterrado por completo.

Guarde sus agujas de tejer Para evitar que sus agujas de tejer se doblen y se rompan, pruebe esto: use un tubo de cartón largo de papel aluminio o de plástico para cocina. Cubra un extremo con cinta de celofán. Apriete el otro extremo y ciérrelo herméticamente con cinta. Deslice las agujas a través de la cinta. La cinta los mantendrá en su lugar para un almacenamiento seguro y organizado.

Guarde pedazos de tela Enrolle firmemente sus retazos de tela sobrantes e insértelos dentro de un tubo de cartón de su baño o cocina. Para identificarlos fácilmente, pegue o engrape (enganche) una muestra de la tela en el exterior del tubo.

Guarde el hilo Nada es más frustrante que un hilo enredado. Para tenerlo listo para usar, corte una muesca (un hueco) en ambos extremos de un tubo de papel higiénico. Asegure un extremo del hilo en una de las muescas, enróllelo firmemente alrededor del tubo y asegure el otro extremo en la otra muesca.

Mantenga la mantelería sin arrugas Enrolle manteles y servilletas alrededor de tubos de cartón luego de lavarlos y plancharlos para evitar las arrugas que se les hacen al doblarlos. Use tubos largos para los manteles y tubos de toallas de papel o papel higiénico para las servilletas de tela. Para evitar manchas, cubra primero los tubos con envoltura de plástico.

Mantenga sus pantalones sin arrugas Saca de su armario esos buenos pantalones que no ha usado en un tiempo, sólo para hallar una fea arruga causada por el gancho (percha). No le sucederá de nuevo si corta un tubo de toallas o servilletas de papel a lo largo y lo dobla por la mitad horizontalmente. Pegue los lados del cartón por abajo para que no resbale. Colóquelos sobre el gancho (percha) antes de colgar sus pantalones.

Tenga siempre ordenadas las luces navideñas ¿Pasa más tiempo desenredando sus luces navideñas que colocándolas? Facilite sus preparativos navideños enredando sus luces alrededor de un tubo de cartón. Asegúrelas con cinta adhesiva. Ponga las tiras pequeñas de luces o guirnaldas *dentro* de los tubos de cartón, y selle los extremos de los tubos con cinta adhesiva.

Proteja las luces fluorescentes Evite que se rompan los tubos de luz fluorescente antes de usarlos. Cabrán bien en tubos de cartón largos sellados con cinta en un extremo.

Improvise una flauta ¿Tiene un montón de niños aburridos volviéndolo loco en un día lluvioso? Haga tres agujeros pequeños en el centro de un tubo de cartón de toallas o servilletas de papel. Luego, cubra un extremo del tubo con papel encerado (papel manteca), asegurado con una liga o goma resistente. Ahora sople en el otro extremo, mientras usa sus dedos para tapar uno, dos o los tres agujeros para variar el tono. Haga una flauta para cada niño. Es posible que lo sigan volviendo loco, ¡pero se lo pasarán bomba!

Megáfono instantáneo No se quede ronco por gritarle a un niño o a su mascota para que entren en casa *de inmediato*. Déles un descanso a sus cuerdas vocales usando un tubo de cartón ancho como megáfono para amplificar su voz.

Hágale un juguete al hámster Ponga un par de tubos de toallas (servilletas) de papel o papel higiénico en la jaula del hámster (jerbo). A los pequeños animales les encantará correr y pasar a través de ellos, además de que les gusta roer el cartón. Cuando los tubos empiecen a verse desgastados, reemplácelos por unos nuevos.

Atesore los trabajos de sus hijos Si desea guardar las preciadas obras de arte de sus hijos para la posteridad (o si no desea desorden en su casa), enrolle los trabajos y póngalos dentro de un tubo largo de cartón. Rotule el exterior con el nombre del niño y la fecha. Los tubos son fáciles de guardar y usted conservará en forma segura el trabajo de sus jóvenes artistas en ciernes. Use los tubos pequeños para guardar documentos, como certificados y licencias.

Construya una cabaña de troncos de juguete Con una cuchilla, haga muescas (huecos) en los extremos de varios tubos largos de cartón y, con ellos, ayude a los niños a hacer cabañas de troncos o vallas. Use tubos de diferentes tamaños para añadir versatilidad. Para mayor realismo, haga que los pinten antes de iniciar la construcción.

✳ Ungüentos para el pecho

Desaparezca los callos Unte los callos con ungüento para el pecho y luego cúbralos con una vendita adhesiva toda la noche. Repita el procedimiento según sea necesario. La mayoría de los callos desaparecerán después de varios días.

Alivie los pies adoloridos ¿Le duelen los pies luego de una larga caminata? Aplique una capa gruesa de ungüento para el pecho y cúbralos con un par de calcetines (medias) antes de irse a dormir. Al despertar, sus pies se habrán humectado y rejuvenecido.

Detenga rápido la comezón por picaduras de insectos Aplique una capa generosa de ungüento para el pecho para un alivio inmediato de la comezón por picaduras de insecto. El eucalipto y el mentol en ungüento hacen el truco.

Acabe con los hongos en las uñas de los pies Si tiene hongos en las uñas de los pies (onicomicosis), pruebe con ungüento para el pecho: aplique una capa gruesa en las uñas afectadas, varias veces al día. Muchos usuarios e incluso algunos médicos juran que funciona (sólo revise Internet). Pero si no ve resultados en unas semanas, consulte a un dermatólogo o a un podiatra (pedicuro).

SABÍA *Usted* QUE...?

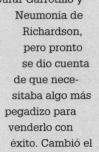

Lunsford Richardson, el farmacéutico que creó el Vick VapoRub en 1905, también originó el primer "correo chatarra" de Estados Unidos. Richardson trabajaba en la farmacia de su cuñado cuando mezcló mentol y otros ingredientes en un ungüento para despejar los senos nasales y aliviar la congestión. Lo llamó Bálsamo para Curar Garrotillo y Neumonía de Richardson, pero pronto se dio cuenta de que necesitaba algo más pegadizo para venderlo con éxito. Cambió el nombre a Vick por su cuñado, Joshua Vick, y convenció al servicio postal de Estados Unidos para que instituyera una nueva política que le permitía enviar anuncios dirigidos sólo al "dueño del buzón". Las ventas de Vick superaron por primera vez el millón de dólares durante la epidemia de influenza española de 1918.

Vaselina

*VASELINA **PARA EL ARREGLO PERSONAL**

Humecte sus labios y más Si no quiere pagar por un bálsamo (manteca de cacado) para labios caro, un desmaquillador o incluso un humectante facial, entonces la solución es un tubo de vaselina. Suaviza los labios, quita la base, la sombra de ojos, el rímel y más. Incluso actuará como humectante en su rostro.

Improvise un maquillaje de emergencia ¡Oh, no! Se le acabó su tono favorito de sombra de ojos. ¿Qué hacer ahora? Es fácil: haga el suyo. Añada un poco de colorante vegetal a la vaselina y maquíllese como siempre. Ésta es una forma rápida de hacer rubor, lápiz labial o sombra de ojos provisionales.

Prolongue la vida del perfume Escogió un aroma estupendo para usarlo esta noche, pero no dura. No se preocupe. Ponga un poco de vaselina en los puntos de su pulso (en la muñeca y el cuello). Luego rocíe el perfume. Ahora puede bailar toda la noche sin preocuparse de que a su perfume pronto se le vaya el aroma.

Saque un anillo atorado ¿Se le atoró su anillo de bodas? Tratar de sacarlo puede requerir muchos tirones. Aplique algo de vaselina y el anillo se deslizará de inmediato.

Suavice manos agrietadas Si constantemente aplica loción a sus manos cansadas y agrietadas, pero se le quita de nuevo al hacer más quehacer, pruebe este consejo: aplique una cantidad generosa de vaselina a sus manos justo antes de irse a dormir. Por la mañana, estarán suaves y tersas.

No más manicuras descuidadas Durante las manicuras caseras es difícil evitar que el esmalte para uñas se corra sobre sus cutículas. La vaselina puede ayudar a que sus manicuras se vean más profesionales. Unte un poco a lo largo de la base y los costados de sus uñas. Si el esmalte se escurre de la uña durante la manicura, sólo tiene que limpiar la vaselina y eliminará el esmalte para uñas chorreado.

Alise los vellos de sus cejas Si tiene cejas rebeldes, aquellas donde los vellos no se aplanan sino que se rizan, con algo de vaselina las podrá controlar. Frote un poco en sus cejas. Se aplacarán y se portarán bien.

Evite que se corra el tinte para el cabello No hay nada más molesto que un teñido de cabello casero que sale mal. Imagine terminar de aplicar ese nuevo tono castaño rojizo a sus rizos (rulos) y darse cuenta de que también tiñó su línea del pelo y una parte de la frente. La próxima vez, ponga un poco de vaselina a lo largo del límite de su cabello. Si se escurre el tinte, la vaselina lo detendrá.

Cure la piel quemada por el viento Acaba de regresar de una espléndida excursión por el campo en otoño. Y por mucho que haya disfrutado los colores cambiantes de la estación, el paseo le dejó un recuerdo desagradable: una quemadura por el viento. Tome un tarro de vaselina y aplíquela generosamente en su cara o en cualquier parte donde la piel se haya agrietado. La vaselina alivia el dolor.

Ayude a prevenir rozaduras de pañal Es tan angustiante oír el dolor de un bebé por rozaduras de pañal. La ayuda está a su alcance. La vaselina forma una capa protectora en la piel, de modo que la rozadura pueda curarse. No más dolor.

No más lágrimas por el champú (shampoo) ¿Va a comprar champú para su bebé? Olvídelo. Con vaselina, tiene la solución. Frote una buena cantidad en las cejas de su bebé. Actúa como escudo protector y evita que el champú entre en sus ojos.

✳VASELINA **POR TODA LA CASA**

Agilíce el cierre de las cortinas de la ducha Evite que el agua salpique el piso de todo el baño. Haga que la cortina de la ducha corra rápidamente. Lubrique la barra de la cortina con vaselina y cerrará esa cortina en un instante.

Borre las manchas de lápiz labial Pone la mesa para esa adorable cena con sus servilletas de tela favoritas, pero sus amigas dejaron en ellas su marca por todos lados. Ahora, salpicadas de manchas de lápiz labial, esas servilletas quedaron para la basura. Pero intente esto primero: antes de lavarlas, cubra la mancha con vaselina. Lávelas como siempre y con suerte les dirá adiós a las manchas.

Quite la cera de los candeleros Las velas rojas que usó en la cena de anoche a la luz de las velas fueron una vista hermosa... hasta que se percató de la cera derretida en los candeleros. La próxima vez aplique vaselina en el interior de los candeleros antes de ponerles las velas. La cera saldrá con facilidad al limpiarlos.

Elimine la goma de mascar (el chicle) de la madera ¿Descubrió goma de mascar pegada bajo la mesa del comedor o detrás de la cabecera de la cama de su hijo? No se apure más. Ponga algo de vaselina en la desagradable bola, frótela hasta que la goma de mascar empiece a desintegrarse, luego quítela.

Ajuste bien las partes de la aspiradora Es bueno que su aspiradora venga con tantos accesorios y extensiones. Pero es frustrante cuando las partes se pegan y tiene que tirar de ellas para separarlas. Aplique un poco de vaselina a los bordes de los tubos y las partes se separarán con facilidad.

VASELINA*

Lustre zapatos de charol Tiene un par de zapatos de charol estupendos y un bolso (cartera) sensacional que hace juego. El lustre dura más si los lustra con vaselina.

Restaure chamarras (camperas) de piel No necesita hidratante de piel de lujo para cuidar de su chamarra de piel favorita. La vaselina funciona igual de bien. Aplíquela, frótela, limpie el exceso y estará listo para salir.

Aleje las hormigas de los platos de su mascota El plato del pobre Fido fue invadido por las hormigas. Ya que él prefiere su comida sin ellas, ayúdele con esta idea: rodee el plato de comida con vaselina. Las hormigas ya no estarán tentadas a acercarse si tienen que cruzar esa barrera.

Engrase una manopla (guante) de béisbol ¿Tiene una manopla de béisbol nueva, pero está más tiesa que un bate? Suavícela con vaselina. Aplique cantidades generosas. Extiéndala en el guante, luego átelo con una pelota de béisbol dentro. Haga esto en invierno, y para la primavera estará listo para saltar al campo.

Aunque hay muchas versiones genéricas de vaselina, la única marca importante real es Vaseline. Debido a esto, el American Package Museum en línea ha incluido un tarro de Vaseline en su colección de diseños de empaque clásicos, colección que también incluye a Alka-Seltzer y la Aspirina de Bayer. ¿Por qué el sitio incluye Vaseline? "Vaseline es una marca bien establecida con una historia de 145 años", dice Ian House, quien creó el sitio. "También parece disfrutar de cierta popularidad como un icono cultural por razones humorísticas. Nadie sabe bien qué hacer con ella... pero al parecer nadie puede vivir sin ella!"

Evite que se pegue la tapa de una botella Si tiene dificultades para destapar esa botella de pegamento o esmalte de uñas, recuerde este consejo para cuando por fin logre abrirla. Frote un poco de vaselina en el borde de la botella. La próxima vez, la tapa ya no se pegará.

Alivie las patas adoloridas de su mascota A veces las almohadillas de las patas de su gato o perro pueden agrietarse y secarse. Déle una pequeña atención cariñosa a su mejor amigo. Ponga un poco de vaselina en sus almohadillas para detener el dolor. Le encantará.

✳VASELINA EN ARREGLOS MENORES

Cubra los picaportes al pintar Está a punto de pintar el cuarto familiar, pero no quiere batallar quitando todos los accesorios de metal, incluidos los picaportes de las puertas. La vaselina sobre el metal evitará que se le pegue la pintura. Al terminar de pintar, sólo limpie la vaselina y la pintura indeseable desaparecerá.

Detenga la corrosión en las terminales de la batería No es coincidencia que la batería de su auto siempre se muera el día más frío del invierno. Las temperaturas bajas aumentan la resistencia eléctrica y espesan el aceite del motor, lo que hace que la batería trabaje más. La corrosión en las terminales de la batería también aumenta la resistencia y bien podría ser la gota que venza la batería. Antes de que empiece el invierno, desconecte las terminales y límpielas con un cepillo de alambre. Vuelva a conectarlas, y luego únteles vaselina. Ésta prevendrá la corrosión y ayudará a que la batería encienda durante todo el invierno.

Proteja el cromo almacenado Si se prepara para guardar las bicicletas de los niños para el invierno, o la carriola (cochecito) hasta que llegue el próximo bebé, espere un momento antes de hacerlo. Tome algo de vaselina y aplíquela a las partes cromadas del equipo. Cuando saque las cosas, estarán libres de óxido. El mismo método funciona para la maquinaria almacenada en su garage.

Impida que se pegue una bombilla (lamparita) en el exterior ¿Alguna vez ha quitado una bombilla y se ha encontrado sosteniendo el vidrio mientras la base de metal se queda en el enchufe? No le volverá a suceder si en el futuro aplica vaselina a la base de la bombilla antes de ponerla en el enchufe. Ésta es una idea especialmente buena para bombillas que se usan en exteriores.

Selle un destapacaños (sopapa) de plomero Antes de sacar el destapacaños para destapar el inodoro, saque la vaselina. Aplíquela en todo el borde del desatascador y sellará mejor. ¡Vaya, la obstrucción se fue!

Lubrique vitrinas y ventanas ¿No soporta oír crujir la puerta del botiquín en sus guías? ¿O qué tal esa ventana que tiene que forzar para abrirla cada vez que quiere ventilar la casa? Con un pincel, aplique vaselina al canal del marco de la ventana y sobre las guías de las vitrinas. ¡Qué comience el deslizamiento!

Detenga el chirrido de las bisagras de las puertas Es muy molesto cuando una puerta chirriante hace un ruido estridente cuando uno trata de estar tranquilo. Ponga vaselina en las clavijas de las bisagras de la puerta. No más rechinidos.

Quite marcas de agua en la madera Su fiesta más reciente dejó montones de marcas de agua en sus muebles de madera. Para hacerlas desaparecer, aplique vaselina y déjela toda la noche. Por la mañana, limpie la marca junto con la vaselina.

Aleje a las ardillas del alimentador de aves Alimente a las aves, no a las ardillas. Mantenga la plaga lejos del poste de su alimentador de aves engrasándolo con vaselina. Las ardillas se resbalarán, dejando a las aves comer en paz.

✳ Velas

Desatore un cajón Si tiene un cajón en su escritorio o cómoda que se atora, sáquelo y frote una vela en las guías. El cajón se abrirá con más suavidad cuando lo coloque de nuevo.

Haga un alfiletero Una vela ancha es un alfiletero ideal. La cera también ayuda a que los alfileres y agujas se inserten con más facilidad en la tela.

Impermeabilice sus etiquetas Después de poner la dirección en un paquete con una pluma de punta de fieltro, impermeabilice la etiqueta frotando una vela blanca sobre la escritura. Ahora ni la lluvia ni el aguanieve ni la nieve correrán la tinta.

Calle una puerta chirriante Si el chirrido de una puerta lo está volviendo loco, quite las bisagras y frote una vela sobre las partes de la bisagra que se tocan entre sí. La puerta "herida" ya no "chillará".

Repare las puntas de las agujetas (cordones) Si se desprenden las puntas de plástico o de metal de las agujetas, no espere a que se deshilachen. Evítese la molestia de tener que pasar el extremo deshilachado de una agujeta por el ojalillo de los zapatos de un niño: sólo meta el extremo en cera derretida y la agujeta resistirá hasta que compre una nueva.

Trace un dibujo secreto Haga que su niño realice un dibujo "invisible" con una vela blanca. Luego deje que lo revele con una pasada de pinturas de acuarela. La imagen se mostrará porque la cera que dejó la vela impedirá que el papel absorba la pintura en las áreas que

¿SABÍA *Usted* QUE...?

La cera de abeja, sustancia secretada por estos insectos para hacer panales, no hizo su debut en las velas hasta la Edad Media. Antes, las velas eran de grasa animal llamada sebo que producía una flama humeante y despedía olores acres. Las velas de cera de abeja, en contraste, se quemaban puras y limpias. Pero no se usaban mucho en esa época, pues eran muy caras para los siervos y campesinos.

El aumento de la caza de ballenas a finales del siglo XVIII trajo un cambio crucial en la fabricación de velas al disponerse en abundancia de espermaceti, sustancia cerosa derivada del aceite de esperma de ballena. El siglo XIX atestiguó el advenimiento de la producción masiva de velas de parafina barata, que se elabora a partir del petróleo. La parafina se quema en forma limpia, sin despedir mal olor.

cubrió. Si tiene varios niños, todos pueden hacer dibujos y mensajes secretos para intercambiarlos y revelarlos después.

Use velas mágicas (a prueba de soplidos) para encender fuego No deje que una corriente de aire apague la flama al intentar encender su chimenea o parrilla. Encienda el fuego con una vela de cumpleaños a prueba de soplidos, de las diseñadas para hacer la broma de que el festejado no pueda apagar las velas de su pastel (torta). Ya encendido el fuego, sofoque la flama de la vela y guárdela para usarla en el futuro.

Vinagre

super objeto **146** *usos*

Limpie la PC y sus periféricos Su computadora, impresora, fax y otros aparatos funcionarán mejor si los mantiene limpios y sin polvo. Antes de proceder a limpiarlos, asegúrese de que todo su equipo esté desconectado. Mezcle vinagre y agua (a partes iguales) dentro de un balde. Humedezca un paño limpio en la solución —nunca use una botella atomizadora, pues el líquido podría escurrir a los circuitos internos—, exprímalo lo más que pueda, y comience a limpiar. Tenga a la mano algunos cotonetes para alcanzar los lugares de difícil acceso (por ejemplo, alrededor de las teclas de su PC).

Limpie el ratón de su computadora Si tiene un ratón (mouse) con bolita rastreadora removible, emplee una solución 50/50 de vinagre y agua para limpiarlo. Primero, quite la bola del ratón, girando su cubierta. Use un paño humedecido en la solución y exprimido para limpiar la bola y para quitar las huellas y la suciedad del ratón mismo. Luego use un cotonete humedecido para sacar la suciedad de la cámara de la bola (deje secar durante un par de horas antes de reinsertar la bola).

Tip **Comprando vinagre**

> El vinagre tiene variedades sorprendentes —incluyendo mezclas herbales, champagne, arroz y vino— por no mencionar sus diversas presentaciones. Para los quehaceres del hogar, sin embargo, el mejor es el simple vinagre blanco destilado, ya que, además de ser el menos caro, puede comprarse a granel. El vinagre de manzana es la segunda opción, además de que se usa mucho en la cocina y para fines curativos. Todos los demás vinagres son sólo para su ingestión y pueden ser muy caros.

Limpie sus persianas Puede limpiar las persianas de una manera menos tortuosa que la usual si les da "el tratamiento del guante blanco". Póngase un guante blanco —los que venden para el jardín son perfectos— y humedezca los dedos en una solución preparada con vinagre blanco y agua caliente de la llave (canilla), a partes iguales. Sólo deslice los dedos entre las dos caras de los listones. Use un recipiente con agua limpia para enjuagar periódicamente el guante.

Destape y desodorice el drenaje La combinación de vinagre y bicarbonato de sodio es uno de los métodos más efectivos para destapar y desodorizar el drenaje. También es bastante menos agresivo que los limpiadores comerciales.

- Para destapar lavabos (piletas) y bañeras, use un embudo para verter 1/2 taza de bicarbonato de sodio seguida de 1 taza de vinagre. Cuando disminuya la espuma, abra la canilla caliente. Espere cinco minutos y abra la canilla fría. Además de destapar, esta técnica también elimina las bacterias causantes del mal olor.

- Para agilizar el drenaje, vierta en él 1/2 taza de sal, y luego 2 tazas de vinagre hirviendo. Purgue con agua de la llave (canilla) caliente y luego con fría.

Elimine el olor a humo Si acaba de quemar un bistec (bife) —o si su tía, empedernida fumadora, se acaba de ir— elimine el olor ahumado que queda en el ambiente, colocando en la habitación donde el olor es más fuerte, un tazón (bol) poco profundo lleno hasta 3/4 partes de vinagre blanco o de manzana. Use varios tazones si el olor se ha extendido por toda la casa. El olor debe desaparecer en menos de un día. También puede quitar el olor reciente a cigarrillo, humedeciendo un paño con vinagre y ondeándolo un poco.

Quite el moho Cuando quiera quitar las manchas de moho, recurra primero al vinagre blanco. Puede usarse con toda confianza sin una ventilación adicional, y puede aplicarse a casi cualquier superficie: accesorios de baño, mosaicos, ropa, muebles, superficies pintadas, cortinas de plástico, y más. Para eliminar grandes acumulaciones de moho, úselo sin diluir. En manchas pequeñas, diluya en igual cantidad de agua. También puede evitar el moho que se forma debajo de los tapetes y alfombras, rociándolas por el reverso con vinagre sin diluir.

Limpie el cromo y el acero inoxidable Para limpiar los accesorios de cromo y acero inoxidable empotrados, aplíqueles un ligero rocío de vinagre blanco sin diluir. Frote con un paño suave para darles brillo.

Pula su plata Haga brillar sus objetos de plata, así como sus brazaletes, anillos y demás alhajas de plata pura. Remójelos en una mezcla de 1/2 taza de vinagre blanco y 2 cucharadas de bicarbonato de sodio, durante dos o tres horas. Enjuáguelos con agua fría y séquelos bien con un paño suave.

Pula el latón y el cobre Devuélvales su brillo a los objetos de latón, bronce y cobre haciendo una pasta con vinagre y sal, a partes iguales, o de vinagre y bicarbonato de sodio (espere a que deje de burbujear antes de usarla). Con un paño limpio y suave o una toalla de papel frote la pasta sobre el objeto, hasta que las manchas hayan desaparecido. Enjuague con agua fresca y pula con una toalla suave hasta que quede seco.

CUIDADO

● No aplique vinagre a las joyas que tienen perlas o gemas, porque podría dañar su acabado o, en el caso de las perlas, incluso puede desintegrarlas.

● No intente quitarle las manchas a las antigüedades, porque podría disminuir su valor.

Borre las marcas de bolígrafo ¿El artista en ciernes de su casa acaba de decorar una pared con bolígrafo? No se sulfure. Aplique un poco de vinagre sin diluir sobre la "obra maestra", usando un paño o una esponja. Repita hasta que las huellas hayan desaparecido. Después salga a comprarle a su hijo un bonito cuaderno de dibujo.

Despegue etiquetas y calcomanías Para quitar las etiquetas y calcomanías de los muebles o de una pared pintada, sólo humedezca las esquinas y los bordes de la calcomanía con vinagre blanco sin diluir. Raspe los restos pegados (con una tarjeta de crédito o de teléfono usadas) remojándolos con más vinagre. Luego límpielos con un paño limpio. Este proceso sirve también para quitar precios y otros engomados de las superficies lisas.

Limpie sus tijeras Cuando sus tijeras estén sucias o pegajosas, no las lave con agua, esto puede oxidar el perno que las une o incluso las hojas de corte, en vez de limpiarlas. Mejor límpielas con un paño empapado en vinagre blanco y séquelas después con un paño de cocina.

Quite el salitre de sus zapatos Como si no fuera suficiente haber tenido un invierno frío, con mucho hielo, lodo y nieve para echar a perder sus zapatos, aún falta lo peor para ellos: la sal en grano que se utilizó para derretir el hielo en caminos y calles. Esa línea blanca que observa en su calzado es el salitre, que cuartea la piel y hasta la desintegra si lo deja usted ahí indefinidamente. Para quitar el salitre y evitar daños a largo plazo, limpie las manchas de sal cuando todavía estén frescas con un paño empapado en vinagre blanco sin diluir.

Limpie las teclas de su piano Una forma fácil y efectiva de quitar las manchas que muchas veces dejan los dedos sucios en las teclas del piano es ésta: humedezca un paño suave en una mezcla de 1/2 taza de vinagre blanco con 2 tazas de agua. Frote cada una de las teclas hasta haber quitado todas las manchas y la mugre. Vaya secándolas con otro paño suave al ir avanzando. Luego, deje el teclado abierto durante 24 horas.

Desodorice las loncheras (viandas), cajuelas (baúles) y casilleros de metal ¿Huele su locker del gimnasio a basurero, o su lonchera a lata de atún podrido? ¿Qué tal ese olor a humedad de la cajuela del auto? ¿Tiene que aguantar la respiración siempre que los abre? Mejor impregne una rebanada de pan blanco en vinagre blanco y déjela dentro de esos lugares malolientes durante toda la noche.

Refresque un clóset (armario) húmedo ¿Tiene un clóset o un armario que no huele como usted quisiera? Primero saque todas las cosas, después lave bien las paredes, el techo y el piso con un paño empapado en una solución de 1 taza de vinagre y una taza de amoníaco con 1/4 de taza de polvo para hornear por cada 4 litros de agua. Deje la puerta del clóset abierta para que se seque el interior antes de meter su ropa y demás cosas. Si el olor persiste ponga una bandeja chica con arena para gato y cámbiela con regularidad hasta que deje de oler.

Abrillante los ladrillos ¿Qué le parecería una manera fácil de limpiar sus pisos de ladrillo sin afectar el esmalte? Sólo límpielos con un trapeador (trapo de piso) mojado en una solución hecha con 1 taza de vinagre, mezclada con 4 litros de agua caliente. Sus pisos lucirán tan bien que ya no querrá limpiarlos de otra forma. También puede usar esta fórmula para abrillantar los ladrillos de su chimenea.

Revitalice las paredes revestidas de madera ¿Se ven opacas y tristes las paredes revestidas de madera? Reavívelas: mezcle 1/2 litro de agua caliente con 2 cucharadas de aceite de oliva, 4 cucharadas de vinagre blanco o vinagre de manzana, y agítelo bien. Aplique sobre los tableros con un paño limpio. Deje que la mezcla se absorba durante varios minutos y finalmente pula con un paño seco.

Restaure sus alfombras Si sus alfombras se ven sucias y usadas de tanto haber caminado sobre ellas, o porque sus niños las maltrataron con sus juguetes, barnícelas con una escoba impregnada de una solución de 1 taza de vinagre blanco diluido en 4 litros de agua. Ni siquiera tendrá que enjuagarlas.

Desmanche sus tapetes y alfombras Puede quitar muchas manchas con vinagre:

- Frote las manchas leves con una mezcla de 2 cucharadas de sal disueltas en 1/2 taza de vinagre blanco. Deje secar la solución y retire el polvo aspirando.

- Para manchas más oscuras y grandes, agregue 2 cucharadas de bórax a la mezcla y úsela de la misma forma.

- Para manchas más difíciles, haga una pasta con 1 cucharada de fécula de maíz y 1 cucharada de vinagre; frótelas con un paño seco y déjelas absorbiendo durante dos días, después retire el polvo seco con la aspiradora.

- Para hacer un spray quitamanchas, llene una botella con rociador con 5 partes de agua y 1 de vinagre. Llene otra botella similar con 5 partes de agua y 1 parte de amoníaco no espumoso. Moje la mancha con la solución de vinagre. Déjela impregnarse algunos minutos. Frótela con fuerza con un paño seco. Después rocíela con la solución de amoníaco y vuélvala a frotar con fuerza. Repita las veces necesarias hasta que desaparezca la mancha.

El vinagre y el lavado de pisos

> Usar un trapeador (trapo de piso) empapado en una solución ligera de vinagre es una solución ampliamente recomendada para los pisos de madera, vinilo o laminados. Pero si es posible, consulte al fabricante de su piso primero. Aun diluido, la acidez del vinagre puede arruinar el acabado de algunos pisos, y demasiada agua acaba por echar a perder los de madera. Para probar el vinagre en sus pisos, utilice 1/2 taza de vinagre mezclada con 4 litros de agua. Haga una aplicación de prueba en un área que casi no se vea. Antes de aplicar la solución, exprima bien el trapeador (es más, use una botella con rociador para sólo humedecerlo).

❋ VINAGRE **EN EL GARAGE**

Quite los engomados de sus defensas (guardabarros) Retire esos viejos engomados hechos jirones de las defensas de su automóvil, que hacen que uno se sienta más deprimido que nostálgico. Sature la parte superior y los lados del engomado con vinagre blanco sin diluir y espere de 10 a 15 minutos para que se absorba. Luego, con una tarjeta de crédito usada (de teléfono o de las publicitarias que mandan por correo) ráspelos y quítelos. Utilice más vinagre sin diluir para deshacerse de los grumos de pegamento restantes. Haga lo mismo para quitar del medallón (vidrio trasero) las calcomanías de tránsito obsoletas.

Limpie los limpiaparabrisas Si al hacer funcionar sus limpiaparabrisas bajo una tormenta casi no ve, significa por lo general que las hojas de los limpiadores están sucias. Déjelas como nuevas: moje un paño con vinagre blanco sin diluir y frote a todo lo largo del hule una o dos veces.

Mantenga las ventanas de su auto sin escarcha Si estaciona su auto a la intemperie durante los fríos meses de invierno, una forma ingeniosa de evitar la escarcha en sus ventanillas es limpiándolas (o aun mejor rociándolas) por fuera con una solución de 3 partes de vinagre por 1 de agua. Cada tratamiento puede durar varias semanas. Desafortunadamente, este método no sirve de mucho para una nevada.

Cuide los tapetes (alfombras) del auto Una buena aspirada quitará la arena y la basura suelta de los tapetes del auto, pero sería un engaño creer que sacará las manchas y lo sucio de debajo de los tapetes. Para ello, mezcle partes iguales de agua y vinagre y límpielos con una esponja. Déle dos minutos a la mezcla para penetrar, y luego quítelas con un paño o un papel. Esta técnica también sirve para quitar el salitre de los meses invernales.

Quite la cera de las velas Las velas son geniales para crear un ambiente romántico, pero el romance puede apagarse cuando la cera cae sobre sus muebles finos de madera. Para quitarla, primero reblandezca la cera con un secador de pelo en la temperatura más alta y quite tanta como pueda con toallas de papel. Quite los restos frotándolos con un paño mojado en una solución hecha a partes iguales de vinagre y agua. Limpie frotando con un paño suave y absorbente.

Saque las manchas de grasa (aceite) Elimine las manchas de grasa (aceite) de la mesa o de la barra (mesada) de su cocina, pasándoles un paño empapado en una mezcla a partes iguales de vinagre y agua. Adicionalmente, el vinagre neutralizará los olores de las superficies (una vez que se evapora su propio olor, claro).

Disimule las raspaduras de los muebles de madera ¿Se hizo una raspadura en la parte más visible de su mesa? ¿Capta toda su atención siempre que la mira? Para disimularla, mezcle un poco de yodo y vinagre de manzana en una lata chica y úsela como pintura, aplicándola con un pincel. Use más yodo para obtener tonos más oscuros y vinagre para aclararla.

CUIDADO No use vinagre, alcohol ni jugo de limón en los pisos ni en las mesas o barras (mesada) con cubierta de mármol. La acidez del vinagre puede opacar o incluso perforar la cubierta protectora y llegar a dañar el mármol. También evite usar vinagre en el travertino y la piedra caliza; el ácido corroe los trabajos labrados en piedra.

Deshágase de los círculos de agua Para quitar las manchas que dejan los vasos húmedos en sus muebles, mezcle partes iguales de vinagre y aceite de oliva, y aplique la mezcla con un paño suave en el sentido de la veta de la madera. Use otro paño limpio y suave para sacarle brillo. Para quitar las manchas de los muebles de piel, frótelos con una esponja mojada en vinagre blanco sin diluir.

Limpie la cera o el lustrador acumulado Cuando el lustra-muebles o la cera se acumulan en los muebles de madera o las cubiertas de piel de las mesas, quítelos con vinagre blanco diluido. Use una mezcla de vinagre y agua a partes iguales, moje un paño y frótelo quitando el exceso de cera o lustrador en el sentido de las vetas. Seque con un paño suave. La mayoría de las cubiertas de piel se pueden limpiar pasándoles un paño suave mojado en una mezcla de 1/4 de taza de vinagre y 1/2 taza de agua. Seque la humedad remanente.

Revitalice los muebles de piel ¿Ha perdido lustre su sillón o su sofá de piel? Para devolverles su brillo anterior, mezcle, en una botella con rociador, vinagre blanco y aceite de linaza hervido, agítela bien y rocíe la mezcla de manera uniforme, ayudándose con un paño suave. Espere un par de minutos para que se absorba y después frote con un paño limpio.

VINAGRE✳

355

Refresque su refrigerador (heladera) ¿Sabía que el vinagre puede ser un limpiador más eficaz y seguro para su refrigerador que el bicarbonato de sodio? Use vinagre blanco y agua —en igual proporción— para lavar tanto el interior como el exterior del aparato, incluyendo la junta de la puerta y el frente del cajón de frutas y verduras. Para evitar el moho, lave las paredes de adentro y el interior del cajón con un paño mojado en vinagre sin diluir. También use el vinagre sin diluir para limpiar el polvo y la suciedad acumuladas arriba del refrigerador. Claro que puede seguir guardando dentro una caja con bicarbonato de sodio, para que huela a limpio cuando termine su labor.

Vaporice su microondas Para limpiar su microondas, coloque dentro un recipiente de vidrio lleno con una solución de 1/4 de taza de vinagre en 1 taza de agua, y enciéndalo a la temperatura más alta durante 5 minutos. Una vez que se enfríe el recipiente, moje un paño o esponja en el líquido y úselo para limpiar las manchas y salpicaduras del interior.

¿ SABÍA *Usted* QUE...?

Literalmente, el vinagre no es más que vino echado a perder; la palabra se deriva del francés *vin* (vino) y *aigre* (agrio). Pero, en realidad, cualquier cosa que se use para hacer alcohol puede convertirse en vinagre: manzanas, miel, cebada, melaza, arroz, caña de azúcar, y hasta cocos. Las propiedades ácidas y solventes del vinagre eran conocidas incluso en la antigüedad. Según cuenta una leyenda popular, Cleopatra apostó que ella podía perder una fortuna en el transcurso de una sola comida. Ganó la apuesta disolviendo un puñado de perlas en una taza de vinagre... y luego tomándosela.

Desinfecte las tablas para picar Para desinfectar y limpiar sus tablas de madera para picar, límpielas con vinagre blanco sin diluir después de usarlas. El ácido acético del vinagre es un buen desinfectante, efectivo contra bichos dañinos como la *E. coli*, la *Salmonella* y el *Staphylococcus*. Nunca use agua y detergente lavaplatos porque éste puede debilitar las fibras de la superficie de la madera. Cuando su tabla necesite desodorizarse y desinfectarse, espolvoréele un poco de bicarbonato de sodio y luego pulverícela con vinagre blanco sin diluir. Deje que espume unos cinco o diez minutos, y enjuague con un paño mojado en agua limpia y fría.

Desodorice su triturador de basura Ésta es una forma increíblemente fácil de desinfectar su triturador de basura y hacer que huela a limpio: mezcle agua y vinagre —en proporciones iguales— en un recipiente, vierta la solución en una bandeja de cubitos de hielo, y congele. Luego, simplemente eche un par de "cubitos de vinagre" al triturador cada semana, seguido de un enjuague con agua fría.

Limpie su lavaplatos Para que su máquina lavaplatos opere de manera óptima, remueva la película de detergente acumulada: vierta 1 taza de vinagre blanco sin diluir en el fondo de la unidad, o en un recipiente colocado en la rejilla de arriba. Ponga la máquina en el ciclo completo sin platos ni detergente. Haga esto una vez al mes, especialmente si el agua es dura. *Nota:* Si no se menciona el vinagre en el manual de su máquina, primero consulte con el fabricante.

Limpie porcelana, cristal y vidrio Devuévale la chispa a su cristalería añadiendo vinagre al agua con que la enjuaga (o a su lavaplatos).

- Para que su cristalería diaria brille, añada 1/4 de taza de vinagre al ciclo de enjuague.

- Para quitarle a los vasos lo opaco o las manchas ocasionadas por el agua dura, caliente una olla con partes iguales de vinagre blanco y agua (úselo sin diluir si están muy opacos), y déjelos remojar de 15 a 30 minutos. Refriéguelos bien con un cepillo y enjuáguelos.

- Añada 2 cucharadas de vinagre a su lavaplatos cuando lave sus vasos finos de cristal. Luego enjuáguelos en una solución de 3 partes de agua tibia por 1 de vinagre, y déjelos secar. También puede lavar cristal delicado y porcelana, añadiendo 1 taza de vinagre a un cuenco o bol con agua tibia. Moje con cuidado esos objetos en la solución, saque y deje secar.

- Para quitar las manchas de café y otras decoloraciones de los platos y tazas de porcelana, frótelos con una pasta hecha de vinagre y sal a partes iguales, y enjuáguelos con agua tibia.

Limpie su cafetera Si su café está saliendo sumamente ligero o amargo, es posible que su cafetera necesite una limpieza. Haga una solución con 2 tazas de vinagre blanco y 1 taza de agua. Coloque un filtro en la cafetera, y vierta la solución en su cámara de agua. Encienda la cafetera y deje que corra todo su ciclo de preparación. Quite el filtro y reemplácelo con otro. Vuelva a correr otros dos ciclos completos, esta vez sólo con agua limpia y cambiando nuevamente el filtro. Si tiene agua blanda, limpie su cafetera luego de 80 ciclos completos; hágalo cada 40 ciclos si el agua es dura.

Limpie su tetera Para eliminar los depósitos de cal y de minerales de una tetera, ponga a hervir en ella 3 tazas de vinagre blanco sin diluir durante 5 minutos, y deje el vinagre allí toda la noche. Enjuague con agua fría al día siguiente.

Corte la grasa Todo cocinero profesional sabe que el vinagre destilado es uno de los mejores cortadores de grasa que existen. Funciona incluso en superficies sumamente grasosas, como los tanques para freír usados en muchos restaurantes. Pero no es necesario tener uno de estos utensilios para hallarle uso al vinagre:

- Al acabar de freír, limpie las salpicaduras de grasa de la estufa (cocina), paredes y encimeras, lavándolas con una esponja mojada en vinagre sin diluir. Use otra esponja mojada en agua fría para enjuagar, y seque con un paño.

- Vierta de 3 a 4 cucharadas de vinagre blanco en su detergente líquido favorito (especialmente los de oferta) y agite un poco. El vinagre que añada no sólo incrementará la capacidad de cortar la grasa del detergente, sino que también le proporcionará más cantidad del lavaplatos por su dinero, porque requerirá menos jabón para lavar sus platos.

- Si hierve 2 tazas de vinagre en su sartén durante 10 minutos, ayudará a evitar que la comida se le pegue durante varios meses.

- Elimine la grasa quemada y las manchas de comida de sus utensilios de acero inoxidable, mezclando 1 taza de vinagre destilado en suficiente agua para cubrir las manchas (si están muy arriba de una olla honda, tal vez requiera aumentar la cantidad de vinagre). Deje hervir 5 minutos. Las manchas deben salir refregándolas ligeramente al lavar el utensilio.

- Elimine la grasa ennegrecida y pegada a sus cacerolas, suavizándola con una solución de 1 taza de vinagre de manzana y 2 cucharadas de azúcar. Aplique la mezcla estando la cacerola todavía caliente, y deje reposar 1 hora. Después asómbrese cuando la suciedad salga con un ligero frote.

- ¿Su hornilla parece un sartén grasiento? Devuélvale su apariencia, lavándolo con una esponja mojada en vinagre sin diluir.

- Combata la grasa acumulada en su horno, limpiando su interior con un paño o esponja mojada en vinagre sin diluir, una vez a la semana. Esto funciona también para las rejillas.

Tip **Un mito respecto al vinagre**

> Contrario a la creencia popular, el vino viejo rara vez se vuelve vinagre. Una botella medio vacía simplemente se echa a perder debido a la oxidación. Para hacer vinagre, se requiere la presencia de Acetobacter, un tipo específico de bacteria. Puede hacer su propio vinagre: mezcle 1 parte de vino sobrante —tinto, blanco o rosado— con 2 partes de vinagre de manzana. Vierta la mezcla en una botella de vino limpia y guárdela en un lugar oscuro. Es posible que sepa igual de bien, o mejor, en sus ensaladas que esos vinagres exóticos que se venden en locales caros.

Cepille las cuchillas del abrelatas ¿La cuchilla de ruedecilla de su abrelatas eléctrico parece a punto de jubilarse? Para limpiarla y desinfectarla, tome un viejo cepillo de dientes y sumérjalo en vinagre blanco; luego coloque las cerdas del cepillo alrededor del borde de la rueda. Prenda el aparato y deje que la cuchilla se limpie a sí misma.

Desmanche ollas, sartenes y vajilla refractaria Nada será mejor que el vinagre cuando se trate de eliminar las manchas rebeldes de sus utensilios. Ésta es la forma de poner a trabajar el vinagre:

- Despídase de las manchas oscuras de sus utensilios de aluminio (las que quedan después de cocinar alimentos ácidos): mezcle 1 cucharadita de vinagre blanco por cada taza de agua necesaria para cubrir las manchas. Deje que hierva un par de minutos, y enjuague con agua fría.

- Para desmanchar sus ollas y sartenes de acero inoxidable, remójelos en 2 tazas de vinagre blanco durante 30 minutos. Enjuáguelos con agua jabonosa caliente y luego con agua fría.

- Para eliminar las manchas de alimentos pegados de su vajilla de vidrio refractario, llénela con 1 parte de vinagre y 4 partes de agua. Caliente la mezcla a fuego lento, y deje hervir durante 5 minutos. Las manchas deben salir refregando suavemente, una vez que la mezcla se enfríe.

- Aunque sean antiadherentes, no son a prueba de manchas. Para quitarles las manchas minerales, frótelos con un paño mojado en vinagre destilado sin diluir. Si las manchas son rebeldes, mezcle 2 cucharadas de bicarbonato de sodio, 1/2 taza de vinagre y 1 taza de agua, y deje hervir 10 minutos.

Refresque su cocina Si el olor de la col o del pescado que cocinó ayer todavía se percibe en su cocina, mezcle en un cazo (bol) 1/2 taza de vinagre blanco y 1 taza de agua. Ponga a hervir hasta que se evapore casi todo el líquido. Pronto se aclarará el aire.

Refresque sus bandejas de hielo Si sus bandejas de plástico para hielo están cubiertas de manchas de agua dura, o si hace tiempo que no las lava, unas cuantas tazas de vinagre blanco pueden ayudarle. Para desmancharlas o desinfectarlas, déjelas remojando en vinagre sin diluir de 4 a 5 horas, enjuáguelas bien con agua fría y déjelas secar.

Fabrique limpiadores multiusos Para una limpieza rápida de la cocina, tenga a la mano dos botellas atomizadoras llenas de estas soluciones de vinagre:

- Para superficies de vidrio, acero inoxidable y plástico, llene su botella atomizadora con 2 partes de agua, 1 de vinagre blanco destilado y un par de gotas de detergente líquido.

- Para limpiar paredes y otras superficies pintadas, mezcle 1/2 taza de vinagre blanco, 1 taza de amoníaco y 1/4 de taza de bicarbonato de sodio en 4 litros de agua, y vierta un poco en la botella. Rocíe las manchas y limpie con una toalla seca.

Haga un limpiador para ollas y vasijas ¿Le gustaría una mezcla limpiadora, efectiva y barata, que pueda usarse con toda seguridad en cada uno de sus utensilios, incluyendo las costosas ollas y vasijas de cobre? ¿Quiere saber algo mejor? Es posible que ya tenga esta "mezcla milagrosa" en su cocina. Simplemente combine proporciones iguales de sal y harina, y añada el suficiente vinagre para hacer una pasta. Frote esta pasta por dentro y por fuera del utensilio, enjuague con agua tibia y seque bien con una toalla suave para platos.

Desinfecte frascos, envases y jarrones ¿Le horroriza tener que lavar un frasco de mayonesa, mostaza o mantequilla de cacahuate (manteca de maní) para utilizarlo de nuevo? O peor aún, ¿sacar los residuos de un delgado florero, licorera o envase? Hay una forma sencilla de hacer estas tareas. Llene el recipiente con vinagre y agua jabonosa tibia, a partes iguales, y déjelo de 10 a 15 minutos. Si está limpiando una botella o frasco, ciérrelo y agítelo; si no, use un cepillo para botellas para refregar los restos antes de enjuagar a fondo.

Limpie un termo sucio Para limpiar un termo, llénelo con agua tibia y 1/4 de taza de vinagre blanco. Si ve algún residuo, añada un poco de arroz crudo, que actuará como abrasivo para quitarlo. Cierre y agite bien. Luego enjuague y deje secar.

Purgue de bichos su despensa ¿Tiene polillas u otros insectos en su alacena o despensa? Llene un tazón (bol) pequeño con 1 y 1/2 tazas de vinagre de manzana y añada un par de gotas de detergente líquido. Déjelo en la alacena durante una semana; atraerá a los bichos, que caerán en el tazón y se ahogarán. Después vacíe los estantes, y lave a fondo el interior con detergente lavaplatos o 2 tazas de bicarbonato de sodio en 1 litro de agua. Deseche todos los productos de trigo (pan, pasta, harina, etcétera), y limpie las latas de alimentos antes de volverlas a acomodar.

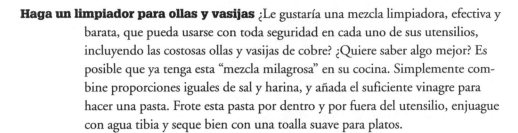

Atrape las moscas de la fruta ¿Se trajo del mercado algunas moscas de la fruta? Puede hacerles trampas para cualquier parte de su casa: llene a la mitad un frasco viejo con vinagre de manzana; haga unos hoyos en la tapa, cúbralo y ¡listo!

❋ VINAGRE **PARA COCINAR**

Ablande y desinfecte las carnes y los pescados y mariscos Sumerja un corte de carne (ya sea magra o no) en dos tazas de vinagre, esto romperá las fibras duras, haciéndola más suave. Aparte, matará algunas de las bacterias peligrosas. También se puede utilizar para ablandar los filetes de pescado. Déjela remojando toda la noche en vinagre sin diluir. Use diferentes vinagres para mejorar el sabor, o simple vinagre blanco si la piensa enjuagar.

Evite que se encoja la carne empacada ¿Ha notado todo lo que se encoje la carne cuando la hierve? Evite que esto pase agregando un par de cucharadas de vinagre al agua en la que va a hervir su carne.

Prepare mejor sus huevos tibios y duros El vinagre obra maravillas en los huevos:

- Cuando cocine huevos duros, agregue 2 cucharadas de vinagre destilado por cada litro de agua y evitará que se rompan los cascarones; también serán más fáciles de pelar.

- Cuando cocine huevos tibios, al agregar 2 cucharadas de vinagre al agua, logrará que la clara sea consistente y no quede aguada.

Lave sus verduras No sobran precauciones en la actualidad, tratándose de los alimentos que comerá. Antes de servir sus frutas y legumbres, una forma efectiva de eliminar los pesticidas, la suciedad y hasta los insectos ocultos, consiste en enjuagarlas en una solución de 2 cucharadas de vinagre disueltas en 4 litros de agua fría.

Elimine el mal olor de sus manos A menudo es difícil quitarse el olor a cebolla, ajo o pescado de las manos después de preparar algún plato. Pero lo facilitará notablemente al lavarse, si se frota las manos con vinagre antes y después de picar sus condimentos o de limpiar el pescado.

Quítese las manchas de fresas (frutillas) Se puede usar el vinagre sin diluir para desmancharse las manos de fresa, moras y otras frutas.

SABÍA *Usted* QUE...?

El auténtico vinagre balsámico viene sólo de Modena, Italia, y está hecho con uvas de Trebbiano, una variedad particularmente dulce que crece en las montañas circundantes. Las leyes italianas ordenan que el vinagre se madure en barriles de madera hechos de castaño, enebro, morera o roble. Hay sólo dos clases de vinagre balsámico verdadero, que típicamente se venden a $100 y $200 dólares la botella de 100 mililitros: el *tradizionale vecchio*, un vinagre que se añeja cuando menos 12 años, y el *tradizionale extra vecchio*, un vinagre que se añeja cuando menos 25 años (se sabe de algunos vinagres balsámicos que han sido añejados más de 100 años).

✳ VINAGRE **EN EL BOTIQUÍN DE MEDICAMENTOS**

Controle la caspa Para acabar con la caspa, enjuáguese después de cada aplicación de champú (shampoo) con una solución de 2 cucharadas de vinagre mezcladas en

2 tazas de agua fría. También puede combatir la caspa aplicando 3 cucharadas de vinagre a su cabello, dándose masaje en el cuero cabelludo antes de lavarlo con champú. Espere unos minutos y luego enjuague y lave como acostumbra.

Acondicione su cabello ¿Quiere darle vida a un cabello débil y maltratado? Usted puede hacer rápidamente un fabuloso acondicionador para el cabello, mezclando 1 cucharadita de vinagre de manzana con 2 cucharadas de aceite de oliva y 3 claras de huevo. Aplique la mezcla a su cabello, luego manténgalo cubierto durante 30 minutos, con un plástico o una gorra para ducha. Para terminar, lávese y enjuáguese como siempre.

Proteja el cabello rubio contra el cloro Salve sus rizos (rulos) de oro para que no se pongan verdes por culpa de una piscina clorada: frote 1/4 de vinagre de manzana en su cabello, y espere 15 minutos antes de ir a nadar.

Use vinagre como antiperspirante ¿Por qué no utilizar las propiedades desodorizantes del vinagre en las zonas más problemáticas? Sí, es cierto: sus axilas no necesitan un desodorante comercial para mantenerlas con olor a fresco. Mejor póngase un poco de vinagre en cada axila por la mañana y déjelo secar. Paralelamente, irán desapareciendo las manchas que los desodorantes comerciales han dejado en su ropa.

Remoje sus músculos para quitarles el dolor Le regresó el dolor, un esguince de tendón en el hombro o en la pantorrilla, o tal vez se siente todo adolorido. Agregue 2 tazas de vinagre al agua de su bañera y sumérjase en ella. Agregue unas cuantas gotas de aceite de menta. Éste también puede ser un remedio para sobrevivir a un día de fatiga extrema.

Refresque su aliento Después de consumir una buena ración de ajos y cebollas, una forma sencilla de endulzar su aliento es enjuagar su boca con una solución de 2 cucharadas de vinagre de manzana con 1 cucharadita de sal, disueltas en un vaso de agua tibia.

Alivie las quemaduras de sol y la picazón Puede refrescar las quemaduras de sol aplicándoles con cuidado vinagre blanco o de manzana con un algodón o un paño suave. (Este tratamiento es más eficaz si se hace antes de que las quemaduras empiecen a arder.) La misma técnica funciona para detener la picazón de las picaduras de mosquito y de otros insectos, así como las erupciones causadas por roble o hiedra venenosa.

Evite los moretones Si usted o alguien de los suyos sufre una caída grave, puede acelerar el proceso de curación y evitar los moretones negros, amarillos y azulosos, colocando una gasa de algodón empapada en vinagre blanco o de manzana sobre la zona de la contusión y dejándola allí por aproximadamente 1 hora.

Disminuya el dolor de garganta Éstos son tres métodos para aliviar el dolor:

● Si su garganta le quedó irritada por un fuerte resfrío, o simplemente por hablar o cantar forzando la voz, encontrará un rápido alivio haciendo gárgaras con 1 cucharada de vinagre de manzana y 1 cucharadita de sal disueltas en un vaso de agua tibia; hágalas varias veces al día si es necesario.

- Para los dolores de garganta asociados con la gripe o el resfrío, combine 1/4 de taza de vinagre de manzana con 1/4 de taza de miel. Tome 1 cucharada cada 4 horas.

- Para teminar con la tos y con el dolor de garganta, mezcle 1/2 taza de vinagre, 1/2 taza de agua, 4 cucharaditas de miel y 1 cucharada de salsa picante. Trague una cucharada cuatro veces al día y 1 antes de acostarse. ¡Cuidado! Los niños menores de un año no deben tomar nunca miel de abeja.

Respire mejor Añada 1/4 de taza de vinagre blanco al agua de su vaporizador; esto ayudará a mejorar la congestión de los pulmones o de los senos paranasales infectados. También se beneficiará su vaporizador. El vinagre desprenderá los depósitos minerales de los tubos de agua, resultado de las aguas pesadas o la sal que se agrega a los vaporizadores. *Nota:* verifique las instrucciones del fabricante cuando se trate de un vaporizador de mezcla fría.

Alivie un herpes activo Sólo hay algo peor que un resfrío muy fuerte, y es el herpes viral. Aunque el vinagre podría disminuir el dolor y la inflamación, no es recomendable usarlo, consulte a su médico.

Prepare una cataplasma para los callos Se trata de un viejo remedio ampliamente comprobado para el tratamiento de los callos: moje un trozo de pan blanco o duro con 1/4 de taza de vinagre blanco. Deje el pan impregnarse durante 30 minutos; luego, corte un trozo y cubra el callo completamente. Asegure la cataplasma con una gasa o cinta adhesiva y déjela toda la noche. Por la mañana, la piel callosa endurecida se habrá ablandado y el callo podrá desprenderse. Para callos más gruesos, repita el proceso varias veces.

Libérese del pie de atleta Usted podría enloquecer luego de un ataque de picazón causado por el pie de atleta. Pero puede sofocar la invasión y aliviar rápidamente la picazón, enjuagando sus pies tres veces al día, durante varios días, en vinagre de manzana sin diluir. Como precaución adicional, remoje sus calcetines o medias en una mezcla de 1 parte de vinagre por 4 de agua, durante 30 minutos antes de ponerlos a lavar con la demás ropa.

Consienta su piel El uso del vinagre para tonificar la piel nos lleva hasta los tiempos de Helena de Troya. Después de lavarse la cara, aplíquese un enjuague final con una mezcla de 1 cucharada de vinagre de manzana con 2 tazas de agua, para limpiar y reafirmar su cutis. Puede hacer su propio tratamiento facial, mezclando 1/4 de taza de vinagre con 1/4 de taza de agua. Aplíquelo delicadamente en su rostro y deje secar.

363

Despídase de las manchas por la edad o por el sol Antes de tomar alguna medida drástica para quitar o cubrir los puntos cafés que aparecen en su piel debido a la sobreexposición al sol o a los cambios hormonales, déle al vinagre una oportunidad de resolverlo. Sólo vierta un poco de vinagre sin diluir en un algodón y aplíquelo en las manchas durante 10 minutos, cuando menos dos veces al día. Las manchas deberán desvanecerse o desaparecer en pocas semanas.

Suavice sus cutículas Puede suavizar las cutículas de los dedos de sus pies y manos antes de la manicura, sumergiéndolos en una palangana con vinagre sin disolver durante 5 minutos.

Haga durar el esmalte de uñas Su pintura de uñas podrá durar más tiempo si primero humedece sus uñas en vinagre, con un algodón, y las deja secar antes de pintarlas con su esmalte preferido.

Limpie sus lentes Cuando mira mejor sin lentes que con ellos quiere decir que ya necesitan una buena limpieza. Si aplica unas gotas de vinagre blanco y los limpia con un paño suave, saldrán con facilidad la mugre, el sudor y las huellas dactilares, dejándolos sin una sola mancha. No use vinagre en lentes de plástico.

Maneje los aguijones de aguamala o de abeja Una medusa puede clavarle un doloroso aguijón. Si tiene un desafortunado encuentro con alguna, ponga un poco de vinagre sin diluir sobre el aguijón; esto le quitará rápidamente el dolor y le permitirá sacarlo, raspando con una tarjeta de crédito. Siga el mismo procedimiento con los aguijones de abejas. No deberá usarse vinagre para sacar los aguijones de la medusa "guerrero portugués", ya que puede incrementar la cantidad de toxinas que libera el aguijón. ¡Cuidado! Si tiene dificultades para respirar, y hay hinchazón en sitios ajenos al lugar en donde se encuentra el aguijón, podría estar sufriendo una reacción alérgica. Debe acudir de inmediato al hospital o localizar a un médico.

¿SABÍA *Usted* QUE...?

El único museo del mundo dedicado al vinagre, el International Vinegar Museum, se encuentra en Roslyn, Dakota del Sur, en Estados Unidos. Ubicado en el antiguo ayuntamiento, el museo es operado por el Dr. Lawrence J. Diggs, asesor internacional en vinagres, también conocido como el Hombre Vinagre (www.vinegarman.com). El museo exhibe vinagres de todo el mundo, muestra diversos métodos de hacer vinagre, e incluso deja que los visitantes prueben los distintos tipos de vinagres que hay. También es uno de los museos menos caros del mundo: los adultos pagan 2 dólares por entrar; los menores de 18 años pagan sólo 1 dólar; y hay "becas instantáneas para aquellos que no puedan pagar".

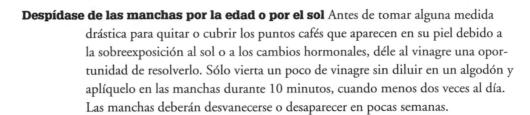

Limpie el moho de las cortinas de baño Lave esas horribles manchas de moho de las cortinas de plástico, metiéndolas junto con un par de toallas sucias en su lavadora (lavarropas). Ponga 1/2 taza de detergente y 1/2 taza de bicarbonato de sodio en la carga y seleccione el ciclo de lavar con agua tibia. Agregue 1 taza de vinagre blanco en el primer ciclo de enjuague. Antes de que se inicie el centrifugado, saque la cortina y tiéndala para que seque.

Haga brillar sus azulejos de cerámica Si los residuos de jabón o las manchas de agua han opacado sus azulejos alrededor de la ducha o del lavabo (lavatorio), devuélvales su brillo: tállelos con una mezcla de 1/2 taza de vinagre, 1/2 taza de amoníaco y 1/4 de bórax, mezclados en 4 litros de agua tibia. Enjuáguelos con agua fría y deje que sequen solos.

Blanquee el cemento entre los azulejos ¿Se ha oscurecido o decolorado el cemento de sus azulejos? Restaure su apariencia blanca original utilizando un cepillo dental viejo empapado en vinagre blanco sin diluir; frote y acabe con lo descolorido.

Limpie los lavabos (lavatorios) y las bañeras Haga regresar el brillo de sus lavamanos y bañeras de porcelana dándoles una tallada con vinagre sin diluir, seguida de un enjuague con agua fría. Para quitar las manchas de agua, salitre y grasa de su bañera, vierta 3 tazas de vinagre blanco en el agua caliente con que normalmente llena la bañera. Haga que suba el nivel hasta que alcance la altura de la mancha que la circunda y deje que el vinagre la penetre durante 4 horas. Abra la llave (canilla) y limpie fácilmente las manchas.

Deje brillando las puertas de la ducha Para dejar las puertas de su ducha relucientes de limpias y quitarles las desgradables manchas de agua, límpielas con un paño mojado en una solución de 1/2 taza de vinagre blanco, 1 taza de amoníaco y 1/4 de taza de bicarbonato de sodio, todo mezclado en 4 litros de agua tibia.

¿SABÍA *Usted* QUE...?

Algunos investigadores creen que el vinagre finalmente se adoptará como una forma sencilla y barata de diagnosticar cáncer de útero, especialmente en las mujeres de las naciones más pobres del mundo. En pruebas realizadas a lo largo de dos años, parteras de Zimbabwe usaron una solución de vinagre para detectar más de 75% de cánceres potenciales en 10,000 mujeres (la solución vuelve blanco el tejido que contiene células precancerosas). Aunque la prueba no es tan exacta como lo es un Papanicolau, los médicos piensan que pronto ésta será una importante herramienta de exploración en los países en vías de desarrollo, donde sólo 5% de las mujeres se hacen pruebas para detectar esta —a menudo fatal— enfemedad.

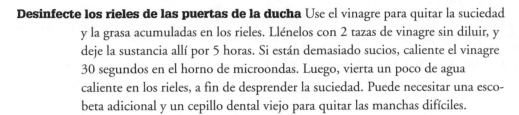

Desinfecte los rieles de las puertas de la ducha Use el vinagre para quitar la suciedad y la grasa acumuladas en los rieles. Llénelos con 2 tazas de vinagre sin diluir, y deje la sustancia allí por 5 horas. Si están demasiado sucios, caliente el vinagre 30 segundos en el horno de microondas. Luego, vierta un poco de agua caliente en los rieles, a fin de desprender la suciedad. Puede necesitar una escobeta adicional y un cepillo dental viejo para quitar las manchas difíciles.

Elimine los depósitos minerales de la ducha Elimine las obstrucciones y depósitos minerales de la cabeza de las duchas desmontables, poniéndolas en 1 litro de agua hirviendo, con 1/2 taza de vinagre destilado durante 10 minutos (no use el agua hirviendo para las cabezas de plástico). Cuando las saque de la solución, las obstrucciones habrán desaparecido. Si tiene una ducha no desmontable, llene una bolsita de plástico con vinagre y fíjela con cinta sobre la cabeza. Déjela sumergida durante 1 hora, sáquela del vinagre y límpiela.

Limpie los accesorios del baño No se detenga en la ducha cuando esté limpiando. Vierta vinagre blanco sin diluir en un paño suave, y úselo para limpiar las llaves (canillas) de cromo, rejillas (tubos) para toallas, espejos, perillas, etcétera. ¡Los dejará relucientes!

CUIDADO Nunca debe combinar vinagre con blanqueador (lavandina), ya que puede producir gas de cloro, que es altamente tóxico aun en pequeñas concentraciones. Cualquier blanqueador puede contener cloro. Los gases de olor agrio pueden causar daños a sus ojos, piel y sistema respiratorio, son muy volátiles. Aspirarlos con frecuencia o intensidad resulta fatal.

Combata el moho Para quitar e inhibir el crecimiento de moho en el baño, vierta en una botella con atomizador 3 cucharadas de vinagre blanco, 1 cucharadita de bórax y 2 tazas de agua caliente. Agítela y rocíe la mezcla en las superficies pintadas, los azulejos, las ventanas y en cualquier sitio en que haya visto moho. Use un cepillo suave para refregar las manchas, empapándolas con la solución.

Desinfecte los inodoros ¿Le gustaría una forma fácil de mantener su inodoro luciendo y oliendo a limpio? Vierta 2 tazas de vinagre blanco en su inodoro y deje que la solución se impregne toda la noche. Si hace esto cada semana, evitará la mancha de sarro que se hace al nivel del sello de agua.

Limpie el portacepillos empotrado Quite la mugre, los restos de dentífrico y las bacterias del portacepillos, limpiando los agujeros con cotonetes mojados en vinagre blanco.

Lave su vaso de enjuague Si varias personas utilizan el mismo vaso para enjuagarse la boca, límpielo una vez a la semana con agua y vinagre blanco: déjelo lleno toda la noche. Enjuáguelo vigorosamente antes de volver a usarlo.

Suavice las telas, mate las bacterias, elimine la estática y más Existen tantas ventajas derivadas de añadir 1 taza de vinagre a su lavadora (lavarropas) durante el ciclo de enjuague que es extraño que no lo mencionen de manera especial en el manual del propietario de cada lavadora nueva. Mencionaremos algunas:

- Una sola taza de vinagre matará cualquier bacteria presente en su carga de ropa, especialmente si lava pañales de tela.

- Una taza de vinagre hará que su ropa salga de la lavadora suave y oliendo a fresco: ya puede despedirse de los suavizantes de telas y aromatizantes para sábanas (a menos, claro, que le guste que su ropa huela fuerte).

- Una taza de vinagre avivará una carga pequeña de ropa blanca.

- Si se agrega en el último enjuague, una taza de vinagre mantendrá su ropa libre de pelusa y de estática.

- Una taza de vinagre en el último enjuague resaltará los colores de sus telas.

Limpie su lavadora (lavarropas) Una forma fácil de limpiar periódicamente la acumulación de jabón y desinfectar la lavadora es verter 2 tazas de vinagre y hacer funcionar su máquina en el ciclo completo, sin ropa ni detergente. Si su máquina está muy sucia, llénela con agua muy caliente, agregue 8 litros de vinagre y deje que funcione el agitador durante 10 minutos. Apague la máquina y deje la solución toda la noche. Por la mañana, vacíe la tina y haga funcionar su lavadora durante un ciclo completo para que se enjuague.

Evite que la ropa roja se destiña A menos que usted tenga afición por los tonos rosados, tome una precaución simple para evitar que las prendas rojas o de otros colores brillantes arruinen toda la carga. Remoje sus prendas nuevas en unas cuantas tazas de vinagre blanco sin diluir unos 10 o 15 minutos antes de su primer lavada. ¡No tendrá que volverse a preocupar por los colores que se destiñen!

Realce los colores de su ropa ¿Por qué gastar tanto dinero en esos abrillantadores de colores de la ropa, cuando puede conseguir los mismos resultados usando 1/2 taza de vinagre blanco? Sólo agréguela durante el ciclo de lavado de su máquina y obtendrá colores más brillantes en cada carga.

Haga que su ropa nueva quede lista para usarse Quite los químicos, polvo, olores y cualquier otra cosa de su ropa nueva o de segunda mano, agregando una taza de vinagre blanco en el ciclo de lavado, la primera vez que la vaya a lavar.

Blanquee sus calcetines percudidos (medias desgastadas) Si ya no puede identificar sus calcetines blancos de entre los demás, haga que brillen. Agregue 1 taza de vinagre a 1 y 1/2 litros de agua en un recipiente grande. Déle una hervida a la solución, pásela a un balde y remoje sus calcetines (medias) durante toda la noche. Al día siguiente lávelos normalmente.

Quítele lo amarillento a la ropa Para restaurarlas, deje remojando las prendas toda la noche en una solución de 12 partes de agua tibia por 1 de vinagre. Lávelas a la mañana siguiente.

Suavice sus frazadas Agregue 2 tazas de vinagre blanco al agua de su lavadora (lava-rropas) en el ciclo de enjuague para que se salgan los residuos de jabón de sus frazadas de lana o de algodón antes de secarse. Esto las hará sentirse tan suaves y frescas como si fueran nuevas.

Pulverice las arrugas En un mundo ideal, la ropa lavada sale fresca y planchadita de la secadora. Hasta que llegue ese día, usted puede deshacerse de las arrugas que aparecen en la ropa cuando ésta se seca, rociándola con una solución de 1 parte de vinagre por 3 partes de agua. Una vez que la ha rociado, tienda la ropa y deje que se seque con el aire. Con algunas prendas, esto funciona mejor que planchándolas, además las telas se desgastan mucho menos.

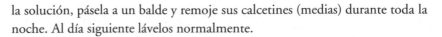

Limpie el interior de su plancha Para eliminar los depósitos minerales y evitar la corro-sión de su plancha de vapor, límpiela de vez en cuando, llenando el depósito con vinagre blanco sin diluir. Colóquela en posición vertical, ponga el selector en vaporizar y deje salir el vapor del vinagre durante 5 o 10 minutos. Luego, llene de nuevo, pero ahora con agua limpia y repita el procedimiento. Finalmente déle una enjuagada a la cámara de vapor con agua limpia y fría.

Limpie la plancha por debajo Para quitar los residuos quemados de su plancha, frótelos con una pasta hecha de partes iguales de vinagre y sal; caliente antes la mezcla en un pequeño sartén. Use un paño empapado en agua limpia para quitar los residuos restantes.

Planche una raya profesionalmente Marque los pliegues planchados de la ropa con más precisión rociándolos con una mezcla a partes iguales de agua y vinagre antes de plancharlos. Para marcar la raya del pantalón, y de los sacos y ves-tidos, remoje un paño delgado en una solución hecha con 1 parte de vinagre blanco y 2 partes de agua. Coloque el paño sobre la prenda y ¡a planchar!

CUIDADO No utilice nunca vinagre de manzana cuando lave. Si lo usa para tratar la ropa o lo añade al lavado, en lugar de quitar las manchas, puede generarlas; use sólo vinagre blanco destilado.

Desaparezca las marcas de sus faldas (polleras) ¿Desea borrar esas marcas de costura de su vieja falda? Humedezca el área con un paño mojado en una mezcla de vinagre y agua a partes iguales; colóquelo debajo de la prenda y planche.

Borre las marcas de quemaduras ¿Estaba su plancha muy caliente cuando planchó ese cuello o la pierna de un pantalón? Frecuentemente se pueden eliminar las quemaduras leves, frotando el sitio primero con un paño humedecido en vinagre blanco y luego con una toalla limpia. Repita las veces que sea necesario.

Quite ese brillo por el uso ¿Le gustaría quitar esa parte brillosa de tela en la parte trasera de su pantalón negro? Sólo cepille ligeramente el área con un cepillo dental usado, previamente mojado en agua y vinagre a partes iguales; luego séquelo con una toalla suave.

Saque el olor a cigarrillo de los trajes ¿Volvió a casa con su mejor traje o vestido impregnado de un molesto olor a cigarrillo? Se puede quitar ese olor sin tener que enviar su ropa a la tintorería. Sólo llene la bañera con agua muy caliente y agréguele una taza de vinagre. Cuelgue sus prendas sobre el vapor y déjelas algunas horas.

Restaure sus sweaters de lana Los sweaters y otros artículos de lana que se han encogido frecuentemente pueden recuperar su talla y forma original si se les hierve unos 25 minutos en una solución de 2 partes de agua por 1 de vinagre. Tienda la prenda o déjela sobre una toalla y estire y moldee su contorno regularmente; déjela secar al aire sin asolear.

✻ VINAGRE **PARA QUITAR MANCHAS**

Saque las manchas de la gamuza Para eliminar las manchas recientes en una chamarra (campera) de gamuza, frótelas suavemente con un cepillo dental usado, mojado en vinagre blanco. Deje secar al aire y cepille de nuevo con un cepillo suave. Puede hacerlo también con una esponja.

Saque las manchas solubles en agua con facilidad Puede quitar muchos tipos de manchas solubles al agua como cerveza, jugo de naranja y frutas, café y té, incluso vómito, de sus prendas de algodón, humedeciendo el sitio con un paño mojado en vinagre blanco sin diluir, antes de meterlas en su lavadora (lavarropas). Para las manchas muy grandes, puede remojar la prenda en una solución de 3 partes de vinagre por 1 parte de agua fría antes de lavarlas.

Marcas que dejan las manchas Estas marcas desaparecen… siempre y cuando se traten primero con una solución de 3 cucharadas de vinagre blanco y 2 cucharadas de detergente líquido en 1 litro de agua tibia, antes de lavarlas.

Quite las manchas difíciles con esponja Cola, tintes de pelo, ketchup y manchas de vino en las telas lavables de algodón compuesto deben tratarse de inmediato (dentro de las primeras 24 horas). Frote la mancha con una esponja empapada en vinagre sin diluir, y lave la prenda inmediatamente. Para manchas muy difíciles, agregue además de 1 a 2 tazas de vinagre al ciclo de lavado.

Acabe con el óxido Para quitar las manchas de óxido de sus ropas de trabajo de algodón, humedézcalas con vinagre blanco sin diluir y frótelas con una pizca de sal. Si hace mucho calor, déjelas secar al sol y luego lávelas.

Limpie las pinturas de crayón De alguna manera, los niños consiguen pintarse la ropa con crayones. Las manchas se pueden quitar fácilmente frotándolas con un cepillo dental usado, empapado en vinagre sin diluir, antes de lavarlas.

Quite las manchas de cuello y puños ¿Está harto de ver esas manchas de sudor en el cuello de sus camisas? ¿Qué me dice de esa desagradable decoloración de los puños? Olvídese de ellas, frotando la tela con una pasta hecha de 2 partes de vinagre blanco y 3 de bicarbonato de sodio. Deje que la pasta se impregne 1/2 hora antes de lavarlas. Este procedimiento sirve también para quitar las manchas de moho en las telas.

Elimine las manchas de sudor ¿Quiere ver desaparecer esas manchas de sudor de sus camisas y otras prendas? Vierta un poco de vinagre directamente sobre la mancha y frote la tela antes de lavarla. También puede quitar así las manchas en camisas y blusas dejadas por los desodorantes frotándolas suavemente con vinagre blanco sin diluir antes de lavarlas.

Haga desaparecer la tinta de pluma ¿Ha llegado alguien de su familia con una mancha de tinta en el bolsillo de su camisa? Trate esa mancha empapándola con un poco de vinagre blanco; después frótela con una pasta hecha con 2 partes de vinagre y 3 de fécula de maíz. Deje secar bien la pasta antes de lavar.

Cosas de niños Jugar a **teñir ropa con ligas (gomas)** es sumamente divertido para los chicos de cualquier edad. Empiece comprando varias **camisetas blancas** y tíñalas de tantos colores como sabores de **Kool-Aid (Tang)** tengan en el almacén. Disuelva cada paquete de saborizante en 1/4 de **vinagre**. Consiga tantos baldes como colores tenga. Retuerza las camisetas y sujételas con **ligas**, use guantes de hule para no mancharse las manos. Sumerja las camisetas en los baldes y déjelas remojando; luego, tiéndalas. Cuando estén secas, fije su diseño planchando las camisetas con un paño **a temperatura media**. Espere cuando menos 24 horas y lávelas por separado.

Remoje las manchas de sangre Ya sea que se corte usted mismo al afeitarse, o sufra un raspón inesperado, es importante quitar las manchas de sangre de su ropa tan pronto como se pueda. La sangre es muy fácil de quitar antes de que ésta se fije, pero prácticamente imposible de lavar después de 24 horas. Si usted puede tratar la mancha antes de que se penetre, vierta un poco de vinagre blanco sin diluir y remójela de 5 a 10 minutos. Seque con una toalla. Repita esto las veces necesarias. Luego, lávela de inmediato.

Úselo como repelente de insectos ¿Está planeando hacer un viaje para acampar? Éste es un viejo truco del ejército para alejar a los mosquitos y otros insectos. Unos tres días antes de su viaje, empiece a tomar 1 cucharada de vinagre de manzana 3 veces al día. Siga tomando el vinagre durante su viaje y regresará a casa sin una sola picadura. Otro remedio reconocido para alejar a los jejenes y mosquitos consiste en proteger todas las partes expuestas de su cuerpo pasándoles un algodón con vinagre y dejándolas secar al aire.

Conserve fresca el agua cuando vaya de excursión Simplemente agregue unas cuantas gotas de vinagre de manzana a su reserva de agua o a su cantimplora. Es aconsejable matar las bacterias y limpiar los residuos de su cantimplora al término de cada viaje con una solución de 50% de agua y 50% de vinagre.

Limpie muebles exteriores y terrazas Si vive en clima caliente y húmedo, no le resultará raro ver mildiu en su terraza y muebles de jardín. Pero antes de recurrir al blanqueador (lavandina), use estas soluciones, más suaves, de vinagre:

- Tenga a la mano una botella atomizadora con vinagre blanco sin diluir, y úsela siempre que vea mildiu. Las manchas de la mayor parte de las superficies se limpiarán, y el vinagre evitará que el mildiu regrese por un tiempo.

- Quite el mildiu de las terrazas de madera y de los muebles exteriores limpiándolos con una esponja mojada en una solución de 1 taza de amoníaco, 1/2 taza de vinagre blanco y 1/4 de taza de bicarbonato de sodio, mezclados en 4 litros de agua. Tenga a la mano un viejo cepillo de dientes para frotar los rincones y otros sitios difíciles.

- Para desodorizar e inhibir el crecimiento de mildiu en los muebles de malla de plástico y las sombrillas del jardín, mezcle 2 tazas de vinagre blanco y 2 cucharadas de detergente líquido en un balde de agua caliente. Use un cepillo suave para limpiar los pliegues del plástico, y para tallar los asientos y la tela de las sombrillas. Enjuague con agua fría, y deje secar al sol.

Atrape a los insectos voladores ¿Quién quiere ser víctima de una pandilla de mosquitos, moscas y otras plagas de seis patas, cuando intenta comer en el jardín? Mantenga a raya a los intrusos, construyéndoles su propia sección VIP. Coloque un bol o recipiente lleno de vinagre de manzana cerca de algún alimento, pero lejos de usted y sus invitados. Para el final de la tarde, la mayor parte de sus inoportunos visitantes estará flotando en el recipiente.

Ahuyente a las hormigas Hágale llegar a las hormigas un aviso de desahucio. Vierta agua y vinagre blanco, a partes iguales, en una botella atomizadora. Rocíe los hormigueros y áreas circundantes en donde vea a los insectos. Las hormigas odian el olor del vinagre. No tardarán en mudarse a un barrio que huela mejor. Tenga a la mano la botella en excursiones, picnics o en las áreas donde juegan sus niños. Si hay muchos hormigueros en su propiedad, écheles vinagre sin diluir para acelerar su partida.

Limpie la suciedad de los pájaros ¿Los pájaros han vuelto a tomar su patio o entrada como práctica de tiro? Acabe rápidamente con esa suciedad rociándola con vinagre de manzana sin diluir. O vierta el vinagre en un paño y limpie.

✳ VINAGRE **EN EL JARDÍN**

Pruebe la acidez o alcalinidad del suelo Para hacer una rápida prueba del exceso de alcalinidad en la tierra de su jardín, ponga un puñado de tierra en un recipiente, y luego vierta 1/2 taza de vinagre blanco. Si la tierra burbujea, definitivamente es alcalina. De igual modo, para comprobar una alta acidez, mezcle la tierra con 1/2 taza de agua y 1/2 taza de bicarbonato de sodio. Si burbujea, tiene acidez. Para encontrar el nivel exacto de pH de su suelo, mande hacerle pruebas o hágalo usted con un equipo simple de medición.

Limpie un comedero para colibríes Los colibríes son criaturas exigentes, así que no espere verlos acudir a un comedero sucio, pegajoso o costroso. Limpie regularmente sus comederos, lavándolos con vinagre de manzana y agua caliente, a partes iguales. Enjuague bien con agua fría y deje secar a plena luz del sol antes de volverlos a abastecer con comida.

Acelere la germinación de las semillas Puede mejorar la germinación de sus semillas de plantas con flor, como la pasionaria, flor de luna, campanilla y calabaza, escarificándolas —es decir, frotándolas ligeramente entre dos hojas de papel de lija fina— y remojándolas toda la noche en una solución de 1/2 taza de vinagre de manzana y 1/2 litro de agua tibia. A la mañana siguiente, saque las semillas de la solución, enjuáguelas y plántelas. También puede usar la solución (sin lija) para acelerar muchas semillas de hierbas y hortalizas.

Mantenga frescas las flores A todo el mundo le gustan las flores, y para mantenerlas frescas más tiempo hay varios métodos. Uno consiste en mezclar 2 cucharadas de vinagre de manzana y 2 cucharadas de azúcar en el agua del florero antes de meter las flores. Cambie el agua (con todo y vinagre y azúcar) a los pocos días, para alargar la longevidad de sus flores.

Elimine las plagas Entre las plagas más insidiosas y comunes que aparecen en las plantas de interior y del jardín están los insectos diminutos. Usted puede cortar de raíz una invasión de estos animalejos, aplicando un algodón empapado en vinagre blanco sin diluir sobre ellos. Tal vez necesite hacer varias aplicaciones, pero el vinagre los matará, junto con sus huevecillos. Vigile el área y tenga listos más algodones.

Tip Un mito respecto al vinagre

> Una leyenda rural dice que puede disminuir sustancialmente el pH de su tierra (que es lo mismo que aumentar su acidez), simplemente echando en su jardín una solución de vinagre y agua. En realidad, cuesta mucho trabajo disminuir el pH de un suelo altamente alcalino. Sin embargo, puede usar el vinagre en el jardín para ayudar a sus plantas (vea los tips para tratar las afecciones de las plantas y favorecer el florecimiento de azaleas y gardenias). Pero incluso eso implica diligencia, y aplicaciones repetidas. Asimismo, el vinagre pierde la mayor parte de su potencia cuando llueve, por lo que necesitará aplicar repetidas veces.

Elimine insectos del jardín Si los bichos atacan las frutas y verduras de su jardín, expúlselos con esta sencilla trampa no tóxica: llene una botella de refresco (gaseosa) de 2 litros con 1 taza de vinagre de manzana y 1 taza de azúcar. Luego, introduzca una cáscara de banana cortada en pedacitos, y añada 1 taza de agua fría; agite la mezcla. Ate una cuerda al cuello de la botella y cuélguela de una rama baja, o colóquela en el suelo, para atrapar y matar a los gorrones de seis patas. Reemplace las trampas usadas según se vaya requiriendo.

Haga que las azaleas y gardenias florezcan Un poco de ácido hace maravillas para que las azaleas y gardenias floreen, especialmente si el agua es dura. Ambas plantas prefieren los suelos ácidos (con niveles de pH entre 4 y 5.5). Para mantenerlas sanas y con flores, riéguelas cada semana con 3 cucharadas de vinagre blanco mezclado en 4 litros de agua. No aplique la solución cuando la planta esté floreando, pues podría acortar la vida de las flores o dañar la planta.

Detenga el crecimiento de las hojas amarillas La repentina aparición de hojas amarillas en las plantas que están acostumbradas a suelos ácidos —como las azaleas, hortensias y gardenias— podría significar una disminución de hierro o un cambio del nivel de pH por arriba del cómodo 5.0. Esto puede resolverse

¿SABÍA *Usted* QUE...?

¿Busca una alternativa no tóxica a los herbicidas comerciales? El vinagre es la solución. En estudios de campo e invernadero, los investigadores del Servicio de Investigación Agrícola de Beltsville, Maryland, demostraron que el vinagre es efectivo para matar cinco malas hierbas comunes —incluyendo el cardo de Canadá— a las dos semanas de haber brotado. El vinagre se roció a mano en concentraciones de entre 5 y 10%. Pero esto ya era sabido por los jardineros experimentados, que han venido usando el vinagre de manzana sin diluir para matar desde la hiedra venenosa hasta el garranchuelo (y, a veces, las plantas ornamentales cercanas).

VINAGRE*

regando la tierra alrededor de las plantas afectadas cada 8 días, durante 3 semanas, con 1 taza de una solución de 2 cucharadas de vinagre de manzana en 1 litro de agua.

Trate la roya y otras afecciones vegetales Puede usar vinagre para tratar muchas enfermedades de las plantas, incluyendo la roya, los puntos negros y el mildiu en polvo. Mezcle 2 cucharadas de vinagre de manzana en 2 litros de agua, y vierta en una botella con atomizador. Rocíe la solución sobre las plantas afectadas durante la mañana o por la tarde (cuando las temperaturas son relativamente frescas y no hay luz directa sobre la planta), hasta que se curen.

Limpie las hojas de su podadora El pasto, especialmente cuando está húmedo, tiende a acumularse en las hojas de la podadora después de cortarlo, a veces junto con gusanos u otros insectos. Antes de que guarde su podadora en el garage o en el cobertizo, limpie sus hojas con un paño remojado en vinagre sin diluir. Además de limpiar la hierba, matará las plagas que aguardan el momento de diseminarse.

FERIA DE LA CIENCIA

Mezcle 1/2 taza de **vinagre** y 1/4 de cucharadita de **sal** en un **frasco de vidrio**. Añada **monedas de cobre** a la solución, y deje asentar unos 5 minutos. Mientras, tome un **clavo de hierro** grande y límpielo con un poco de bicarbonato de sodio apli-cado a una esponja húmeda. Enjuague el clavo y métalo en la solución. Después de 15 minutos, el **clavo estará forrado de cobre**, a la vez que las monedas brillarán como nuevas. Esto es resultado del ácido acético del vinagre, que se combina con el cobre de las monedas para formar acetato de cobre, el cual se acumula en el clavo.

No deje pasar a las criaturas de cuatro patas Algunos animales —incluyendo los gatos, venados, conejos y mapaches— no soportan el olor del vinagre después de que se ha secado. Puede alejar de su jardín a estos visitantes no autorizados empapando varios paños en vinagre blanco, y colocándolos en estacas alrededor de sus plantas. Vuelva a mojar los paños cada 7 a 10 días.

Extermine los dientes de león y la maleza ¿Brotan dientes de león en las grietas de su entrada o en la orilla de su patio? Extermínelos rociándolos con vinagre blanco o de manzana sin diluir. Al iniciar la estación, rocíe cada planta con vinagre en su sección media, o en medio de la flor antes de que germine, y en la tierra cercana al tallo, de modo que el vinagre pueda penetrar hasta las raíces. Esté pendiente del clima; si llueve al día siguiente, necesitará rociar otra vez.

Aleje a los gatitos Si desea que Bola de Nieve y Esponjoso no entren en la habitación de juegos de los niños, o si desea evitar que arañen su sillón favorito, rocíe vinagre blanco destilado sin diluir alrededor del área o sobre el mueble mismo. A los gatos no les gusta el olor del vinagre, y lo evitarán.

Desmarque los sitios de su mascota Cuando irrumpe un cachorro en la casa, es frecuente que se orine en ciertos lugares específicos. Después de limpiar, es esencial eliminar el olor del piso o la alfombra, y nada mejor que el vinagre.

- En pisos: seque la mancha lo más que pueda. Luego trapee con vinagre y agua tibia, a partes iguales. (En un piso de madera o de vinilo, haga la prueba con unas gotas de vinagre en un área poco visible, para asegurarse de que no dañará el acabado.) Seque con un paño o toalla de papel.

- En alfombras y tapicería: seque a fondo el área con una toalla o con paños. Luego, vierta un poco de vinagre sin diluir sobre la mancha. Frote con una toalla, y vuelva a aplicar el vinagre; deje secar. Cuando seque el vinagre, el lugar estará completamente desodorizado.

Añada al agua de beber de su mascota Si añade una cucharadita de vinagre de manzana al agua de su perro o de su gato, le proporcionará nutrientes que harán que su pelaje se vea más sano y brillante, además de que ahuyentará pulgas y garrapatas.

Proteja contra pulgas y garrapatas Para proteger de manera eficaz a su perro de las pulgas y garrapatas, llene una botella atomizadora con partes iguales de agua y vinagre, y aplique directamente al pelaje del perro, frotándolo bien. Puede resultar más difícil hacerlo con su gato, porque odian el olor del vinagre.

Limpie las orejas de su mascota Pulgoso se ha estado rascando alrededor de las orejas más de lo acostumbrado. Fróteselas con un algodón o paño suave mojado en una solución de 2 partes de vinagre y 1 de agua, para limpiarlas y ayudarle a repeler los ácaros y las bacterias. También aliviará la picazón provocada por las picaduras de mosquitos y otros insectos. *Cuidado*: No aplique vinagre a las laceraciones abiertas. Si ve una cortada en las orejas de su mascota, acuda con el veterinario.

Quite el olor a zorrillo (zorrino) Si Fido ha tenido un desagradable encuentro con un zorrillo malhumorado, éstas son algunas formas de ayudarlo a quitarse ese olor:

- Bañe a su mascota en una mezcla de 1/2 taza de vinagre blanco, 1/4 de taza de bicarbonato de sodio y 1 cucharadita de jabón líquido, en 1 litro de peróxido de hidrógeno al 3%. Frote la solución a fondo en su pelaje, deje actuar unos minutos, y enjuáguelo muy bien con agua limpia.

- Bañe a su mascota en agua y vinagre, a partes iguales, preferiblemente al aire libre y en una tina (fuentón) grande. Repita el procedimiento usando 1 parte de vinagre en 2 partes de agua, y enjuague bien.

- Si usted es el que tuvo el desafortunado encuentro con el zorrillo (zorrino), emplee vinagre sin diluir para quitarle el olor a su ropa. Déjela remojar en el vinagre toda la noche.

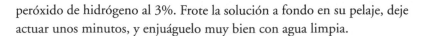

✱ VINAGRE **PARA ARREGLOS MENORES**

Quítese el cemento de la piel Aunque use guantes de hule cuando trabaje con cemento, es inevitable que éste le salpique a la piel. El contacto prolongado con el cemento húmedo puede ocasionar que la piel se agriete, o incluso un eccema. Use vinagre blanco para quitarse el cemento seco o mortero; luego, lave con agua jabonosa tibia.

Elimine los vapores Ponga un par de platos planos llenos de vinagre blanco sin diluir en una habitación recién pintada para eliminar el fuerte olor a pintura.

Desengrase rejillas y ventiladores Incluso en los hogares más limpios, las rejillas del aire acondicionado, de la calefacción o de los ventiladores acumulan polvo y grasa. Límpielos con vinagre blanco sin diluir. Use un viejo cepillo de dientes para hacer llegar el vinagre a los sitios estrechos de las rejillas del aire acondicionado o de la ventilación.

Deisinfecte los filtros del aire acondicionado y del humidificador Estos filtros rápidamente pueden verse anegados de polvo, hollín, caspa animal, e incluso bacterias dañinas. Cada 10 días, más o menos, limpie su filtro con vinagre y agua tibia, a partes iguales. Deje remojando el filtro en la solución durante una

SABÍA **Usted** QUE...?

Si se encuentra una vieja botella de vinagre sin abrir, y se pregunta si el vinagre todavía sirve, la respuesta es un sí rotundo. De hecho, el vinagre tiene una vida casi ilimitada. Su contenido ácido lo autoconserva, e incluso evita la necesidad de refrigeración (aunque mucha gente lo refrigera después de abrirlo). No verá ningún cambio en el vinagre blanco con el transcurso del tiempo, aunque otros tipos de vinagre pueden cambiar ligeramente de color, opacidad, o tener un poco de sedimento.

Pero a pesar de su apariencia, el vinagre permanecerá virtualmente inalterado.

hora. Luego, simplemente exprímalo y déjelo secar antes de usarlo. Si sus filtros están muy sucios, déjelos remojando toda la noche.

Preserve la pintura del cemento Los pisos de cemento pintados tienden a descascararse después de un tiempo. Pero usted puede hacer que la pintura dure más, aplicándole una capa inicial de vinagre blanco antes de pintarlo. Espere hasta que el vinagre se haya secado antes de pintar. Esta misma técnica también ayudará a fijar la pintura del metal galvanizado.

Deshágase del óxido Si quiere limpiar esas viejas herramientas oxidadas que acaba de sacar de su sótano o que compró casi regaladas, remójelas en vinagre blanco sin diluir durante varios días. El mismo tratamiento es igualmente efectivo para quitarle el óxido a las tuercas y tornillos. Y puede echarle vinagre a las bisagras y tornillos oxidados para aflojarlos y quitarlos.

Quite el papel tapiz Quitar el papel tapiz puede ser complicado, pero puede despegarlo empapándolo en una solución de vinagre. Rocíe vinagre y agua a partes iguales sobre el papel hasta que se sature, y espere unos minutos. Luego, desprenda con fuerza con la ayuda de un raspador. Si no cede, haga muescas (hendiduras) al papel con cuidado antes de desprenderlo.

Retrase el endurecimiento del yeso ¿Desea que su yeso se conserve flexible un poco más de tiempo para dejarlo sin grumos? Sólo añada un par de cucharadas de vinagre blanco a su mezcla de yeso. Retrasará el proceso de endurecimiento para darle el tiempo extra que requiere.

Reviva sus brochas (pinceles) Para quitarle la pintura seca a una brocha de cerdas sintéticas, remójela en vinagre blanco sin diluir, hasta que la pintura se disuelva y las cerdas queden suaves y flexibles. Luego, lávela con agua jabonosa caliente. ¿La brocha parece no tener remedio? Antes de tirarla, hiérvala en 1 a 2 tazas de vinagre durante 10 minutos, y después lávela muy bien con agua jabonosa.

✳ Vodka

Elabore su propio extracto de vainilla Éste es un original regalo casero que puede usar para darle un toque extra a una canasta para obsequio, y sólo le toma unos minutos. Consiga una vaina de vainilla (en un local de especialidades culinarias) y ábrala de arriba abajo. Colóquela en un frasco de vidrio y cúbrala con 3/4 de taza de vodka. Cierre el frasco y déjelo reposar en su alacena de 4 a 6 meses, agitándolo de vez en cuando. Filtre su extracto de vainilla casero —con un filtro de café o con una gasa sin blanquear— a una botella decorativa, ¡y observe la cara de placer que pondrá su cocinero favorito!

Limpie vidrio y joyería Si fuera necesario, unas gotas de vodka pueden limpiar cualquier tipo de vidrio o joyería con gemas de cristal. Así que aunque la gente pueda mirarlo con recelo, usted podría mojar una servilleta en su vodka en las rocas para limpiar sus anteojos, o sumergir unos minutos su anillo de diamantes para que recobre su brillo. ¡Pero no lo intente con sus lentes de contacto! Evite el alcohol en las gemas que no sean de cristal. Sólo los diamantes, esmeraldas, etcétera, se benefician de un baño de vodka.

Úselo como remojo higiénico El vodka es un alcohol, y como cualquier alcohol, mata los gérmenes. Si no tiene a la mano alcohol para fricción ordinario, use vodka en su lugar. Puede usarlo para remojar las navajas de afeitar que piensa volver a usar, así como para limpiar los cepillos de pelo, de dientes y de su mascota, o para cualquier cosa que pudiera propagar gérmenes de una a otra persona, o de uno a otro animal.

Conserve frescas las flores El secreto para que las flores naturales luzcan bien por más tiempo reside en minimizar el crecimiento de bacterias en el agua, y en proporcionarles los nutrientes que pierden cuando son cortadas. Añada unas gotas de vodka (o de cualquier licor claro) al agua del florero, para que haga su acción antibacterial, junto con 1 cucharadita de azúcar. Cambie el agua cada tercer día (y el vodka y el azúcar).

SABÍA *Usted* QUE...?

Elemento esencial del martini de James Bond —y tan inherente a la cultura rusa que su nombre se deriva de la palabra rusa *voda* (agua)— el vodka se fabricó por primera vez durante el siglo xv como antiséptico y analgésico, antes de ser considerado una bebida. Pero ¿qué es exactamente? De manera clásica, el vodka se inicia como una mezcla caldosa de trigo o centeno molido fermentado (los azúcares del grano se convierten en alcohol por medio de levaduras), y destilado (calentado hasta que se evapora y condensa el alcohol). Las esencias, como la cítrica, se añadieron originalmente para ocultar sus impurezas. Hoy se usan para realzar e identificar una marca.

Acabe con la maleza Para hacer rápida y fácilmente un herbicida, mezcle 30 mm de vodka, unas gotas de lavaplatos líquido y 2 tazas de agua en una botella con atomizador. Rocíe las hojas de las hierbas hasta que la mezcla escurra. Aplique a mediodía de un día soleado en las plantas que crecen al sol, porque el alcohol rompe la cutícula cerosa que cubre las hojas, dejándolas vulnerables a la deshidratación cuando están a la luz del sol. No funcionará en la sombra.

WD-40

Trate sus zapatos Rocíe WD-40 en los zapatos de cuero nuevos antes de empezar a usarlos regularmente. Ayudará a evitar la aparición de ampollas al suavizar el cuero y hacer más cómodos los zapatos. Mantenga los zapatos impermeables y lustrosos rociándolos en forma periódica con WD-40 y frotándolos con suavidad con un paño suave. Para "suavizar" zapatos ruidosos, rocíe algo de WD-40 en el punto donde se unen la suela y el tacón (taco) y el rechinido cesará.

Separe vasos pegados ¿Qué puede hacer cuando necesita un vaso y salen dos pegados, uno dentro del otro? No deseas arriesgarte a romper uno o ambos al tratar de separarlos. Los vasos pegados se separarán con facilidad si les pone un chorrito de WD-40, espere unos cuantos segundos a que penetre entre los vasos y luego separe con suavidad los vasos. Recuerde lavar los vasos a fondo antes de usarlos.

Libere bloques de Lego pegados Cuando el proyecto de construcción de su hijo se dificulta porque algunos de los bloques de plástico están pegados, deje que WD-40 le ayude a despegarlos. Rocíe un poco en los bloques donde estén pegados, luego menéelos con suavidad y sepárelos. El lubricante en WD-40 penetrará en la unión fina entre los bloques.

Reduzca el brillo del poliuretano Una capa nueva de poliuretano a veces puede hacer que un piso de madera se vea *demasiado* brillante. Para atenuar el brillo y reducir el deslumbramiento, rocíe algo de WD-40 en un paño suave y limpie el piso frotándolo con él.

Quite pegamento fuerte ¡No usó guantes protectores cuando aplicó ese pegamento superfuerte y ahora algo de éste se le pegó a los dedos! Que no le dé pánico. Sólo saque el WD-40, rocíe un poco directo en los dedos pegajosos y frote las manos hasta que ya no sienta pegajosos los dedos. También use WD-40 para quitar el pegamento de otras superficies no deseadas.

● No rocíe WD-40 cerca de una flama u otra fuente de calor ni cerca de corrientes eléctricas o terminales de baterías. Siempre desconecte los aparatos antes de rociar.

● No ponga una lata de WD-40 directo bajo la luz solar o sobre superficies calientes. Nunca lo guarde en lugares con temperaturas sobre 50°C ni perfore la lata presurizada.

● Use WD-40 en áreas bien ventiladas. Nunca lo ingiera ni inhale (si lo ingiere, llame de inmediato a un médico).

Saque ese anillo atorado Cuando jalar y tironear no saca ese anillo de su dedo, saque el WD-40. Una rociada ligera de WD-40 hará que el anillo se deslice de inmediato. Recuerde lavarse las manos después de rociarlas con WD-40.

Libere dedos atorados Use WD-40 para liberar el dedo de su hijo cuando se le atore en una botella. Sólo rocíelo en el dedo, deje que se escurra y tire el dedo para sacarlo. Asegúrese de lavar después las manos del niño y la botella.

Afloje los cierres Los cierres tercos en chamarras (camperas), pantalones, mochilas y bolsas de dormir se volverán dóciles de nuevo con WD-40. Sólo rocíe el cierre y súbalo y bájelo unas cuantas veces para distribuir el lubricante uniformemente sobre todos los dientes. Si quiere evitar que el WD-40 caiga en la tela, rocíelo en una tapa de plástico; luego aplíquelo con un pincel.

Extermine las cucarachas y ahuyente a los insectos No deje que las cucarachas, insectos o arañas lleven la voz cantante en su hogar.

● Tenga a la mano una lata de WD-40 y cuando vea una cucaracha, rocíe una pequeña cantidad directo sobre ella para matarla al instante.

● Para mantener insectos y arañas fuera de su hogar, rocíe WD-40 en los alféizares y marcos de ventanas, biombos y marcos de las puertas. Tenga cuidado de no inhalar los humos cuando lo rocíe y no lo use si tiene bebés o niños pequeños en casa.

Evite que los cachorros mordisqueen Su cachorro es adorable, pero *¿alguna vez* dejará de mordisquear la casa? Para evitar que los cachorros mordisqueen los cables del teléfono y el televisor, rocíelos con WD-40. Los cachorros odian el olor.

Limpie y lubrique cuerdas de guitarra Para limpiar, lubricar y evitar la corrosión en cuerdas de guitarra, aplique una pequeña cantidad de WD-40 después de tocar. Rocíe WD-40 en un paño y frote con el paño las cuerdas en lugar de rociarlo directo sobre las cuerdas; no querrá que el WD-40 se acumule en el mástil o el cuerpo de la guitarra.

Mantenga sin astillas los mangos de madera de la herramienta Ninguna herramienta dura para siempre, pero puede prolongar la vida de sus herramientas con mango de madera previniendo que se astillen. Frote una buena cantidad de WD-40 en la madera. Protegerá la madera de la humedad y otros elementos corrosivos y la mantendrá lisa y sin astillas durante la vida de la herramienta.

Quite un chicle del cabello Es una de las peores pesadillas de un adulto: chicle en la cabeza de un niño. No entre en pánico ni corra por las tijeras. Sólo rocíe el cabello donde está el chicle con WD-40, y éste saldrá fácilmente al peinarlo. Asegúrese de estar en un área bien ventilada cuando rocíe y tenga cuidado de evitar el contacto con los ojos del niño.

Cure un guante de béisbol nuevo Use WD-40 en vez de aceite de pata de buey para curar un guante de béisbol nuevo. Rocíe el guante con WD-40, póngale una pelota de béisbol en la palma y dóblelo de lado. Tome una goma o cinturón y sujete el guante doblado. El WD-40 suavizará el cuero y lo ayudará a tomar forma alrededor de la pelota de béisbol. Mantenga el guante atado toda la noche y úselo por un tiempo para que empiece a tomar la forma de su mano.

✳ WD-40 **PARA LIMPIAR COSAS**

Quite raspaduras difíciles Esas raspaduras negras difíciles de quitar en el piso de su cocina ya no serán difíciles si las rocía con WD-40. Use WD-40 para ayudar a quitar el alquitrán y las raspaduras en todos sus pisos de superficie dura. No dañará la superficie, y usted no tendrá que frotar tanto. Recuerde abrir las ventanas si va a limpiar muchas marcas.

Limpie pegamento seco Limpie con facilidad pegamento seco de casi cualquier superficie dura: tan sólo rocíe WD-40 en el punto, espere al menos 30 segundos y limpie con un paño húmedo.

Desengrase sus manos Cuando termine de trabajar en el auto y sus manos estén grasientas y ennegrecidas de mugre, use WD-40 para ayudarle a limpiarlas. Rocíe una pequeña cantidad de WD-40 en sus manos y frótelas juntas por unos cuantos segundos, luego límpielas con una toalla de papel y lávelas con agua y jabón. La grasa y la mugre se irán de inmediato con el agua.

Quite pegatinas No necesita un escoplo o siquiera una hoja de afeitar para quitar pegatinas viejas, calcomanías en el parachoques (guardabarros) o cinta celofán. Sólo rocíelas con WD-40, espere unos 30 segundos y límpielas.

Retire calcomanías de vasos ¿Qué pensaban los fabricantes al poner esa calcomanía en el vaso? ¿No saben lo difícil que es quitarla? Si el agua y el jabón no sirven y no desea arruinarse una uña o arriesgarse a rayar el vaso con una cuchilla, pruebe un poco de WD-40. Rocíelo sobre la calcomanía y el vaso, espere unos minutos y use una espátula que no raye o una rasqueta de acrílico para raspar la calcomanía. Los solventes del WD-40 causan que el adhesivo pierda su adherencia.

Limpie manchas de té Para quitar manchas de té de los estantes, rocíe un poco de WD-40 en una esponja o paño húmedo y limpie la mancha.

Limpie manchas en alfombras No deje que la tinta u otras manchas arruinen su fina alfombra. Rocíe la mancha con WD-40, espere un minuto o dos y luego use su limpiador de alfombras regular o limpie con suavidad con una esponja y agua jabonosa tibia. Continúe hasta que desaparezca por completo la mancha.

Quite manchas de tomate de la ropa Ese tomate de su cosecha se veía tan apetitoso que no pudo resistirse. ¡Ahora su camisa o blusa tiene una gran mancha de tomate! Para eliminar manchas de tomate fresco o salsa de tomate, rocíe algo de WD-40 directo en el punto, espere un par de minutos y lave como siempre.

Limpie los inodoros No necesita un genio calvo o un producto especializado para limpiar la suciedad y las manchas de cal de su inodoro. En su lugar, WD-40: rocíe la taza por un par de segundos y refriegue con un cepillo de nailon para baño. Los solventes en el WD-40 ayudarán a disolver la suciedad y la cal.

Limpie su refrigerador (heladera) Cuando el agua y el jabón no quitan los trozos viejos de comida pegados en su refrigerador, es tiempo de sacar el WD-40. Saque los alimentos de las áreas que se van a tratar, rocíe un poco de WD-40 en cada punto resistente. Luego limpie con trapo o esponja. Asegúrese de lavar todo el WD-40 antes de regresar la comida al refrigerador.

Acondicione sillones de cuero Mantenga su sillón reclinable de cuero favorito y otros muebles de cuero en buena forma suavizándolos y preservándolos con WD-40. Sólo rocíelos y frote con un paño suave. La combinación de ingredientes en el WD-40 limpiará, penetrará, lubricará y protegerá el cuero.

Trate previamente manchas de sangre y otras ¡Oh, no! Su hijo se cayó y se cortó al jugar, y hay sangre por toda su camisa nueva. Tras atender la herida, también dele primeros auxilios a la camisa. Trate previamente las manchas de sangre con WD-40. Rocíe algo directo en las manchas, espere un par de minutos y luego lave como siempre. El WD-40 ayudará a disipar la mancha de modo que saldrá

¿SABÍA **Usted** QUE...?

WD-40*

con facilidad en la lavada. Trate la mancha mientras aún está fresca, porque una vez que se seca será más difícil de quitar. Use WD-40 para tratar otras manchas tercas en la ropa, como lápiz de labios, mugre, grasa y manchas de tinta.

Limpie pizarrones Cuando se trata de limpiar y restaurar un pizarrón, WD-40 es el preferido del maestro. Sólo rocíe y limpie con un paño limpio. El pizarrón se verá limpio y fresco como el primer día de escuela.

Quite marcas de marcador y crayón ¿Los niños usan su pared como si fuera un libro para colorear gigante? ¡No se preocupe! Rocíe algo de WD-40 en las marcas y limpie con un paño limpio. El WD-40 no dañará la pintura ni la mayoría de los papeles tapiz (pruebe primero los recubrimientos de tela u otros materiales). También quita marcas de marcador y crayón de muebles y aparatos.

✳ WD-40 **EN EL PATIO**

Rejuvenezca la parrilla Para que una parrilla vieja se vea como nueva otra vez, rocíela abundantemente con WD-40, espere unos segundos y frote con cepillo de alambre. Recuerde usar WD-40 sólo en una parrilla que no está en uso y está fría.

Renueve muebles de plástico desteñidos Devuelva el color y brillo a los muebles de plástico para patio desteñidos. Sólo rocíe WD-40 directo en la superficie y límpiela con un paño limpio seco. Le sorprenderán los resultados.

Proteja un alimentador de aves Para evitar que las ardillas asalten el alimentador de aves, rocíe WD-40 sobre el alimentador. Las molestas ardillas se resbalarán.

Mantenga a los animales lejos de los parterres Los animales adoran jugar en su jardín, desenterrando sus plantas favoritas cultivadas con tanto trabajo. Lo que los animales *no* adoran es el olor del WD-40. Para mantener lejos a los animales y sus flores luciendo hermosas toda la temporada, rocíe WD-40 en forma uniforme sobre los parterres una o más veces en el transcurso de la temporada.

Tip **La pequeña pajita roja**

> "¡Perdí la pajita roja!" ha sido un grito común entre innumerables usuarios de WD-40 a lo largo de los años. En respuesta, la compañía introdujo una tapa ranurada, diseñada para sostener la paja en su lugar en la parte superior de la lata cuando no se usa. Ya que la paja excede el ancho de la lata por un margen considerable, la ranura puede ser de poca utilidad para quienes tienen poco espacio de almacenamiento. Para ahorrar espacio, guarde la pajita doblándola dentro del borde de la lata o péguela con cinta a un lado como al comprarla. Una goma ajustada también funciona bien.

Quite huellas de gato Su gato es como de la familia casi siempre, pero no piensa eso cuando tiene que limpiar sus huellas en los muebles del patio o la capota (capot) de su auto. Para quitarlas, rocíe algo de WD-40 y limpie con paño limpio.

Deshágase de las palomas ¿Las palomas usan su terraza más que usted? Si las palomas y sus plumas y excrementos le impiden disfrutar la vista desde su terraza, rocíe el área entera, incluyendo barandas y muebles, con WD-40. Las palomas no resistirán el olor y se largarán.

Evite que aniden las avispas No deje que las chaquetas amarillas y otras avispas arruinen su diversión de primavera y verano. Su lugar favorito para construir nidos es bajo aleros. Así que la próxima primavera rocíe algo de WD-40 bajo todos los aleros de su casa. Impedirá que las avispas construyan ahí sus nidos.

Elimine excrementos de perro ¡Oh, oh, acabas de pisarlo! Pocas cosas en la vida son más desagradables que limpiar excremento de perro de la suela de un tenis (zapatilla), pero la tarea será mucho más fácil si tiene una lata de WD-40 a mano. Rocíe algo en la suela afectada y use un cepillo de dientes viejo para limpiar las hendiduras. Enjuague con agua fría y los tenis estarán listos para pisar el pavimento de nuevo. Ahora, ¡no olvide fijarse donde pisa!

Acabe con los cardos No deje que las hierbas espinosas como el cardo negro y el ruso arruinen su patio o jardín. Rocíe algo de WD-40 sobre ellos y se marchitarán.

✱ WD-40 **AL AIRE LIBRE**

Botas y zapatos a prueba de invierno Impermeabilice sus botas y zapatos de invierno poniéndoles una capa de WD-40. Actúa como una barrera para que el agua no penetre el material. También use WD-40 para quitar las feas manchas de sal de las botas y zapatos durante los meses invernales. Rocíe WD-40 en las manchas y limpie con un paño limpio. Sus botas y zapatos se verán casi como nuevos.

Proteja su tanque de la corrosión Para proteger el acabado exterior de su tanque del agua salada y la corrosión, rocíe WD-40 en la popa inmediatamente después de cada uso. El corto tiempo que le tomará le ahorrará tener que reemplazar partes, y mantendrá su tanque luciendo como el día que lo compró por mucho tiempo.

Quite percebes en botes Remover percebes del fondo de un bote es una tarea difícil y odiosa, pero puede hacerla más fácil y menos desagradable con un poco de WD-40. Rocíe abundantemente el área con WD-40, espere unos segundos y luego use una espátula para raspar los percebes. Rocíe cualquier remanente con WD-40 y raspe de nuevo. Si es necesario, use papel de lija para deshacerse de todos los restos y pegamento corrosivo dejados todavía por los percebes.

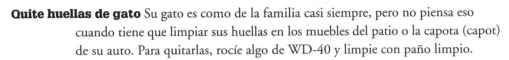

Rocíe en los señuelos para pesca Los pescadores de salmón en el noroeste del Pacífico rocían sus señuelos con WD-40 porque atrae a los peces y disfraza el olor humano que los asusta y evita que muerdan. Aumente la pesca en su próximo viaje llevando una lata de WD-40 con usted y rocíelo en *sus* señuelos o cebos vivos antes de lanzarlos. Pero primero revise los reglamentos locales para asegurar que es legal el uso de señuelos y cebos rociados con sustancias químicas en su estado.

Desenrede líneas de pesca Para desanudar una línea de pesca enredada, rocíela con WD-40 y use un alfiler para deshacer los nudos pequeños. También extenderá la vida de líneas de pesca rizadas (pero no muy viejas). Sólo saque los primeros 3 a 6 metros de línea y rocíe con WD-40 la noche antes de cada viaje.

Quite erizos Para quitar erizos de la crin o la cola de un caballo sin jalarle el pelo (¡ni tener que cortárselo!), sólo rocíe algo de WD-40. Podrá deslizar los erizos. Esto también funciona con perros y gatos.

Proteja los cascos de los caballos Cabalgar en invierno es divertido si se viste abrigado, pero puede ser doloroso para su caballo si se forma hielo en las herraduras. Para evitar que se forme hielo en las herraduras durante las cabalgatas invernales frías, rocíe la parte inferior de los cascos del caballo WD-40 antes de salir.

Aleje a las moscas de las vacas Si las moscas atormentan a sus vacas, sólo rocíe algo de WD-40 en las vacas. Las moscas odian el olor y se irán. Tenga cuidado de no rociar WD-40 en los ojos de las vacas.

✽ WD-40 **PARA SU SALUD**

Alivie los síntomas de artritis Para dolor ocasional en las articulaciones o síntomas de artritis en las rodillas u otras áreas del cuerpo, los defensores juran que rociar WD-40 en el área afectada y dar masaje brinda alivio temporal y facilita el movimiento. Para dolor severo y persistente, consulte a un médico.

Limpie su aparato auditivo Para darle una buena limpieza a su aparato auditivo, use un cotonete mojado en WD-40. No use WD-40 para tratar de aflojar el control de volumen (lo aflojaría demasiado).

Alivie el dolor de una picadura de abeja Para un alivio rápido del dolor de una picadura de abeja, avispa o avispón, saque la lata de WD-40 y rocíelo directo sobre el sitio del piquete. Quitará el "auch" de inmediato.

Quite prótesis pegadas Si usa un aparato protésico, sabe lo difícil que puede ser quitarlo a veces, en especial cuando no hay nadie que lo ayude. La próxima vez que se atore con una prótesis pegada, rocíe algo de WD-40 en la unión donde se sujeta. Los solventes químicos y lubricantes en el WD-40 harán más fácil quitarla.

✽ WD-40 **EN LA COCHERA**

Mantenga a los bichos lejos de la parrilla de su auto Es molesto que la parrilla y capota (capot) de su auto queden llenas de bichos cada vez que sale a carretera, pero ¿tienen que ser tan difíciles de quitar? La respuesta es no. Rocíe algo de WD-40 en parrilla y capota antes de salir a pasear y la mayoría de los insectos se resbalarán. Los pocos bichos que queden se limpiarán sin dañar su auto.

Limpie y restaure las placas Para ayudar a restaurar una placa que empieza a oxidarse, rocíela con WD-40 y límpiela con un trapo limpio. Esto eliminará la oxidación superficial ligera y también ayudará a evitar que se forme más óxido. Es una forma fácil de limpiar las placas ligeramente oxidadas sin dejarlas grasientas.

Quite bujías pegadas Para ahorrar tiempo al cambiar las bujías, hágalo al modo de la NASCAR. Los mecánicos de la NASCAR rocían WD-40 en las bujías pegadas de modo que pueden quitarlas rápido y fácil. Quizá ésta sea la razón por la que el WD-40 ha sido designado como el "solucionador de problemas de uso múltiple oficial de la NASCAR".

Recubra una cama de camión Para quitar con facilidad el forro de una cama de camión, rocíe la cama con WD-40 antes de instalar el forro. Cuando llegue el momento de quitarlo, el forro se deslizará de inmediato.

Quite un "rayón de pintura" de otro auto Regresa a su auto estacionado para encontrar que, mientras no estaba, otro vehículo se acercó demasiado. Por suerte no hay abolladura, pero ahora su auto tiene un "rayón de pintura" del otro auto. Para quitar manchas de pintura en su auto y restaurar su acabado original, rocíe el área afectada con WD-40, espere unos segundos y limpie con un trapo limpio.

Reviva bujías ¿No arranca su auto un día lluvioso o húmedo? Para lograr que encienda su motor, rocíe algo de WD-40 en los cables de las bujías antes de tratar de encenderlo de nuevo. El WD-40 desplaza el agua y elimina la humedad de las bujías.

Limpie las manchas de aceite en la entrada de su garage ¿Una fuga de aceite manchó su rampa de acceso de concreto? Para quitar una mancha de aceite desagradable, rocíela con una cantidad abundante de WD-40 y luego lávela con manguera.

 Yogur

Haga "pintura" de musgo para el jardín ¿No sería bonito sólo pintar algo de musgo entre las grietas de su camino de piedra, al lado de las macetas o en cualquier lugar donde le gustaría que creciera? Bueno, sí puede. Ponga una taza de yogur con cultivo activo simple en su mezcladora junto con un puñado de musgo común y más o menos una taza de agua. Mezcle unos 30 segundos. Con una brocha (pincel) extienda la mezcla en donde desee que crezca el musgo, en tanto el lugar este frío y sombreado. Rocíe el musgo ocasionalmente hasta que pegue.

Haga una mascarilla facial No tiene que ir a un sitio especializado para un rápido tratamiento facial:

- Para limpiar su piel y cerrar los poros, unte abundantemente yogur simple en su rostro y déjelo durante unos 20 minutos.

- Para una mascarilla facial revitalizante, mezcle 1 cucharadita de yogur simple con el jugo de 1/4 de naranja, un poco de la pulpa de la naranja y 1 cucharadita de aloe. Deje la mezcla en su cara por lo menos 5 minutos antes de enjuagarla.

Alivie las quemaduras de sol Para un alivio temporal rápido de quemaduras de sol leves, aplique yogur simple frío. El yogur agrega humedad muy necesaria y, al mismo tiempo, su frialdad alivia. Enjuague con agua fría.

Haga pintura de dedos para jugar Mezcle color vegetal con yogur para hacer pinturas de dedo y deje que los pequeños se aloquen. Incluso puede convertirlo en una lección sobre los colores primarios y secundarios. Por ejemplo, haga que los niños añadan unas gotas de color vegetal amarillo y unas gotas de rojo en el yogur para hacer pintura de dedos verde. O mezcle rojo y azul para producir púrpura.

Cure la flatulencia del perro o el gato Si Fido ha estado un poco oloroso últimamente, el problema puede ser falta de bacterias digestivas amigables que previenen gases y diarrea. Los cultivos activos en el yogur simple ayudan a restablecer las bacterias útiles. Agregue 2 cucharaditas de yogur a la comida para gatos o perros que pesen hasta 6 kg; 1 cucharada para perros que pesen de 17 a 15 kg; 2 cucharadas para perros que pesen de 16 a 38 kg, y 3 cucharadas para perros más pesados.

Índice

FERIA DE LA CIENCIA

Estos experimentos para niños muestran bases de la ciencia con objetos comunes.